S.F.
V.

Das
Franz Werfel Buch

Herausgegeben von
Peter Stephan Jungk

S. Fischer Verlag

Satz: Clausen & Bosse, Leck
Druck und Bindung: Franz Spiegel Buch, Ulm
Printed in Germany 1986
ISBN 3-10-091024-9

Inhalt

Lyrik

»Wenn ich der Alma nicht begegnet wär', hätt' ich noch vierzig gute Gedichte geschrieben und wär' selig verkommen«, bekannte Franz Werfel einem Freund gegenüber, in Los Angeles, noch kurz vor seinem frühen Tod. Siebenundzwanzigjährig war er der um elf Jahre älteren Witwe Gustav Mahlers, die damals noch Ehefrau des Architekten Walter Gropius war, zum ersten Male vorgestellt worden. Bis an sein Lebensende blieb er mit ihr zusammen. Als sich Frau Mahler-Gropius 1917 in ihn verliebte, war Werfel bereits ein berühmter Dichter; seine Lyrik-Sammlungen ›Der Weltfreund‹, ›Wir sind‹ und ›Einander‹ hatten im gesamten deutschen Sprachraum hohe Auflagen erreicht. Ein neuer Klang, Gefühlsgesang, der aus den hymnischen Versen tönte, begeisterte, berauschte Werfels großes Publikum.

Als Vierzehn-, Fünfzehnjähriger hatte Franz Werfel plötzlich zu schreiben begonnen, von Walt Whitman's Allgewalt mitgerissen und von ihr mitbeeinflußt. In seinen Jackett-Taschen trug der Gymnasiast Reclam-Ausgaben von Goethes ›Faust‹ und Lord Byron's faustischem Drama ›Manfred‹. In seinem Bubenzimmer hingen Bilder Giuseppe Verdis und Dante Alighieris, lagen zerknüllte Zettel umher, auf denen er Verse skizziert hatte, sehnsüchtige Blicke zurück in seine glückliche Kindheit, geborgen im Schoße der Kinderfrau Barbara, die er Bábi nannte, mit der er jahrelang täglich im Stadtpark spaziert war. Erinnerung an Flußdampferfahrten, Fußballspiele, Parkwächter – diese ersten Gedichte – an Matrosenanzüge, Ladenschilder, Schulbeginn. Das scheinbar Einfachste, Seelenloseste wurde zum lebenden poetischen Bild erhoben.

Willy Haas, seit Kleinkindzeiten Werfels Stadtparkfreund und später, im Prager Stefans-Gymnasium, sein Mitschüler, liebte die Gedichte seines Klassenkameraden, welche dieser ihm auswendig vortrug, drängte den Freund, die zahlreichen, gänzlich ungeordneten Arbeiten zu sammeln und abzuschreiben, um sie verschiedenen Zeitungs- und Zeitschriftenredaktionen einzusenden. Der junge Dichter willigte unter einer Bedingung ein: daß Willy Haas die eigene Adresse als Absender angebe – Kommerzialrat Rudolf Werfel, einer der erfolgreichsten Handschuhfabrikanten der k.u.k.-Monarchie, dem das Dichten seines Erben ohnehin Anlaß zu häufigen Zornausbrüchen bot, durfte nicht noch mehr gereizt werden, sollte eine der Redaktionen ablehnen und die Sendung in die Prager Mariengasse 41 zurückschicken. Alle angeschriebenen Zeitungen sandten die Manuskripte postwendend zurück. An Willy Haas' Adresse. Doch Werfel schrieb unbeirrt weiter, Haas versandte die Arbeiten von neuem, und immer so fort.

Im Februar 1908 druckte die angesehene Wiener ›Zeit‹ – zur großen Überra-

schung der so oft enttäuschten Freunde – ein Gedicht Franz Werfels ab: ›Die Gärten der Stadt‹. Der Gymnasiast, zu diesem Zeitpunkt Schüler der »Septima«, empfand ungekannten Stolz ob dieser Bestätigung, glaubte fortan, wahrlich zum Dichter geboren zu sein. Nun stellte ihn Willy Haas auch Max Brod, dem »Doyen« der jungen Prager Schriftsteller vor. Begeistert von dem offenkundigen Talent des Siebzehnjährigen, versprach Brod, Werfel zu weiteren Publikationen zu verhelfen, ermutigte ihn, eine Auswahl seiner Lyrik dem angesehenen Berliner Verlag Axel Juncker vorzulegen. Nahezu vier Jahre dauerte es dann noch, bis Werfels erster Gedichtband, ›Der Weltfreund‹, erscheinen konnte.

Einige der ›Welfreund‹-Poeme wurden bereits vor der Buchpublikation von der angesehenen Zeitschrift ›Die Fackel‹ des Dichters, Sprach-, Kultur- und Gesellschaftskritikers Karl Kraus abgedruckt, dem Willy Haas die Arbeiten seines Freundes einst eingesandt hatte. Kraus, der kaum einen der zeitgenössischen Autoren gelten ließ – und kein Periodikum kannte strengere Auswahlkriterien als ›Die Fackel‹ –, hatte anläßlich des Erscheinens der ›Weltfreund‹-Sammlung die Worte gefunden: »In wessen Liede die Welt so liebenswert wird, der schafft dem Weltfeind eine frohe Stunde.« Ein Urteil, welches sich in der Folge in sein Gegenteil verwandeln sollte: aufgrund einer eher harmlosen Klatschgeschichte wurde Kraus zu Werfels erbittertstem Feind und ätzendstem Verächtlichmacher, eine Wiener Haß-Historie, die weit über den Tod des ›Fackel‹-Herausgebers hinaus wirksam bleiben sollte.

Im ›Arco‹, dem Stammcafé Franz Werfels und seines Freundeskreises, wurde der Vielgerühmte gepriesen und bewundert. Hier, im Kaffeehaus, rezitierte er nicht selten seine neuesten Gedichte. Zu seinen Verehrern zählte auch ein Angestellter der Arbeiter-Unfallversicherungsanstalt, ein naher Freund Max Brods – der scheue junge Mann namens Franz Kafka, der sich in seiner freien Zeit, oft nächtelang, ganz der Schriftstellerei widmete, seine Prosaarbeiten jedoch nahezu allesamt für mißglückt hielt, beneidete Franz Werfel sowohl um sein reiches Elternhaus als auch um sein leichtes Gelingen und herrliches Talent – er hielt es für weit größer als das eigene, glaubte, in Werfel den bedeutenderen Dichter zu erkennen. »Weißt Du, Felice«, hieß es zum Beispiel Ende 1913 in einem Brief Kafkas an seine spätere Berliner Verlobte, »Werfel ist tatsächlich ein Wunder, als ich sein Buch ›Der Weltfreund‹ zum ersten Mal las ... dachte ich, die Begeisterung werde mich bis zum Unsinn fortreißen.«

Ein Erwachsenenleben lang blieben Franz Werfel – den Alma bis zu seinem Tode ihr »Mannkind« nannte – Kindheitserinnerungen, Elternhaus und

Schulzeit in größter Herzensnähe, bis hin zu seinem Hauptwerk, nur Tage vor dem Lebensende abgeschlossen, dem Zukunftsroman ›Stern der Ungeborenen‹, in welchem Willy Haas ein literarisches Denkmal gesetzt ist. Zuallererst sah sich Franz Werfel aber immer als Lyriker, betrachtete seine großen epischen Romane als »Indianergeschichten«, wie er sich in späten Jahren seinem einstigen Verleger Kurt Wolff gegenüber äußerte. Im Gedicht konnte er seinen Empfindungen ungezügelt Lauf lassen, ihnen treffendsten sprachlichen Ausdruck verleihen. In Zeiten privater Krise wie großer Glücksmomente waren es daher immer die Suche und Sehnsucht nach Versen, Strophen, freien Rhythmen, denen der Dichter nachging und nachgab. Werfels langjähriger Sekretär, der ehemalige Theaterregisseur und Schriftsteller Albrecht Joseph, ist der Ansicht, das ›Gestammel in elfter Stunde‹, welches im Krankheitsjahr 1943 entstand, sei ein rares Beispiel nackten Selbstbekenntnisses, wie es bei Franz Werfel sonst kaum so unverschlüsselt zu finden sei. Wer nach des Dichters innerstem Wesen suche, finde es in diesen Zeilen gespiegelt.

Noch an seinem letzten Lebenstag schrieb Werfel Lyrik: als er starb, korrigierte er gerade am Schreibtisch seines Hauses in Beverly Hills die Druckfahnen zu einem Sammelband der Gedichte aus den Jahren 1908–1945. »Durch das Gedicht ›Der Dirigent‹«, so berichtet Werfels langjähriger Herausgeber Adolf D. Klarmann, »geht der Bleistiftstrich des Abgerufenen.«

Prag gebar mich

Prag gebar mich, Wien zog mich an sich. Wo immer ich liege
Werd ich es wissen? Ich sang Menschengeschicke und Gott.

Erster Frühling

Geht man heut' durch den Stadtpark, ist das Stroh von den
Beeten weg,
Und schon schwillt stellenweise aus dem Braun des Rasens ein
grüner Fleck.

Auf dem noch unüberkieselten Weg liegt Laub, Spreu und
anderes Zeug verstreut.
Ihr starken Luftgeräusche! Woran erinnere ich mich heut'?

An mein Kinderzimmer, wenn jemand an der Nähmaschine saß.
Vergessenes Duett; Nähmaschine und fistelndes Gas!

Lagen da nicht auch, wie heute, Laub, Spreu und anderes mehr, –
Bunte Streifen, Flicken, Bänder, Volants und Seidenreste umher?

Wie nach dem Regen

Ich bin wie nach dem Regen
Der Stadtpark vor dem Haus.
Der Wind hat ausgekeucht,
Doch Bäum' und Beete sind noch feucht
Und wiegen mir und hegen
Die schönsten Tropfen Regentaus. –

Ich bin so ganz voll Feuchtigkeit,
Voll nassem Grün und Regenglück,
Weil ich dich heut' gesehn.
Darum möcht' ich auch nah und weit
Und wohl ein gutes Gartenstück
In mir spazieren gehn.

Der dicke Mann im Spiegel

Ach Gott, ich bin das nicht, der aus dem Spiegel stiert,
Der Mensch mit wildbewachsner Brust und unrasiert.
Tag war heut so blau,
Mit der Kinderfrau
Wurde ja im Stadtpark promeniert.

Noch kein Matrosenanzug flatterte mir fort
Zu jenes strengverschlossenen Kastens Totenort.
Eben abgelegt,
Hängt er unbewegt,
Klein und müde an der Türe dort.

Und ward nicht in die Küche nachmittags geblickt?
Kaffee roch winterlich und Uhr hat laut getickt.
Atmend stand verwundert,
Der vorher getschundert
Übers Glatteis mit den Brüderchen geschickt.

Auch hat die Frau mir heut wie immer Angst gemacht
Vor jenem Wächter Kakiz, der den Park bewacht.
Oft zu öder Zeit
Hör im Traum ich weit
Diesen Teufel säbelschleppen in der Nacht.

Die treue Alte, warum kommt sie denn noch nicht?
Von Schlafesnähe allzuschwer ist mein Gesicht.
Wenn sie doch schon käme
Und es mit sich nähme,
Das dort oben leise singt, das Licht.

Ach, abendlich besänftigt tönt kein stiller Schritt.
Und Babi dreht das Licht nicht aus und nimmt es mit.
Nur der dicke Mann
Schaut mich hilflos an,
Bis er tieferschrocken aus dem Spiegel tritt.

Das Malheur

Als das Mädchen die Schüssel fallen ließ, blieben alle Gäste
anfangs stumm,
Nur die Hausfrau sagte etwas und drehte sich nicht um.

Das Mädchen aber stand regungslos, wie in unnatürlichen
Schlaf gesenkt,
Krampfhaft die Arme zu einer rettenden Geste verrenkt.

Dem verlegenen Mitleid der Gäste hatte sich scheues Erstaunen
zugesellt,
Denn sie sahen plötzlich Eine mitten in ein Schicksal gestellt.

Kamen schon die Stubenmädchen mit Tüchern und Besen,
der Diener und selbst der Herr vom Haus.
Sie aber ging ganz wunderschön von Kindheit und Heimweh
hinaus.

In der Küche setzte sie sich auf die Kohlenkiste, legte die Hände
in den Schoß,
Und weinte vielfach, in allen Lagen, nach aller Kunst, voll Genuß,
laut und grenzenlos.

Als man dann spät und geräuschvoll Abschied nahm,
War sie es, die wie aus Ehrfurcht das reichste Trinkgeld bekam.

Kindersonntagsausflug

Vom Quai steigt eine Treppe zu Dampfschiff und Booten.
Oh, Kindersonntagsausflug! Wie abenteuerlich kam mir das alles vor.
Strahlender Fluß, Frühlingshimmel, Regattakähne, Eisenbahn-
brücke, Gerüste und Piloten,
Blauer Rauch in der Luft. O dünnes Gewebe, o schwacher Flor!

Ein enges Bett – schaukelnder Boden – ich dachte an meine
Seegeschichten.
Worte wie Backbord, zwei Glas, Wanten, Lee, Marssegel fielen
mir ein.
An einen kleinen Schiffsjungen dachte ich, an Matrosengesang
und Ankerlichten,
An gieblige Hafenhäuser und Schenken, in denen betrunkene
Holländer und Malayen schrein.

Auf schmalen Platz saß ich meine ganz exotischen Phantasien
eingefangen.
Meine Mutter löste beim Kassier eine Kinderkarte für mich.
Ich sehe noch, wie einige Nickelstücke wieder in ihr silbernes
Täschchen sprangen,
Dann riß ein Mann an der Glocke – die Maschinen unter uns
stampften und rührten sich.

Was ich alles auf dem rotweißen Dampfer erlebte:
Wasserhosen, Zyklone,
Am Äquator riß uns Champagner, Heimweh und Stern-Nacht zu
lautem Wahnsinn fort,
Am südlichen Wendekreis aber warf man ohne
Gebete und Tränen einen steinbeschwerten Leichnam über Bord. –

Oft sahn wir Land, Vulkane, weiß zugetürmte.
Insulaner schossen um unser Schiff und krächzten zu uns empor.
Und wenn das Meer glatt war, keine Wolke, kein Windvogel stürmte,

Warf man Geldstücke in die Tiefe, und Kinder tauchten danach
und holten sie hervor.

Und als die Räder langsamer schlugen und wir zum Landungsplatz
glitten,
Da erkannte kaum den einfachen Hügel mein Blick.
Ich ging ans Ufer mit kleinen, ganz unsicheren Schritten,
Und hörte wie im Traume vom Restaurationsgarten her die
donnernde Militärmusik.

An den Leser

Mein einziger Wunsch ist, Dir, o Mensch, verwandt zu sein!
Bist Du Neger, Akrobat, oder ruhst Du noch in tiefer Mutterhut,
Klingt Dein Mädchenlied über den Hof, lenkst Du Dein Floß
im Abendschein,
Bist Du Soldat oder Aviatiker voll Ausdauer und Mut.

Trugst Du als Kind auch ein Gewehr in grüner Armschlinge?
Wenn es losging, entflog ein angebundener Stöpsel dem Lauf.
Mein Mensch, wenn ich Erinnerung singe,
Sei nicht hart und löse Dich mit mir in Tränen auf!

Denn ich habe alle Schicksale durchgemacht: Ich weiß
Das Gefühl von einsamen Harfenistinnen in Kurkapellen,
Das Gefühl von schüchternen Gouvernanten im fremden
Familienkreis,
Das Gefühl von Debutanten, die sich zitternd vor den Souffleur-
kasten stellen.

Ich lebte im Walde, hatte ein Bahnhofsamt,
Saß gebeugt über Kassabüchern und bediente ungeduldige Gäste.
Als Heizer stand ich vor Kesseln, das Antlitz grell überflammt,
Und als Kuli aß ich Abfall und Küchenreste.

So gehöre ich Dir und Allen.
Wolle mir, bitte, nicht widerstehn!
Oh könnte es einmal geschehn,
Daß wir uns, Bruder, in die Arme fallen!

Erster Schultag

In das Haus der Piaristen
Zogen wir als große Schar,
Im gewölbten Raum zu nisten
Manches lange Kinderjahr.
Ehrenvoll den Schultornister
Trug ich heut zum ersten Mal,
Und zum Neide der Geschwister
Klappert drinnen ein Pennal.

Oben stand auf dem Katheder
Groß und grau der Kuttenmann,
Mit dem Finger droht er: jeder
Zeigt mir seinen Namen an.
Wenn auch rauh die Stimme knarrte,
Seine Hand war lieb und weich.
Hinter ihm auf bunter Karte
Dehnte stolz sich Österreich.

Doch im grünen Schulgebänke
Wurde plötzlich mir so schwer,
Als ob hilflos ich versänke,
Ausgesetzt im Knabenmeer.
Unter Härteren und Kältern
Weint ich etwas, ohne Mut,
Bei den anderen Herrn Eltern
Stand Papa und winkte gut.

Als die Stunde ging zur Neige,
Merkt ich gar nicht, daß er schied,
Denn zu Lehrers Winselgeige
Plärrten wir das Kaiserlied.
Mancher schien mir nichts zu taugen,
Grinst' mich tückisch an und schwieg,
Und in wilden Bubenaugen
Wetterleuchtete schon Krieg.

Wenn ich mir die Kindheit hole
Wunderlich und unversehrt,
Glaub ich nicht, sie sei wie Kohle
Längst verglommen, längst verzehrt.
Wo die Kindgespenster nisten,
Geh ich als mein Widerhall
Ewig zu den Piaristen
Irgendwo in Gottes All.

Schuld

Meine kleine Schwester sagte zu mir: Wir wollen spazieren gehn.
Sie freute sich so ihrer hübschen neuen Haube. Ich ließ sie stehn,
Lief mit dem frechen Haufen, lärmte und vergaß,
Daß mich erstaunt ein großer Blick und schmerzlich maß.

Mein kleiner verhungerter Freund sprach: Nimm mich mit!
Ich aber führte ihn zu weiß und goldenem Tisch.
Er bebte unterm Schwarm von Stimmen, aß nicht Speise, trank nicht
  Wein,
Sank – am Ufer schwätzten Reiche – elend in sein Salzmeer ein.

Alle Gründe, alle Sümpfe hinter mir sind meiner Opfer voll.
Aufging in Flur und Straß' kein Schritt, der mir nicht Vorwurf scholl.
Voll böser Lust schlug ich einen Hund. Nun hängt sein Aug unter
  meinem Lid.
In meiner Lade modern Briefe, die kein Rächer sieht.

O Wintersterne über mir, Gestirne meiner Schuld!
O über dem Gewehe Augen ohne Gnade. Haß und Huld!
O meiner Schwester Schmerzensblick, den Gott nicht aus den
  Räumen rafft.
Denn *Nichtswirdwiedergut* heißt der Polarstern mit dem Namen tiefer
  Wissenschaft!

Kleine Ballade an die Schwester

Liebe Schwester, liefen wir durch große Wiesen?
Ist es wahr, daß wir den Löwenzahn
Selbst versonnen in die Sonne bliesen?
Lachten wir uns unter Reisig an?
Knirscht im Park noch immerdar der Kies?
War einmal ein Leierkastenmann, der Pan Radecky hieß?
Wuchsen einst vor unsern ganz zerschlafenen Blicken
Leise Gletscherberge auf wie weiße, weite Blechmusiken?

Saßen wir an sonnentollen Tischen
Mit dem Lachen großer Gliederfraun?
Kruzifixe schreckten uns in Lampennischen,
Tief aus unserm Traum trat der Fluß Traun.
Standen wir, zwei Seelchen, an den Seen?
Sahen Liebe ahnend wir den Rauch der kleinen Dampfer wehn?
Lebten wir ins Klingeln einer Heimfahrt urverloren?
Aßen wir am Abend unter Hirschgeweih bei den Drei Mohren?

Ach, warum, wenn Bäume mich mit Schmerzenslaub berühren,
Eine Fichte mich durchraucht mit lang verwirktem Dunst,
Müssen böse Hände meine Kehle schnüren,
Geister häufen falschen Schrei und Worte zwischen uns?
Und ich weiß nicht, wer ich war und wer ich bin!
Meine Seele spannt sich wie Geschwür und fiebert hin.
Und die Schläfe, wie jetzt meine Hände drüberstrichen,
Ach, sie brannte, Schwester, so von unsern toten
Sommerbienenstichen.

Vater und Sohn

Wie wir einst in grenzenlosem Lieben
Spässe der Unendlichkeit getrieben
Zu der Seligen Lust,
Uranos erschloß des Atems Bläue,
Und vereint in lustiger Kindertreue
Schaukelten wir da durch seine Brust.

Aber weh! Der Äther ging verloren,
Welt erbraust und Körper ward geboren,
Nun sind wir entzweit.
Düster von erbosten Mittagsmählern
Treffen sich die Blicke stählern,
Feindlich und bereit.

Und in seinem schwarzen Mantelschwunge
Trägt der Alte wie der Junge
Eisen hassenswert.
Die sie reden, Worte, sind von kalter
Feindschaft der geschiedenen Lebensalter,
Fahl und zornverzehrt.

Und der Sohn harrt, daß der Alte sterbe,
Und der Greis verhöhnt mich gellend: Erbe!
Daß der Abgrund widerhallt.
Und schon klirrt in unsern wilden Händen
Jener Waffen – kaum noch abzuwenden –
Höllische Gewalt.

Doch auch uns sind Abende beschieden
An des Tisches hauserhabenem Frieden,
Wo das Wirre schweigt,
Wo wir's nicht verwehren, trauten Mutes,
Daß, gedrängt von Wallung gleichen Blutes,
Träne auf- und niedersteigt.

Wie wir einst in grenzenlosem Lieben
Spässe der Unendlichkeit getrieben,
Ahnen wir im Traum.
Und die leichte Hand zuckt nach der greisen,
Und in einer wunderbaren, leisen
Rührung stürzt der Raum.

Fremde sind wir auf der Erde alle

Tötet euch mit Dämpfen und mit Messern,
Schleudert Schrecken, hohe Heimatworte,
Werft dahin um Erde euer Leben!
Die Geliebte ist euch nicht gegeben.
Alle Lande werden zu Gewässern,
Unterm Fuß zerrinnen euch die Orte.

Mögen Städte aufwärts sich gestalten,
Ninive, ein Gottestrotz von Steinen!
Ach, es ist ein Fluch in unserm Wallen:
Flüchtig muß vor uns das Feste fallen,
Was wir halten, ist nicht mehr zu halten,
Und am Ende bleibt uns nichts als Weinen.

Berge sind und Flächen sind geduldig,
Staunen, wenn wir dringen vor und weichen.
Fluß wird alles, wo wir eingezogen.
Wer zum Sein noch Mein sagt, ist betrogen.
Schuldvoll sind wir, und uns selber schuldig,
Unser Teil ist: Schuld, sie zu begleichen!

Mütter leben, daß sie uns entschwinden.
Und das Haus ist, daß es uns zerfalle.
Selige Blicke, daß sie uns entfliehen.
Selbst der Schlag des Herzens ist geliehen,
Fremde sind wir auf der Erde alle,
Und es stirbt, womit wir uns verbinden.

Hekuba

Manchmal geht sie durch die Nacht der Erde.
Sie, das schwerste, ärmste Herz der Erde.
Wehet langsam unter Laub und Sternen,
Weht durch Weg und Tür und Atemwandern,
Alte Mutter, elendste der Mütter.

So viel Milch war einst in diesen Brüsten,
So viel Söhne gab es zu betreuen, –
Weh dahin! – Nun weht sich nachts auf Erden,
Alte Mutter, Kern der Welt, erloschen,
Wie ein kalter Stern sich weiterwälzet.

Unter Stern und Laub weht sie auf Erden
Nachts durch tausend ausgelöschte Zimmer,
Wo die Mütter schlafen, junge Weiber,
Weht vorüber an den Gitterbetten
Und dem hellen, runden Schlaf der Kinder.

Manchmal hält am Haupt sie eines Bettes,
Und sie sieht sich um mit solchem Wehe,
Sie, ein dürftiger Wind von Schmerz gestaltet,
Daß der Schmerz in ihr Gestalt erst findet,
Und das Licht in toten Lampen weinet.

Und die Frauen steigen aus den Betten,
Wie sie fortweht, – nackten schweren Schrittes,
Sitzen lange an dem Schlaf der Kinder,
Schauen langsam in die Zimmertrübe,
Tränen habend unbegriffnen Wehes.

Der schöne strahlende Mensch

Die Freunde, die mit mir sich unterhalten,
Sonst oft mißmutig, leuchten vor Vergnügen,
Lustwandeln sie in meinen schönen Zügen
Wohl Arm in Arm, veredelte Gestalten.

Ach, mein Gesicht kann niemals Würde halten,
Und Ernst und Gleichmut will ihm nicht genügen,
Weil tausend Lächeln in erneuten Flügen
Sich ewig seinem Himmelsbild entfalten.

Ich bin ein Korso auf besonnten Plätzen,
Ein Sommerfest mit Frauen und Bazaren,
Mein Auge bricht von allzuviel Erhelltsein.

Ich will mich auf den Rasen niedersetzen,
Und mit der Erde in den Abend fahren.
O Erde, Abend, Glück, oh auf der Welt sein!!

Lesbierinnen

Wenn abends Heimkehr endlos durch die Gassen geht,
Erhebt ihr euch von eurem täglichen Gerät.
Zwei süße Näherinnen, noch vom Radgesang umspült,
Jetzt wandelt ihr, von Wind und Müdigkeit gekühlt.

Entfacht daheim, ihr Kinder, euren Samowar,
Und löst das leichte, luftverspielte Haar!
Wie ruht der kleine Mond- und Lampenkreis
Auf Wand und Boden eures Zimmers weiß!

Nun gebt den Glanz der langen Glieder frei,
Umschlingt euch langsam, haltet euch ihr Zwei,
Und zu des Himmels nachtverebbtem Stahl
Schweb' eurer Küsse schwärmerische Zahl!

Für andere zieht nach Arbeits Fluch und Pein
Ein Abend blaß und aller Armut ein.
Wenn alle an zerwalkten Tischen stehn,
Euch ist bereitet Schönheit und Vergehn.

Nun geht im Haus der biedere Verräter um,
Die Nachbarinnen sind euch höhnisch stumm.
Doch ist auf jeder Lippe Tod und Rache da,
(O der verruchten Küsse angeklagte Kette!)
Schlaft ein,
Schlaft ein in eurem Bette!
Dem tausendfachen Geist der Liebe seid ihr nah.

Adam

An diesem Kreuzweg, abendlich umlauert,
Gewahr ich plötzlich, wie mein Leben dauert.
Ich hör in mir die Zeit, die schafft und mauert,
Gleichgültig innen Schlag an Schlag erschallen.
Das Tier des Daseins hat mich überfallen,
Ein Atem geht, der groß mich überstreicht,
Auf meiner Schulter, riesenhaft und leicht,
Sitzt es mir vogelfern und endlos eingekauert.

Und um mich Sternensturz und Fels und Baum
Gehn ihres Weges und wandeln Traum in Traum.
Ich Überträumter, wie ich steh und stehe,
Fühl ich mich an, und weiß, daß ich mich drehe.
Gedreht mit andern fahr ich hin,
Und weiß nur eins: Es ist kein Sinn
In dem Ichbin!

Ichbin ist um mich. Ich bin eingeschlossen,
Und *Unentrinnbar* ist der zweite Name der Welt!
Zerbräch' ich mich, wär ich nicht ausgegossen,
Nur neu in den verruchten Tanz gestellt!
Denn All ist alles,
Kein Loch in der Zeit,
Kein Raum hinter der Unendlichkeit.

Ach, wie unsäglich unverknüpft
Mir jedes Ding vorüberhüpft!
Der eitle Sturm, der eitle Wald,
Der eitle Ich vorüberwallt!

Niemals ein Mein,
Immer nur Sein!
Will ich was halten,
Löst sich und bricht's.

Von den Gestalten
Nichts kann ich halten,
Nicht einmal Nichts.

Flucht ist mir nicht gegeben,
Wohin ich mich wende, Leben!
So will ich mich denn verweben
Ins Ewige, ins Allein!
Auf dieser Erde eben
Sitzen und sein und schrein!!

Prolog vom Besuch

Es war in meinem alten Knabenzimmer.
Ich höre noch das Gaslicht, wie es faucht
Und leise vor sich hinseufzt mit Gewimmer.
Mein Kopf, in Titus Livius getaucht,
Schwamm durch den Raum. Die Augen sahn Geflimmer
Und nicht den Text des Pensums, hocherlaucht.
Der Schritt der Standuhr in genauen Lücken
Ging auf und ab, die Hände auf dem Rücken.

Da spürte ich in meiner dumpfen Dauer
Ein Rieseln und ein Grieseln unterm Haar.
Von Kopf zu Füßen sprang ein kurzer Schauer:
Besuch ist da! Sein wurde ich gewahr,
Und zwar sekündlich schärfer und genauer.
Person durchdrang den Raum mir überklar.
Doch wo sie einstand, wie sie eingeschlagen,
Ob in, ob außer mir, kann ich nicht sagen.

Ein Wesen hatte jäh mich überkommen,
Woher, warum und wie blieb unbekannt.
Da war ich plötzlich in Besitz genommen
Und wie in einen Stromkreis eingespannt,
Von dem in mir verborgne Lampen glommen.
Mein Leben fühlt ich um- und umgewandet.
Das Wesen aber, das mich ehrte gastend,
War dunkel, kühl, schwer von Begriff und lastend.

Seit jener Stunde ist es mein Begleiter.
Sein offnes Aug verläßt im Schlaf mich nicht.
Bei Tag und Nacht trag ichs als meinen Reiter.
Es lebt, hört, sieht allein durch mein Gesicht.
Ich bin für ihn, so scheints, nur Wegbereiter
Auf seiner Reise durch das irdische Licht.
Voll Fragen ist es stets, voll Wunsch zu lernen.
Wenn kühl und stumm auch, kommt es doch von Sternen.

Von allem, was ich mit dem Geist ergreife,
Halt ich zurück ein Flüstern für den Gast.
Wie weit ich auch mit meinen Sinnen schweife,
Er nimmt sein Teil von dieser Beutelast.
Es tut ihm wohl, wenn ich ermüdend reife,
Er treibt mich um und duldet keine Rast.
Als Gegengabe für mein treues Raunen
Schenkt er mir eines nur: Sein tiefes Staunen.

Lächeln Atmen Schreiten

Schöpfe du, trage du, halte
Tausend Gewässer des Lächelns in deiner Hand!
Lächeln, selige Feuchte, ist ausgespannt
All übers Antlitz.
Lächeln ist keine Falte,
Lächeln ist Wesen vom Licht.
Durch die Räume bricht Licht, doch ist es noch nicht.
Nicht die Sonne ist Licht,
Erst im Menschengesicht
Wird das Licht als Lächeln geboren.
Aus den tönenden, leicht unsterblichen Toren,
Aus den Toren der Augen wallte
Frühling zum erstenmal, Himmelsgischt,
Lächelns nieglühender Brand.
Im kühlen Brand des Lächelns spüle die alte Hand,
Schöpfe du, trage du, halte!

Lausche du, horche du, höre!
In der Nacht ist der Einklang des Atems los,
Der Atem, die Eintracht des Lebens groß.
Atem schwebt
Über Feindschaft finsterer Chöre.
Atem ist Wesen vom höchsten Hauch.
Nicht der Wind, der sich taucht
In Weid, Wald und Strauch,
Nicht das Wehn, vor dem die Blätter sich drehn ...
Gottes Hauch wird im Atem der Menschen geboren.
Aus den Lippen, den schweren,
Verhangen, dunkel unsterblichen Toren
Fährt Gottes Hauch, die Welt zu bekehren.
Auf dem Windmeer des Atems hebt an
Die Segel zu brüsten im Rausche
Der unendlichen Worte nächtlich beladener Kahn.
Horche du, höre du, lausche!

Sinke hin, kniee hin, weine!
Sieh der Geliebten erdenlos schwindenden Schritt!
Schwinge dich hin, schwinde ins Schreiten mit!
Schreiten entführt
Alles ins Reine, alles ins Allgemeine.
Schreiten ist mehr als Lauf und Gang,
Der sternenden Sphäre Hinauf und Entlang,
Mehr als des Raumes tanzender Überschwang.
Im Schreiten der Menschen wird die Bahn der Freiheit geboren.
Mit dem Schreiten der Menschen tritt
Gottes Anmut und Wandel aus allen Herzen und Toren.
Lächeln, Atem und Schritt
Sind mehr als des Lichtes, des Windes, der Sterne Bahn:
Die Welt fängt im Menschen an.
Im Lächeln, im Atem, im Schritt der Geliebten ertrinke
Weine hin, kniee hin, sinke!

Elternlied

Kinder laufen fort.
Lang her kanns noch gar nicht sein,
Kamen sie zur Tür herein,
Saßen zwistiglich vereint
Alle um den Tisch.

Kinder laufen fort.
Und es ist schon lange her.
Schlechtes Zeugnis kommt nicht mehr.
Stunden Ärgers, Stunden schwer:
Scharlach, Diphtherie!

Kinder laufen fort.
Söhne hangen Weibern an.
Töchter haben ihren Mann.
Briefe kommen, dann und wann,
Nur auf einen Sprung.

Kinder laufen fort.
Etwas nehmen sie doch mit.
Wir sind ärmer, sie sind quitt,
Und die Uhr geht Schritt für Schritt
Um den leeren Tisch.

Im Haus der Kindheit

Ich trete in den Flur
Scheu von der Straße ein.
Wie waldige Natur
Umfängt mich Finstersein.
Ein wenig bangte mir,
Als sei es fast verrucht,
Daß man im Kind-Quartier
Sich mit sich selbst besucht.

Einst war so groß das Haus,
So turmhaft hoch gebaut.
Jetzt fülle ich es aus.
Mein Schritt tappt viel zu laut.
Mit mattem Scheibenblick
Das Licht noch immer krankt,
Wo sich der Mosaik
Verschlungenes »Salve« rankt.

Beim Stufensteigen hemmt
Den Schuh geheimer Leim.
So eigen ist mir fremd,
So eigen mir daheim.
Ein Geist nicht anders streicht
Ums ärmliche Gelaß,
Weil er von sich vielleicht
Den Nachgeschmack vergaß.

Ich steige steif und scheu
Von Stock zu Stock hinan.
An Türen alt und neu
Führt mich vorbei der Bann.
Hier wohnt der Arzt nicht mehr,
Ich kenn den Klingelknopf.
Auch tickt vom Hof nicht her
Des Goldschmieds Feingeklopf.

Voll fremder Jahreszeit
Und unbekanntem Lärm
Sich Wohn-an Wohnung reiht,
Es riecht nach Milch und Germ.
Mich aber ziehts empor
Zum hohen Bodenraum,
Den hundertmal beschwor
Ein treugebliebner Traum.

Liegt nicht im morschen Loch,
Verpickt von Staub und Pech,
Die Viertelgeige noch,
Mein Dampferchen aus Blech?
Das alte Kindergut,
Es ruft und lockt mich so.
Wie ist mir denn zumut?
Wo bin ich? Bin ich wo?

Noch nie war mir so dumm.
Mich hält ein Schwindel fest.
Und wie von Wind gepreßt,
Kehr ich verwunschen um.
In frischer Straßenluft
Renn ich ein gutes Stück.
Das Kind in seiner Gruft
Bleibt steif und scheu zurück.

Das interurbane Gespräch

Alles kam. Die Wohnung dehnte sich aus den Fugen,
Vergangene Worte sprangen auf, erloschne Gelächter schlugen.
Versunkene Stimmen von Dienstmädchen und Kohlenmännern
  kamen,
Und ganz verwehte Violinstunden nannten mich schüchtern
  beim Namen.
Die oftbetretene Treppe tappte treuherzig heran,
Und alle Türen ächzten im Zauberbann.
Auch die Reden der Mutter, der Schwestern waren nicht weit,
Und wandelten doch in der lange verlorenen Zeit.
Wie Mägde, eh' sie ins Zimmer treten, die Hand in die Schürze
  wischen,
Verbeugten sich alle Gerüche in allen Ecken und Nischen.
Geruch verrauschter Gastmähler und die Gerüche
Der Schulfrühstücke entliefen der lieben Küche.
Auch ein vergessenes Regenwetter stand am Apparat,
Das den verlorenen Sohn um Erinnerung bat. –
Die Zeiten und Weiten brachen aus Uhr und Stein.
Und wie schon jauchzend alles zusammenschäumte,
Riß der Gott der Ferne, der wild sich bäumte,
Uns auseinander und ließ mein Weinen allein.

Nächtliche Kahnfahrt und Erinnerung

Tschibuktürke auf dem Ladenschild,
Was verbeugt sich dein vergeßnes Bild?

Mit dem Nacht- und Wassergang im Bund
Grüßt dein pfiffig zugespitzter Mund.

Während Boot und Welle steigt und taucht,
Zum gemalten Blau dein Tschibuk schmaucht.

Und es spricht, der längst zerspalten ward:
Nimm mich mit auf deine Ruderfahrt!

Ach, wie Wasser, drängend, sich nicht läßt,
Halt ich dich mit leichten Farben fest.

Kind, vernimm zu nächtlichem Geleit:
Ewig sind wir. Wahn ist alle Zeit.

Dieser Turban, der dich einst gerührt,
Wird von dir unendlich fortgeführt.

Dich und ihn gibst du im Wechsel preis,
Bis ihr wieder euch berührt im Kreis.

Den zur Kinderstund dein Auge sah,
Lieber Bruder, schmauchend ist er da.

Tschibuktürke überm Ladenschild,
Was verbeugt sich dein verstorbnes Bild?

Anmerkung: Über den Tabakverschleißen des alten Österreich hing oft ein Bild, das einen hockenden Türken darstellte, der die Wasserpfeife raucht.

Eine Prager Ballade

(Geträumt im Zuge
vom Staate Missouri nach dem Staate Texas)

Herr Wàvra, alter Kutscher! Wie Ihre Rösser jagen!
Ein Stoß hat mich geweckt. So rüttelt dieser Wagen.
Es riecht nach Juchten und Pferd. Nichts als der Funkenschlag
Der Hufe in der Nacht. – Wohin sind wir verschlagen?

»Sein's ruhig, junger Herr, ich fahre Sie auf Prag.«

In Ordnung! Prag! Die Straße müßt' ich kennen.
Sind wir in Sterbohol? Daß keine Lichter brennen.
So passen Sie doch auf! Wir zahlen sonst noch Straf',
Wenn im Verdunkelten wir jemand niederrennen . . .

»Ich fahre prima, junger Herr, in meinem Todesschlaf.«

Herr Wàvra, jetzt nach Haus! Die Eltern werden warten.
Sie legen Patience mit abgegriffnen Karten.
Nach Haus? Um Himmels willen! Das Haus ist mir verwehrt.
Die Nazis lauern längst im Küchengarten . . .

»Sein's ruhig, junger Herr, da machen wir halt kehrt.«

Herr Wàvra! Feindesland! Fern hör ich schon Geheule.
Es dämmert durch den Schlitz. So peitschen Sie die Gäule!
Herrgott, was schwanken Sie auf Ihrem Bock umher?

»Sein's ruhig, junger Herr, via Königsaal und Eule
Fahr ich Sie stantepé übers Atlantische Meer.«

Gestammel in elfter Stunde

Ich muß die Brust mir schlagen,
Mich wider mich anklagen!
O gott, hör, was ich lalle:
– Ich fiel in jede Falle,
Ich konnte mich vom Bösen
Nicht einen Tag lang lösen.
Ich heuchelte Erbarmen
Und übersah die Armen.
Ich zeigte Glut und Wärme,
Doch das war nur Geschwärme.
Mein Klima war der Winter,
Frost, Stroh und nichts dahinter.
Versprochen hieß gebrochen,
Im Ich lag ich verkrochen
Wie unter Federbetten.
Gleich allen Erz-Koketten
Mißbraucht' ich noch die Reue,
Daß ich mich meiner freue.
So reim ich hier und leire,
Damit ich selbst mich feire,
Um wichtig mich zu machen
Vor Dir als Feig' und Schwachen.
Anschmeißen und Anbiedern,
Das ja, doch was erwidern,
Wenn Du zum Ernst Dich wendest,
Und einen Blick hersendest?
Was werd ich dann noch haben
Von allen guten Gaben,
Die ich bis auf die letzte
Beim Teufel längst versetzte?
Vielleicht blieb von dem Gute
Nur *die* und *die* Minute,
Wo ich mich Dir im Weinen
Ekstatisch durfte einen!

Wo ich, ein All der Wonnen,
Verdienstlos, war durchronnen
Vom Hymnus: »Heilig – Heilig.«
Da war ich Dein! – Dieweil ich
Noch wähnte, daß ich glaube,
Lag längst ich schon im Staube.
Ich habe im Besitze
Nur diese kurzen Blitze.
Sie sind die letzten Gulden,
Die meine Laster nicht stahlen.
So kann ich Dir nur zahlen
Die Schuld mit meinen Schulden.

Wann und wo ich gelebt?

Wo und wann ich gelebt? Gleichviel! Denn bleib ich am Leben,
Lebt im Buch mit mir fort Wo und Wann ich gelebt.

Prosa

Durchaus autobiographisch sind Franz Werfels Meisternovellen ›Kleine Verhältnisse‹ und ›Das Trauerhaus‹ zu interpretieren, beide im Jahre 1927 an der ligurischen Küste nahe Genua entstanden. Die erotische Stimmung, welche zwischen dem elfjährigen Hugo und dem aus kleinen Verhältnissen stammenden Fräulein Erna Tappert in Schwingung gerät, ist aus seliger Reminiszenz an die einst tatsächlich im Hause Rudolf Werfels lebende Gouvernante Erna Tschepper gespeist, die zur Entlastung der Kinderfrau Barbara angestellt wurde, als Werfel junior gerade zwölf Jahre alt war. Des Buben häufiges Kränkeln, seine ununterbrochene Leselust, die herrlichen Spaziergänge mit Erna, das Gebadetwerden von der schönen jungen Frau sowie ihre spätere Entlassung aus seinem Elternhaus als Folge einer Schwangerschaft, all diese Erinnerungen an Kindheitsmomente wurden ein Vierteljahrhundert später zum Stoff der Erzählung ›Kleine Verhältnisse‹. »Ich erinnere mich«, gestand Werfel im Jahre 1917 seiner damaligen Geliebten, der Pragerin Gertrud Spirk, in einem Brief von der Weltkriegsfront, »daß ich einmal als Kind zwei Nächte lang geheim geweint habe, als mir unsere Bonne gesagt hatte, sie würde von uns weggehn ... Da war man noch ein Mensch.«

Auch ›Das Trauerhaus‹ gewährt detailgetreuen Rückblick in die Jugendzeit Franz Werfels, der in seinen beiden letzten Gymnasialjahren, Verdi-Arien schmetternd, mit einigen seiner Klassenkameraden die Prager Nachtlokale durchstreifte, oftmals auch das berühmte Freudenhaus ›Gogo‹ in der Gemsengasse No. 6 besuchte. Eigene Erlebnisse werden in das Jahr 1914 projiziert, in jene Sommernacht, da die Kunde von der Ermordung des österreichischen Thronfolgers Franz Ferdinand Prag erreichte. Der »Salon« des Hauses Goldschmied, mit seinen roten Tapeten, den Samtvorhängen und goldumrahmten Spiegeln, wurde von Herren der »guten Gesellschaft« besucht, wohlhabende Geschäftsleute waren hier ebenso anzutreffen wie reiche Landwirte, höhere Beamte und Militärs, Künstler ebenso wie Akademiker und Gymnasiasten. Letztere sahen in dem Etablissement vor allem eine anregende, erregende Diskussionsstätte, ihres begrenzten Taschengeldes wegen kamen sie als Freier jedoch kaum in Betracht – die besondere Stimmung im Empfangssaal des ›Gogo‹ beflügelte sie aber, ließ das Gefühl des plötzlichen Erwachsenwerdens in ihnen aufrauschen, von Wein-, Likör- und Zigarettenkonsum kräftig unterstützt. Die Mädchen fanden Gefallen an ihren jüngsten Gästen, scherzten mit ihnen, erlaubten ihnen dabeizusein, wenn sie im Morgengrauen gemeinsam frühstückten, ließen wohl hie und da auch Zärtlichkeiten zu, die nicht allzu genau verrechnet wurden.

Die ›Trauerhaus‹-Novelle ist zugleich prägnantes Abbild Prags vor dem Ausbruch des Ersten Weltkriegs, da Tschechen, Deutsche und Juden diese k.u.k.-Provinzstadt in feindseliger Symbiose bevölkerten. Eines seiner Lebensthemen hat Franz Werfel darüber hinaus auch hier mit einverwoben: die verwandte Fremde oder die fremdartigen Verwandtschaftsbezüge, welche zwischen Judentum und Christentum bestehen, verkörpert in der Figur des Bordellbesitzers Max Stein.

Franz Werfel wurde im Ersten Weltkrieg zum Militärdienst eingezogen – zu den Jubelnden zählte er von allem Anbeginn nicht, nahm vielmehr sofort vehement pazifistisch Stellung, gab sich jede erdenkliche Mühe, nicht an der Front stehen zu müssen, und diente, als er schließlich doch präsentieren mußte, niemals in den Schützengräben: es gelang ihm, für Bürodienste in der Feld-Telephonzentrale eingesetzt zu werden ... Die Tagebuch-Erzählung ›Cabrinowitsch‹ beruht auf einer tatsächlichen Begegnung des »Kanonier-Titular-Vormeisters« Werfel mit dem einen der beiden Attentäter von Sarajewo, den er in einem Garnisonsspital Augenblicke lang zu Gesicht bekam, als dieser nach Theresienstadt rücküberführt wurde, wo er seine lebenslängliche Strafe abzubüßen hatte. Der fünfundzwanzigjährige Soldat Werfel sieht in Cabrinowitsch keineswegs einen teuflischen Mörder, zeichnet ihn als scheuen, geradezu würdevollen Helden, als ein Werkzeug Gottes, einen Spielball Seines Weltenplans: »Einem Lamm war die Schuld auferlegt worden.«

Als der Weltkrieg zu Ende ging, die k.u.k.-Wirklichkeit Österreich-Ungarn zu zahlreichen Splittern zerbarst, begrüßte Franz Werfel diesen Untergang der Altwelt als Befreiung vom Joch der repressiven Monarchie. Er kämpfte auf den Barrikaden, als in Wien die kommunistische »Rote Garde« unter der Führung seines Freundes Egon Erwin Kisch zur Revolution aufrief, in Österreich eine sozialistische Republik nach sowjetischem Vorbild zu etablieren. Wenige Jahre nach dem Umsturz sollte sich Werfels politische Position jedoch in ihr Gegenteil verkehren: nicht zuletzt unter dem Einfluß seiner Lebensgefährtin und späteren Gemahlin Alma Maria Mahler rückte er von seiner Sympathie für den Bolschewismus Schritt für Schritt ab – bis hin zu seiner Freundschaft, in den dreißiger Jahren, zu Österreichs klerikal-autoritärem Bundeskanzler, dem Mussolini-Intimus Kurt von Schuschnigg.

In den Vereinigten Staaten von Amerika war das Interesse an Franz Werfels Gesamtwerk nach dem grandiosen Erfolg des 1934 in Deutschland verbotenen Armenier-Romans ›Die vierzig Tage des Musa Dagh‹ sehr gewachsen. 1937 erschien in New York eine Sammlung von Werfel-Novellen und -Kurzgeschichten, in die auch ›Kleine Verhältnisse‹ und ›Das Trauerhaus‹ aufgenommen wurden. Als Vorwort zu diesem Band ›Twilight Of A World‹ schrieb der Dichter 1936 den Aufsatz ›Ein Versuch über das Kaisertum Österreich‹, ein Bekenntnis zur Glorie des Habsburgerreichs und seines »Caesars« Franz Joseph I. Vergleicht man den einstigen Revolutionär Werfel mit dem Bundesverdienstkreuzträger und nunmehrigen Liebling der Mächtigen Österreichs, könnte man zu der Ansicht gelangen, zwei verschiedene Persönlichkeiten vor sich zu haben. Weisen nicht aber die Lebens- und Ideengeschichten aller Menschen, denen das Nachdenken *Existenz bedeutet, ähnliche Sprünge von Extrem zu Extrem auf?*

›Par l'Amour‹, ›Weißenstein, der Weltverbesserer‹ und ›Eine blaßblaue Frauenschrift‹ entstanden im französischen Exil, Franz Werfel hatte sein Haus in Wien und jenes in Breitenstein am Semmering durch den »Anschluß« Österreichs an das Deutsche Reich verloren, lebte seit dem Sommer 1938 abwechselnd in Paris und in dem südfranzösischen Fischerdorf Sanary-sur-mer, bewohnte an der Côte d'Azur einen alten Wachtturm, schrieb da in einem Rundzimmer mit zwölf windgeschüttelten Fenstern unter anderem auch den Kurzroman von der ›Blaßblauen Frauenschrift‹. Dieser belletristische Text setzte sich mit der Situation Österreichs vor der deutschen Invasion auseinander, ein Versuch, von dem Werfel glaubte, er sei ihm in dem Anfang 1939 aufgegebenen, daher Fragment gebliebenen Emigrationsroman, ›Cella, oder Die Überwinder‹, mißglückt.

›Die Verwirrung eines Apriltages‹ wollte er die ›Frauenschrift‹-Novelle um den Ministerialrat Leonidas ursprünglich nennen. »Die große Angst seines Lebens:«, lautet, in einem Skizzenbuch, Werfels erste Notiz zu der Geschichte, »das Verhältnis mit der Jüdin vor 18 Jahren, zu Beginn seiner Ehe. Überzeugung, daß ein Kind da ist, sein einziger Sohn ...« Sieht man von dem biblischen Prophetenepos ›Jeremias. Höret die Stimme‹ ab, so repräsentiert – wie Max Brod einmal feststellte – die Jüdin Vera Wormser die positivste Darstellung einer jüdischen Figur in Werfels Gesamtwerk. Zeichnet Werfel jüdische Menschen sonst immer mit einiger Selbstverachtung, mit gütig-mitleidsvoller Nachsicht, ihrer angeblichen Grobheit und Aufdringlichkeit wegen, so rückt Fräulein Wormser durchaus von diesem Klischee ab: sie ragt durch ihre vornehme Art (»zurückhaltend, unaufdringlich, mild verzeihend, vor allem auch schön, von bezaubernder Anmut«, wie Brod es formulierte) hoch über den durch reiche Heirat arrivierten österreichischen Beamten hinaus.

›Die wahre Geschichte vom wiederhergestellten Kreuz‹, welche Franz Werfel ursprünglich im neunten Kapitel des ›Cella‹-Fragments erzählt hatte, wurde 1942, als der Vertriebene in Hollywood lebte, umgeschrieben und erschien dort zuerst in der kalifornischen ›Pazifischen Presse‹. In unsere Sammlung wurde der Text vor allem aufgenommen, um der weitverbreiteten Ansicht entgegenzuwirken, Werfel habe niemals öffentlich gegen die teuflische Barbarei des Nazijahrtausends Stellung bezogen.

Kleine Verhältnisse

Hugo hatte sein elftes Jahr vollendet. Durch zwei besondere Umstände hervorgerufen, war in der Erziehung des Knaben ein Interregnum eingetreten. Erstens hatte Miß Filpotts plötzlich das Haus verlassen, und zweitens – was weit mehr ins Gewicht fiel – war Hugo rasch hintereinander an Scharlach und Diphterie erkrankt. Diese bedenklichen Übel, die ihn wochenlang ans Bett gefesselt hielten, erweckten in ihm zugleich mit den Wallungen des Fiebers die Lust an ungezügelter Träumerei.

Aus keinem andern Grunde als aus Angst vor Kinderkrankheiten war der verzärtelte Junge nicht zur Schule geschickt und daheim unterrichtet worden. Trotz der bitteren Erfahrung aber, daß es keinerlei Schutz vor dem Schicksal gebe, blieben die überängstlichen Eltern unentschlossen, wie sich Hugos Erziehungsgang ferner gestalten solle. Eines aber verstand sich von selbst, daß man einige Wochen lang dem blassen, geschwächten Kinde von jeder Art Einwirkung und Unterricht Ruhe lassen müsse. So wurde denn weder ein pädagogisch geschulter Hofmeister noch auch eine präzise Engländerin zu Miß Filpotts Nachfolge ausersehen, sondern auf ein gewöhnliches Zeitungsangebot hin, das Hugos Mutter angenehm berührte, Fräulein Erna Tappert als Erzieherin aufgenommen. Gegen Fräulein Erna Tappert schien die Tatsache zu sprechen, daß sie eine Mitbürgerin war und in ihrer Zeitungsofferte keine Sprachenkundigkeit ins Treffen führen konnte, – für sie sprach die bestandene Lehrerinnenprüfung und ihr wunderschönes blondes Haar, das die gnädige Frau gleich bei der Vorstellung entzückte. Man trug damals den Kopf noch nicht geschoren, und dick-lastendes Blondhaar galt als das Sinnbild eines vertrauenerweckenden Herzens. So war denn auch in den Augen der Dame Ernas schwerer goldener Knoten ein Beweis verhaltener Tugend, bürgerlicher Wohlanständigkeit und beruhigender Gemütsverfassung.

Fräulein Erna bezog die Stube, die an das Kinderzimmer stieß. Dieses Kinderzimmer war überaus geräumig, hell und in blendendem Weiß gehalten. Der gummibelegte Fußboden, die blitzenden Turngeräte, die mächtige Schulbank und -tafel, die Anordnung der eingebauten Wandkästen, das weiß-geschmeidige Bett, all dies erweckte den An-

schein, als hätten sich in diesen Räumen Hygiene, Erziehungskunst und Luxus zusammengefunden, um aus einem gesegneten Kinde einen Vollmenschen ohnegleichen zu modeln.
Man sieht, dieses Haus und seine Herren gehörten zu den Auserwählten, denen die Zeichen der Zeit nicht näherkamen, als es für einen ernsthaften Gesprächsstoff notwendig ist. Ihr Schicksal war so gut gedämmt, daß es die Sturmflut nur vom Hörensagen kannte. Der schwere Wermutstropfen der Zeitläufte hatte hundert immer feinere Siebe passiert, ehe er als zerstäubter Duft ins Bewußtsein dieser Glücklichen trat, wo seine Bitterkeit sogleich als edle Gesinnung die Lebensmeinungen würzte.
Miß Filpotts hatte seinerzeit das Kinderzimmer mit ihrem Zögling geteilt. Fräulein Tappert aber erhielt nach einer kurzen Besprechung der Herrschaften ein eigenes Zimmer angewiesen, weil Hugo immerhin elf Jahre alt war und die fortgeschrittene Wissenschaft allerhand Lehren über das frühzeitige Erwachen des Menschen verbreitete. Trotz dieser Maßregel war Hugos Mutter von der Überzeugung durchdrungen, daß jenes von der fortgeschrittenen Wissenschaft angedrohte frühzeitige Erwachen nur das Merkmal der unkultivierten Stände sei und bei ihrem wohlgeratenen Kinde nicht in Betracht käme.
Fräulein Erna Tappert wurde dahin belehrt, daß während der Nacht die Verbindungstür von ihrer Stube zum Kinderzimmer offen stehen müsse, damit Hugo unter Aufsicht bleibe und nicht, wie es einige Male schon geschehen, ganze Nächte mit Lesen verbringe. Während seines langen Krankenlagers nämlich hatte sich der Knabe das übermäßige Lesen angewöhnt. Mit der ausgehungerten Leidenschaft der Lebensleere, unter der die Kinder der Reichen so oft leiden, verschlang er Bücher, gleichviel welcher Art und welchen Inhalts: Klassiker, Schmöker, Zeitschriftenbände, Hackländer, Karl May, Kriegs-, Reise- und Abenteuergeschichten. Durch Bitten, Tränen, Zorn, ja selbst durch Ansteigen der Fieberkurve wußte er sich diese Nahrung von Eltern und Wärtern zu ertrotzen. Es war jedoch eine sonderbare Art von Lektüre, die Hugo trieb. Er verfolgte nicht Seite für Seite den Gang der Erzählungen, die er oft nur zum geringen Teil verstand, er las kreuz und quer in den Büchern. Oft las er nicht einmal, sondern starrte ekstatisch auf die wimmelnden Seiten, oft auch hielt er einen Band lange, mit saugenden Fingern gleichsam, in der Hand, während

er die Lider zusammenpreßte. Zwischen den beiden Deckeln des armseligen Dings, das nur ein Buch war, lagen unausschöpfliche Welten, die nur zum kleinsten Teile dem Verfasser angehörten, Welten, die sich Hugo selbst immer neu und immer wieder anders erschuf. Der Text, den man nicht schnell genug buchstabieren konnte, diente nur als Sprungbrett für des Knaben innere Bilderflucht, die jede Zeile mit raschen, gespenstischen Phantasiegeschwadern überholte. Jede Seite (starr vorwärtsdrängende Truppenordnung der Worte) war durchflochten von wilden Jagden, Geisterritten, Mordtaten, Aufschreien, Tropenlandschaften, die nicht zum Gelesenen gehörten und aus des kleinen Lesers Seele stiegen, die doch weder Zeit noch Gelegenheit gehabt hatte, als diese ausschweifenden Dinge in sich aufzunehmen, die ihr so verschwenderisch entfieberten.

Miß Filpotts, die unbestechliche Anhängerin eiskalten Wassers, körperlicher Ertüchtigung und starrer Nervenruhe, hatte diese Lesewut gehaßt. Hugo aber spürte mit der feinen Witterung, die Kinder für die persönlichen Antipathien in den Grundsätzen der Erwachsenen haben, daß sich hinter diesem Haß nicht das Wohlwollen der Erzieherin verbarg, sondern eine hochfahrende Verachtung für seinen Lieblingszustand, das Träumen.

Erna Tappert hingegen gewann Hugos Sympathie schon in der Minute, da sie ihren Koffer vor seinen Augen auspackte, wobei eine Anzahl von Büchern, ein ganzes Bündel ausgeschnittener Zeitungsromane, zwei Alben mit Photographien und Ansichtskarten und ein Stammbuch voll gepreßter Blumen zum Vorschein kamen. Zudem hatte das Fräulein große, langsame Augen, die keine gefahrbringende Energie verrieten, eine hohe, gar nicht magere Gestalt, die sich ein wenig träge bewegte, was wiederum darauf hindeutete, daß die Turngeräte nicht überanstrengt werden würden. All diese Zeichen erfüllten Hugo mit Zuversicht. Hatte er sich Miß Filpotts gegenüber als ein Gefangener oder Untergebener gefühlt, der sich mit knirschendem Zorn gegen eine hochmütig-eckige Übermacht behaupten mußte, so lernte er in Fräulein Erna ein Wesen kennen, das seine Gleichberechtigung anerkannte, das nachgiebig schien, ja mehr als dies, sich vor seiner männlichen Überlegenheit zu beugen bereit war.

Es war demnach kein Wunder, daß mit Ernas Einzug die Fülle von Streitereien, Anzeigen und Klagen gegen Hugo aufhörten, mit denen die verdrießliche Engländerin die Eltern bedrängt hatte. Dies vor allem: Mama forderte, daß beim Bad und der Morgenwaschung des Knaben die Erzieherin anwesend sei, die Reinigung beaufsichtigte und, wenn nötig, selber Hand anlege. Durch diese Anordnung hatte sich Hugo in seinem Stolz erniedrigt gefühlt, und jeden Morgen war zu Miß Filpotts Zeiten Streit und Geschrei ausgebrochen. Dies wurde nun mit einem Schlage anders. Ernas weiche Hände verletzten Hugos Stolz nicht; sie waren so wohltuend, noch in den harten Strichen der Badebürste, mit der sie des Knaben Rücken abrieben, blieb die gelassene Milde ihrer Finger fühlbar. So verwandelte sich die Morgenwaschung aus einer verhaßten Zeremonie in einen erwünschten Vorgang. Erwachend lag Hugo im wohligen Bette und freute sich auf Ernas Kommen. Und wenn sie dann eintrat, selber noch nicht angekleidet, ihren blauen Schlafrock übergeworfen, die Haare flüchtig aufgesteckt, sprang Hugo sogleich auf die Beine. Nun krempelte Fräulein Tappert die weiten Ärmel über die morgenfrische Haut ihrer Arme auf und tauchte Schwamm, Bürste und Seife ins Wasser. Hugo aber blinzelte mit gespielt-gleichgültiger Schläfrigkeit und gab dadurch, die Ehre wahrend, den Verzicht auf eigene Betätigung seiner mannhaften Person kund. Er vergaß sogar seinen Abscheu vor kaltem Wasser und zuckte nicht zurück, wenn Erna ihm Hals, Brust und Arme, die er willig darbot, eifrig abschrubbelte. Er sah seinen kleinen, abgemagerten Leib im Spiegel. Erna aber bewegte sich laut atmend um ihn her, sie war ganz verloren in ihrer Arbeit, herrliche Kraft drang aus ihr, die den Knaben von allen Seiten einhüllte wie eine volle duftige Wolke.

Ungetrübte Freundschaft entspann sich zwischen beiden. Erna hatte eine wunderbare Art, den Phantastereien Hugos zuzuhören. Kein Schimmer von Unaufmerksamkeit stand in ihren Augen, kein Fältchen von überlegener Duldung auf ihrem Gesicht, wenn er seine Absonderlichkeiten vor ihr ausbreitete:

»Kennen Sie vielleicht das Theaterstück ›Der böse Geist‹, Fräulein?«

Solche Fragen stellte der Knabe, ohne ein Werk dieses oder ähnlichen Titels selber zu kennen. Es genügte schon, daß ihm in dem Dickicht seiner Lektüre so etwas wie ein böser Geist einmal begegnet war. Ernsthaft verneinte Erna diese Frage. ›Es ist aber doch von Schiller‹, pflegte Hugo festzustellen, ohne an der Wahrheit dieser Behauptung zu zweifeln. Er hatte es ja auch nicht nötig zu zweifeln, denn schon begann er mit leidenschaftlicher Stimme und in tragischer Haltung sinnlos prächtige Worte übereinanderzutürmen. Erna verfolgte mit

angestrengten Augenbrauen und hingegebener Bewunderung den begeisterten Schwall, aus dem oftmals die Namen griechischer Gottheiten sie anblitzten. Warum sollte dies nicht klassisch sein? Man verstand es ja nicht. Sie empfand dumpf-erstaunt: ›Schiller!‹ und ›Welch ein Bub!‹ Aber den Elfjährigen erfüllte der Sturm dieser bewußtlos sich selber zeugenden Worte und die Andacht der großen erwachsenen Frau wie ein giftiger Rausch, dem Kopfschmerzen folgten.
Sie selber erzählte ihrem Zögling nur selten von ihrem eigenen Leben, und dann waren es meist belanglose und kurz angebundene Dinge. Fräulein Tappert sprach überhaupt nicht viel. Ihre Schweigsamkeit aber war durchaus verschieden von Miß Filpotts ablehnender Verschlossenheit, die der verachtungsvollen Anmaßung einer Herrenrasse entsprang, die in Dienst gehen muß. Ernas volle, etwas schwerfällige Erscheinung hingegen lebte so ruhig an Hugos Seite, als besäße sie kein eigenes Schicksal und keine anderen Gedanken als ihre kleinen Tagesverrichtungen. In der schönhäutigen Ausdruckslosigkeit ihres Gesichtes aber lag manchmal der erstickte Zug eines Träumers, der nach Worten ringt und stumm bleiben muß. Der Bund zwischen Erzieherin und Kind wurde von den Eltern nur selten gestört. Papa war viel auf Reisen, und Mama hatte in sich die Leidenschaft für kunstgewerbliche Arbeiten entdeckt. Sie besaß nun ein Atelier und einen Lebensinhalt.
Es war Frühling. Erna und Hugo machten zweimal des Tages auf Anordnung Mamas ausgiebige Spaziergänge. Die Stadt war jetzt von zahlreichen und bezaubernden Gärten durchbrochen. Erna liebte am meisten die ›Hasenburg‹, jenen Park, der sich mit labyrinthischen Wegen, weiten Rasenflächen, Terrassen, künstlichen Grotten, Springbrunnen, blühenden Heimlichkeiten an die Lehne eines Berges schmiegt. Auch Hugo mochte diesen weitgedehnten Ort gerne, von dessen sich überstufenden Wandelflächen und efeuumklammerten Brüstungen man die dichtgedrängte Stadt bis zu den nebligen Vorbezirken am Horizont betrachten konnte. Der schwere, schläfrige Fluß halbierte das altertümliche Gedränge des Zentrums. Die vielen steinernen und eisernen Brücken schwangen verschiedenartige Melodien von Ufer zu Ufer. Die älteste unter ihnen hielt den erstarrten Schmerz ihrer gefesselten Statuengruppen ins braune oder silberne Licht, das sich sekündlich verwandelte. Düsteren Kristalldrusen glichen diese bewegten Gestalten, die der Druck der Geschichte aus den felsigen

Brückenbögen emporgetrieben hatte. Hugos Auge aber hing vor allem an der mächtigen Kuppel des Nationaltheaters, die breit und grün mitten unter dem gotischen Emporstreben der hundert Türme in der Sonne brütete oder die wie ein architektonisches Tiergespenst aus dem Nebel tauchte, den die Stadt gegen Abend immer von sich gab. Er war zwei- oder dreimal schon in dieses Theater mitgenommen worden. Seitdem umlauerte sein Herz das Gebäude, dessen grünspäniger Kuppelsturz Dinge enthielt, die ihn tief entzückten: den pathetisch bemalten Vorhang, die lichterfüllte Wölbung, die Stimmen der Instrumente, den einzigartigen Geruch, aus feinem Staub, Moder, Parfum, Frauen gemischt, und das Zaubergeheimnis der Bühne, das Geheimnis eines unwirklichen Raumes, der den wirklichen schneidet, mächtiger noch als der göttliche Raum den irdischen der Kirche durchdämmert. Allein nicht nur die erhabene Sicht auf die schöne Stadt zeichnete die Hasenburg aus. Sie besaß ja außerdem noch die mysteriöse ›Hungermauer‹, die den blühenden Garten von einer wüsten, lehmigen Hochfläche abgrenzte, woher manchmal die militärischen Hornsignale wehten, um mit goldgelb gespreiteten Flügeln einen Augenblick lang über dem Tal der Stadt schweben zu bleiben. Dieses alte, traurige Gemäuer war, wenn man den Chroniken glauben durfte, ein geschichtliches Denkmal. Irgendein mittelalterlicher König hatte es aufführen lassen, um zur Zeit der Hungersnot das Problem der Arbeitslosigkeit auf ebenso harmlose wie märchenhafte Art zu lösen. Wie dem auch immer sei, die Hungermauer bot für Hugos Phantasterei einen schönen Anlaß, und er log der willigen Erna mancherlei von Pest, Krieg, Sturmwiddern, Breschen und nächtlichen Überrumplungen vor. Dies aber gehörte zum Wesen der einzigartigen Stadt: Ein alter Stein irgendwo, ein Holzgeländer, ein Brunnen in einem Hof, eine ausgebrannte Mühle, die man stehen gelassen hatte, ein grauer, augenleerer Turm, in dessen Höhlung ein Alteisenhändler sein Warenlager besaß. Ein unverhoffter Durchgang, ein trauerndes Wappentor, in dem ein frecher Bierschank lärmte, greise, tagblinde Winkel, die der verlotterten Nacht entgegenlauerten. Nichts, Gerümpel, oft ohne Schönheit, meist ohne Kunst! Aber die Toten huschten über den Stein, die Toten schmiegten sich an das Holzgeländer, die Toten stiegen über die rostigen Eisenstangen, die Toten mischten sich in das Straßengedränge, ein Licht in Händen, das den Tag verfinstert, die Toten verließen diese Stadt nicht. Alter Sandstein, brüchiges Ge-

mäuer nur! Aber auf einmal zitterte im Mittagsstrahl ein kranker Schatten, ein unsagbar blasses, abgezehrtes Bildchen drüber hin, wie aus der Laterna magica unserer Kinderjahre geworfen, die in irgendeiner Rumpelkammer vermodert.
Erna freilich war auf den sonnigen Kieswegen dieses Parkes, auf den Bänken und Terrassen nicht so ganz bei der Sache, wie es Hugo schien, sie war sogar recht eingenommen, wenn sie gegen halb fünf Uhr nachmittags den Blick unruhig aussandte. Denn zu dieser Stunde pflegte sich Herr Oberleutnant Zelnik einzustellen. Hugo hatte bereits soviel Wohlgefallen an dem Offizier gefunden, daß auch er eine freudige Regung verspürte, wenn die uniformierte Gestalt, in schmalen Hüften sich wiegend, auf dem Parkwege in der schattenübersprenkelten Ferne sichtbar wurde. Der militärische Glanz wirkte auf ihn wie auf jeden anderen Knaben, er erfüllte ihn mit eigentümlich ehrfürchtigen Schreckgefühlen, die, wenn Zelnik ihn mit einem herablassend näselnden ›Servus‹ begrüßte, in angenehmen Stolz umschlugen. Doch diesem Stolz war das Bewußtsein beigemischt, daß die Vertraulichkeit des Offiziers eine Gabe blieb, nur auf Widerruf verliehen und sogleich zurückziehbar, sollten die Umstände es erfordern. Zelnik erschien trotz aller Liebenswürdigkeit hocherhaben und unerreichlich. Hugo aber – und das unterschied ihn von anderen Jungen – dachte trotz dieser schneidigen Freundschaft nicht daran, nun selber Soldat werden zu wollen. Er verehrte den Glanz des Oberleutnants mit frommem Erschauern, aber er verehrte ihn als etwas Fremdes, dem nachzustreben ihm nicht gebührte. Er liebte es sehr, wenn Zelnik die strammen Ausdrücke des Dienstes in seine Rede flocht. Dann prägte er diese Worte seinem Gedächtnis ein wie etwas Kostbares und Vornehmes, dessen Gebrauch auszeichnet. Der Oberleutnant pflegte in der Unterhaltung mit Erna jeder Bitte das Wörtchen ›gehorsamst‹ anzuhängen. Diese Ritterlichkeit gefiel Hugo ausnehmend gut, und als sie nach und nach verschwand, vermißte er sie.
Eines aber war klar, um vor den Augen dieses strahlenden Mannes zu bestehen, mußte sich Hugo in acht nehmen. Er mußte beweisen (wenn er auch durch Zufall noch unerwachsen und schwächlich war), daß er sich doch wie ein Mann benehmen konnte. Männliches Benehmen aber, was war es denn anderes als höfliche Feinfühligkeit? Hugo verstand es also, das Paar in unauffälliger Weise allein zu lassen, indem er sich – und das war geradezu ein Opfer – am Spiel einiger anderer

Jungen beteiligte. Meist aber setzte er sich nur abseits und träumte in die Luft hinein, wenn er sich nicht in ein Buch versenkte, das die fürsorgliche Erna heimlich mitgenommen hatte. Er war auf den fremden Mann nicht eifersüchtig, ganz im Gegenteil, er war stolz auf ihn, er war stolz, daß sein Fräulein Erna gar manche wichtige Angelegenheit flüsternd mit dem Oberleutnant auszutragen hatte, während er selbst sich freiwillig und ohne Neugier wie ein guter Wächter abseits hielt. Er machte sich dabei keine Gedanken über die Angelegenheit, die also eifrig beflüstert wurde, nur die aneinandergedrängte Nähe Zelniks und Ernas, der vom Entzückungshauch beschlagene Aufblick der Frau, ihr unbewußt im Winde spielendes Haar, des Mannes zuckende Nüstern, sein grausam lächelnder Schnurrbart – all das erregte Hugo mit knisternder Ausstrahlung.

Sonntags hatte Fräulein Tappert immer Urlaub. Sie verließ das Haus nach Tisch und kehrte erst um Mitternacht wieder heim. Diese einsamen, endlosen Sonntagnachmittage quälten Hugo mit ihrer Trauer und Langeweile. Selbst die verbissenste Lektüre half ihm nicht darüber hinweg, daß er Erna und Zelnik vermißte. Er sehnte sich danach, von ferne die beiden großen Gestalten auf der grünen Parkbank zu bewundern, hinter der ein roter Rhododendronstrauch sein Rad schlug. Wenn dann spätabends das Fräulein auf leisen Zehen durch sein Zimmer in das ihre schlich, lag er stets wach und rief sie an.

Es war aber ein ganz gewöhnlicher Wochentag, als ihn auf einem der gemeinschaftlichen Spaziergänge Herr Oberleutnant Zelnik am Arm faßte, während Erna Tappert zurückblieb und sich mit blinzelndem Interesse in das lichtzerklirrende Spiel eines Springbrunnens vertiefte, der seine kristallene Palme lockend entfaltete. Zelnik drückte den Arm des Knaben:

»Sie sind ein tapferer kleiner Mann, Hugo, was? Das hab ich längst schon heraus.«

Diese Worte beglückenden Lobes sprach der Offizier zu Hugo, der von seinen Eltern zwar oft sorgende Ängstlichkeit, aber kaum jemals eine Aufmunterung zu hören bekam. Der Knabe sah leichtgeblendet auf den nickelblitzenden Korb des Salonsäbels, der an der Hüfte des Mannes schwankte.

»Also Hugo, merken Sie auf, es ist ein wichtiger Auftrag, den ich Ihnen hiermit erteile ...«

Hugo empfand ein starkes Bedürfnis, den Säbelkorb oder das goldene

Portepee zu berühren, das an seiner Seite auf und nieder spielte. Verwegene Lust durchzuckte ihn, als könnte er durch diese Berührung einen wohltuenden Strom zwischen sich und dem prächtig erklirrenden Herrn schließen. Der Oberleutnant fuhr mit geneigter Bedeutsamkeit fort, während sein Schritt sich bemühte, den Schritt des Jungen kameradschaftlich ernst zu nehmen: »Es ist das, ich bitte, eine Sache, die Sie noch nicht ganz verstehen können. Aber, Hugo, nicht nur ein Zivilist, selbst ein Offizier erhält täglich eine Menge von Befehlen, deren Zweck er nicht versteht! Unsereins sagt sich dann: Befehl ist Befehl und Dienst ist Dienst! Die Sache übrigens, um die es sich hier handelt, geschieht einzig und allein im Interesse von Fräulein Erna, wofür wir beide ritterlich einstehen müssen ... Na, da brauch ich Sie ja nicht extra zu belehren.«

Hugo berührte unauffällig das goldene Portepee, ängstlich, als wäre es glühendes Metall. Er machte große Schritte. Zelnik legte seinen Arm um die Schulter des Knaben:

»Es ist unbedingt notwendig, daß Fräulein Erna bei den Verhandlungen anwesend ist, die im Interesse ihrer Zukunft geführt werden. Und jetzt machen Sie die Ohren auf, junger Mann, es sind nämlich geheime Verhandlungen ... Streng reservat ... In der Nacht ... Versteht sich ...« Zelnik blieb stehen und sah Hugo an, als wäre damit mehr als genug gesagt:

»Sie wissen, was das bedeutet, geheime Verhandlungen?« Vor Hugos Augen zogen rasche Traumbänder dahin. Der Oberleutnant seufzte befriedigt:

»No also! Sie verstehen mich, Hugo! Und Sie, niemand anderer als Sie, haben den Auftrag, dafür zu sorgen, daß kein Mensch etwas davon erfährt, wenn Fräulein Erna in der Nacht nicht zu Hause ist. Vor allem Ihre Herren Eltern nicht! Das möchte ich gehorsamst erbeten haben. Sie geloben mir in die Hand, wie das Grab zu schweigen und Fräulein Erna somit vor allen gefahrvollen Weiterungen zu schützen.«

Hugo fühlte, wie seine Hand im Druck der großen Männerrechten hinschmolz. Er hatte geschworen. Erna näherte sich. Der Oberleutnant trat anmutig an ihre Seite:

»Unser Freund Hugo hat den Eid geleistet ...«

Und lächelnd, während er selbstzufrieden mit zwei Fingern den Uniformkragen lockerte:

»Zu Wasser, zu Lande und in den Lüften.«
Am Abend – Hugo lag schon zu Bette – trat Erna, die kein Wort mit ihrem Zögling über diese Sache gewechselt hatte, schön gekleidet und duftend aus ihrem Zimmer. Sie sagte nur:
»Also, ich geh jetzt, Hugo!«
Dabei zog sie seine Hand an ihre Brust und sah ihn bittend an. Ihre Erregung durchschauerte seinen Körper. Dieselbe Szene wiederholte sich in den nächsten Wochen an so manchem Abend. Ehe Fräulein Tappert Hugos Zimmer verließ, waren ihre Wangen von Angst wie von einem scharfen Wind rot und aufgerauht. Und jedesmal sagte sie:
»Also, ich gehe jetzt, Hugo!«
Wie viel lag doch in diesen stummen Worten. Der Junge spürte es und spannte alle Muskeln an, als müsse er jeden Augenblick bereit sein, Erna vor lauernden Feinden zu verteidigen. In solchen Nächten lag er mit brennender Haut schlaflos oder unter einer dünnen Decke unruhigen Dämmerns. Fernunten hallte der Trab nächtlicher Pferdewagen über das Pflaster. Wie das rhythmisch-hohle Glucksen von Wasser aus einer Riesenflasche drang dieser Trab in sein übertreibendes Gehör. Erst wenn die Heimkehrende mit angehaltenem Atem durch sein Zimmer huschte, legte sich ein stolzer Friede über seine Augenlider, und die Müdigkeit eines Siegers beschlich ihn mit gerechtem Schlaf. Oft, wenn das geheimnisvolle Ausbleiben sich allzulange hindehnte, konnte Hugo es vor Angst um Erna kaum mehr aushalten. Schreckbilder von Überfall, Mord, Entführung würgten ihn, in denen Erna das Opfer, Zelnik aber keineswegs der Übeltäter war. Alles, was er jemals von Kriminalverbrechen oder Selbstmord gehört und gelesen hatte, jagte in solchen Augenblicken vorüber. Er sah Ernas Körper deutlich vom schmutzigen Fluß immer wieder gegen das alte Wehr geschleudert werden. Gewiß! Der Oberleutnant stand verzweifelt am Kai und blickte nach Rettung aus, dachte aber nicht daran, seinen kakaobraunen Waffenrock mit den roten Artillerieaufschlägen abzuwerfen und ihr nachzuspringen. Man konnte solch eine Tat von einem gestiefelten und gespornten Herrn auch nicht verlangen. Derartiges schickt sich nicht für einen Offizier. Das Schrecklichste aber war, daß er, Hugo, sich selber die Schuld an dieser Tragödie geben mußte.
Erklang dann im Morgengrauen Ernas leiser Schritt, so stellte sich Hugo aus einer plötzlichen Scham schlafend. Manchmal aber konnte er sich nicht halten und rief durch die offene Tür:

»Fräulein! Sie können heute ruhig liegen bleiben! Ich werde mich schon selber waschen.«
Fräulein Tappert aber hielt es wie alle Tage. Frischduftend, ohne jegliches Zeichen von Übernächtigkeit, waltete sie kräftig mit Bürste und Schwamm ihres Amtes. Hugo bemerkte, daß die Gefahren der Nacht Ernas Wesen nicht ermüdet, sondern gestrafft hatten. Sie hatte geschwindere, energischere Bewegungen als sonst. Sie glich nach solchen Nächten den edlen Segelbooten, die mit vollem Wind über jene sonnigen Wasserflächen schießen, an deren freudegesegneter Küste Leute wie Hugos Eltern den Sommer verbringen. Keine Abspannung sah er in ihren Zügen, keine Leere auf ihrem Gesicht, nein, es war bis zum Rand gefüllt von einem gereiften inneren Licht, das den Knaben blendete. Er aber wurde immer blasser und magerte ab. Die Eltern zogen Ärzte zu Rat. Man bekämpfte die allgemeine Körperschwäche mit Lebertran, Hämatogen und ähnlichen Bitternissen.
Zwischen den beiden Verschworenen war wie durch festes Übereinkommen niemals die Rede von dem Geheimnis der Nächte. Tag und Nacht blieb zweierlei und wußte nichts voneinander. Mit inniggeneigtem aufmerksamem Ohr hörte Erna zu, wenn Hugo zu deklamieren begann und ihr seinen phantastischen Schiller zum besten gab. Sie lauschte sogar um eine Spur hingebungsvoller als früher. Es schien, als gehöre sie bis zum Nachmittagsspaziergang gänzlich Hugo an; erst dann trat der Oberleutnant in seine Rechte, die der Knabe freudig anerkannte.
Zweimal aber drohte dem nächtlichen Geheimnis ernste Gefahr, die Hugos Tapferkeit und Geistesgegenwart auf die Probe stellte. Eines Abends hatte Hugo Ernas Abwesenheit benutzt und sich schrankenlos in ein Buch verloren. Gott weiß, wie spät es sein mochte, als er Schritte hörte. Er erkannte sogleich: Mama! Blitzschnell riß er den Schalter der Bettlampe aus dem Kontakt und wühlte den Kopf ins Kissen. Mama, die das Licht in Hugos Zimmer bemerkt haben mußte, beugte sich tief über ihn, lauschend, lange. Er atmete gleichmäßig, tief, und zitterte, die Mutter werde ihn anrühren und bemerken, daß ihm der Schweiß aus allen Poren drang. Nach einer Ewigkeit richtete sich Mama auf und rief: »Fräulein Erna!« Da keine Antwort kam, wiederholte sie den Ruf leise, so als habe sie keine andere Absicht mehr, als sich von Ernas festem Schlaf zu überzeugen. Dann strich sie die Decke des Sohnes glatt, aber schon mit achtlosen Händen, gleichsam nur, um

sich selbst ein wenig konventionelle Mütterlichkeit vorzuspielen, und ging.
Weniger harmlos aber drohte ein anderes Ereignis zu verlaufen.
Einmal war Hugo gegen seinen Willen fest eingeschlafen. Plötzlich fuhr er auf. Seinen ganzen Körper durchströmte die Gewißheit, daß Erna in schwerer Bedrängnis schwebe. Es war wie eine Einreibung mit Äther oder Alkohol. Er sprang aus dem Bette, ratlos, was zu tun sei. Im Zimmer konnte er nicht bleiben, dies war sicher. So öffnete er die Tür und fand sich allein, im Nachthemd, barfuß dem erloschenen Raum seines Vaterhauses gegenüber.
Dieses Haus war einer der kleinen, zierlichen Adelspaläste, die der Stadt zum Ruhme gereichen. Hugos Vater hatte ihn vor einigen Jahren gekauft und renoviert, das heißt, die steife Pracht feudaler Jahrhunderte war um einige weißblitzende, kachelbelegte Örtlichkeiten modernen Komforts vermehrt worden.
Hugo überlegte nichts. Es zog ihn zum Haustor, zur Einfahrt hinab. Er mußte, um zur Haupttreppe zu gelangen, die sogenannte ›Galerie‹ durchlaufen. In dieser Galerie standen und hingen Papas ganz einzigartige Schätze. Diesen Kunstschätzen zollte man Ehrfurcht, nicht weil man ihre Schönheit verstand, sondern weil man immer wieder ihren Wert und ihre Seltenheit hatte rühmen hören. Hugo war seit frühester Kindheit mit jedem dieser unvergleichlichen Stücke bekannt, aber gerade deshalb kannte er keines so recht. Denn nichts entfremdet mehr als täglicher Anblick. Er hätte sie kaum herzählen oder beschreiben könne, die Bildwerke der väterlichen Galerie. Sie waren trotz ihrer alltäglichen Gegenwart nicht in sein Bewußtsein gedrungen. Das Verbot, sich ihnen zu nähern, die eingetrichterte Schreck-Erkenntnis ihres unermeßlichen Wertes hatte sie so gut wie unsichtbar gemacht. Es schien fast, als hätten all diese Heiligen und Madonnen für die Riesensummen des an ihnen vollzogenen Kunsthandels auch ihre Seele mitverkaufen müssen. Sie machten unglückliche Mienen, wenn das Sonnenlicht durch die Fenster wogte, und freuten sich der Schatten und Dämmerungen, in denen sie ihre Schmach verbergen konnten. Für Hugo trugen sie immer Tarnkappen. In der kurzen Minute jedoch, da er die Galerie in unverständlicher Angst um Erna durcheilte, bekamen sie ein blasses, und man muß es so nennen, ein verworfenes Leben. In dem Raum brannte immer Licht. Dort, diese uralt-zerschmetterte Holzpuppe mit dem ausgemergelten Leichengesicht, welch ein Chri-

stus war das? Und weiter links davon der asiatische Götze, der seinen scheußlich gefalteten Bauch betrachtete? Die unermeßlich wertvollen und unermeßlich gottlosen Götter jagten diesem halbnackten Kind keine Angst ein, sie erfüllten es mit leisem Haß und mit einer dumpf aufkeimenden Wut.

Hugo tappte den weichen Teppich der Treppe hinab. Er stand im hochgewölbten Flur neben der Rokokosänfte, die ihn zierte.

Da fuhr ein Schlüssel ins Tor und knackte im Schloß. Der Knabe hatte kaum mehr Zeit, sich in der Sänfte zu verstecken. Papa war heimgekommen und schaltete die altertümliche Hängelaterne des Flurs ein. Nicht anders als vorhin die wertvollen Götter und Heiligen sah Hugo nun Papas Gesicht zum erstenmal. Dieses Gesicht war ja immer um ihn gewesen, aber er hätte nicht einmal sagen können, ob Papa helle oder dunkle Augen habe. Jetzt sah er, daß, in dieser jenseitskühlen Beleuchtung wenigstens, Papas Augen wasserblau zu sein schienen. Und er verwunderte sich darüber. Er wunderte sich überhaupt, daß dieser fremde Herr im Abendanzug eins mit jenem Wesen war, das er Papa zu nennen pflegte, dem er oft einen Gutenachtkuß entbot, den er täglich bei Tische sah. Dieser Vater stand jetzt minutenlang im Flur und brütete in tiefen Gedanken vor sich hin. Unbeachtet, wie er sich glaubte, schien er zu hoffen, daß nach einer Weile sein wahres, durch den verlogenen Muskelkrampf der Geselligkeit entstelltes Wesen sich in seinen Zügen wieder bilden werde. Aber nichts anderes bildete sich in diesen Zügen als ein gelblich-apathischer Überdruß, der sich schließlich in einem langen mißvergnügten Gähnen entlud. Hugo bemerkte mit Erstaunen, daß Papa nicht offen gähnte, sondern die Hand vor den Mund hielt. Er selber benahm sich, wenn er allein war, in gewissen Dingen anders als unter Menschen. In Papas Leben gab es derartige Schwächen nicht.

Hugo, in den Fond der Sänfte gedrückt, atmete kaum. Papa machte langsam ein paar Schritte, dann blieb er wieder in quälenden Gedanken stehen, zog das Etui heraus und zündete eine Zigarette an. Er wippte dabei leicht auf den Fußspitzen, welche Geste Hugo, trotz seines rasenden Herzklopfens, wiederum als vorbildlich auffiel. Warum verließ Papa den Flur nicht? Vielleicht wartete er, daß sich zwischen dem Teil der Nacht, den er außer Haus verbracht, und dem Rest ein genügend dichter Zwischenraum, eine neutrale Zeitmasse ansammle, die es ihm erleichtern sollte, sich an Mamas Seite zur Ruhe

zu begeben. Hatte Papa etwa auch geheime Verhandlungen zu erledigen?
Hugo, der unter den Sitz der Sänfte gekrochen war, sah nichts mehr. Nach einer unerträglich langsamen Minute atmete Papa, der fremde Herr, plötzlich laut und abschließend auf und schritt, von seinen düsteren Gedanken erlöst, leichtfüßig die Treppe empor. Die Flurlaterne erlosch. Hugo hörte Papas Schritte, die ihm vertrauter und wirklicher jetzt erschienen als der Vater selbst, in der Galerie auf und ab gehen.
Da fuhr wieder ein Schlüssel ins Tor und knackte im Schloß. Der sich öffnende Flügel zeigte auf dem bläulichen Grunde der ersterbenden Nacht Ernas Gestalt. Schon war Hugo bei ihr. Erna schrie vor namenlosem Schreck auf. Dann krampften sich beide starr aneinander, der ausgekühlte Körper des Knaben in seinem dünnen Hemde und der erhitzte Körper der Frau in unordentlichen, regenfeuchten Kleidern. Der nasse Stoff brannte auf Hugos Gliedern wie Brennesseln. Beide standen sie regungslos aneinandergepreßt, bis des Vaters Schritt die Galerie verlassen hatte und in seine Räume eingegangen war.
In Hugos Zimmer wurde Erna von einer sinnverwirrten Besessenheit angefallen. Sie herzte den Knaben, sie küßte seine Hände, sie schrie laut auf, ohne sich zu fürchten. Hugo zitternd, das Haus würde erwachen, floh ins Bett. Sie setzte sich an den Rand. Ihr Haar fiel herab. Hugo flehte: »Um Gottes willen, Ruhe!« Sie stammelte: »Alles eins!« Ihr Kopf taumelte hin und her. Plötzlich schleuderte sie die Schuhe von den Füßen. Dabei lachte sie unersättlich und verströmte aus Mund und Haaren Weingeruch. Endlich warf sie sich über das Fußende des Bettes, wühlte den Kopf in die Decke und wiederholte immerzu in gefühllosem Singsang:
»Es ist aus, Hugolein, es ist aus!«
Hugo wunderte sich sehr, als Erna anderen Tages nicht den Weg zur Hasenburg einschlug, sondern plötzlich behauptete, sie habe den alten Spaziergang satt, und die Belvedere-Anlagen seien weitaus schöner. Etwas im Herzen des Knaben verbot ihm, diese Verwunderung zu offenbaren. Stumm klommen sie den steilen Kiesweg zur Belvedere-Anhöhe empor. Erst einige Tage später fragte Hugo nach dem Oberleutnant. Er sei versetzt. Erna nahm aus ihrem Täschchen eine Ansichtskarte, die ihr Zelnik geschrieben hatte. Hugo vermied es, einen Blick auf diese Karte zu werfen. Gestern, als er mit Mama eine Besorgungsfahrt durch die Stadt machte, hatte er den Oberleutnant erkannt,

wie er langsam auf der Korsoseite der Ferdinandstraße dahinschlenderte. Diese Begegnung wirkte wie ein sonderbar-leichter Schlag gegen sein Herz. Ihm schwindelte ein wenig. Er wußte, daß er eine Freundschaft verloren hatte und daß ein Mensch, den er bewunderte, nun kalt gegen ihn gesinnt war. Und dennoch, in der Nacht fühlte er sich freier und ruhiger, denn er mußte nicht mehr um Erna bangen, deren Atem er durch die offene Tür lange belauschte.

Es kamen stillere Tage. Denn die neue Bekanntschaft, die Fräulein Tappert und er auf dem Belvedere geschlossen hatten, war weit weniger erregend und kam an Glanz der vergangenen militärischen Episode nicht nahe. Statthaltereikonzipist Tittel verstand es nicht so gut wie Oberleutnant Zelnik, mit Knaben umzugehen. Der junge Offizier hatte Hugo durchaus ernst genommen, er hatte oft und sachlich mit ihm gesprochen, ihm manches erzählt und erklärt, ohne allzu belehrend zu werden. Niemals pflegte er die Redewendungen seines Standes für das Knabenverständnis zu verändern und ins Kindliche zu übersetzen. Und vor allem: Hugo war einbezogen. Tittel hingegen richtete fast niemals das Wort an ihn; Hugo war für ihn Luft, schlimmer noch, ein lästiges Anhängsel Ernas. Dieser erwachsene Hochmut hatte die Wirkung, daß sich Hugo auf dem Belvedere zu langweilen begann und die Hasenburg mit dem freieren Blick auf die Stadt, Türme und Kuppeln zurücksehnte. Ferner war der Konzipist im Gegensatz zum schönen Zelnik ein kleiner Mann mit verkniffenem Nußknackergesicht, das von einer uneingefaßten Brille in zwei symmetrisch blitzende Hälften geteilt wurde, die trotz oder gerade wegen ihres Funkelns augenlos zu sein schienen. Die Genauigkeit dieses Gesichtes mißfiel Hugo. Ebenso mißfielen ihm gewisse Einzelheiten an Tittels Kleidung, ohne daß er sich darüber Rechenschaft gab. Aber als Kind seiner Eltern beleidigte ihn alles Armselig-Praktische und Peinlich-Geschonte. Tittel bekleidete seinen abgetragenen Hals mit einem Zelluloidkragen, und um seine behaart ausgemergelten Handgelenke gewahrte man Manschettenschützer. Er trug auch bei trockenem Wetter Galoschen und zeigte sich bei jeder Gelegenheit um seinen Gesundheitszustand besorgt. Was die Hygiene anbelangt, besaß er einen reichlichen Vorrat goldener Worte, die er Erna nicht vorenthielt: »Der Schlaf vor Mitternacht ist der beste.« »Wer sich früh erhebt, ein hohes Alter erlebt.« »Ruhe vor Tisch, nach der Mahlzeit mache Bewegung.« »Liebe die Sonne, aber hüte dich vor ihr.« »Vermische Essen und Trinken nicht!« In seinen Gesprächen mit Erna medizinierte er, was es nur anging, ja es schien sogar, wenn sie irgendwelche ›Zustände‹ eingestand, daß sein halbiertes Brillenantlitz leidenschaftlich und fast zärtlich wurde. »Allgemeine Anämie«, stellte er fest, und seine Stimme streichelte dieses Wort, wie seine pulsfühlende Hand Ernas Gelenk streichelte. Rechts und links in seinen Westentaschen steckten zwei Dosen, die er öfters hervorzog. In der einen war Speisesoda in Pastillenform, in der andern lagen schwarze Lakritzenbonbons. Die Pastillen nahm er selber ein, von den Lakritzen bot er auch Erna an, während Hugo übergangen wurde. Oft auch holte er seine Uhr aus der Tasche, ein ziemlich großes goldenes Ding, das erst einem rehledernen Säckchen entnommen werden mußte. Ohne irgendwelchen Anlaß verlor sich dann Tittel schweigend in die Betrachtung der unerbittlichen Zeit, die sich nicht minder pedantisch betrug als er selbst. Nahte der Sonntag und mit ihm die Möglichkeit eines Ausflugs, den der Konzipist gemeinsam mit Erna zu unternehmen gedachte, so begann das zerlesene Kursbuch eine bedeutende Rolle zu spielen. Es war Tittels Lieblingswerk, das Epos seiner unerfüllbaren Sehnsucht, der Abenteurerroman seiner versäumten Romantik, denn alle Strecken Europas standen darin verzeichnet. Der Besitz dieser weltumfassenden Druckschrift reihte ihren Eigentümer gewissermaßen unter die erlauchten Kosmopoliten des internationalen Reiseverkehrs ein. Wer sie mit eingeweihtem Griff aus der Tasche zog, verwandelte sich insgeheim in einen homespunbekleideten Lord. Das Auge durfte die fürstlichen Expreßstrecken nach Paris, Ostende, London, Rom und Lissabon gelassen in Erwägung ziehen, ehe es bei den preisermäßigten Sonntags-Lokalzügen nach Kuchelbad und Beneschau entschlossen halt machte. Mit Abscheu sah Hugo Tittels kleinen Finger, einen braunen, mumienartigen Finger, der aus einem Grab auferstanden zu sein schien. Aber dieser Finger lief in einen überaus langen, gelben und an der Spitze sich krümmenden Nagel aus, der die betreffenden Verbindungen in den Tabellen langsam unterstrich. Vielleicht war dieser Finger daran schuld, daß Hugo niemals ein Kursbuch recht zu lesen lernte.

Dies aber war noch nicht alles. Auf der Hasenburg hatte sich Hugo abseits gehalten, er hatte sogar das Opfer gebracht, trotz seiner Schüchternheit und seines Ungeschicks, sich am Spiele anderer Jungen zu beteiligen. Fast hätte er sich gefürchtet, Erna und Zelnik, dem schönen Paar unterm Pfauenrad des Rhododendronbaumes, nahe zu kommen, wie man sich fürchtet, einen elektrisch geladenen Gegenstand zu berühren. Aber zugleich hatte die glitzernde Strahlung dieses Paars ihn beunruhigt und begeistert. Man konnte ohne weiters bei ihnen auf der Bank sitzen bleiben und dem vernünftigen Geschwätz zuhören. Warum? Hatte Tittel nicht in den ersten Tagen schon gemeinsame Bekannte, ja sogar einen entfernten Verwandten entdeckt, den er mit Erna teilte? Das Fräulein allerdings schien von dieser Tatsache nur wenig erfreut zu sein, denn sie suchte weiteren Entdeckungen auszuweichen. Stammten beide aus der gleichen Welt, die sich Hugo gar nicht vorstellen konnte? Wenn Erna einst Hugo gegenüber Zelnik erwähnte (dies war fast niemals vorgekommen), so hatte sie nur vom ›Herrn Oberleutnant‹ gesprochen. Über Tittel sprach sie ohne jede Scheu und gebrauchte sogar dabei dessen Vornamen: ›Karl‹. Diese Nennung erfolgte meist in einem Zusammenhang, der Hugo dunkel blieb. Erna sah mit mühsamer Verständigkeit durch die Fenster des Kinderzimmers in die Ferne und meinte, Tittel habe eine schöne amtliche Zukunft vor sich, er stehe als Konzeptbeamter hoch über ihr und den meisten übrigen Menschen, während sie selber leider schon einundzwanzig Jahre alt sei, schlechtgerechnet.

Hugo hörte das und sagte sich: Einundzwanzig Jahre! Wie herrlich, wie traurig *alt!* Ihre schwere Schönheit schien durchtränkt zu sein von einem goldgelben sinkenden Licht, das sie ihm schmerzlich entrückte. Sie lebten nebeneinander. Aber er würde sie wie etwas Göttliches niemals einholen können. Und dann geschah es, daß er sich in einem wehmütigen und bewunderungsvollen Überschwang nahe an Erna drängte.

Tittel seinserseits redete täglich auf einer bestimmten Bank des Belvedere, ohne sich um den Knaben zu kümmern, eindringlich und gemessen auf Fräulein Tappert ein. Seine Rede wirkte auf Hugo einschläfernd, kaum daß ihn hie und da ein ungewöhnliches Wort erweckte. Hugos Leidenschaft waren ja ungewöhnliche Worte. Sooft Oberleutnant Zelnik auf früheren Spaziergängen militärische Ausdrücke angewendet hatte, war Hugo ganz Ohr gewesen. Wie schneidig klang es, wenn er einen eigenen Irrtum durch das Wort ›herstellt‹ sogleich widerrief. ›Mischung‹, ›Mullatschag‹, ›Durchmarsch‹, in diesen dunkeln Begriffen klirrten Waffen und Champagnergläser. Wenn man durch den Park wandelte, gab Zelnik die Wegrichtung mit heiterem Kommandoton an: »Direktion Dackl von alter Dame!« Für ihn gab es keine Pferde, sondern ›Krampen‹, keine Droschken, sondern ›Landesübliche Fuhrwerke‹. Als Artillerist kam er sich sehr gelehrt vor und gebrauchte Bezeichnungen wie: ›Flugbahn‹, ›Endgeschwindigkeit‹, ›gleichschenklig‹ in den lustigsten Bedeutungen. Er sagte niemals Krieg, sondern immer nur Ernstfall. Und dieser Ernstfall war für ihn einer der erfreulichsten Fälle, da der ›lebhafter‹ arbeitende Tod die Avancementsaussichten wesentlich verbessert. Oh, wie anders klangen die ungewöhnlichen Worte, die Hugo von Tittel hörte. Zum Teil bezogen sie sich auf die Gesundheit und rochen nach Apotheke, zum andern Teil auf Erscheinungen, deren Art Hugo nicht ganz erfassen konnte: ›Pensionsberechtigung‹, ›Witwenbezug‹, ›Bekleidungszulage‹, ›Remuneration‹, ›Krankenkasse‹ und ›achte Rangsklasse‹. Einmal, als die bezwingende Folge dieser und ähnlicher Worte wieder auf Erna eindrang, durchzuckte es Hugo, als hätte er endlich den Sinn all der Rederei begriffen: Erna sollte ihm entrissen werden! Brachte ihr Tittel nicht dann und wann Geschenke mit? Freilich waren es nur Malzzelteln und Hustenbonbons in zerknitterten Papiertüten oder kleine räudige Veilchensträuße, die aussahen, als hätte sie der Kavalier irgendwo aus dem Staub aufgelesen. Aber Geschenk bleibt doch Geschenk. Der schöne fröhliche Zelnik dachte an keine Geschenke. Es war klar, Tittel warb ernsthaft um Erna. Tittel war eine größere Gefahr als alle Oberleutnants der Welt.

Auf dem Heimweg überwand sich der Knabe:

»Erna«, seit jener abenteuerlichen Nacht duzte er Fräulein Tappert, »Erna, wirst du jemals von uns fortgehen?«

Sie kokettierte schwermütig: »Du wirst mich ja selber bald loswerden wollen, Hugo!«

Aber Hugo konnte, da er nicht weinen wollte, keinen Laut mehr hervorbringen auf dem ganzen Weg.

Nachts erwachte er aus irgendeinem schmerzlichen Schlaf. Da hörte er, daß Erna in ihrem Zimmer mit bloßen Füßen umherging. Er spürte das Licht im Türspalt, aber er hob den Kopf nicht. Mit angehaltenem Atem lauschte er diesen nackten Schritten. Das weiche Tappen der Sohlen, von dem die Gegenstände des Zimmers so leise, so eigen, so menschlich bebten, es klang anders als sonst. Ziellos wandelte Erna durch den Raum. Was war geschehen? Was bereitete sich vor? Worauf sannen diese traurig-unruhigen Tritte? Diese lieben, innigen Tritte.

Hugo bekam von bangem Vorgefühl einen trockenen Mund. Erna unterbrach ihren ziellosen Umgang, sie suchte etwas, sie füllte Wasser in einen Krug. Dieser Krug beschwichtigte Hugos Kümmernis. Gott sei Dank! Sie war da! Keine geheimnisvollen Angelegenheiten hatte sie draußen in der Nacht zu ordnen, keine Verhandlungen mit fremden Männern abzuwickeln. Dies tröstete. Dies gab Hoffnung, daß sie ihn niemals verlassen würde.

Dennoch geschah es in der nächsten Zeit – wenn auch nur ein einziges Mal –, daß sich wiederum geheime Notwendigkeiten einstellten und Fräulein Tappert um halb zehn Uhr abends, schön gekleidet, aus dem Zimmer trat und mit dem gewissen langen Blick auf ihren Zögling sagte:

»Also, ich geh jetzt, Hugo.«

Kurz darauf begab sich etwas höchst Peinliches. Einer der katzenjämmerlichen Sommertage war's, von katarrhalischen Himmeln überwölbt, denen so stumpf zu Mute ist, daß sie sich zu keinem Regen entschließen können. Kurze Windstöße husteten durch die Straßen, aber auch sie konnten nicht helfen. Obgleich kein Tropfen fiel, stieg aus dem Parkboden ein sumpfiger Dampf auf, der die Muskeln erschlaffte. Die Kastanienkerzen waren längst abgeblüht. Die großen Blätterhände hingen aus kraftlosen Kindergelenken herab. Da und dort war schon eine der stachligen Früchte zu sehen, noch saftig und unerwachsen. Hugo dachte an die braunen Roßkastanien, mit denen er so gerne gespielt hatte, als er noch klein war.

Aber nicht nur die obere Natur, auch die Unterwelt warf dem Ereignis ominöse Schatten voraus. Solang die Bonne und ihr Zögling die schmalen Serpentinen der Belvedere-Anhöhe emporstiegen, war noch alles in Ordnung. Zu beiden Seiten des Weges dämmten hier künstliche Felsen den wuchernden Stauden- und Farnwuchs ein, der von der unheimlichen Feuchtigkeit dieses tropischen Tages vollgesogen war wie ein schwarzgrüner Schwamm. Dann aber, knapp bevor die Hochfläche erklommen war, kam eine Bresche in dem spielerischen Felsengebirge der Anlage, die der grünen Zuchtlosigkeit dieses städtischen Dschungels freie Bahn gewährte. Und hier schleppte sich ein braunes widriges Tier über den Weg, gerade vor Ernas und Hugos Füßen.

»Eine Kröte, Hugo!« Diesem Ausruf in der höheren Tonlage des leichten Schreckens folgte sogleich ein warmer Nachsatz des Erbarmens:

»Schau, sie ist verwundet, die Arme. Jemand muß sie getreten haben.«
Hugo preßte die Ellbogen an den Leib und streckte sich steif. Das tat er in unangenehmen Augenblicken immer, wenn ihn zum Beispiel seine Eltern ihren Bekannten vorstellten. So gerne hätte er die Augen geschlossen oder abgewendet. Doch er verharrte in seiner gezwungenen höflichen Stellung und starrte gebannt auf die todwunde Kröte, die trotz ihrer Furcht nicht vom Platz zu kommen schien. Für das Stadtkind, das nur eine gezügelte und halbverfälschte Feriennatur kannte, waren die Gattungen der Tiere nichts Gleichberechtigtes und Selbstverständliches. Vielleicht hatte Hugo bis zu dieser Stunde noch nie eine Kröte in Wirklichkeit gesehen. In seinem Geiste aber lebte längst schon die Kröte als ein Bild, das bestimmte ekelvolle Empfindungen und Gedanken wachrief, als ein Fabelwesen des Scheußlichen und Bösen in Nachbarschaft der Giftschlangen. Der Anblick bestätigte nun das innere Bild. Und doch, auch das Böse und Häßliche mußte so furchtbar leiden. Ein Kranz schwarzer Fliegen surrte über dem Leib des sich dahinschleppenden Tieres. Die kleinen Aasgeier der billigen Verwesung begleiteten ihre Beute. Hugo langte nach Ernas Hand. Sie war schlaff von Geistesabwesenheit und Mitleid.
An dem gewohnten Ort, es war ein Rondell mit einem kleinen, aber aufgeregten Denkmal in der Mitte, ging Tittel schon auf und ab. Es geschah zum erstenmal, daß er früher zur Stelle war als Erna. Sein Aufzug hatte heute etwas Neuartiges, Abweisend-Entschiedenes. An seinen kanariengelben Schnürstiefeln trug er wie immer Galoschen, durch die er seinen Körper von der unheilbringenden Erde isolierte. Überm Arm hing der verbrauchte Paletot, der ihn vor kommenden Unwettern schützen sollte. Seine Hand – sie glich einem von schlechter Seife verwaschenen und eingegangenen Ding – hielt einen Stock. Dieser Stock lief in eine absonderlich geformte, geradezu dreiste Krücke aus, die schief vorwärts gebogen einem Marabuschnabel glich und aus irgendeinem gefährlichen Tierhorn geschnitzt zu sein schien. Der ganze Mensch war gewaffnet und versperrt wie eine Festung, zugleich aber entsichert wie eine scharfgeladene Waffe. Sein großer dünngekniffener Mund schien das ganze Gesicht verschluckt zu haben. Es war gar kein Gesicht vorhanden, sondern nur jenes symmetrische, von der Nase entzweigeteilte Brillenblitzen. Auf der rechten Wange fiel mehr als sonst ein großer Durchzieherschmiß auf, weil er

heute kriegerisch erglühte. Tittel steckte umständlich und vorwurfsvoll seine Uhr ins Lederfutteral, dann grüßte er mit ersterbender Stimme:
»Mein liebes Fräulein, ich habe mit Ihnen ernsthaft zu reden, aber schon ernsthaft ...«
Er hatte ›mein Fräulein‹ gesagt. Hugo erschrak vor dieser giftigmatten Stimme, die ihn nach wie vor nicht beachtete, bis ins Herz. Der Ankläger aber säuselte weiter: »Nehmen wir Platz!«
Wie langsam erstarrend Erna sich niederließ! Hugo rückte an das äußerste Ende der Bank. Tittel aber, der beide Hände auf die gefährliche Stockkrücke stützte, begann weit auszuholen:
»Ich war aktiv bei einer schlagenden Verbindung, Marbodia! Sie wissen es ja ...«
Das war so hingemurmelt wie die Erwähnung einer Heldentat, von der man, mit gespielter Gleichmütigkeit, kein Aufheben macht. Auch offenbarte die immer leiser werdende Stimme eine Atemnot, eine Seelenerkältung, die sich Tittel an der Schlechtigkeit der Welt zugezogen hatte:
»Die Anforderungen, die an einen Farbenstudenten gestellt werden, sind gewiß keine Kleinigkeit. In manchen Belangen eine volle Beanspruchung der Persönlichkeit ... Aber, mein liebes Fräulein, in punkto Gesundheit habe ich niemals Spaß verstanden. Was das anbelangt, habe ich immer gewußt, was ich will. Schließlich bin ich ein moralischer Mensch ...«
Tittel fröstelte, erhob sich, und, obgleich der Garten unter der Last dumpfer Hitze seufzte, begann er seinen Paletot mit fiebrischen Bewegungen anzuziehen. Er knöpfte ihn von oben bis unten zu, fuhr in die Taschen und streifte ein Paar alter brauner Glacéhandschuhe über die Finger. Nun zitterte seine Stimme von verhaltener Erbitterung: »Ein einziges Mal bin ich vertrauensvoll und unvorsichtig gewesen in meinem Leben ... Ja, ja ... Und daß Sie es sind, Erna, gerade Sie, ... auf die ich Schlösser gebaut habe! ... Luftschlösser allerdings, wie es sich zeigt ... Eine herbe Lebensenttäuschung und ein unabsehbares Unglück ... ja, ja ...«
Und plötzlich zischte er durch die Zähne:
»Sag mir sofort, mit wem du in der letzten Zeit verkehrt hast, du du ...«
Erna packte Hugos Hände:

»Schweigen Sie! Sie sind ja verrückt!« Und sie flehte: »Der Bub hier ...«
Tittel keifte jetzt hemmungslos auf:
»Du lügst, du lügst! Ich werde mich schon vergewissern ... Es gibt Mittel, dir das Schandwerk zu legen ... Es gibt die Polizei ... du gemeine Person, du!«
Erna riß den Knaben hoch und stürmte davon. Mit schweren Tropfen erbarmte sich jetzt ein Regen der Welt. Hugo rannte, ohne Erna einholen zu können.
Hinterher erscholl Tittels Haß:
»Mein schönes Fräulein, Sie haben mich petschiert ...«
In dem Regenpavillon des Parks fanden sich beide, Hugo und Erna. Das Mädchen weinte nicht, aber ihre Zähne klapperten. Die große, ein wenig schwere Gestalt lehnte keuchend an der Holzwand. Sie flüsterte wie von Sinnen:
»Es ist nicht wahr, Hugo, es ist nicht wahr, was er sagt, um Gottes willen, Hugo, glaub es nicht, es ist nicht wahr!« Auch Hugo keuchte von Anstrengung, das Rätsel zu lösen. Ach, wie konnte er denn Erna helfen, da er ja nicht verstand, was die Wahrheit, was die Unwahrheit sein mochte! Die Knie der großen Frau zitterten, sie klammerte sich an den schmächtigen Körper des Kindes:
»Es ist nicht wahr, Hugo, aber etwas anderes ist wahr, etwas Furchtbares, ja, etwas Schreckliches kommt, Hugo! Was soll ich tun? Ich muß ins Wasser gehn!«
Scharfe Windstöße töteten den Platzregen. Der aufgeschürfte, durchgewetzte Wolkenhimmel war mit hundert blauen Wunden übersät.
Zu Hause sperrte sich Erna in ihrem Zimmer ein. Hugo las keine Zeile. Er hatte sich in seine breite Schulbank gesetzt und brütete. Daß Tittel ein Schurke war und irgendwelche niedrigen Zwecke verfolgte, daran zweifelte er nicht. Erna hatte beteuert: »Es ist nicht wahr.« Was auch immer nicht wahr sein mochte, er glaubte ihr. Welch ein schweres Leben lastete auf ihr! Sie war in irgendeine Verschwörung dieser erwachsenen Männer verstrickt, die das Werkzeug ihrer Absichten wegwarfen, wenn sie es nicht mehr brauchten. Man hatte ja dergleichen schon gelesen. An Zelniks »geheime Verhandlungen« glaubte Hugo nicht mehr. Er vergegenwärtigte sich den kleinen, grausam zuckenden Schnurrbart des Oberleutnants. Gewiß, er war zum Narren gehalten worden. Man hatte schließlich auch manches von Liebe

und Liebesleid gelesen, aber ›Liebe und Liebesleid‹, das war etwas unbestimmt-prächtiges, wie ein Sonnenuntergang, wie ein Theatervorhang mit Genien, Kränzen und nackten Gliedern, wie das Zusammensingen mantelumwallter Menschen in der Oper, es war etwas, was es gab und doch auch nicht gab. Man nahm dieses Unbegreifliche hin, wie man es hinnahm, daß einen die Mutter ›unter dem Herzen getragen‹ und eines Morgens ›mit Schmerzen geboren‹ hatte. Während Hugo grübelte, ritzte er, wie es seine schlechte Gewohnheit war, mit einem Taschenmesser allerlei Runen in die grüne Platte der Schulbank. Zelnik war immerhin Zelnik. Aber von Tittel war Erna feig und niederträchtig beleidigt worden. Es sah fast so aus, als hätte der Nußknacker aus Tücke diese Szene vom Zaun gebrochen. Nein, nein, es sah nicht nur so aus, sondern ganz sicher steckte verruchte Absicht in Tittels teuflischem Benehmen. Wer konnte sie ergründen? Sollte er, Hugo, seine Eltern bitten, Erna vor drohender Schmach zu retten? Um Gottes willen, das war ja unmöglich! Warum konnte er mit ihr niemals über diese Dinge sprechen? Warum war seine Kehle zugeschnürt vor Scham und Erregung? Nie würde er ein Wort herausbringen. Aber auch sie schwieg ja. Nein, sie hatte doch heute aufgestöhnt. Groß tauchte der Klageruf empor: Ich muß ins Wasser gehn! Hugo gedachte der unglücklichen Liebe jener klassischen Heldinnen, die er kannte. Ach, diese Heldinnen sprachen in herrlichen Versen, und der Weihrauch ungewöhnlicher Worte verhüllte köstlich die nackten Tatsachen ihres Schicksals. Bisher hatte Hugo das Verwischte in den Worten geliebt. Man konnte den schreitenden Worten nachträumen wie ziehendem Gewölk. Jetzt aber auf einmal schien alles, alles Gewölk zu sein und Dampf. Man wollte einen geröllübersäten Abhang emporklimmen (eine Erinnerung Hugos) und rutschte immer wieder zurück. Immer weiter rückte die Wahrheit. Der Junge hatte das Gefühl, als wären ihm Nase und Ohren mit dicken Wattepfropfen verstopft. Das erstemal erlebte er die körperliche Verzweiflung, welche die Unerschwinglichkeit aller Erkenntnis hervorruft. Es mußte ja etwas Gräßliches sein, um dessentwillen Erna ins Wasser gehen wollte. Sich in das Meer, in den Ozean stürzen, von einer hohen Klippe herab, weißgewandet womöglich wie Sappho – das war noch zu begreifen. Aber der braune Heimatfluß, das dicke ekelhafte Wasser, aus dem die Typhusepidemien kommen! Oh, alles war Geröll und Gewölk! Die Schulbank umdrängte, umpreßte Hugo von allen vier Seiten wie ein

Kerker, wie ein Folterverlies, wie die Kindheit selbst. Einen unfertigen Körper zu haben, den alle (insbesondere Papa) mitleidig belächeln, etwas, das in der Nacht weiterwächst, ohne daß man es merkt! Und alles zu wissen, alles schon erlebt zu haben, alles in sich zu tragen, und doch von dieser mächtigen Fülle nichts zu verstehn, gar nichts! An Ernas Seite dahinzuleben, alltäglich ihr den Körper zur Waschung darzubieten, in der Nacht ihren nackten Frauentritt zu belauschen und doch ihr ewig fremd zu bleiben und niemals ihre Wahrheit erkennen zu dürfen, o Gott, warum!?

Als Hugo am andern Morgen erwachte, stand Fräulein Tappert schon fertig angekleidet im Zimmer. Es fiel dem Knaben auf, daß sie verwandelt, ja unhübsch aussah. Augen und Wangen waren verschwollen, sie duftete nicht frisch wie alle Tage und hatte für Hugo keinen Blick. Sie trieb ihn an – was sie sonst niemals tat –, schnell aufzustehen und sich anzukleiden. Unvermittelt sagte sie, als wäre es eine Sache ohne Wichtigkeit:

»Ich muß heute auf einen Sprung nach Haus gehen. Du kommst doch mit mir, Hugo? Aber sag es niemandem, bitte! Nicht wahr?«

Nach Haus! Dieses Wort berührte Hugo so sonderbar. Erna hatte also ein Zuhause! Bisher war es immer so gewesen, als gäbe es kein anderes Zuhause als das seine. Natürlich wußte er, daß jeder Mensch, daß jedes Kind in irgendeinem Gebäude, in irgendeiner Wohnung zu Hause ist. Aber er wußte ja auch, daß Kamele die Wüste durchqueren und in Amerika Indianerstämme leben. Zu Hause, das war ja *nur* dieses Haus hier, dieses Zimmer mit Schulbank und Turngeräten, die Galerie, die Einfahrt mit der Sänfte, der Speisesaal. Erna hatte zwar manchmal eine Bemerkung über ihre Mutter, ihren gelähmten Bruder gemacht. Aber mochte sie auch in der gleichen Stadt ein Heim haben, in dem er aufgewachsen war, für Hugo hatte es keine Geltung, es bildete eine nebensächliche Vorbereitung auf ihre wahre Existenz, hier, bei ihm, bei seinen Eltern, in dem einzigen, eigentlichsten und endgültigsten Zuhause der Welt. Als er nun hörte, daß ihn Erna in die mütterliche Wohnung mitnehmen wollte, faßte ihn ein leichter Schauer an. Etwas ähnliches mögen Weltreisende empfinden, wenn sie sich anschicken, einen exotischen Tempel zu betreten. Hugos Mutter hatte den jeweiligen Erziehern und Gouvernanten stets eingeschärft, sie sollten es vermeiden, den Knaben in fremde Häuser (von Wohnungen ganz zu schweigen), überhaupt an unbekannte Örtlichkeiten zu führen. Miß Filpotts war soweit gegangen, daß sie Hugo nicht einmal in die Kaufläden mitnahm, wo sie Besorgungen zu machen hatte. Der Arme mußte in solchen Fällen immer in Sehweite der Miß vor der Tür stehen bleiben, ohne sich zu rühren. Jetzt aber winkte ihm zum erstenmal im Leben *das Fremde,* und in seine Scheu mischte sich nicht nur bange Neugier, sondern auch die Angst, ein strenges Elternverbot in den Wind zu schlagen.

Früher als sonst verließen Erna und Hugo das Haus. So heftig waren die Erlebnisse, die auf den Knaben eindrangen, daß sie (wenn auch Ungeduldige es für unwichtig halten sollten) doch ausführlich berichtet werden müssen. Man erwäge, dieser Elfjährige, der schwertönende Versreden aus dem Stegreif erfinden konnte, war doch nur ein zurückgebliebener Junge, den jeder Sechsjährige aus weniger behüteten und lebensfrischeren Kreisen hätte in allen Dingen belehren können.

Der Andrang des Fremden, der Andrang des Neuen begann schon im Hausflur. Es gab in Ernas Mutterhaus – der Vater war schon ein Jahrzehnt lang tot – nicht nur einen, sondern drei Hausflure, denn dieses ihr lärmendes Zuhause umschloß mehrere Höfe voll regen Lebens, Kindergeschreis und Weibergeschwätzes. Es war übrigens durchaus keine Mietkaserne eines Proletarierviertels, sondern ein stattlich altes, jetzt nicht wenig heruntergekommenes Gebäude, von dessen antiker Würde etliche Schwibbögen, Loggienwölbungen, die dicken Mauern und das gesenkte grasüberwucherte Pflaster Kunde gaben. Früher dürfte es von ein paar wohlhabenden Bürgerfamilien bewohnt gewesen sein, jetzt hatten sich zahlreiche und weit weniger wohlhabende Familien hier eingenistet. Diese Familien und auch der Hausherr bewiesen wenig Sinn für die altertümlichen Schönheiten des Gebäudes, denn die Hofseite jedes Stockwerks war durch umlaufende Eisengalerien verschandelt, die man hierzulande ›Pawlatschen‹ nennt. Von diesen Pawlatschen hing Wäsche zum Trocknen herab, und einige besser eingerichtete Parteien bearbeiteten hier ihre Teppiche, Läufer, Steppdecken und Plumeaus mit dem sausenden Klopfer.

In der Finsternis des ersten Flurs, knapp neben dem Aufgang, hing ein sehr großes Kruzifix, zu dessen Füßen eine ewige Lampe brannte und ein nicht minder ewiges Kränzchen aus rosa Papierblumen schwebte. Ein ähnliches, wenn auch kleineres Kruzifix sollte Hugo später in der Wohnung von Ernas Mutter vorfinden sowie einen Öldruck der Madonna und des heiligen Antonius dazu. So war der erste Eindruck, den der Knabe hier empfing, ein religiöser. Seine Eltern waren keine gläubigen Menschen, sehr selten wurde Hugo von ihnen zu einem Gottesdienst geführt. Die letzten Ostern war er nach Rom mitgenommen worden. Im Petersdom hatte er eine Papstmesse erleben dürfen. Aber all dies Klargewölbte, Feierliche oder Glasfenstermystische der verschiedenen Kirchen war ihm nicht fremd, es verbreitete kein heiligdumpfes Grauen, sondern eine wohltätige Entrückung, es hing undeutlich, aber ohne Zweifel mit der komfortablen Welt seines Vaterhauses zusammen. Er war in Rom neben seinen Eltern vor hundert Heiligtümern, Altären, Madonnen und Märtyrern gestanden. Aber Papa sprach knapp und trocken über diese gottgeweihten Bilder und Geräte. Ungewöhnliche Worte fielen wie: ›Manier‹, ›Farbauftrag‹, ›Skurzo‹, ›Quattrocento‹. Es schien ein geheimes Abkommen zwischen Papa und seinesgleichen zu herrschen, wonach die heiligen Gegenstände zumeist respektiert werden mußten, nicht weil sie heilig waren, sondern weil sie einen beglückenden und erhebenden Kennerwert darstellten. Die Eingeweihten sprachen mit selbstbewußten Fachausdrücken von ihnen, deren Gebrauch das Göttlich-Furchtbare hinter all diesen Dingen heiter und nobel entwirklichte. Wer weiß, vielleicht war der Papst auf seiner Sedia, von Wolken und Pfauenfedern umfächelt, von silbernen Trompeten verkündigt, das herrliche Haupt dieser Eingeweihten. Wo aber war Gott? Gewiß, er lebte in allen Kirchen und auch draußen auf dem Lande, in den Bildstökken der Kreuzwege, und dort ganz besonders. Aber nirgends hing er schwerer und wirklicher als in der Finsternis dieses Flurs, vom Schein einer Ölfunzel zauberisch-schreckhaft gefleckt. Schamlos intim, allen Bewohnern, allen Vorübergehenden lächerlich nahe hing er in diesem Raum, und dennoch hielt er, lang seinen Schatten werfend, furchtbaren Abstand. Er hing lebendiger da, atmender als in jeder Kirche, dieser gelbbemalte, süßlichduldende Leidensmann, von dessen Kunstwert gewiß niemand sprach. Wie oft hatte Hugo den Christus in Papas Galerie, die wundervolle ausgemergelte Holzplastik aus dem vierzehnten Jahrhundert, angetastet, obgleich es verboten war! Vor dem teuren Gott, den sein Vater gekauft hatte, fühlte er keine Scheu. Diesen hier, Ernas Gott, hätte er nicht zu berühren gewagt. Nicht er gehörte Erna, sondern Erna gehörte ihm an. Jetzt warf er das zuckende Netz seines Schattens über sie. Hugo spürte,

wie sie sich verwandelte, wie sie ihm entglitt, ins Fremde einging, in ihr Zuhause.
Ernas Mutter öffnete die Tür des engen, schwarzen Vorraums. Hugo stieß an ein Bügelbrett, das an der Wand lehnte. Aus der Küche daneben wolkte ein Geruch der Fremdheit, es roch nach Wasserdampf, Kunstfett und angebrannter Milch. Man betrat die Küche. Auch Ernas Mutter war stark geniert und deckte schnell die Töpfe auf dem kleinen Herde zu, ehe sie den Besuch in die Stube führte. Erna sagte: »Das ist Hugo!«
Die Mutter wiederholte nur: »Also das ist Herr Hugo!« Und sie warf einen unzufriedenen Blick auf ihre rote Küchenhand, ehe sie die Hand des Knaben ergriff. Die Frau stand keinen Augenblick still. Es schien, als wäre sie in ihrem Käfig immerfort auf der Flucht vor etwas. Der Verfolger steckte in ihr selbst. Sie war ein mageres Wesen mit einem dünnen Hals und einem sehr starken Leib, den die vorgebundene Schürze noch gewölbter erscheinen ließ. Wenn sie einen Augenblick stehen blieb, so pflegte sie die unmutigen Hände über diese Wölbung zu falten. Beim Eintritt der beiden hatte sie beschämt und schnell ein Kopftuch abgenommen. Sie besaß nur wenig Haare, unter dem Grau leuchtete die Haut rosa hindurch. Ihr längliches Gesicht, das eine erstarrte, fast schon gleichgültige Bekümmertheit zur Schau trug, drückte den Wunsch aus: »Bitte haltet mich nur nicht fest! Es ist ja ganz hübsch, wenn ihr da seid und nichts tut. Aber ich werde nicht fertig, ich habe noch alle Hände voll Arbeit. Und erzählet mir um Christi willen nur nichts Neues! Alles Neue ist unangenehm und hält auf. Wie soll ich denn nur fertig werden!«
Erna aber hatte etwas Neues zu erzählen. Mit einer Kopfbewegung deutete sie zur Küche hin. Die bekümmerte Maske der Mutter wurde noch um einen Schatten düsterer. Heimlichkeiten brachten nichts Gutes. Sie lief ruhelos hin und her, sie rückte unzufrieden mit den Dingen auf der Kommode, endlich begann sie eifrig, einen Stuhl abzuwischen, den sie dann Hugo anbot. Die Gegenwart dieses apart gekleideten Knaben, von dem ein glänzendes Leben ausstrahlte, machte sie unsicher. Sie empfand angesichts Hugos und ihrer Behausung ein Mißgefühl, das man am besten soziale Scham nennen könnte. Und Hugo selbst empfand etwas ähnliches, und zwar doppelt, von sich aus und von der Frau aus.
Erna und ihre Mutter standen in der Tür zwischen Stube und Küche.

Hugo hatte nun Zeit, sich hier umzusehen. Nicht nur das Kruzifix hing an der Wand und ein farbiger Öldruck der Muttergottes mit schwertdurchbohrtem Herzen über dem aufgetürmten Bett, sondern auch etliche vergrößerte Photographien blickten traurig-festlich aus Glas und Rahmen. Dies waren gewiß die Bilder der Familien-Toten. Man nahm Gott und die Toten hier furchtbar ernst. Der höchste, rangälteste Tote unter ihnen, Ernas Vater, beherrschte streng den ärmlichen Raum. Ein gerade aufgerichteter Mann im ernsten Salonrock, dessen glattes Dunkel mit dem Verdienstkreuz am roten Bande geziert war. Er ertrug es nur ungern, daß ein leichtfertiger Künstler seine Photographie koloriert hatte, einen ewigen Frühlingshimmel hinter sein schlichtes Haupt bannend. Hugo spürte, wie das Bild ihn forschend und voll lebendiger Ablehnung anblickte.
Gott und die Toten! Wie anders doch war es zu Hause. Dort sprach man nicht von Gott, und von den spärlichen Toten, die als kleine Photographien auf Papas Schreibtisch standen, auch nicht. So erschien es wenigstens Hugo in dieser tiefsinnigen Minute. Überhaupt, es schien, als ob das Leben zu Hause sich selber nicht ganz ernst nähme. Ein heiterer, wohlbehüteter Rest von Unernst färbte alles schön und angenehm. Da war zum Beispiel das, was die Menschen Tod nannten. Hugo wußte zwar, aber glaubte es nicht, daß er einmal werde sterben müssen. Ebensowenig glaubte er an den künftigen Tod seiner Eltern. Tod war etwas, das zu seinem weißen Zimmer, zu Papas Galerie, zu Mamas Atelier und ihren Toiletten nicht passen wollte. Auf der Straße sah man oft Begräbnisse. Riesige Leichenwagen, ungeschlacht schwankend, schwarzglänzend von widerlichem Lack, mit Türmchen, Schnörkeln, Kronen geschmückt, von Quasten und Draperien umschlottert, ein Anblick des Grauens und Ekels! Wie Stanniolsilber schimmerte die häßliche Farbe des Sarges zwischen den lastenden Kranzspenden hindurch. Und diese Kränze selbst, widernatürlich auf Draht geflochtenes Grün, sie waren eine Herabwürdigung der Astern und Chrysanthemen, die in dem engen Zopf aus Rost und Moos erstickten. Der Tod war etwas ganz und gar Unelegantes. Der Tod war dasselbe wie die altdeutsche Kredenz in Frau Tapperts Stube. Er kam für Hugo und Seinesgleichen kaum in Betracht. Bevor man starb, mußte man doch krank werden. Vor den Krankheiten aber standen die Ärzte und alle möglichen weißgekachelten und vernickelten Einrichtungen der Hygiene. Wenn es Hugo

recht bedachte, so hatte auch die Krankheit, wie er sie kennengelernt, nichts mit dem Tode zu tun. Er liebte ja den Fieberzustand, währenddessen es sich so berauschend träumen ließ. Ihm fielen jetzt die illustrierten Klassikerausgaben ein, die er besaß. Ja, darin waren Krieg, Zweikampf, Mord, Tod aufgezeichnet. Aber diese Art hinreißenden Todes, sie gehörte in dasselbe Kapitel wie ›Liebe und Liebesleid‹. Dies gab es und gab es nicht. Man vergoß Tränen der Schönheits-Rührung, während man sich, lesend und genesend, im Bette wohlig rekelte. Hier aber, in dieser Stube und in diesem Leben, gab es alles, was es gab.

Und Erna? Sie gehörte hierher! Sie war in dieser Stube groß geworden unter der Herrschaft Gottes und der Familien-Toten. Sie war die Tochter dieser Frau, die ihre Hände über den gewölbten Leib faltete.

Wieso aber kam es, daß die Tochter dieser alten Frau immer hübsche, kleidsame Gewänder trug, daß sie ihm sogar besser gefiel als Mama, deren Schönheit doch von allen Leuten gepriesen wurde? Die Alte hier schlurfte in Filzpantoffeln. Aber Erna verwandte – das hatte Hugo gleich in den ersten Tagen der Bekanntschaft mit Wohlgefallen bemerkt – die höchste Sorgfalt auf ihr schönes Schuhwerk. Für Hugo bedeuteten schöne Frauenschuhe den Inbegriff alles dessen, was entzückend war und ihn anheimelte. Erna pflegte die ihrigen – es waren fünf Paare –, straff auf Leisten gespannt, offen auf eine niedrige Etagere zu stellen. Hugo ging niemals vorbei, ohne mit der Hand über das Leder zu streichen. Und doch, trotz dieser eleganten Schuhe, gehörte sie nicht zu ihm, nicht in sein helles Zimmer, sondern hierher. Sichtbar war sie dem lastenden Ernst dieses Hauses verfallen, das nicht mit sich spaßen ließ. Hugo sah plötzlich den augenlos funkelnden Tittel vor sich und dachte an den schmutzigen Fluß, in dessen Fluten Erna nun bald sterben würde.

Ehe Frau Tappert mit ihrer Tochter in der Küche verschwand, trat sie nochmals ins Zimmer und fragte mir verlegenem Blick und mit geziertem Ton den Knaben:

»Herr Hugo, werden Sie nicht Hunger bekommen? Darf ich vielleicht mit irgend etwas aufwarten?«

Hugo sprang höflich auf:

»Nein danke vielmals, gnädige Frau, ich habe keinen Hunger ...«

Dabei verbeugte er sich, die Hand auf dem Herzen, und wurde wegen des Ausdrucks ›Gnädige Frau‹ rot, der ihm unpassend schien und be-

leidigend wirken konnte. Erna aber fuhr gleich dazwischen, zornig, als hätte sich ihre Mutter etwas vergeben:
»Wo denkst du hin, Mama? Hugo darf niemals etwas außer Haus und zwischen den Mahlzeiten zu sich nehmen.« Daraufhin folgte die alte Frau der Tochter schnell in die Küche nach, vergaß aber, die Tür ins Schloß fallen zu lassen. Durch den Spalt konnte Hugo hie und da ein Wort erlauschen. Aber das Erhorchte, die plötzlich abreißenden Gesprächsfetzen waren nur angetan, seine wirren Gedanken über Ernas Unglück noch mehr zu verwirren. Er hätte ja in der Stube umhergehen und sich immer wieder dem Türspalt unauffällig nähern können, um besser zu hören. Aber er blieb aufrecht und steif sitzen. Seine Hände lagen regungslos auf den nackten Knien. (Zu seinem Mißvergnügen bestand Mama darauf, daß er noch immer kurze Strümpfe trug, obgleich er schon ins Zwölfte ging.) Er wandte seinen Blick nicht von Ernas leichtfertig koloriertem Vater, der die rosarote und blaugeäderte Faust auf eine verschnörkelte Tischkante stützte und des Knaben Blick feindselig und unabwendlich erwiderte.
Erna schien zu weinen. Hugo hatte sie noch niemals weinen gehört. Er kannte nur die jähen, gehetzten Ausbrüche der Schweigsamen und Schweren. Jetzt aber drang ein kindisch plätscherndes Klagen aus der Küche, eine ganze Weile lang, und immer im gleichen Ton. Die Mutter schwieg. Nur ihre unruhigen Hände hörte man laut mit dem Geschirr hantieren. Erna war zu Ende. Da vernahm Hugo Frau Tapperts Stimme:
»Gib mir den Mörser herunter!«
Dann wieder Schweigen, Zuckerstoßen, Küchengeräusch und nach einer Weile:
»Der wievielte Monat sagst du?«
Und Erna, aufschluchzend:
»Im dritten ...«
Die Mutter sprach einige mißbilligende Sätze, aber Hugo verstand nur:
»Warum hast du so lange gewartet? ...«
»Mein Gott«, entgegnete Erna, »Ich hab's halt immer verschoben«, und sie fing wieder zu weinen an.
Hugo saß steif auf dem Stuhle, den ihm Frau Tappert angeboten hatte. Ohne daß er wußte warum, nisteten sich Mamas Worte in sein Bewußtsein ein, mit denen sie seine Frage, wie er zur Welt gekommen

sei, jüngst beantwortet hatte: »Ich habe dich unterm Herzen getragen, Hugo ...« Aber auf nähere Erklärungen wollte sie sich dann nicht mehr einlassen und behauptete, sie müsse einen Brief schreiben. Hugo hatte es bisher vermieden, sich dieses ›Unterm-Herzen-getragen-Werden‹ körperlich vorzustellen. Es war ein peinlicher, ja unappetitlicher Gedanke, der sich ihm aber jetzt, gerade in diesem Augenblick, quälend aufdrängte. Überhaupt, die Frauen schienen vielerlei Heimlichkeiten und auch Tücken zu besitzen. Man bemerkte gar manches. Was bedeuteten die hundert Fläschchen, Tiegel, Dosen auf Mamas Toilettetisch, wozu brauchte sie all das Kautschukzeug, auf das man stieß, wenn sich die Gelegenheit ergab, ungezogener Neugier voll, in verschwiegenen Schubladen zu stöbern? Wozu lag Mama ganze Tage lang im Bett, ohne krank zu sein? Hugo haßte diese verdachtserfüllten und unauflöslichen Betrachtungen. Er heftete mit strenger Mühe seinen Blick auf die Kommode, wo unter allerhand Porzellangerümpel zwei alte blutrote Rubingläser standen. Die peinlichen Vorstellungen wichen. Stärker erhoben sich nun die Stimmen nebenan. Frau Tappert sagte:

»Ich werde halt zur Seifert gehn ...«

Erna schien in immer größere Erregung zu verfallen. Sie flüsterte zwar, aber ihr Geflüster wurde immer schärfer und bitterer. Da klagte auch die Mutter, nun selber trostlos: »Kind, Kind!«

Wie? Also auch Frau Tappert konnte ihrer Tochter nicht helfen? War Ernas Schicksal rettungslos besiegelt? Der trübe, langsame Fluß mit den vielen Brücken wartete. Hugo erhob sich und durchquerte scheu den Raum. Er ging auf Zehenspitzen, als hätte er Angst, jemanden zu wecken, Ernas Vater wohl, den kolorierten Toten, der ihn nicht aus dem Auge ließ. Während dieses vorsichtigen Ganges begann ein Entschluß in ihm zu keimen, vor dem er selber erschrak. Doch es zeigte sich kein anderer Ausweg. Durch den engen Türspalt drang schärfer jetzt Ernas Stimme: »Wer soll das bezahlen?«

»Stell die Kartoffeln auf«, gab die Mutter zur Antwort.

Erna wich nicht zurück:

»Ich hab euch Monat für Monat alles gegeben, bis auf den letzten Heller ...«

Statt einer Erwiderung klapperten nun vielsagend genug die Töpfe und Deckel. Erst nach einer Weile erklang Frau Tapperts ruhige, ihres Rechts bewußte Stimme:

»Für mich, das weißt du ja, brauch ich nichts. Aber denk an Albert!«
Hugo blieb stehen und schloß die Augen. Wenn er von alledem auch nichts verstand, eines wurde ihm klar, daß Mutter und Bruder von Erna lebten, von dem Gelde lebten, das sie in dem Haus seiner Eltern verdiente. Der keimende Entschluß regte sich mächtig in seinem Herzen. Zugleich aber zog es ihn zu den beiden Frauen in der Küche, und lautlos schlich er näher. Aber jetzt fuhr er zurück, denn die vollkommen verwandelte Stimme der alten Frau, höhnisch haßzitternd, sie traf ihn wie ein Schlag:
»Was willst du? Die Männer!? Die machen einen nur krank, so oder so, und nachher verlangen sie selber noch Geld.«
Hugo saß nun wieder artig auf seinem Stuhl und ließ den Kopf hängen. Vor seinem inneren Auge zerflossen der schöne Zelnik und der häßliche Tittel in eine einzige verzerrte Figur. Hüftenschlank und brillenblitzend näherte sie sich Fräulein Erna, die einen Krug unter die Wasserpalme des Springbrunnens hielt. Die Vision wurde von schweren Schritten unterbrochen. Albert kam heim.
Erna hatte von ihrem Bruder einmal gesagt, er sei ein Krüppel, seitdem er mit zwölf Jahren die Kinderlähmung bekommen habe. Krüppel, das war ein furchtbares Wort, es kostete Überwindung, diese schamstachligen Silben auszusprechen. Warum hatte Albert die Kinderlähmung bekommen und Hugo nur den Scharlach ohne bleibende Folgen? Albert ging an Stöcken. Seine Beine gehorchten ihm nicht. Er mußte sie weit und mit Gewalt vom Leibe schleudern, dann erst fielen die Füße hart auf und faßten Stand. Der junge Mann war mit leidenschaftlichem Eifer in das Problem seines mühsamen Ganges vertieft. Nichts anderes kümmerte ihn als sein Schritt, der laut den Boden stampfte. Er strebte zu dem Lehnstuhl am Fenster, dort blieb er stehen, nahm die beiden Stöcke in die rechte Hand und ließ sich nieder. Seine Stirn schimmerte feucht. Ein schweres Werk war getan. Jetzt erst bekam er Augen, blaue, ein bißchen lauernde, und erblickte seine Mutter und Erna, die aus der Küche getreten waren:
»Na, Erna, das ist aber eine Auszeichnung! Ich hoffe, daß es eine Auszeichnung ist und nichts Schlimmeres.«
Das Fräulein stellte wiederum den Knaben vor:
»Dies ist Hugo!«
Albert deutete eine Bewegung an und sah spöttisch drein:
»Dein Zögling, Erna, wie? ...«

Er reichte Hugo die Hand hin, der sie, zum Lehnstuhl gehend, mit einer Verbeugung erfaßte. Doch kaum war diese Begrüßung erfolgt, als sich Albert von Hugo wegwandte und das gerötete Gesicht der Schwester, den unsicheren Blick der Mutter bemerkte:
»Was habt ihr?« fragte er.
Frau Tappert begann ihren sinnlos sorgenden Rundgang durchs Zimmer, währenddessen sie mit der Schürze über die Kanten der Möbel fuhr und den Standort einiger Dinge vertauschte. »Ach was«, brummte sie, »gar nichts haben wir. Was sollen wir denn haben?« Mit eiligen, schuldbewußten Fingern steckte Erna ihrem Bruder eine Schachtel mit Zigaretten in die Tasche. Albert tat, als merke er es nicht, wurde rot, bekam eine unwillige, ja gehässige Miene, beherrschte sich aber.
In dieser Sekunde überkam den Knaben ein sonderbares Erlebnis. Er versenkte sich in Alberts Gesicht, er verglich sein mit Ernas Antlitz. Unendlich ähnlich war eines dem andern. Dasselbe Haar, derselbe schwerfällig Mund, bei Erna stumm, bei Albert trotzig. Da gewann Hugo diesen abweisenden, gar nicht freundlichen Menschen auf einmal stürmisch lieb. Dies war aber noch nicht das Wesentliche. Etwas ganz und gar Verrücktes trat hinzu. Hugo liebte und bewunderte Albert plötzlich, weil er ein Krüppel war. Eine blitzschnelle, abgründige Empfindung: Der Leidende ist mehr wert als der Glückliche. Erna und Frau Tappert behandeln den Albert wie einen bedeutenden oder vornehmen Mann. Gebrechen, das ist etwas Hervorragendes, fast Heiliges. Blitzschnelle, abgründige Empfindung, wohlgemerkt, und kein Gedanke! Aber diese Empfindung sollte Hugo durchs Leben begleiten, ohne daß er später ahnte, aus welcher Stunde sie stammte.
So tief hatte sich Hugo in Alberts Gesicht verloren, daß er es gar nicht bemerkt hatte, daß Erna dem Bruder seine Vortragskunst und sein Gedächtnis rühmte. Er war immer wieder erstaunt darüber, wie demütig die schöne Schwester, die doch dieser Familie all ihren Verdienst hingab, um die Gunst des Krüppels buhlte. Albert wandte sich an Hugo:
»Als ich so alt war sie Sie, habe ich Ingenieur werden wollen.«
Seine Mutter fügte stolz hinzu:
»Ehe er das Unglück hatte, war er in der Realschule immer der Beste. Sein Vater war aber auch ein sehr gebildeter Mensch ... Bei der Eisenbahn.« Albert unterbrach sie wütend: »Schweig, Mutter!« Hugo blin-

zelte zu dem rangältesten Toten hinauf, der seine rosagemalte Faust auf dem verschnörkelten Tisch ohnmächtig zu ballen schien. Erna aber bemühte sich immer schmeichlerischer um ihren Bruder:
»Was macht deine neue Erfindung?«
Albert hielt eine Antwort für überflüssig. Ernas Gesicht zeigte – als wäre alles Unglück vergessen – einen kleinen Zug von Prahlerei, als sie jetzt nachdrücklich Hugo belehrte:
»Du mußt wissen, er ist ein großer Erfinder und besitzt schon zwei Patente! ...«
Mit geringschätziger Ungeduld überhörte Albert das weibliche Lob und wandte sich, Mann zu Mann, an Hugo:
»Befassen Sie sich mit technischen Dingen?«
Der Knabe spürte den bedrückenden Raum um sich, den Raum der Fremdheit, der jetzt überfüllt zu sein schien von Menschen, von ihren Sorgen, Lügen, Hinterhältigkeiten. Zugleich aber war es eine merkwürdige süße Befriedigung, daß ihn Albert, der leidende Mensch, durch sein Vertrauen auszeichnete. Ob er sich mit technischen Dingen befasse? Schuldbewußt gedachte Hugo der Elektrisiermaschine und des anderen physikalischen Spielzeugs, das ungenützt in einem seiner Wandkästen lag. Doch hätte er um alles in der Welt dies dem Techniker Albert nicht eingestehen mögen, daß er die einzig wichtigen und manneswürdigen Realien zugunsten seiner Lesewut vernachlässige. So hauchte er denn ein lügnerisches: »Ja.«
Daraufhin kommandierte Albert: »Bring das Modell, Mutter.« Frau Tappert erschrak und zögerte, denn sie war gerade dabei, die Teller des Mittagessens auf den Tisch zu stellen. Alberts Gesicht verzerrte sich, er schloß die Augen. Da stellte die Mutter eilig alles hin, kniete nieder und zog aus einer Lade ein großes Gewirr von Drähten, Spulen, Rädern, Batterien hervor, das sie sorgfältig auf den Tisch hinbreitete. Nun befand sich ein neues unverständliches Wesen in dem überfüllten Raum. Albert dachte nicht daran, Sinn und Zweck seiner Erfindung klarzulegen. Mühsam erhob er sich und trat mit dem belästigten Gesicht eines Virtuosen, dem man eine unerwünschte Zugabe abzwingt, an den Tisch. Mit müden Händen begann er das Ding in Ordnung zu bringen. Kaum aber hatte er die ersten Griffe getan, als er schon die Arbeit unterbrach und an Hugo die Frage stellte:
»Sie wissen natürlich, was Wechselströme sind?« Hugo schlug die Augen nieder und schwieg. Wechselströme? Jeder dieser erwachsenen

Herren besaß einen Sack voll ungewöhnlicher Worte: Papa, Zelnik, Tittel und nun auch Albert. Unter all diesen Worten stellte sich Hugo mancherlei vor, aber man konnte es nicht aussprechen. Was seit einer Stunde ihm kalt und heiß über den Rücken lief, vielleicht war dies ein Wechselstrom. Oh, dieses Zimmer hier war voll von Wechselströmen. Albert aber kümmerte sich nicht um diese heimlichen Überlegungen, sondern wiederholte, sehr spöttisch, seine Frage:
»Sie wissen also nicht, was Wechselströme sind?«
Der Geprüfte senkte den Kopf immer tiefer, fühlte aber den Strom von Lebensvorwurf, ja Haß, der aus des Krüppels Blick ihn traf:
»Wenn Sie diesen einfachen Begriff nicht kennen, ist natürlich alles umsonst. Aber ein junger Mann in Ihrem Alter und in Ihren Verhältnissen müßte eigentlich schon wissen, was Wechselströme sind. Sie gehen ins Gymnasium, nicht wahr? Die Anfangsgründe der Elektrizität gehören zum Lehrstoff der Unterklassen. Aber natürlich! Die jungen Herren aus den besten Kreisen haben keine Ahnung von der Induktion.«
Er schien die ganze Erfinderei satt zu haben und schob mit einer Handbewegung alles zusammen. Und ohne sich umzusehen, herrschte er die Frauen an:
»Was habt ihr beide vorhin gehabt?«
Erna lachte: »Ich bitte dich, Albert ...«
Aber der Bruder schrie jetzt:
»Gut! Ich weiß ja, daß ich hier der Niemand bin! Ich weiß ja, daß ich von euch nur geduldet und ausgehalten werde! Ihr seid zu gar nichts verpflichtet. Jeder Bissen, den ich esse, würgt mich. Aber alles wird anders werden. Ihr sollt noch staunen. Bis dahin werde ich mich halt umsehen müssen ...«
Die letzten Worte hatte Albert jammernd gesprochen.
Erna führte ihn zärtlich zu seinem Lehnstuhl zurück. Ihre Augen schimmerten, aber ihr Gesicht war fröhlich:
»Es ist wirklich gar nichts, Albert ... Wir haben doch nur ein bißchen getratscht, Mama und ich ... Warum machst du dir so schlechte Gedanken, Albert? ... Er sekkiert uns immer, Mama, was? ... Aber jetzt los, Hugo! ... Adieu, ich komm bald wieder ... Und laß es dir gut gehn, Albert.«
Frau Tappert, immer hin und her wandernd, als ginge sie die Szene

nichts an, hatte den Suppentopf gebracht. Beim Abschied spürte Hugo, wie Alberts Hand vor Kränkung zitterte.
An der Wohnungstür wartete schon die Mutter ängstlich. Das Mißtrauen des armen Sohnes war ihre Hölle. Sie flüsterte zwar, aber Hugo konnte deutlich ihre Worte verstehen:
»Komm heut nachmittag wieder ... Er wird nicht zu Haus sein ... Und in der nächsten Woche ... nun, wir wollen sehn ... Ich spring am Abend zur Seifert hinüber ... Hoffentlich kannst du dir ein paar Tage Urlaub nehmen.«
Wieder finstere, krachende Holztreppen! Wieder ein schreiender Hof! Wieder der mächtige schattenwerfende Christus im Flur, unter dessen göttlicher Herrschaft sich die Schicksale der Mieter so unnachlässig ernst und wirklich gestalteten. Hugo trat, tieferschöpft, an Ernas Seite in den wilden Mittagssonnenschein.
Was nur hatte ihn so heftig angegriffen, daß er kleine stolpernde Schritte machte? Was denn war ihm in dem fremden Hause Bedeutsames begegnet, daß ihm jetzt eine Traumes- oder Zauberlast von den Schultern glitt? O nein, gar nichts Bedeutsames oder Besonderes war ihm begegnet. Er hatte eine beschränkte Stube erlebt, in der sich Bett, Tisch, Kommode, Kasten, Sofa, Tote und Heilige aneinander drängten. Die Luft dieser Stube verdarb ein unangenehmer Speisendunst, der vom Küchenherd nebenan herschwelte. All die vielen Wohnungen dieses Hauses, an denen man vorbeikam, rochen gleichsam aus dem Mund. Er hatte eine alte Frau kennengelernt, die Erna Mama nannte, die aber Filzpantoffeln und Schürze trug wie ein schlechter Dienstbote und kaum mehr Zeit fand, vor dem Besuch ihr Kopftuch zu verbergen. Diese Mama war doch gar keine Mama, sondern eine Mutter. Er hatte ferner Ernas Weinen gehört und einige dunkle Fetzen eines erregten Gespräches vernommen. Ob Frau Tappert ihrer Tochter würde helfen können, das blieb freilich höchst fraglich. Sie hatte sich nach Ernas Geständnis nicht unglücklicher und verzweifelter gezeigt, als sie schon vorher Hugo erschienen war. Was bedeutete diese kummervolle Unruhe, welche die alte Frau immer umhertrieb und sie zwang, unaufhörlich sinnlose Handgriffe zu machen? Kaum einen Augenblick lang stand sie still, aber auch dann zuckte es in den roten Küchenhänden, die sie über dem vorgewölbten Leib halten mußte, damit sie endlich einmal Ruhe gaben, diese alten Arbeiter! Ja, zu Tode abgearbeitet schien die Frau Tappert zu sein, so tödlich abgearbeitet, daß sie Leer-

lauf und Ruhe nicht mehr ertrug. Hilfe von ihr? Niemals! Hugo hatte auch Albert kennengelernt, den Krüppel. Den Vorwurf in Alberts Augen hatte er sogleich verstanden und auf sich bezogen. Er schämte sich, daß der Kranke ihm etwas vorzuwerfen habe, und gab diesem Vorwurf recht. Wie schrecklich, daß er sich blamiert hatte, daß er nicht wußte, was Wechselströme sind. Aber hinter diesen Wechselströmen spürte Hugo noch einen anderen, weit schwereren Vorwurf, der ihn mit einem unbestimmten Schuldgefühl erfüllte. Ihm war zu Mute, als hätte er Albert irgendein Unrecht zugefügt. Auch die Mutter und Schwester des Unglücklichen schienen etwas ähnliches zu empfinden, denn sie behandelten ihn mit verehrender Scheu und ließen sich alles bieten. Konnte es aber auch, trotz seines herrisch-gekränkten Wesens, einen verehrungswürdigeren Menschen geben als Albert, den Erfinder?!

Und über Albert und Frau Tappert, über die Toten und Heiligen, ja selbst über Erna stülpte sich diese Stube, diese rauchdurchwirkte, gedrückte Luft, die so anders war als die Luft zu Hause ...

Nichts Bedeutsames, nichts Besonderes hatte Hugo erlebt. Und doch, er fühlte sich krank und zerschlagen. War im gewöhnlichsten Alltag dennoch etwas Entscheidendes mit ihm geschehen? Bisher hatte er gemeint, die ganze Welt sei eine Abwandlung des ihm Eignenden, *seines* Lebens, *seines* Zuhause. Die Welt? Phantasiegewölk der vielen Bücher, und im Mittelpunkte er selbst, in seinem Bette sich rekelnd, lesend. Heute zum erstenmal war ihm das Beklemmend-Andere, das Fremde entgegengetreten.

Eine kleine, stickige Wohnung, weiter nichts!

(Aber war es soviel mehr, was der junge Königssohn Gautama vor der Parkmauer des väterlichen Palastes erblicken mußte, um von seiner Welt abzufallen? Ein Bettler, ein Leichenzug. Weiter nichts!)

Immer schwerer, immer betäubter ging Hugo dahin. Erna war ihm um mehrere Schritte voraus. Wie schöngekleidet erschien sie doch! Die Männer blickten sich alle nach ihr um. Kleine Lackschuhe blitzten an ihren Füßen. Kein Schatten ihrer Gestalt erinnerte an die Mutter, an das dumpfige Zimmer, an das übervölkerte Haus. Und dabei schenkte sie alles, was sie erwarb, ihrer Familie. Wußten diese niederträchtig-egoistischen Herren wie Zelnik und Tittel, welch einen Engel sie mißhandelt hatten? Ahnten diese Herren, daß die Gedanken, die Erna so rasch vorwärts rissen, vielleicht dem Selbstmord galten?

Hugo versuchte es nicht, die Dahinschreitende einzuholen. Gerne blieb er ein Stück zurück, um Erna, die ein unwiderrufliches Fatum vereinsamte, mit wehmütig-entzücktem Auge zu umfassen. Da niemand auf der Welt dem Fräulein beistehen konnte, so mußte er, Hugo, etwas unternehmen, um sie zu retten.

Schmerzlich war nun alles verändert, auch die Straße. Vor kaum zwei Stunden hatte Hugo eine wohlig-nichtssagende Welle von Farben, Geräuschen und Menschenbildern durchquert, jetzt begab sich das ganze eilende Mittagsleben wie auf einem Meeresgrund, niedergezogen von schweren Gewichten. Feindselig alle Gesichter, abweisend jede Gestalt. Fräulein Erna blieb bei einer Menschengruppe stehn. Auf der Fahrbahn war ein Pferd zusammengestürzt und lag schweratmend auf dem Pflaster. Der Kutscher hatte es von dem gewaltigen Lastwagen abgeschirrt, auf dem lang überhängende Eisentraversen leise schwankten. Nun stand der Mann, auf seine Peitsche sich stützend, ruhig da, redete mit anderen müßigen Männern, rauchte seine Pfeife und schien das weitere Schicksal des Tieres für ein Schauspiel zu halten, das einer sachgemäßen und unbeteiligten Betrachtung wert war. Der Ausdruck des todesgierig an die Erde geschmiegten Pferdekopfes zeigte die tief-dankbare Gleichgültigkeit des Endes. Das große gute Auge blickte erlöst und mit Gott einverstanden in den dunstigen Sommerhimmel. Dieser ruhevolle Leidensblick brachte Hugo eine Botschaft, genau so wie gestern der schleppende Sterbensgang der fliegenumschwirrten Kröte. Es war eine Verkündigung aus den Tiefen des Lebens, die einzig und allein ihm galt. Er verstand sie nicht, aber seine Seele verstand, daß sie angerufen war. Und für einen Augenblick wurde Hugo weit entrückt von Erna, von Ernas Geschick, von Frau Tappert, von Albert, von dieser Straße und dem gestürzten Pferd. Er stand am Strande von Sorrent (die Osterreise mit den Eltern) und sah die wilden Tierrudel der Brandung, die an den Klippen emporsprangen und sich mit ihren weißen Tatzen immer wieder festpranken wollten, unermüdlich und vergeblich.

Fräulein Erna hatte sich indes aus dem Haufen der Zuschauer gelöst und ging weiter, ohne sich um Hugo zu kümmern. Ehe er ihr nachlief, blickte er noch einmal zur Fahrbahn, um von dem armen Gaul Abschied zu nehmen. Der Kutscher, der vorhin so hartherzig erschienen war, kniete jetzt bei seinem Tier und schob liebevoll einen Sack unter den absonderlich langen Pferdekopf.

Auch auf dem Rest des Weges sprach die Bonne mit ihrem Knaben kein Wort. Als sie aber um die letzte Straßenecke bogen und Hugos reizendes Vaterhaus in Sicht kam, beschloß er mit einem nagenden Bangen im Herzen, aber unabänderlich, jene Idee, die ihm heute eingefallen war, zu verwirklichen. Es war eine sehr naheliegende und sehr verhängnisvolle Idee.

Da Fräulein Tappert sich für den Nachmittag beurlaubt hatte, entfiel der übliche Spaziergang, und Hugo – er hatte es selbst so gewünscht – saß in ihrem kleinen Salon ganz allein bei Mama. Der Junge blinzelte die vielen hellen Kleinigkeiten dieses Raumes mit halbgeschlossenen Augen an. Mamas Antiquitäten, Dosen, Tassen, Gläser, Miniaturen, waren idyllisch freundliche Wesenheiten im Gegensatz zu Papas hochmütigen Altertümern. Auf dem weißen Tischchen lag ein eben aufgeschnittener Tauchnitzband. Hugo las den Titel: ›The sorrow of Satan by Mary Corelli.‹ Zwischen Mamas Gesicht und dem seinigen breitete sich ein Rosenstrauß in einer Vase aus. Hugo empfand das Bedürfnis, sich und zugleich auch Mama hinter diesen Rosen zu verstecken. Alles, dieser Salon, die Blumen, Mama, er selbst erschienen ihm heute so anstrengend neu, so ungemütlich anders als sonst. Er setzte sich hinter dem Strauß zurecht, damit die Rosen sein Gesichtsfeld ausfüllten, und runzelte die Stirn. Nichts sollte ihn ablenken. Um für Erna zu kämpfen, mußte er sie ja, zum Teil wenigstens, verraten. Wie bitter schwer war das. Er konnte keinen Anfang finden. Mama erkannte bald, daß ein Kampf in ihrem Kinde vorgehe, sie sah die Denkrunzeln auf seiner Stirn, das wechselnde Erröten und Erblassen. Erschrocken stand sie auf, fuhr mit der Hand unter Hugos Hemdkragen, ob er kein Fieber habe, und fühlte seinen Puls. Zugleich aber wußte sie, daß diese körperliche Besorgnis nur eine Geste ihres eigenen Schuldgefühls sei und daß dem Knaben nichts fehle. Selbstvorwürfe, ja sogar eine Art von Reue brachen in ihrer Seele auf, Wallungen, die ihr nicht neu waren, die sie aber bisher immer mit glaubwürdigen Ausreden vor sich selber vertuscht hatte. Das Kind war ihr fremd geworden. Dieses strenge Jungengesicht, das angespannten Willens einer unhörbaren Stimme zu lauschen schien, kannte sie nicht mehr. Gestern zwar hatte sie noch Auftrag gegeben, Hugo auf eine bestimmte Art das Haar scheren zu lassen. Der schöne Kopf des Jungen sollte mit dem neuen College-Gewand in Übereinstimmung gebracht werden. Wie häßlich und äußerlich erschien ihr jetzt diese eitle Fürsorge. Um solche Dinge kümmerte sie sich, während sie die Seele ihres Sohnes andern Menschen überließ. Nun, die Folgen hatte sie sich selber zuzuschreiben. Hugo gehörte nicht mehr ihr.

Der Teetisch wurde hereingeschoben.

Sie fragte sich nun, was für ein peinliches Gefühl es sei, das sie unsicher mache. So lächerlich es klingt, sie konnte sich's nicht verhehlen, daß es Verlegenheit war, Verlegenheit ihrem Kinde gegenüber, das so streng, so verschlossen dasaß! Und nicht wie eine Mutter, sondern wie eine schuldbewußte Geliebte, die den Mann versöhnen will, begann sie für den Knaben zu sorgen, ihm Tee einzugießen und Kuchen vorzuteilen.

Hugo aber, der die Tasse schon in die Hand genommen hatte, stellte sie wieder hin und sagte unvermittelt:

»Mama, ich muß dich etwas fragen ...«

Und nach einer herzklopfenden Pause der letzten Entscheidung:

»Sind die Tapperts – ich meine Erna – sind das arme Leute?«

Mama war ein wenig erstaunt. Dann dachte sie: Es ist eine Kinderfrage, und erwiderte:

»Arme Leute? Nein, arme Leute sind es gewiß nicht. Sie leben wohl nur in kleinen Verhältnissen.«

»Wer aber sind dann die armen Leute?«

Mama ertappte sich dabei, daß sie dies selber nicht recht definieren könne. Für alle Fälle zählte sie auf:

»Arme Leute sind zum Beispiel Arbeiter, die keinen Verdienst haben, Obdachlose oder Waisenkinder ... Aber Fräulein Erna hat doch etwas gelernt, sie hat Prüfungen abgelegt, sie hat ein Seminar absolviert, sie ist Erzieherin geworden, sie muß sich ihr Brot selbst verdienen ... Von solchen Menschen sagt man, daß sie in kleinen Verhältnissen leben.«

»Und wir, wir sind reiche Leute, Mama, nicht wahr?«

»Aber Hugo, ich finde, daß du sehr unhübsche Fragen stellst! Kommt es denn darauf an? Es kommt auf andere, viel wichtigere Dinge an, auf Geist, Bildung und Seele.«

Die eigene Antwort erzeugte in Mama ein deutliches Mißgefühl. Sie wußte, daß sie der einfachen Frage Hugos ausgewichen war und statt einer ruhigen Erörterung dieser Dinge auf törichte und verlogene Weise moralisiert hatte. Insbesondere die Zusammenstellung von Geist, Bildung und Seele in Erwiderung von Hugos sozialer Neugier

störte sie als feige Banalität und erzieherischer Fehler. Hugo aber, der gar nicht recht hingehört, wiederholte: »Kleine Verhältnisse ...«
Er lehnte sich zurück und richtete seinen Sinn auf dieses Wort. Mit Frau Tapperts Wohnung also war die Welt nicht zu Ende. Hugo sah deutlich eine sonderbare, schier unendliche Zimmerflucht vor sich. Und Erna entfernte sich, indem sie langsam von Kammer zu Kammer schritt. Die Türen, durch welche sie hindurchgehn mußte, wurden immer ärmlicher und niedriger. Sie konnte nicht hindurch, ohne sich zu bücken. Vielleicht war der letzte Raum die Totenkammer. Da sagte Hugo: »Ich glaube doch, daß es arme Leute sind.«
Mama seufzte: »Wie kommst du darauf, Hugo?«
Hugo versuchte die Antwort zu überlegen. Aber er hatte keine Macht über sein Denken:
»Erna gibt ihnen doch ihr ganzes Geld, alles, was sie bei uns verdient ... Weißt du, es muß wegen Albert geschehen.«
Und dann gestand er: »Wir waren ja heute dort ...«
»So«, sagte Mama, sehr unangenehm berührt. Sie litt an Zwangsvorstellungen der Reinlichkeit. Alles Fremde, zumal wenn es einer geringeren Lebensklasse angehörte, erschien ihr als ›unhygienisch‹. Fremdheit und Ansteckungsgefahr waren ein und dasselbe. Hustete irgendwo ein ärmlich gekleidetes Kind, so hatte es gewiß Krampfhusten. Kam eine Schar von Schuljungen des Weges, so führten sie eine Wolke von Krankheiten mit sich. Roch es auf der Straße brenzlig, so wurde ganz bestimmt ein Haus in der Nähe desinfiziert. Ging ein Mensch mit einem Feuermal auf der Wange vorüber, so mußte man den Atem anhalten, denn wer weiß, ob jenes Mal nicht ein verrufener Ausschlag war. Türschnallen, Stiegengeländer, Münzen, alles Berührbare und Vielberührte, gefährdete mit wimmelnden Bazillenschichten die Hand, die unvorsichtigerweise keine Handschuhe trug. Die Bazillen selbst waren rachsüchtige Ausdünstungen, aus den Tiefen der feindseligen Fremdheit und des unkomfortablen Elends zu Mamas Lichtwelt emporgesandt. Als Hugo trotz aller Vorsicht Scharlach und Diphtherie bekam, fühlte sich Mama in ihren Angstvorstellungen nur bestätigt. Jetzt aber fragte sie spitz:
»Was hast du bei fremden Menschen zu suchen?«
Hugo, durch Mamas nervösen Ton verwirrt, vergaß die ganze Ordnung, die er sich vorgenommen hatte, und brachte alles durcheinander:

»Erna hat ja ein schreckliches Unglück gehabt ... Wer soll ihr helfen? ... Sie selbst hat kein Geld mehr ... Und ihre Mutter hat auch keines ... Albert ist nämlich ein Erfinder, und das kostet schon etwas, besonders wenn einer die Kinderlähmung in der Realschule bekommen hat und sich nicht rühren kann ... Erna muß aber Geld haben, sonst geht es fürchtlich aus ... und die Frau Seifert, mit der ihre Mutter sprechen will, tut gar nichts ohne Geld ... Und da habe ich mir gedacht, ob du und Papa nicht helfen könnten ... du ... und Papa ...«
Verzweifelt stieß er diese letzten Worte hervor und erkannte, daß er seine Sache schlecht machte. Er erkannte dies auch an Mamas Augen und ihrer trockenen Art zu fragen.
»Was für ein schreckliches Unglück hat denn Fräulein Erna gehabt?«
»Ich weiß es nicht, Mama ... Wie kann ich's denn wissen? ... Aber ich denke mir ...«
Immer unerbittlicher munterte ihn Mama zu neuen Bekenntnissen auf:
»Nun, was denkst du dir?«
Hugo wußte jetzt genau, daß er jetzt unaufhaltsam abrutschte. Aber er konnte es nicht mehr hemmen:
»Ich denke mir, daß der Herr Oberleutnant Zelnik ... oder der Herr Tittel ... daran schuld sind ... Ich weiß es ja nicht ...«
Ein Fehler, ein Verrat! Blut schoß dem Knaben zu Kopf und trübte sein Bewußtsein. Mit einem Mal befanden sich, durch Hugos Ungeschick hervorgezaubert, der Artillerieoffizier und der Konzeptsbeamte in diesem nichtsahnenden Salon. Der kakaobraune Waffenrock und die kanariengelben Schnürstiefel, in den Silben der Namen Zelnik und Tittel enthalten, verdarben alles. Mama schien jetzt ruhiger und gleichgültiger sich zu erkundigen:
»Der Herr Oberleutnant ... Der Herr Tittel ... Was sind denn das für prächtige Erscheinungen?«
Hugo, der sich nicht mehr zu retten wußte, stammelte:
»Das sind die Herren ..., mit denen wir immer spazierengegangen sind ...«
»Mit denen ihr immer spazierengegangen seid ...«
Mama genoß den erstaunlichen Klang dieser Tatsache, ehe sie sich in ein langes und ironisches Schweigen zurückzog. Hugo aber biß die Zähne zusammen und stand auf:
»Mama! Versprich mir, daß du der Erna helfen wirst!«

Die Entgegnung ließ etwas auf sich warten, denn Mama entnahm der kleinen Golddose mit viel Umsicht eine Zigarette, ehe sie erklärte:
»Ich verspreche es dir, Hugo!«
Dann nach einem kaum fühlbaren Zögern: »Übrigens werde ich mich auch mit Papa beraten.«
Hugo holte inbrünstig Atem:
»Und versprich mir noch, ihr nie nie nie ein Wort davon zu sagen, daß wir beide miteinander geredet haben.«
Nach langwierigen Zündungsversuchen brannte endlich die Zigarette:
»Auch das verspreche ich dir, Hugo!«
Mama liebte es, daheim weite und ein wenig individuelle Gewänder zu tragen. Heute war's ein weißer Atlasburnus. Sie wandte ihrem Sohn, der vor ihr stand, aufmerksam das von der weißen Seide verdunkelte Gesicht zu. In Hugo aber ging etwas Seltsames vor. Er hatte früher oft in liebevoller Stunde, oder wenn er etwas zu erschmeicheln hoffte, für Mama ein Kosewort gefunden. Ein albernes Wort, das ›Flaus‹ hieß, ›Flausi‹, oder so ähnlich. Jetzt, in diesem Augenblick, wollte er seine Mutter wieder so nennen, bittflehend und danksagend zugleich. Aber, siehe, es war unmöglich, keine Stimme kam aus seinem Mund, er blieb stumm. Und in ein und derselben Sekunde fragte sich Mama: Er zittert für diese liederliche Person. Täte er's auch für mich? Und eine wahre und wirkliche Eifersucht nahm bitter von ihr Besitz.
Kleinlaut entschuldigte sich Hugo:
»Es ist tatsächlich ein großes Unglück, Mama ...! Erna hat gesagt, daß sie ins Wasser gehen muß ... Sie hat es wirklich gesagt ...«
Aber Mama lachte leicht auf und meinte in einem herben und durchaus unpädagogischen Ton:
»Das werden dir in deinem Leben noch Viele erzählen, mein Sohn!«
Am Abend – seine Eltern hatten eine lange Unterredung miteinander gehabt – wurde Hugo zu Papa in die Galerie gerufen. Der Vater stand vor dem Tischchen mit der Münzensammlung und hielt dem Knaben ein uraltes Silberstück hin:
»Sieh dir diese ganz seltene Münze an, Hugo! Ich habe sie heute entdeckt. Dionysos von Syracus! Eine wunderbare Zeit, in der die größten Männer gelebt haben.«
Hugo betrachtete das Silberstück und sagte nichts. Papa wartete eine Weile, ehe er nochmals betonte:

»Die größten Männer! Hast du jemals den Namen Platon gehört?« Hugo war diesem Weisen in Gustav Schwabs ›Sagen des klassichen Altertums‹ wohl schon begegnet, aber sei es, daß er sich für die dort abgebildeten Helden und Heldinnen des trojanischen Krieges mehr interessiert hatte, sei es, daß ihn eine leichte Feindseligkeit gegen Papa beherrschte, er verneinte die Frage. Der Vater legte die Münze auf den Samt zurück:

»Lieber Junge! Du liest viel zu viel dummes Zeug zusammen. Wir werden jetzt systematisch beginnen müssen. Nicht wahr?« Und Hugo, der sich unter diesem ›Systematisch‹ nichts rechtes denken konnte, hauchte aus enger Kehle: »Ja ...«

Papa lächelte zufrieden und war ganz Kameradschaftlichkeit: »Du bist jetzt gesund, Hugo, und ein großer Bursche. Deine Altersgenossen sitzen womöglich schon in der Tertia. Die Verspieltheit und Träumerei muß endlich aufhören. In einigen Tagen wird Herr Doktor Blumentritt zu uns kommen. Ich bin überzeugt, daß er dir glänzend gefallen wird, und daß du in ein paar Monaten alles Versäumte mit ihm spielend nachholen kannst ...«

Bei dieser Eröffnung nahm Papa seinen Sohn unterm Arm und ging mit ihm vergnügt auf und ab:

»Ich hoffe, daß wir beide gegen Mama eine feine Sache durchsetzen werden ... Möchtest du nicht, vom nächsten Semester ab, auf dasselbe Gymnasium gehn, wo ich acht Jahre lang gesessen bin? Ich habe dir ja das Haus schon oft gezeigt ...«

Hugo erklärte mit leiser Stimme, daß er dies gerne möchte. Der Vater stellte einen Kampf in Aussicht, den er mit Mama und ihrer fanatischen Krankheitsfurcht werde ausfechten müssen, wobei er aber auf Hugos wertvolle Unterstützung rechne.

Die dunklen Figuren einer heiligen Familie, die fern an der Wand hing, begannen sich wahrnehmbar zu rühren, als hätten sie den Käfig des Rahmens satt und wollten nun in ein besseres Land aufbrechen. Auch andere Gestalten, die kostbaren Penaten dieses Hauses, regten sich. Hugo, der all die heimliche Bewegung merkte, sah zu Boden, als er fragte:

»... Aber Fräulein Tappert bleibt doch bei uns, Papa?«

Der Vater deutete durch plötzliche Lebhaftigkeit an, daß auch er sich mit Ernas Angelegenheit eingehend beschäftigt habe:

»Ja richtig! Du hast mit Mama ein interessantes Gespräch gehabt. Sie hat mir darüber genau berichtet. Nun, ich gebe dir hiermit mein Wort, Hugo, daß für Fräulein Erna alles geschehn wird, was zu ihrem Vorteil gereicht. Mama wird noch heute mit ihr sprechen. Von dir und deiner Intervention wird natürlich nicht die Rede sein ... Es ist übrigens sehr hübsch, daß du für deine Umgebung ein Herz hast!«

Papa wiederholte, während er seine Fingernägel mit kurzsichtigen Augen betrachtete (eine Elite-Gebärde eleganter Nervosität für Hugo), sein geringfügiges Lob:

»Ein gutes Herz ist ja sehr hübsch ...«

Als hätte damit die gebotene Zustimmung ihr Ende erreicht, begann er nun zwischen den altersheiligen Schätzen der langen Galerie auf und ab zu wandeln, wobei er den vorigen Worten einen kritischen Nachsatz anhängte: »Aber weichliche Empfindsamkeit und Romantik sind nicht die Tugenden, mit denen man in unserer Zeit vorwärts kommt ... Was wird aus dir werden, mein Sohn? Du mußt dir härtere Ellbogen anschaffen. Es steht nirgends geschrieben, daß man für alle Ewigkeit gesichert ist!«

Gemaßregelt stand Hugo da, sehr klein in dem hohen Raum. Nach Albert nun auch Papa! Aber dieser milde Tadel bedrückte ihn nicht. Er hörte ihn kaum, da oberhalb seines Magens sich eine furchtbare Bangigkeit wie eine raschwachsende Pflanze entfaltete und alles verzerrte. Papa hielt in seinem Gang inne und streckte mit einer großen Bewegung den Arm aus, als weise er auf ein unsichtbares Porträt hin:

»Dein Großvater, mein Vater, das war ein gewaltiger Mann. Er hat unser Haus gegründet, er hat alles geschaffen. Und wodurch, glaubst du, ist er so groß geworden? Durch Kraft, mein Lieber, durch zielbewußte Härte, durch rücksichtslose Energie.«

Hugo war ganz und gar nicht gesonnen, die blasse Erinnerung an diesen Großvater heraufzubeschwören und dessen sagenhafte Willenskraft mit dem Bilde eines hilflosen alten Herrn im Rollstuhl zu konfrontieren. Die schmerzvolle Pflanze in der Zwerchfellgegend wuchs und wuchs. Papa hingegen versenkte sich mit großem Behagen in das Angedenken jenes energischen Gründers und Despoten:

»Er hat nicht lange gefackelt, der Großpapa. Wehe uns Söhnen, wenn wir uns einer Aufgabe nicht gewachsen zeigten. Weißt du, Hugo, wann ich die letzte Ohrfeige von ihm bekommen habe? Mit zwanzig Jahren.«

Papa lächelte dieser verschollenen Mißhandlung anerkennend nach. Dann warf er einen befriedigten Blick auf seine überaus schmalen Lackschuhe und schloß die Betrachtung:
»Vielleicht war diese alte Art von Erziehung richtiger.«
Hugos Mund öffnete sich schmachtend. Seine Augen suchten ringsum um Hilfe.
Die heiligen Gestalten wurden immer unzufriedener. Manche hatten sich schon halb erhoben. Der Kruzifixus vor allem, jener ausgemergelte Torso aus dem vierzehnten Jahrhundert, trat immer herrischer hervor und begann, mit seinen Armstümpfen zu rudern. Er hatte es satt, ein gekaufter Sklave zu sein. Hugo spürte seinen Haß und kehrte sich ab, um ungestört die Wahrheit erfahren zu können, die seine verzweifelte Frage forderte:
»... Aber Erna bleibt doch bei uns? ...«
Weit weg und zugleich wie durch einen Schalltrichter vergrößert, erklang Papas gutmütiges Lachen:
»Hör einmal, Hugo! Eigentlich versteh ich dich nicht. *Mir* hätte man es in deinem Alter zumuten sollen, einen Tag nur in weiblicher Gesellschaft zu verbringen! Also einfach odios und herabwürdigend wär mir das gewesen; Herrgott, ich wär durchgegangen, auf mein Wort! Aber ich war damals halt schon ein Mann, Hugo, ein Mann ...«
Bei dem Wort ›Mann‹ wurde der Torso plötzlich ganz schmal, schoß zur Decke empor und begann sich mit wilder Drohung um sich selber zu drehn. Auch Hugo drehte sich um sich selbst und sank zu Boden.
Ein Schwindelanfall, eine kurze Bewußtlosigkeit, eine leichte Ohnmacht. Übrigens war es nicht das erstemal, daß der Knabe von einer plötzlichen Blutleere im Hirn befallen wurde. Diese Ohnmacht aber konnte kaum mit einer früheren verglichen werden. Als Hugo nach wenigen Augenblicken erwachte, sich auf einem Diwan fand und die erschrockenen Gesichter seiner Eltern über sich gebeugt sah, da erfüllte ihn der Rausch eines kampferschöpften Siegers. Jetzt war Erna gerettet, er zweifelte nicht mehr daran, jetzt wird sie bis ans Ende der Tage bei ihm bleiben. Und mehr noch, er hatte gelitten, unerklärbar für Unerklärbares gelitten durch diese Ohnmacht. Alberts Augen würden ihn nicht mehr vorwurfsvoll anstarren, denn jetzt, jetzt war er ihm verwandt geworden.
Seit diesem Anfall legten die Eltern eine große Vorsicht gegen Hugo an den Tag.

Nach ihrer Heimkehr hatte Fräulein Tappert eine sehr ruhige und sehr gründliche Auseinandersetzung mit Mama. Sie kam von dieser Unterredung mit einem stillen, fast heiteren Gesicht ins Kinderzimmer und sah ihren Zögling so beruhigt, wo schweigsam an, als wäre sie jeden Augenblick bereit, den Tiraden eines neugeborenen Schillerdramas hingebungsvoll zu lauschen. Da erkannte Hugo beseligt: Papa wird ihr helfen!

Zwei Umstände allerdings hätten sein Mißtrauen erwecken können, wenn der langnachwirkende Rausch der Ohnmacht seinen Klarsinn nicht tagelang umwölkt hätte. Erstens: Ernas Schuhe waren mit einemmal von dem Brett verschwunden, wo sie sonst immer als der gerechte Stolz ihrer Besitzerin in Reih und Glied gestanden hatten. Zweitens geschah es im schärfsten Gegensatz zu den letzten Monaten, daß Erna und Hugo kaum eine Minute lang des Tages allein blieben. Die Spaziergänge in den sommerlichen Anlagen entfielen. An ihre Stelle traten Autoausfahrten und Teestunden mit Mama.

Drei Tage später ergab es sich aber, daß die Eltern den Abend außer Haus verbrachten. Es war zehn Uhr etwa. Hugo saß im Bad. Er liebte es ungemein, zu später Stunde zu baden. Man konnte damit das leidige Schlafengehen etwas hinausschieben. Auch ließ es sich nirgends so leicht, so milde träumen wie im lauen Wasser.

Wenn Hugo sich gänzlich gehen ließ, wenn er gar nichts mehr dachte, nicht den geringsten Willensdruck auf seinen Geist übte, dann kamen die Worte, die allmächtigen Worte über ihn. Sie kamen *über* ihn und nicht *aus* ihm, sie waren ihre eigenen Herren, und er regierte sie nicht. Die Worte waren Wesen von einer eigenartigen und selbständigen Stofflichkeit, die gerne ein Hirn durcheilten, das zu verstummen wußte. So ziehen die eigenwilligen Farbflecke, Feuerkreise und Kringel an einem geschlossenen Auge vorbei, das in die Sonne geblickt hat. Hugo ahnte gar nicht, daß er dichte, wenn er im Bade saß und es in ihm zu sagen begann:

»Ich bin Neptun, der Gott des Wassers.
Ich schwimme, wohin ich will.
Die Wellen kitzeln mich, denn das haben sie gerne.
Fische kommen, große und kleine,
Sie begrüßen mich steuerbords und backbords.
Doch auch Fischinnen kommen, ich spüre sie.

Und dann schwimmen wir alle,
Fischinnen und Fische,
Wir schwimmen, wohin wir wollen.
Durch das Meer schwimmen wir,
Das Meer ist groß und langweilig.
Dann schwimmen wir in die Flüsse.
Die Flüsse sind die kleinen Verhältnisse des Meeres.
Manchmal verirren wir uns auch in die Brunnen.
Brunnen gibt es in alten Haushöfen.
Sie sind die armen Leute des Wassers.«

Ernas Stimme unterbrach diese neptunische Ballade, die so oder ähnlich lautete:
»Bist du noch immer nicht fertig, Hugo, es ist schon sehr spät.«
»Komm doch herein, Erna!«
»Nein! Steig aus dem Wasser!«
Das war neu. Erna hatte doch bisher immer bei Bad und Waschung tätige Aufsicht geübt. Warum denn blieb sie jetzt vor der Tür stehn? Nach einer Weile entriß sich Hugo der Umarmung des Wassers und stieg aus der Wanne. Erna trat noch immer nicht ein:
»Bist du schon draußen? Hast du das Badetuch um?«
Jetzt erst, nachdem Hugo dies bejaht hatte, kam sie herein. Auch sie schien eine gründliche Reinigung vorgenommen zu haben. Der blaue Schlafrock wallte um ihren Leib, das frischgewaschene Haar war von Tüchern eingehüllt und ihre nackten Füße steckten in Sandalen. In diesem Aufzug erinnerte die hohe, pathetisch geformte Erna an die Darstellung griechischer Göttinnen und Heldenfrauen, wie sie Hugo aus Gustav Schwabs illustriertem Sagenbuch kannte und liebte. Jetzt krempelte sie wie immer die Ärmel ihres Négligés hoch über die Arme und begann mit treulicher Kraft, die ihr aus innerster Seele zu dringen schien, Hugos Körper zu frottieren. Er überließ sich gerne ihrem starken Walten, das ihn von allen Seiten warm umhüllte. Nun kniete sie vor ihm nieder, stemmte seine Füße gegen ihre Brüste und begann gewissenhaft, ihm die Schenkel abzureiben. Hierbei löste sich der aus Handtüchern gewundene Turban, den sie um den Kopf trug, und ihre Haare fielen frei herab. Eine Wolke von Kamillenduft schlug Hugo entgegen: Ernas, des Weibes Duft, von nun an fürs Leben.

Er lag schon zu Bett. Sie zögerte ein wenig, aus dem Zimmer zu gehen, und sagte langsam:
»Gute Nacht, Hugo!«
Er dehnte sich von wohligem Frieden erfüllt und blinzelte sie an: »Nicht wahr, Erna, jetzt ist alles in Ordnung?«
Als wäre sie glücklich, noch eine Minute verweilen zu können, setzte sie sich auf den Bettrand:
»Ja, hab keine Sorge, es wird schon alles in Ordnung kommen, Hugo ...« Und mit einem Seufzer: »Ich danke dir auch recht schön für alles!«
Hugo setzte sich im Bett auf:
»Hör einmal, Erna! Wir müssen nächstens wieder zu deiner Mutter und zu Albert gehn! ... Nicht? ... Sobald wie möglich. Glaubst du, daß mir Albert seine Erfindung erklären wird?«
»Ja, natürlich! Wir werden nächstens hingehn, Hugo ... Aber jetzt ... Schlaf wohl!«
Sie erhob sich und schaltete das Deckenlicht aus, so daß nur mehr die Bettlampe brannte. Hugo aber rief:
»Nein! Komm noch einmal her!«
Langsam gehorchte Erna dieser Lockung. Der Knabe ergriff ihre Hand und sah sie fest an:
»Du gehst nicht fort! Was!?«
Sie lachte hilflos. Ihr Mund verschob sich leicht. Dann beugte sie sich über Hugo, ohne ein Wort zu sagen. Seine Stimme war auf einmal rauh und tief geworden:
»Nein! Du gehst nicht fort! Aber weißt du, was ich getan hätte, wenn du fortgegangen wärst? ...«
Erna beugte sich tiefer über das Bett. Ihre Lippen gingen fragend auf. Hugos Nägel verkrallten sich leidenschaftlich in ihre Hand:
»Ich wär mit dir gegangen, Erna ... ganz weit weg ... ganz fort von hier ... in die kleinen Verhältnisse ... Erna, das mußt du mir glauben!«
Und er ließ einen wilden Blick durch das mild-erleuchtete Dunkel des großen Zimmers schweifen, als hasse er es mitsamt seinen weißlakkierten Möbeln und Turngeräten. Erna, noch immer über ihn gebeugt, rührte sich nicht. Da packte er auch ihre andere Hand mit solch heftigem Ruck, daß sich der Schlafrock verschob und ein Stück ihrer Schulter entblößte. Er aber keuchte fast weinend:

»Ich wär mit dir gegangen, Erna ... Fort von hier, von Mama ... Ich muß ja nicht ins Gymnasium gehn ... Ich könnte bei Albert lernen ... Sein Gehilfe werden ... Wir würden miteinander Geld verdienen ... Aber jetzt bleibst du ja bei uns, Erna ... Du bleibst bei mir.«

Ernas Lippen schlossen sich noch immer nicht, als wären sie willig zu reden. Hugo fühlte mit ruhevoller Seligkeit, wie ihr schönes großes Gesicht, ihr glorreiches, vom Waschen wolkiges Haar ihm näher kam, sich immer tiefer zu ihm herabbeugte. Erna aber sagte nur »Gute Nacht, Hugo« und küßte ihn sanft auf den Mund.

Dieser Kuß war nichts als ein stärkerer Anhauch des Kamillenduftes. Sie ging. Das Blau des langen Gewandes spielte um ihren wirklich schreitenden Sandalen-Schritt. In der dunkleren Ferne des Raumes schien sie von übergroßer Gestalt zu sein. Nun verschwand sie und schloß die Tür hinter sich. Das erstemal, seitdem sie im Hause lebte, schloß sie am Abend die Tür hinter sich.

Längst war es schon finstere Nacht. Hugo schlug sich mit einem widerspenstigen Gedanken herum. Dieser Gedanke hatte nicht nur mit kleinen Verhältnissen und Alberts Erfindungen zu tun, sondern auch mit Papas Sammlung und dem Gymnasium. In diese ziemlich wachen Gedanken mischten sich peinigende Bilder. Papa bewältigte mit seiner grandiosen Vornehmheit spielend alle Aufgaben des Lebens, während Hugo talentlos und ungeschickt an ihnen scheiterte. Beide, Hugo und Papa, schwammen im Meer, Papa mit leichten sicheren Stößen, Hugo hingegen kam nicht vom Fleck. Nicht anders erging es ihm mit dem Geräteturnen und dem Kopfrechnen. Der Knabe warf sich im Bette hin und her. Wie widerwärtig war dieser Zustand unfertiger, tückisch fliehender Vorstellungen!

Da spürte er – und sein Herz erstarrte –, daß er nicht allein in seinem Bette liege. Ganz klein machte er sich. Aber das nützte nichts, denn das andere war unabwendlich da, neben ihm, weich, riesig, warm. Es atmete. Sein glühender Hauch traf mit gleichmäßiger Woge seinen Nakken. Kein Zweifel, es lag in seinem Rücken. Wehe, und jetzt berührte es ihn, jetzt preßte es sich an ihn, dieses Übermächtige, Glutheiße, Nackte: Das Weib! Erna! Hugo wollte aufschreien: »Was willst du? Ich bin ja wach!!« Aber die gräßliche Wonne verbiß sich in seinen Leib und würgte ihn. Er schlug um sich. Es gelang ihm, für einen Augenblick die kamillenduftende Umstrickung abzuschütteln. Er floh durch Straßen und Gassen der Heimatstadt. Aber sogleich hielt ihn das Über-

mächtige, Glutheiße, Atmende wieder umschlungen. Wie er auch lief, es preßte ihn herrlich und schrecklich an sich, immer gleich nahe, immer gleich brennend. Und jetzt stieß ihn Erna mit ihren nackten Armen und Brüsten vor sich her in einen dunklen Hausflur. Im Schatten des großen Kreuzes sank er zusammen. Nun mußte er sterben, denn sein Blut floß.
Mit dem Schrei: »Ich schlafe ja nicht!« war Hugo aus dem Bett gesprungen. Er stand im gänzlich entfremdeten Zimmer. Lange konnte er sich nicht orientieren. Wo lagen nur die Fenster? Ach ja, dort, das mußte die Tür sein. Kein Lichtspalt! Sie war geschlossen. Zitternd kroch er in sein Bett zurück, das nicht mehr sein altes Bett war, sondern eine lockende und gefährliche Höhle.

Als Hugo am nächsten Morgen erwachte, sah er Mama in seinem Zimmer. Sie hatte eben die Läden geöffnet und lachte ihn an:
»Aufstehn, mein Herr! Genehmigen Sie bitte gnädigst meine Anwesenheit! Fräulein Erna hat für einige Zeit Urlaub genommen. Wir werden also jetzt aufeinander angewiesen sein. Ich bitte um eine möglichst schonende Behandlung.«
Hugo sagte nichts, sondern machte Miene, sich umzudrehen und von neuem einzuschlafen. Aber Mama drängte ihm schon seine Strümpfe auf:
»Ernsthaft, Hugo, beeil dich! Unten wartet schon Herr Doktor Blumentritt auf dich. Ein prachtvoller Kerl, und ein junger Mensch noch! Ich hab mich bereits mit ihm eine ganze Weile glänzend unterhalten, sag ich dir!«
Hugo sah unbeweglich zu Boden. Er ist noch schlaftrunken, dachte Mama. Sie eiferte ihn an. Er verzog nicht den Mund, er fragte nicht, wann Erna zurückkehren werde. Langsam begann er, sich anzukleiden.

Das Trauerhaus

I

Es wäre eine Nacht geworden wie jede andre, wenn nicht zwei einschneidende Ereignisse ihren Gang gestört hätten.

Vier von den fünf Tischen im Großen Salon waren schon um zehn Uhr besetzt, doch auch der Blaue Salon, wo die Spitzen der Behörden, ein hoher Adel und die Charakterköpfe aus Finanz und Industrie zu verkehren pflegten, war diesmal zu früher Stunde gut frequentiert. Dieses blaue Zimmer stand unter Champagnerzwang, öffnete nur geschlossenen Gesellschaften von einer gewissen Rang- und Steuerklasse aufwärts seine Pforten und war mit Gobelins sowie einer raffinierten Spiegelvorrichtung ausgestattet, welche, wie das Gerücht ging, der gemeinschaftlichen Durchführung vornehmerer Laster dienlich sein sollte. Die Gäste des Großen Salons allerdings kannten das blaue Zimmer meist nur vom Hörensagen, war ja doch selbst im allgemeinen Raum der Konsum einer Flasche sauren Weines mit beträchtlichen Kosten verbunden. Da aber die Verabreichung von Getränk nicht als wesentliche Bestimmung des Hauses zu gelten hatte, bekamen nähere Freunde im Großen Salon nach Maßgabe ihrer Kopfzahl bestimmte Kollektionen von Kaffee oder Schnaps serviert.

Nichts sei damit gegen den Großen Salon gesagt. Er war durchaus feudal mit seiner goldbeladenen Renaissance, den gekrönten Spiegeln, roten Samtvorhängen und dem eisglatten intarsierten Tanzparkett. Wir haben es ja hier mit einem Etablissement zu tun, das die Bezeichnung ruhig ablehnen kann, die ihm ein ungegliederter und armseliger Sprachschatz verleiht. Zumindest aber müßte man dieser Bezeichnung ein k. k., ein kaiserlich, königlich voranstellen, denn Plüschmöbel, Goldschnörkel, Spiegel, Samtvorhänge, die Stiche an den Wänden, die nicht nur heiter-dezente Liebesszenen, sondern auch Pferdewettrennen darstellten, die Prachtrenaissance eines hochnäsigen, damals schon langverschollen Jahrzehnts, das Kaiserbild in der Küche, – aus all dem staubfangenden und schon leicht räudigen Glanz schaute der verlegene Blick der alten Doppelmonarchie den Betrachter an.

In unserer Stadt hat es bis tief in den Krieg hinein drei Institutionen gegeben, die diesen hochoffiziösen Charakter rein bewahrten! Das war die Konditorei Stutzig, die Tanzschule, die Herr Pirnik in einem schönen Barockpalais nahe der berühmten Brücke etabliert hatte, ein distinguierter Ort, wo die gute Bürgerjugend neben Walzer, Sir Roger, Polka, Tyrolienne auch eine klassische Quadrille lernen durfte, ... und eben dieses Haus hier, in dem wir uns gegenwärtig befinden.
Es ist, wie ich glaube, als letztes verschwunden.

II

Die Damen, soweit sie nicht intimeren Dienst hatten, waren auf ihrem Posten. Mit wiegenden Schritt durchkreuzten sie den Raum, drehten sich, einsame Entzückung in den Mienen, vor dem Spiegel, baten sich mit höflicher Kälte Zigaretten aus und nahmen herablassend-interesselos für eine Weile an den Tischen Platz. Sie schienen von dem Gefühl einer ganz besonderen Würde durchdrungen zu sein, einer Würde, die sich jeder Pensionärin dieser altberühmten und vornehmen Stätte mitteilte. Hier aufgenommen worden zu sein, das bedeutete den Eintritt in höhere Lebenskreise. Diese Würde kam mannigfach zum Ausdruck. Im Gegensatz zu ähnlichen Lokalen gingen hier nur wenige Damen kurzgeschürzt, die meisten trugen phantastische Negligés, wallende Morgengewänder, Valeska, die pompöseste unter allen, sogar ein regelrechtes Ballkleid, das auf dem Theater- oder Juristenball eine ausgezeichnete Zensur in der Zeitung davongetragen hätte. Trotz der hinderlichen Kleidung geschah es nicht allzuoft, daß man die Beine entblößte, um aus dem Strumpf ein Zigaretten- oder Puderetui zu holen.
Nur Ludmilla ging in einem kniefreien Rock, und sie mit ihrer gebrechlichen Kinderfigur hätte sich gar nicht anders tragen können. Es war bemerkenswert, daß ihr gänzlich die äußere Unruhe abging, jene gleichgültige Unruhe, die zu den Berufseigentümlichkeiten der Damen gehörte, sie immer wieder von Sitz und Stand jagte und wie nervöse Käfigtiere sinnlos durchs Zimmer zu laufen zwang. Ludmilla hingegen saß ganz still am militärischen Tisch rechterseits und lauschte mit tiefem Ernst den Ausführungen des Leutnants Kohout,

als wolle sie keine Gelegenheit vorübergehn lassen, etwas zu lernen. Niemand konnte ihr etwas anmerken.
Leutnant Kohout vom Feldkanonenregiment Nr. 23 hatte sich mit zwei Einjährig-Freiwilligen derselben Formation hier eingefunden. Zwischen ihnen herrschte die falsche und gefährdete Vertraulichkeit von Vorgesetzten und Untergebenen, die mit aufgehobener Rangordnung an einem Tische sitzen. Die Manöver standen vor der Tür und das drohende Gespenst der Reserveoffiziersprüfung mit ihnen.
Der Leutnant, die wäßrigen Augen starr auf Ludmilla richtend, tröstete die beiden Freiwilligen, die nicht ohne Angst der Zukunft entgegensahen:
»Schaut's, ihr müßt's wissen«, sagte er, des Mädchens Beifallsblick suchend, »ich hab's auch nicht leicht gehabt bei der Fähnrichsprüfung, und ihr habt's doch Schulen und seid's gebildete Leute. Schaut mich da der Herr Oberst von Wurmser scharf an: Kadettoffiziersstellvertreter Kohout! Was wissen Sie von Julius Cäsar? – Ich reiß mich zusamm' und schrei: Herr Oberst, melde gehorsamst: Nichts! ... Zweite Frage: Kadettoffiziersstellvertreter Kohout! Was wissen Sie von Karl dem Großen? – Ich reiß mich schärfer zusamm' und schrei noch lauter: Herr Oberst, melde gehorsamst: Nichts! ... Der Herr Oberst von Wurmser wartet eine Weile und dann kommt's: Kadettoffiziersstellvertreter Kohout! Was wissen Sie von Kaiser Josef? – Da hab ich aber den Herrn Obersten schön hereingelegt. Ich schlag die Hacken zusamm', daß es kracht: Herr Oberst, ich bitte gehorsamst, *welcher* Kaiser Josef; es gibt derer nämlich zwei!? ... Der Herr Oberst von Wurmser sagt: Schau, schau! Aber ich bin durchgekommen. Seht's ihr also, militärisch muß man sein, nicht zivilistisch, und das ist alles!«
Ludmilla sah den Leutnant teilnahmsvoll-verstehend an. Sie lachte nicht. Ihre Kinderstirn blieb streng und sachlich unter dem schweren Blond, das ihr Gott gegeben. Sie schien mit der strammen Wendung der Anekdote vollkommen einverstanden: Militärisch, nicht zivilistisch! In allem und jedem hatte die straffere Weltordnung ihre Sympathie.
Als einer der Freiwilligen unter dem Tische ihre Wade zu streicheln begann, ließ sie es geschehn und rückte nur ein wenig zur Seite. Die Kluge wußte genau, daß der militärische Rangunterschied, die gegenseitige Geniertheit der Nicht-Gleichgestellten etwaigen Ansprüchen

und Begierden einen Dämpfer aufsetzen würde. Und dies gerade war es, was sie heute brauchte.
Hier jedenfalls fühlte sie sich wohler, als sie sich am Nebentisch gefühlt hätte, wo Ilonka, ›das fette ungarische Luder‹, den beiden Alten sich ›aufdrängte‹. Und was für Leute waren das auch. Der eine kam bestimmt vom Lande, aus einer Gegend, die sie, Ludmilla, ungeschaut, haßte. Eine riesige Uhrkette lag auf seinem Bauch, und man wußte nicht, war der Bauch für die Uhrkette da oder dieUhrkette für den Bauch. Das kannte sie schon. Auch in ihrem verfluchten Heimatnest kam ein Mann erst zu Ansehn, wenn er sich den Bauch für die richtige Lage der Uhrkette angefressen hatte. Ein Baalboth war das!
Dieses dunkeltönende Fremdwort ›Baalboth‹ hatte die Jüdin Jenny eingeführt, eine mythische Vorgängerin der heutigen Damen, die nun in Wien als Besitzerin eines großen Kaffeehauses am Franz-Josef-Quai lebte. Jenny war das sagenhafte Vorbild aller Tüchtigkeit und Karriere. Kaum ein Tag verging, ohne daß ihre verklärte Persönlichkeit als Beispiel herangezogen wurde. Was aber den Ausdruck ›Baalboth‹ anbetrifft, so hatte er hier die Bedeutung eines reichen Mannes aus der Provinz, der in der Hauptstadt nachtsüber sein Liebesleben ausführlich und gründlich absolviert, im übrigen aber keinen Heller über die Taxe zahlt.
Und an diesen Baalboth schmierte sich das Schwein von Ilonka. Für zehn Gulden war *der* alles recht. Aber Ludmilla gönnte ihr's, daß nicht einmal diese beiden Onkel – (schämen sollte sich so ein fettherziger Familienvater, ins Pfuff zu gehn!) –, daß einer wie der andre nicht auf sie flog. Der Baalboth spuckte Ilonka nicht an, dagegen sah er sich nach Ludmilla die Augen aus, aber Ludmilla begegnete ihnen nicht einmal mit Verachtung. Für sie waren solche Kunden Luft. Da mochte er seine Stimme noch sehr anstrengen, um ihr mit seinen aufgeblasenen Ansichten zu imponieren. Und wirklich, der Mißachtete hatte seine Stimme so stark erhoben, daß man sie überall im Großen Salon hören konnte:
»Organisation, Herr Kraus, Organisation«, rief die Stimme, während die dazugehörenden Bettelaugen Herrn Kraus nicht ansahen, sondern um Ludmillas Wohlwollen warben:
»Wenn Sie in den Himmel hinaufschauen, Herr Kraus, was sehen Sie dort? Detto! Der deutsche Bruder im Reich draußen hat es heraus:

Organisation in Wirtschaftsleben und Politik ... Aber wir ... in Österreich ...«

Der Baalboth seufzte auf, durch den traurigen Zustand des Vaterlands betrübt und durch die Niederlage seines Werbeblicks aufgewühlt.

Herr Kraus stimmte, völlig überführt, in den Seufzer ein:

»Ja! Gerad dasselbe hab ich heut im Tagblatt gelesen.«

Ludmilla suchte ein Ziel des Wegschauens. Da war der Tisch der Jugend, der in einem gutmütigen Verruf bei den Mädchen stand, denn die Jugend war nur selten kaufkräftig und benutzte den Großen Salon vor allem als stimmungserregenden Tanz- und Diskutierraum. Manja und Anita, die beiden Trampeln, saßen natürlich schon dort und lachten mit *seinen* Freunden, die eben gekommen waren. Aber Oskar blieb aus, wie er gestern und vorgestern ausgeblieben war; das erstemal ausgeblieben! Ludmilla hätte sich eher aus dem Fenster gestürzt, als daß sie zu dem Tisch gegangen wäre, nach Oskar fragen. Nicht einmal den Gruß der jungen Leute erwiderte sie. Manja lachte jetzt hellauf. Mag sie nur lachen, sie ist und bleibt die Tochter des Totengräbers von Rokycan mit ihren schmutzigen Riesenbeinen, die wohl noch im Vorjahr nackicht hinter den Gänsen des Dorfes her waren. Totengräber? Das kommt gleich hinter Henker und Schinder ...

Da sah Ludmilla lieber zu den Ganzgescheiten in der Ecke hinüber, zu den Juden, die niemals Wein oder Schnaps und immer Kaffee tranken. Dort übte die Berlinerin Grete ihre Macht, die Verrückte. Sie nickte jetzt Greten freundschaftlich zu, eine Liebenswürdigkeit, die unter den Damen nicht geringes Erstaunen hervorrief. Denn soviel Freundlichkeit war man von der Spröden nicht gewöhnt. Zudem war Grete ihrer ›Bildung‹ wegen ein Gegenstand allgemeiner Abneigung. Aber Ludmilla hatte gesehn, wie Grete ihren Doktor Schleißner umarmte und küßte. Und da spürte sie plötzlich eine Art freudigen Neides und hatte der Kollegin ein Zeichen des Einverständnisses senden wollen. Den Schleißner neidete sie ihr selbstverständlich nicht. Wie kann man einen Menschen lieben, der unausgesetzt spricht und spricht, der solch eine Riesennase im Gesicht sitzen hat und seine schwarzen, drahtigen Haare immerfort mit den Fingern dreht ... Was tut dieser Mensch, wenn er *nicht* spricht? Kann er überhaupt schweigen, schlafen, lieben ... Von Zärtlichkeit hat *der* keine Ahnung.

Aber Gretes Zimmer war ja auch vollbehängt mit Bildern von Schrift-

stellern. Und ihr Album mit Gedichten und Unterschriften, das die Unausstehliche den andern Damen immer unter die Nase hielt! Eine Verrückte!
Ludmilla schämte sich jetzt ihrer Freundlichkeit, denn Grete, von einem Ausspruch Schleißners hingerissen, kreischte laut auf:
»Daß so was sterben soll! Daß so'n Kopf wird unter der Erde faulen müssen!«
Es war für Ludmilla eine Erlösung, daß jetzt Fräulein Edith, die Wirtschafterin, hereintrat, den beiden Alten eine frische Flasche Wein brachte und auf den Tisch der Gescheiten das Tablett mit der kleinen Kaffeekollektion für vier Personen stellte.
Der Anblick von Fräulein Ediths warm ausstrahlender Festigkeit hatte immer wieder die Kraft, Ludmilla aufzurichten.
In jeder menschlichen Betätigung gibt es eine natürliche Rangordnung und Anciennität. Was für Leutnant Kohout die Stufe des Regimentskommandanten etwa, das bedeutete für die Damen des Hauses, für die anständigen zumindest, die Stellung der Wirtschafterin. Das Imposante in dem besonderen Fall, Edith war hübsch, nicht alt, keine dreißig, ihre muskulösen und weitläufigen Formen standen im Kurs. Dennoch war sie dienstfrei. Aufforderungen galten für sie nicht, sie konnte dem Ruf des Herzens folgen. Sie allein verwaltete die Geschäftsbücher, die Conti der Pensionärinnen, qualifizierte deren Arbeitswert und hatte zu alledem kontraktlich zwei Abonnementssitze im Neuen Deutschen Theater zugesichert.
Während die Mädchen nur alle vierzehn Tage zu gemeinschaftlichem Vergnügen in eine Sonntagsnachmittag-Vorstellung geführt wurden, saß Edith zweimal wöchentlich im Parkett und es war eine eifersüchtig umworbene Ehre, von ihr auf den anderen Sitz mitgenommen zu werden.
Ludmilla hatte übrigens bei dieser Gelegenheit – man gab den ›Veilchenfresser‹ – Oskar das erstemal gesehn. Kein Mensch kann behaupten, daß der magere und hohlwangige Anfänger in der kleinen Rolle eines preußischen Offiziers damals gute Figur machte. Sie aber in ihrer Hellsicht hatte sich in den unscheinbaren Jungen verliebt.
Jetzt machte sie sich vom Tisch der protestierenden Artilleristen los und trat zu Fräulein Edith. Die Wirtschafterin nahm sie zärtlich um die Hüfte.
»Der Lump ist wieder nicht gekommen?!«

Ludmilla überwand das Weinen durch ein gepfeffertes Schimpfwort, das ihr sogleich das Herz zernagte. Edith tröstete:
»Dummerl! Das wirst du dir noch abgewöhnen. Was ist ein Mann? Wann er ganz fein ist, ein Hundertkronenschein in Hosen! Und so eine wie du?! Du wirst ihm doch nicht die Wurzen abgeben! Schäm dich!«
»Was soll ich aber tun, Edith, wenn einer mit mir gehn will ...«
Edith war zu allem bereit. Um Ludmillas willen wollte sie als ›Diensthabende‹ ein Aug zudrücken:
»Weißt du was, Miltschi«, flüsterte sie, »ich deck dich! Geh hinauf und sperr dich ein!«
Ludmilla aber stampfte auf:
»Jesusmaria! Ich kann nicht. Ich halt's ja nicht aus oben ...«
Edith beruhigte, aber schon mit geteilter Aufmerksamkeit:
»Kenn ich alles, hab ich alles durchgemacht, Liebling ... Hat es mir geschadet? Schau mich an und spuck darauf!«
Hier unterbrach die Wirtschafterin das Gespräch. Es waren immer mehr Gäste gekommen und der Große Salon war voll. Auch aus dem Blauen Zimmer schallte Klirren und Gelächter herüber. Doch etwas war nicht in Ordnung. Fräulein Edith entrüstete sich und ihre tiefe Stimme drohte: »Wo ist denn der Nejedli?«
Aber der Herr Nejedli war im selbigen Augenblick aufgetaucht und machte den versammelten Herren sein Kompliment:
»Bitte ringsumseits um Verzeihung. Aber ich war zu einem Kinderball engagiert. Hat sehr lang gedauert. Bis jetzt! ...«
Der strenge Blick der Wirschafterin ließ sich nichts vormachen. Nejedlis Hand tastete eifrig und schuldbewußt über dem Boden:
»So kleine Kinderln, sag ich Ihnen, Fräul'n Edith, lauter herzige Kinderln ...«
Und schon eilte der alte Mann ans Klavier und begann, damit die Stimmung kühner werde, den ›Gladiatorenmarsch‹ von Fučik zu trommeln.

III

Herr Nejedli, der Klavierspieler, besaß vier bezeichnende Eigenheiten. Erstens trug er ein Katerl auf dem Kopf; so nennt man nämlich eine leichte Scheitelperücke, die in diesem Falle in offenbarem Farbwiderspruch zum Randhaar ihres Besitzers stand. Das Katerl war kastanienbraun, das Randhaar aber schneeweiß. – Wer kann schließlich von einem im Nachtgeschäft tätigen Klavierspieler fordern, daß er sich für jedes Stadium des Ergrauens den entsprechenden Haarersatz anschaffe?
Die zweite Eigenheit war schon bedenklicher. Sie lag in der sehr zusammengesetzten Duftaura, welche Herrn Nejedli umgab und die aus den Gerüchen von fetter Pomade, Anisetteschnaps und Alter gemischt war.
Die dritte Eigenheit bestand in der abwechslungsreichen Darstellung von Unglücksfällen, denen Nejedlis Tochter Rosa zum Opfer gefallen sein sollte. Die Tragik dieser Unglücksfälle steigerte sich jeweils mit dem Alkoholgenuß. Niemals hatte ein bejammerungswürdigeres Geschöpf gelebt als jene Rosa, von der durchtriebene Seelenkenner behaupten, daß sie wirklich geblüht habe und nicht nur Ausgeburt und Fabelwesen des Rausches sei ...
Ob und was sie auch immer gewesen sein mag, im Munde ihres Vaters war sie heute an der Tuberkulose elend verstorben, gestern hatte sie sich aus dem Fenster gestürzt, ein andermal mußte eine Eisenbahnkatastrophe herhalten, um ihr den Garaus zu machen, jedesmal aber flossen die Tränen wahrhaftiger und tiefer Erregung über die Wangen des Erzählers.
Das wichtigste Charakteristikum Nejedlis jedoch lag in der Tatsache, daß er als achtjähriger Knabe an der Exhofhaltung Kaiser Ferdinands des Gütigen oben auf dem Hradschin ›k. k. Titularwunderkind‹ gewesen war, wie er den außergewöhnlichen Rang selber bezeichnete. Im Hinblick auf solch strahlende Vergangenheit wurde er oft und gerne aufgezogen.
Auch jetzt trat Doktor Schleißner, der es liebte, hier den Eingeweihten und Fremdenführer zu spielen, an das Klavier und stellte einen langen, düster-würdigen Menschen vor:
»Darf ich die Herren bekannt machen? Unser großer Virtuose Nejedli! Herr Präsident Morè ...«

»Keine Namen, wenn ich bitten darf!«
Der Düstere flüsterte das mit schmerzdurchzuckter Miene, als wäre ihm einer wuchtig auf den Fuß gestiegen.
Schleißner bat um Entschuldigung:
»Vergessen Sie den Namen, Nejedli! Aber vergessen Sie nicht, daß hier der Herr Präsident der Spinoza-Gesellschaft und Ordensmeister der ›Söhne des Bundes‹ vor Ihnen steht.«
Der alte Nejedli sprang auf:
»Habe die Ehre, Herr Präsident! Kenne schon den Herrn Präsidenten ergebenst. Habe die Auszeichnung gehabt, Herrn Präsidenten gestern beim Funus des Herrn Kaiserlichen Rates Habrda ...«
Moré schnitt die Begrüßung ab. Er liebte es nicht, an Leichenbegängnisse gemahnt zu werden, die mit seinem Lebenserwerb, dessen Art er gerne verbarg, in Beziehung standen. Um es rundheraus zu sagen, der Präsident der Spinoza-Gesellschaft war in die Listen der Handelswelt als ›Grabsteinagent‹ eingetragen. Er vermittelte zwischen den Trauernd-Hinterbliebenen, der Denkmalsunternehmung und dem bürgerlichen Nachruhm der Verstorbenen. Es ist nicht weiter verwunderlich, daß die Fülle der Ehrenämter einerseits, der geschäftliche Umgang mit dem Tod andererseits den gehaltenen Ernst und den priesterlichen langen Rock des Präsidenten auf dem Gewissen hatten.
Hier an diesem Ort schien er das erstemal anwesend zu sein. Er führte langsam ein nicht entfaltetes Taschentuch an den Mund. Mit dieser ungenügenden, aber symbolischen Gebärde wollte er wohl andeuten, daß ein Mann wie er in solcher Umgebung gut daran tue, seine stadtbekannten Züge ein wenig zu verbergen.
Doktor Schleißner aber wollte dem Präsidenten etwas bieten und wandte sich an den Klavierspieler:
»Wie war das mit Kaiser Ferdinand dem Gütigen, Nejedli, und mit Ihren Konzerten?«
Der Alte duckte sich ängstlich über die Tasten:
»Mir scheint, meine Herren, Sie wollen mich mit Hochverrat und Majestätsbeleidigung hereinlegen. Lauter Balmechomes sitzen im Salon ...«
Moré sandte einen finsteren Blick aus.
Nejedli beeilte sich:
»Balmechome, Herrn Präsidenten zu dienen, nennen die Herren Isra-

eliten alle Mannschaften und Gagisten im aktiven Militärverhältnis.«
Schleißner beruhigte:
»Erstens kann Sie niemand hören und zweitens weiß doch kein Mensch, wer Kaiser Ferdinand war.«
Nejedlie erklärte eifrig:
»Aber das ist doch der gottselige Onkel von unserm Kaiser. Sie haben ihn anno 48 in Olmütz abgesetzt. Noch wie heute denk ich ihn. In der Burg oben hat er residiert, und mit einem Prachtzeugel – Lipizzaner Schimmel natürlich – ist er täglich nach Baumgarten oder in den Canalischen Park spazierengefahren.«
Die tiefe Rednerstimme des Präsidenten Morè fragte:
»Und war er wirklich gütig?«
Bei diesen Worten nahm das feierliche Gesicht den geschmeichelten Ausdruck eines dynastisch empfindenden Mannes an, dessen Gedanken mit Rührung einer allerhöchsten Person nahen.
Nejedli verdrehte geheimnisvoll die Augen.
»Gütig war er nicht, aber narrisch war er.«
Schleißner munterte auf:
»Sie haben doch als Wunderkind Konzerte in der Burg gegeben. Wie war denn das?«
Nejedlis knotenreiche Finger versuchten sich in einem perlenden Lauf:
»Sie können es mir ergebenst glauben, Herr Doktor, ich war ein gesuchtes Wunderkind. Konzertiert hab ich im spanischen Saal. Der ganze P. T. Hochadel war anwesend, Hof und Gesellschaft. Also hier ist Seine Erlaucht, der Herr Graf Kolowrat gesessen und dort Ihre Durchlaucht, die Fürstin Lobkowitz. Ich sehe sie vor mir, als wär es heut. Eine Schönheit, auf mein Wort! Und dann Seine Exzellenz, der Herr Statthalter von Böhmen, und der Herr Korpskommandant Graf... Graf... Fixlaudon ... Wie hat er nur geheißen? ...«
Doktor Schleißner drängte neugierig vorwärts.
Nejedlis Finger perlten den Lauf zurück:
»Damals meine Herren, hab ich ein Gedächtnis gehabt und Fingerln, das kann ich untertänigst sagen. Mein ganzes Programm hab ich auswendig herunterkonzertiert: ›Die Abendglocken‹, ›Mon souvenir‹, ›Ouverture zu Wilhelm Tell‹ und ›Arrangement aus der Oper Die Jüdin‹. Ja, ja heut kann ich nur wenig auswendig spielen und von Noten

gar nichts mehr, wegen der maroden Augen. Ausgeweint hab ich mir die Augen. Herr Doktor wissen, seitdem ich das Unglück mit der Roserl gehabt hab ...«

Doktor Schleißner brachte den Erzähler schnell und behutsam wieder auf sein Thema zurück. Nejedlis Hände zerklopften ein Musikstück, während er weiter berichtete:

»Also , meine Herren, ich hab damals wirklich gut gespielt. Hof und Gesellschaft applaudieren und verlangen da capo. Die Damen schauen mich ganz gerührt durchs Lorgnon an. Auch seine Majestät der Kaiser kommt applaudierend auf mich zu: Bravo, bravo, ruft er dabei, und ich kleiner Bub will mein Buckerl machen und ihm die Hand küssen. Er fangt auch wirklich sehr lieb an, mich zu streicheln. Aber so wahr ich hier bin, auf einmal reißt es ihm in der Hand und er haut mir eine Watschen herunter ...«

In des Präsidenten Augen zuckte es dunkel. Nejedli aber fuhr mildelächelnd fort:

»Ich will nichts gegen Seine Majestät gesagt haben. Der Kaiser hat ja nichts dafür können. Ich hab genau gespürt, wie er sich gegen die Watschen gewehrt hat, die ihm in der Hand saß. Das Watschen war halt eine Eigenartigkeit von ihm. Sein Adjutant, der Herr Feldzeugmeister Graf Kinsky, hat ihm bei der Ausfahrt immer die Händ' festgehalten, denn man konnte ja nicht wissen. Sie fahren über die Steinerne Brücke. Dort steht der goldene Herrgott, den ein Jud hat bezahlen müssen, weil er vor dem Allerheiligsten nicht den Hut gezogen hat. – Ich will damit ergebenst nichts gegen die Herren Israeliten vorbringen. – ›Laß mich aus, Exzellenz‹, sagt Seine Majestät zum Adjutanten. Der aber hält nur noch fester des Kaisers Hände zusamm'. Seine Majestät bittet immer schöner: ›Laß mich aus, Exzellenz, ich muß mich ja bekreuzigen!‹ Da kann der General vorschriftsmäßig laut Exerzierreglement nicht anders und muß die allerhöchsten Händ' loslassen. Und schon hat er eine sitzen!«

Doktor Schleißner war über diese Geschichten hochentzückt. Sein Freund hingegen, der Grabsteinagent und Präsident Morè, schien weniger erbaut. Unter der Maske harmloser Anekdoten verbarg sich insgeheim subversive Gesinnung und tschechoslawischer Hochverrat gegen das Kaiserhaus, dem er treu anhing.

Nejedli verjagte jetzt Anita und Manja vom Klavier.

»Gehts weg, Madeln! Gleich werd ich euch etwas zum Tanzen spielen.«
Dann wandte er sich an Schleißner:
»Kennen Herr Doktor die Volkshymne, die man zu Zeiten des gottseligen Kaisers Ferdinand in Wien gespielt hat?«
Und er sang ganz leise, sich nur mit dem Baß begleitend:

»In Schönbrunn
Sagt er,
Lebt ein Aff
Sagt er,
Hat ein G'sicht
Sagt er,
Wiar a Pfaff
Sagt er,
Frißt kan Zucker
Sagt er,
Trinkt kan Wein
Sagt er,
Welcher Aff
Sagt er,
Kann das sein?«

Der Klavierspieler schaut dem Präsidenten Morè mit traurigem Kopfschütteln in die Augen:
»Ein freches Volk das, die Wiener! Überhaupt Kaisertreue, die findet man ergebenst nur bei uns.«
»Was singen Sie da? Lauter, bitte!« rief Leutnant Kohout Nejedli an.
Der aber nahm stramm Stellung:
»Herr Leutnant, melde gehorsamst, ein alter Schlager, der Herrn Leutnant nicht interessieren wird.«
Der Leutnant bestätigte das:
»Ich hab nur die allerneuesten Schlager gern. Also, Nejedli, spielen Sie etwas Fesches!«
Daraufhin begann Nejedli, mit seinen Gichtfingern einen Walzer aufs Klavier zu dreschen, der schon mindestens zehn Jahre alt war. Die Damen tanzten, zumeist miteinander. Nur Grete hielt Doktor Schleißner, den sie hoch überragte, schwelgerisch im Arm.
Ludmilla stand in der Tür und wandte allen den Rücken zu.

IV

Mit einem Mal waren die Mädchen aus dem Großen Salon verschwunden. Man konnte Fräulein Edith eine Meisterin in solch unauffälligen Truppen-Verschiebungen nennen.

Es schienen illustre Gäste angekommen zu sein, Gäste, die in einen noch abgeschiedeneren Raum, als es der Blaue Salon war, geführt zu werden pflegten. Dieses Gesellschaftszimmer, dessen Existenz wir noch nicht verraten haben, wurde das Japanische Séparée genannt und lag zwei Türen weit rechts vom Hauseingang im Flur.

Es war dafür gesorgt, daß dieser Flur des Hauses würdig sei und die Wünsche des Gastes nicht etwa erkälte, sondern steigere. Dem Eintretenden schlug auch, sowie ihm die Türhüterin geöffnet hatte, eine überhitzte Wärmewelle entgegen und ein Duft, dessen Eigenart er sein Lebtag nicht wieder vergessen sollte. Nach heißem Badewasser roch es, in das man Parfüm geschüttet hatte, nach Seifenschaum, nach Vaseline, Hautcreme, Schminke, Schweiß, Alkohol und scharfgewürzten Speisen ...

Nicht lange konnte es verborgen bleiben, daß hochgestellte Persönlichkeiten das Japanische Séparée bezogen hatten. Herr Doktor Schleißner war mit scharfen Ohren begabt, denen nicht nur der Donner von Fiakern in den engen Gassen, sondern auch selbstbewußtes Sporenklirren unten im Flur aufgefallen war. Zudem sagte das Verschwinden der Mädchen alles. Schleißner kombinierte sicher: ›Fürstlichkeit von den Brandeiser Dragonern!‹ Morè machte ein undurchdringliches Gesicht. Er sah drein, als hätte er es nicht nötig zu kombinieren, da ihm der Name jener Persönlichkeiten, die eben eingekehrt waren, längst bewußt sei; Indiskretion aber wäre seine Sache nicht.

In damaliger Zeit gab es noch nicht die riesigen Tanzpaläste, welche heute die Nacht der Großstädte beherrschen. Sehr beschränkt war die Zahl der ›Tabarin‹, ›Maxim‹ und ›Alhambra‹. Daher kam es vielleicht, daß der Besuch dieses Hauses in der Gamsgasse wenig Diffamierendes hatte. Offiziere konnten ruhig in voller Uniform erscheinen, öffentliche Funktionäre mußten, wenn sie sich zeigten, keines Tadels gewärtig sein, hohe Gäste bedeuteten keine Außergewöhnlichkeit. Historische Gemüter erklärten diesen Freimut damit, daß im Kriegsjahr 1866 die preußische Generalität im Blauen Salon einige Siegesfeiern abge-

halten und damit dem ganzen Hause eine besondere Weihe gegeben hatte.
Die Damen kehrten sehr bald in den Salon zurück. Nur Anita, Valeska und der Polin Jadwiga war das Glück zuteil geworden, von den eleganten Kömmlingen ins Vertrauen gezogen zu werden. Grete schimpfte:
»Ungezogene Bengels!«
Sie warf sich wieder in die bereitwilligen Arme ihres Doktors Schleißner. Erstaunlich aber war es, daß Ludmilla zurückkehrte, sie, die Krone, die kindliche Schönheit des Hauses. Hoffentlich hatte es keine der Kolleginnen bemerkt, daß sie von Edith, die aus eigener Erfahrung ihren Roman nachfühlen konnte, an einem intimen Ort versteckt und gegen die Herren verleugnet worden war.
Ludmilla ging mit ihren stechend-entschlossenen Schritten durch den Raum und machte Miene, sich wieder an den ungefährlichen Tisch der Artilleristen zu setzen, als der Baalboth, jener dröhnende Gast mit Bauch, Uhrkette und Organisation, sich schwer erhebend, zu ihr trat und die ungeschickte Tanzkränzchenverbeugung eines angejahrten Kleinstädters vollführte:
»Mein Fräulein, darf ich mich nach dem werten Befinden erkundigen?«
Er sagte das und auf seiner Stirn stand Schweiß der Gier, der Selbstüberwindung und die säuerliche Verlegenheit eines schlechten Gewissens. Ludmilla maß ihn von oben bis unten, wie etwa eine treue Ehefrau den Mann, der sie auf der Straße anspricht, abblitzen läßt, machte ›Pah‹ und setzte sich an ihren früheren Platz. Der Gedemütigte lastete schwer und einsam auf dem spiegelnden Tanzparkett. Dann trat er mit großen Füßen, die sich ihres Knarrens schämten, zurück, aber in seinen erstarrten Augen war nicht allein Betretenheit zu lesen.
Niemand hatte diese Szene bemerkt, denn von der Tür her krähte eine hohe und schleppende Stimme:
»Ihr seid mir ein traut's Kind, ihr alle miteinander!«
Der Besitzer dieser schleppenden Stimme und eines noch weit schleppenderen Körpers wurde mit Händeklatschen und lebhaftem Zuspruch begrüßt. Es war niemand anderer als der Herr und Chef dieses Hauses, Max Stein, eine merkwürdige und beliebte Erscheinung, von allen Freunden des Ortes ›Maxl‹ genannt.
Man behauptete allgemein, daß ›Décadence‹ das Zeichen der späten

Sprößlinge überzüchteter Familien und Adelsgeschlechter sei. Maxl entstammte wohl einer alten Familie, doch ein Adelsgeschlecht konnte man sie kaum nennen. Was aber die Décandence anbetrifft, darin gab er den Spätlingen fürstlicher Rassen in nichts nach.
War das Haus in der Gamsgasse auch kein Ritterschloß, so besaß es doch ein uralte Geschichte und mehr als das, eine eigene Sagenwelt.
Hieß nicht heute noch ein Gäßchen der Neustadt ›die unbefohlene Gasse‹? Karl der Vierte, ein Städtebauer höchsten Ranges, hatte im Zorn die Gasse also getauft, weil sie in seinem Stadtplan nicht vorgesehn und eingezeichnet war. Aber den Auftrag zum Bau eines Lupanars soll er höchstselbst erteilt und den Platz eigenhändig im Entwurf vermerkt haben. Nicht genug rühmenswert ist die politische Umsicht dieses großen Herrschers, hatte er doch, um der beginnenden Ketzerei und der neuen puritanischen Bewegung einen Riegel vorzuschieben, den Buhldirnen und Nachtlokalen einen der reizvollsten Bezirke der Kleinseite eingeräumt und ihn nach der Venusstadt ›Venedig‹ genannt. Der wahre Herd der wachsenden Häresie war aber nirgends zu suchen als in der neugegründeten Universität, welche, die erste auf dem Boden des heilig-römisch-deutschen Reiches, weithin strahlte. Es ist kein unziemender Schluß, wenn wir annehmen, daß des Kaisers fromme Majestät den Großen Salon in nächster Nachbarschaft der Universität zu keinem anderen Zwecke erdacht hatte, als um hochmütige und asketische Ketzer zu Fall und damit zur Besinnung zu bringen. – Es führten ja, wie eine Baukommission feststellen konnte, unterirdische Gänge von der Gamsgasse ins Karolin-Gebäude. Hier hatten schon Studenten in Wams und Koller gezecht. Und selbst ein Wallenstein war während seiner Hofhaltung in der Hauptstadt des öfteren im Großen Salon – man darf den Quellen trauen – zu flüchtigem Genusse eingekehrt.
Alte Unternehmungen besitzen denselben geheimnisvollen Wert wie alte Weine und alte Geigen. Da konnte die Konkurrenz ihren Firmen die schönsten Titel geben, was nützte es ihr, daß sie sich ›Napoleon‹ nannte, sie durfte doch nur Pofel und Pöbel beherbergen.
Seit langen Zeiten war dieses Haus, diese Erbschaft schon in Besitz und Verwaltung der Familie Stein. Die Großmutter, gebürtige Busch, eine ortsbekannte Wohltäterin, hatte das Etablissement als Heiratsgut in die Ehe mitgebracht; aber Maxls Urgroßvater schon hatte, von einer hohen Polizei privilegiert, den Charakter eines öffentlichen

Wirtes geführt. Nun konnte Herr Maxl in der Tat als ein ›Letzter‹ gelten.
Seine Eltern waren gestorben. Seinen Bruder, den Herrn Adolf, hatte man vor ein paar Jahren hier noch wirtschaften sehn. Das aber war ein trockener, unleidlicher Patron, der, wenn es im Großen Salon lustig und resultatlos zuging, verdrossen erklärte: »Machts keine Theaters und gehts auf die Zimmer!« Ein derart nüchterner Ton konnte sich in diesen romantischen Räumen nicht halten. Adolf mußte erfreulicherweise aus äußerst zwingenden Gründen nach Amerika abwandern. Und nun hatte Maxl niemand andern als Edith. Aber Edith war eine feste Frau, hielt das Ganze prachtvoll zusammen und konnte auch, was die Ehrlichkeit anlangt, als Juwel gelten.
Maxl nahm den Applaus, der ihn empfing, gleichgültig entgegen. Sein kindisch-vergreistes Gesicht, dessen Alter niemand hätte bestimmen können, war ganz gelb. Auf einer knolligen Stupsnase saß der schiefe Zwicker, und eine willenlose Unterlippe hing wie ein Lappen übers Kinn. Der Mensch war so schwach und abgezehrt, daß ein Fremder nicht begriffen hätte, warum ihm soviel Heiterkeit und so wenig Mitleid entgegenscholl. Denn als er mit erbarmungswürdigen, knieweichen Schritten zum Klavier schob, um sich auf seinen Lieblingsplatz, die Bank neben Nejedli zu setzen, bekam er von allen Seiten die boshafte Aufforderung zu hören:
»Maxl, erzähl uns einen neuen Witz!«
Maxl wehrte sich:
»Laßts mich aus! Heut erzähl ich nichts. Ich bin so müd. Ich bin müd zum Schlafen ...«
Das wäre Künstlereitelkeit. Man ließe sie nicht gelten. Maxl wandte sich an seinen Freund, den Klavierspieler:
»Nejedli, sie sollen mich heut nicht wurzen. Ich bin wirklich müd. Falsch geschlafen hab ich ...«
Aber er fand auch an Nejedli keine Unterstützung. So begann er denn mit seiner kranken und trägen Stimme:
»Zwei Juden gehen auf der Gasse. Da kommt ein fesches Weib daher. Sagt der eine, die möcht ich wieder haben. Der andre ...«
Maxl unterbrach seine Anekdote und sah angestrengt in die Luft. Dann schloß er:
»Die Pointe hab ich vergessen.«
Und er meckerte in das Gelächter der Korona hinein:

»Gut?! W-a-a-s?«
Ihm ward aber keine Ruhe gegönnt. Denn, von Doktor Schleißner aufgestachelt, stand jetzt der düstere Präsident Morè auf und begab sich mit nickenden Würdeschritten zum Klavier:
»Ich habe die Ehre, mein Herr! Wollen Sie uns nicht gütigst ein Lied zum besten geben?«
Maxl starrte entsetzt die schwarze Erscheinung an:
»Sie schauen aus, Herr Präsident, wie Malach ha-Mawet, der Todesengel!«
Der Todesengel ließ sich nicht abschrecken. Maxl, der eine eitle Künstlerseele sein nannte, wand sich:
»Du weißt, Nejedli, daß ich nicht bei Stimme bin. Ganz indisponiert bin ich . . .«
Der Präsident ermutigte:
»Sie müssen ja nicht ›Holde Aida‹ singen!«
Der Herr des Hauses wurde schwach:
»Was also soll ich singen?«
Die Schlagernamen jener Zeit tönten durcheinander: ›Am Manzanares‹, ›Die Dessous‹, ›Sigismund‹, ›Da könnt' man weinen wie ein kleines Kind‹.
Maxl wählte gerade jenes Couplet, dessen dickflüssige Musik ein kräftiges Organ und leidenschaftlichen Vortrag beanspruchte. Er verständigte Nejedli, räusperte sich minutenlang, und aus seinem faltigen Hälschen, das sich spannte, stieg eine leise und quäkende Stimme empor. In dieser Stimme schwang uraltes Mißbehagen, zur weinerlichen Gleichgültigkeit ermüdet. Und die weinerliche Gleichgültigkeit sang, sich immer wieder verhaspelnd:

»Er wühlt in der Flut ihres goldblonden Haares,
Ihm lächelt ihr Auge, ihr klares,
Komm mit mir, du Weib wunderbares
Zum Manzanares, zum Manza . . .«

Da begann der große Kopf auf dem dünnen Halse plötzlich zu schwanken und von der knolligen Nase fiel der Zwicker klirrend zur Erde. Maxl kroch zum Gaudium aller wütend unters Klavier und kam erst nach langem Suchen, jammervoll echauffiert, zum Vorschein. Sein gelbes Gesicht war schweißübergossen. Er zeterte:

»Jetzt aber hab ich genug! Weil ihr stier seids, soll ich roboten. Da will ich lieber ein schlechtes Geschäft machen. Edith, eine Runde Kognak! Und du, Nejedli, spiel ...«
Nejedli erhob sich und kündigte an:
»Ich werde den Herrschaften die herrliche Arie aus der herrlichen Oper ›Die Jüdin‹ zum besten geben.«
Ludmilla, die für ›traurige Musik‹ immer zu haben war, trat ans Klavier.
Maxl, mit dieser Klientin zufrieden, lallte:
»Setz dich mir auf den Schoß, Miltschi!«
Ludmilla aber gab die solide Frage zurück:
»Warum, Herr Maxl?«
Da prüfte sie der Kenner mit Zärtlichkeit von Kopf zu Füßen und stellte den prophetischen Befund:
»Dir, Schikse, wird man auch noch einmal gnä' Frau sagen müssen!«
Nun aber donnerte Nejedli los und sang dazu:

»Großer Gott, hör mein Flehn,
Hör mein Flehn, großer Gott,
Gib mein Kind mir zurück,
Gib mir Recha, mein Kind!«

»Rosa, Rosa«, korrigierten die Eingeweihten. Nejedli aber schielte giftig über seine Brillen hinweg, ehe er auf verbotenen Umwegen zu Offenbachs Barcarole hinüber modulierte:

»Süße Nacht, du Liebesnacht,
O stille mein Verlangen!«

Maxl begann, unruhig zu werden, rutschte auf seinem Sitz, hielt sich die Ohren zu und plärrte auf:
»Aufhören, Nejedli! Das kann ich nicht aushalten. Da muß ich weinen wie ein kleines Kind.«
Die nun auch von andern Spendern mehrfach wiederholte Kognakrunde hatte ihre Wirkung getan. Die stumpfe Begeisterung und rhythmische Konfusion solcher Stunden fuhr in den Salon. Die meisten Damen hatten sich der dezenten Umwürfe entledigt und tanzten im

Hemd. Der Lärm steigerte sich, von einem literarischen Zwist, der plötzlich ausgebrochen war, wesentlich genährt. Zu dem Tisch der Ganzgescheiten, an dem Grete, Schleißner und Morè saßen, war ein neuer Mann gestoßen, der Statthaltereikonzipist und Dichter Eduard von Peppler. Dem Unglücklichen war das schwere Lebensschicksal zugeteilt worden, die geregelten Pflichten der neunten Rangsklasse mit den verruchten Pflichten eines satanistischen Poeten zu verbinden. Man konnte ihn am besten einen dem k. k. Statthaltereipräsidium detachierten Baudelaire nennen. Herr von Pepplers Blut geriet durch die Anwesenheit eines jüngeren Schriftstellers am Tisch der Jugend in Siedehitze. Der strebsame Knabe nämlich hatte schon einige Erfolge zu verzeichnen. Peppler schrie, *seine* Generation hätte das Leben machtvoll gesucht und die Syphilis gefunden, diese neue feige Jugend suche das Leben nicht machtvoll, finde aber Verleger. Er parierte blutrot das ironische Gelächter der jungen Generation:
»Ihr seid Bürger! Ihr seid Gemüselyriker! Ihr seid Schiffbrüchige am häuslichen Herd! Pfui, Hausmannskost!« Der Wütende ergriff rechts und links Morès und Schleißners Kognakglas und trank beide leer.
Nun aber wollte Doktor Schleißner seinerseits nicht zurückbleiben. Auch er sprang auf und behauptete, daß andere Zeiten kommen müßten, daß die Menschheit zum größten Teil aus ›Verdrängern‹ bestehe und daß im Verdrängen, in der schlechten sexuellen Verdauung das Weltübel liege. Es gäbe nur ein Ziel, die erotische Befreiung!
Um gleichsam mit dieser Befreiung den Anfang zu machen, begann er, ungeachtet der Entsetzensblicke des Präsidenten, jenes Lied anzustimmen, das er die ›Bundeshymne‹ nannte und das leider mehr obzön als witzig war:

»Solang der Arsch in die Hosen paßt,
Wird keine Arbeit angefaßt ...«

Es muß gesagt werden, daß diese Behauptung im Munde des Sängers Lüge und blanke Renommage bedeutete. Denn der Teilhaber einer stadtbekannten Anwaltskanzlei, Doktor Julius Schleißner, war ein pünktlicher und fleißiger Arbeiter, der außer seinem juristischen auch noch politischen und schöngeistigen Ehrgeiz nährte. Während des laufenden Jahres hielt er sogar in den Ausstellungsräumen des Klubs freier Künstlerinnen einen Vortragszyklus unter dem anregenden Titel: ›Der französische Immoralismus von Stendhal bis André Gide‹.

Nach den Vorträgen pflegte in denselben Räumlichkeiten stets ein Tango-Kursus stattzufinden, und der Künder des Immoralismus beteiligte sich mit feierlichem Ernste an den schmachtenden Verrenkungen dieses Tanzes. Präsident Morè hingegen war weder ein Freund des Tango, noch auch des französischen Immoralismus, und am allerwenigsten ein Freund von nackten Zoten. Er war ein bewährter Goetheaner. Eine seiner Lieblingsbeschäftigungen bestand darin, in den verschiedensten Ausgaben von ›Faust‹ I und II Druckfehler, Stilvergehungen, Verschlampereien und Gedankenwidersprüche zu erbeuten. – Jetzt aber, durch das schamlose Lied Schleißners verletzt, hielt er verlegen den Kopf gesenkt.

Während alles schwankte und lärmte, saß Herr Maxl still und verfallen neben Nejedli, dessen gelenkstarre Finger bewußtlos und ohne Erbarmen die Tänze zerhackten. Der Klavierspieler lauschte während seiner Arbeit der knautschenden Rede des Brotherrn.

»Du, Nejedli, du mußt wissen, ich schlaf nämlich sehr schnell ...«

Nejedli nickte, daß er begriffen habe.

Maxls Miene aber zeigte den leisen Schmerz eines Mannes, der eine besondere Feinheit nicht deutlich zu machen vermag:

»Das mußt du richtig verstehn, Nejedli. Man kann langsam schlafen, man kann gewöhnlich schlafen, man kann schnell schlafen und man kann sehr schnell schlafen. Weißt du, mein Lieber, *was* man in einer Viertelstunde alles zusammenschlafen kann ...«

Nejedli grunzte zustimmend, aber der Ausdruck seines Verständnisses war nicht überzeugend. Da ging über Maxls Erscheinung ein Schauder hin, ein Fieberschleier, wie eine kaum merkliche Bewegung über trübe Wasserspiegel geht. Seine Augen stierten:

»Du wirst es mir nicht glauben, Nejedli. Aber so wahr ich lebe, vorhin hab ich in einer Stunde zehn Jahre zusammengeschlafen, und davon bin ich so müd ...«

In diesem Augenblick verließ der Baalboth mit knarrenden Stiefeln den Raum. Die Stimmung behauptete noch immer rauschend ihre Höhe. Eine Minute später trat Fräulein Edith in den Salon und begann, eifrig mit Ludmilla zu verhandeln.

V

Es gehörte im Gegensatz zu einem vulgären Etablissement wie ›Napoleon‹ zu den guten Gepflogenheiten des Hauses, daß die Liebesverabredungen nicht schamlos vor allen Augen erfolgten. Die Herren empfahlen sich zum Schein von ihrer Gesellschaft, gaben unbemerkter Weise Edith die Dame ihrer Wahl kund, und die Wirtschafterin vermittelte unauffällig die Schäferstunde, nicht ohne vorher bei zweifelhaften oder unbekannten Gästen die übliche Geldsumme einverlangt zu haben. Doch muß sogleich gesagt werden, daß letzteres nur höchst selten vorkam, denn hier verkehrte ja ausschließlich erste Gesellschaft. Fremde tauchten fast niemals auf, und vor allem war Fräulein Edith Menschenkennerin, die sich auf ihren sicheren Blick verlassen konnte. Ebenso selten – auch diese Tatsache steht im lebhaften Gegensatz zur niedrigeren Klasse ›Napoleon‹, – ebenso selten gab es Skandal. Natürlich herrschte unter den Pensionärinnen Parteiung, Zwistigkeit, Haß, aber ein ungeschriebenes Gesetz forderte, daß zumindest während der nächtlichen Amtsstunden Freundschaft und Frieden gehalten werden müsse.

Um so unerhörter war's, was sich jetzt ereignete. Vor der offenen Tür des Großen Salons erhob sich mit einem Male ein widerwärtiger Lärm. Die hohle Bierstimme des schwerfälligen Kleinstädters dröhnte, und immer ungemäßer, immer lauter wurde sie für das alte und schon gebrechliche Haus. Zuerst blieb ihr aufbegehrender Schall allein; aber die guten Manieren der Mädchen durften nicht endlos ermüdet werden, denn schon nach kurzer Weile peitschten kreischende Weiberstimmen in den schimpfenden Baß hinein.

Wer den sensationslüsternen Auflauf gesehen hat, der sich auf der Straße zusammenrottet, wenn ein altes, todmüdes Pferd niederstürzt, wird ermessen, mit welch süchtiger Neugier hier, an solchem Ort, zu solcher Stunde alles zusammenlief, um einen schamlosen Krach zu genießen. Selbst die Insassen des Blauen Salons steckten schadenfroh erregte Grimassen durch die Portiere.

Die Sache war die: Der alte Agrarier mit der Riesenuhrkette hatte nach Brauch und Fug Ludmilla bei Fräulein Edith zum Dienst bestellt. Vergebens gebrauchte Edith die besten Ausreden, machte die schönsten Gründe geltend, ihre junge Freundin vor der unerwünschten, ja verhaßten Episode zu bewahren. Im stillen verwünschte die Wirtschafte-

rin Oskars Untreue. Unglückliche Liebe allein brachte die Damen auf Abwege, war der Anlaß aller Disziplinlosigkeit und Pflichtversäumnis. All ihr Scharfsinn aber half nichts. Der Baalboth war nicht nur gerieben, sondern höchst verstockt und boshaft. Trotz des Beleidigten regierte ihn. Edith sah keinen Ausweg mehr und mußte Ludmilla stellig machen. Die aber sagte dem Baalboth mit ihrer kältesten Gleichgültigkeit rundheraus ins Gesicht, daß es ihr nicht einfallen werde, seinen Wünschen Folge zu leisten. Damit war der Skandal ausgebrochen.
Der wütende Kleinstädter hatte sich bis zum Treppenabsatz zurückgezogen und hielt sich mit der rechten Hand an der goldbronzierten Venus fest, die als Wahrzeichen des Hauses dort postiert war. (Eine halbe Treppe tiefer stand, nicht minder vergoldet, der Trompeter von Säkkingen, hatte aber nicht als Wahrzeichen zu gelten.) Die Mädchen keiften durcheinander, die Gäste lachten, und die Stimme des Erniedrigten rief unausgesetzt, durch keine Vorhaltung Ediths zu beschwichtigen, nach dem Besitzer.
Endlich schleppte sich, von Nejedli gefolgt, Herr Maxl herbei; und es muß gesagt werden, daß er trotz Totenblässe, Körperschwäche und Zungenschlags sich nicht allein geistesgegenwärtig, sondern als ein ritterlicher Vorstand seiner Damen benahm.
Der Baalboth schrie ihm entgegen:
»Herr Besitzer! In was für einem Haus bin ich hier?«
Maxl lallte:
»Edith, geh hinunter und bring die Hausnummer mit!«
Damit ließ der Wütende sich nicht irre machen:
»Wenn ich in einen Bäckerladen gehe und eine Semmel kaufen will ...«
Maxls mattes Quäken unterbrach ihn:
»Gehen Sie in einen Bäckerladen und kaufen Sie eine Semmel!«
»Wie meinen Sie?«
»Wie soll ich meinen?«
Der Baalboth zwang jetzt seinem bellenden Baß die milde Ruhe überlegener Dialektik ab:
»Herr Besitzer! Nehmen wir an, ein Käufer geht in ein Kaufhaus, und man bedient ihn nicht mit einer Ware, die auf Lager liegt ...«
Maxl sah den Querulanten schwermütig an und wiederholte seufzend:
»Auf Lager ...«

Die Geduld war verbraucht. Ein Gebrüll erhob sich jetzt:
»Himmelherrgott, länger laß ich mich nicht zum Narren halten! So behandelt man keine anständige Kundschaft. Glauben Sie, es gibt keine andern renommierten Häuser? Es gibt bessere Häuser. Die Tante Pohl in Aussig ist auch nicht ohne. Dort gibt's noch Organisation. Ich mache Sie zum letztenmal darauf aufmerksam: Mein Zug geht um 7 Uhr 35 in der Früh. Ich habe die Absicht, hier in diesem Hause den Rest der Nacht zu verbringen, und zwar mit dem Mädel, das ich bestimme und bezahle!«
Maxl wurde auf das Geschrei hin ganz demütig:
»Pardon ... Herr ... Herr ... Forstrat ... lassen Sie sich dienen! Sind Sie ein Mensch? Natürlich sind Sie ein Mensch. Und ist die Ludmilla ein Mensch? Ein Mensch ist sie! Pardon ... Herr ... Herr ... Weginspektor ... ein Mensch muß doch begreifen, daß ein Mensch nicht mit ihm gehn will ...«
Großes Gelächter. Triumphierend wandte sich Maxl zu den Lachenden um:
»Gut!? W-a-a-s?«
Ludmilla stand die ganze Zeit über da, als ginge sie die Sache nichts an. Aber jetzt begann die Stimmung umzuschlagen. Die Mädchen erregten sich immer bissiger: Zu viel nahm sich diese Hochmütige heraus. Edith sah ängstlich umher und überlegte, wie dem drohenden Sturme zu begegnen sei. Die Parteien begannen sich zu trennen, Haß und Neid waren nicht länger zu bändigen, alle Selbstbeherrschung schien abgekämpft.
Plötzlich pflanzte sich Ilonka, die dicke Ungarin, breit vor Ludmilla hin:
»Sag, wozu bist du eigentlich eine Hur?«
Grete fuhr ekstatisch dazwischen:
»Laß sie! Haben wir nicht auch Menschenrechte?«
»Menschenrechte«, replizierte eine Stimme.
Ilonka wurde immer gehässiger:
»Wenn das jede täte!? Ein Geschäft wär das! Noch besser! Sich die Gäst' aussuchen! Für mich ist es auch nicht immer ein Vergnügen!«
Ludmilla sagte still:
»Für dich ist es immer ein Vergnügen.«
Grete, mit ihren überspannten Ideen, verschlimmerte zum Entsetzen Ediths die Situation:

»Schämt ihr euch nicht?! Ludmilla hat recht. Wir müssen uns die Freiheit erobern ...«

Dieser hochtrabende Satz, mehr als die Widerspenstigkeit Ludmillas, erbitterte die Damen aufs höchste. Sie haßten in der Berlinerin die hochfahrendste aller Überheblichkeiten, die der Bildung.

Ilonka schrie:

»Auf dich haben wir gewartet, du Meschuggene!«

Grete machte ihr zimperlichstes Gesicht:

»Ich kann nichts dafür, daß ich lesen gelernt habe. Jeder kann nicht im Schweinestall aufgewachsen sein.«

Und nun geschah das Unglück. Denn Ilonka stürzte sich auf Grete und schlug mit ihrer kleinen, fetten Faust der Langen ins Gesicht. Sogleich war die Schlacht im Gange. Schon wälzten sich einige Ringerinnen auf der Erde. Die seidenen Hemden rissen an vielen Stellen und das pralle Fleisch fürwitziger Weiblichkeiten wölbte sich vor. Manja, das plumpe Mädchen aus Rokycan, streifte kurzerhand das Hemd vom Leibe, ehe sie sich mit freudigem Aufschrei unter die Raufenden warf. Auch im Zorne blieb sie eine gute Wirtin. Dann erst schlug sie wie eine Furie nach allen Seiten, gleichviel wen sie traf. Die Rache der Totengräberstochter galt der ganzen Bande.

Gewissenlos schürten ein paar rohe Wüstlinge um dieses Anblicks willen das Feuer des Kampfes. Der Urheber des Streites aber, der Baalboth, suchte keuchend in Ludmillas Nähe zu gelangen, um sie mit Gewalt sich zu unterwerfen. Der Geschickten jedoch war es gelungen, unversehens zu entwischen.

Das unbezahlbare Schauspiel, das auf dem Treppengang zwischen dem Großen und Blauen Salon hin und her wogte, regte die Herren äußerst an. Doktor Schleißner wieherte beseligt. Der Statthaltereibeamte und Satanist Peppler trug Weltuntergangsentzücken in den aufgerissenen Augen und hußte derangierte Kämpferinnen zu neuen Taten auf. Einzig der Leutnant Kohout und Präsident Morè verließen die Walstatt. Der Leutnant gedachte der Vorschrift, die Offizieren befahl, ihre Person ehrlosen Vorgängen tunlichst zu entziehn, und auch Morè hatte eine Berufsehre zu wahren. Beide Herren zogen sich stumm zum Klavier zurück.

Nejedli hingegen war einer der wenigen, die sich bemühten, die ineinander verbissenen Weiber zu trennen. Er keuchte vor Anstrengung, sein Katerl hatte sich verschoben und die genähte Krawatte hing zur Seite.

Edith starrte verzweifelt, Maxl angedonnert auf den Kampf. Etwas Ähnliches hatte sich hierorts noch niemals begeben. Bisher waren sich die Damen trotz aller Zwischenfälle und Zwiste des erstklassigen Etablissements immer bewußt geblieben.
Wer weiß, welches Ende der Aufruhr genommen, wenn nicht in derselben Minute der Blitz eines gewaltigen Ereignisses auch in dieses Haus geschlagen hätte.
Plötzlich, wie aus der Erde gewachsen, stand der Bote da, eine Ordonnanz des sechsten Dragonerregiments. Wenn sonst aus irgendeinem Grund ein Abgesandter der Staatsmacht hier erschien, ein Herr von der Sanitätsbehörde etwa oder ein Polizeibeamter, wußte er seine Anwesenheit diskret zu verbergen. Dieser Soldat aber, ein blonder tschechischer Bauernjunge, trat groß und unvermittelt auf die wüste Szene. Mitten im Hexentanz stand er da und riß in die schweißgeschwängerte, rauchdicke Atmosphäre einen Wirbel von rotbäckigfrischer Luft. Wahrhaft feldmäßig wirkte der Soldat in Dienstmontur, mit Helm, Patrontasche, Pallasch und großen Sporenrädern ...
Im Nu brach die Rauferei ab. Die Damen brachten sich eilig in Ordnung, als wäre nichts geschehn. Tiefe Stille klaffte plötzlich. Jeder fühlte Schicksal. Selbst in Maxls windverwehte Gestalt kam regeres Leben. Er führte persönlich den Boten, wohin er geführt zu werden forderte.
Zwei Minuten später klirrten hastige Kavalleristenschritte über den unteren Flur, und die Haustür schlug zu. Langsam, stier und ohne Atem klomm Maxl die Treppe hinan. Er greinte unverständliche Klagen.
Nach und nach erst brachte man die Schreckensbotschaft aus ihm heraus: Der Thronfolger war in Sarajewo ermordet worden.
Niemals noch hatte sich das angesehene Haus in der Gamsgasse schneller geleert als zu dieser Nachtstunde. Es zeigte sich, daß der dionysische Überschwang, der leichtsinnige Rausch des Großen Salons zu beträchtlichem Teil erlogen war, so schnell fanden die Herren in ihre Haut zurück. Herr Doktor Schleißner, der geistreiche Nachtkorsar, verwandelte sich in einen ernsthaften Menschen, der voll Besorgnis – er war Reserveoffizier – der Zukunft entgegensah. Herr Präsident Morè streifte die leichte Nachlässigkeit ab, die er in den letzten Stunden wie ein Stäubchen auf seinem Rock geduldet hatte. Vorwurfsvoll murmelte er: »Das kommt davon, wenn man abends

ausgeht.« Wie er das meinte, in welchen bitteren Zusammenhang er die Katastrophe mit dem leichtfertig verlebten Abend brachte, das blieb dunkel.
Der Baalboth war es seinem Stolz nicht mehr schuldig, auf Ludmillas Diensten zu bestehn.
Leutnant Kohout und die beiden Freiwilligen machten entschlossene Gesichter, als wäre es ihre Aufgabe, einem Kriegsgericht vorzusitzen. Herr von Peppler hüllte sich romantisch in seinen Regenmantel und schloß, eifrig kommende Dinge kündend, Frieden mit der jungen Generation. Alles drängte die Treppe hinab. Man wollte die Zeitungsredaktionen aufsuchen, um den wahren Hergang der Tragödie zu erfahren. Dem Hauptschwall der Gäste huschten, schattensuchend, noch einige verlegene Gestalten nach, die entweder eine zartere Reputation oder ein ausgesprochenes Eheglück zu verlieren hatten.
Im verlassenen Salon saß der Chef des Hauses allein neben Nejedli. Ganz zusammengefallen hockte er auf der Klavierbank. Das Furchtbare schien er wieder vergessen zu haben, denn er lallte:
»Soll ich schlafen gehn, Nejedli?«
Der Klavierspieler gähnte:
»Gehn Sie nur schlafen Herr Maxl, heut kommt eh' keiner mehr.«
Ein entsetzter Blick traf den Alten:
»Aber ich schlaf zu schnell, Nejedli, vorhin hab ich zehn Jahre zusammengeschlafen ... Ich hab Angst vor dem Schlafen, Nejedli ...«
Nejedli gab keine Antwort mehr, denn er war damit beschäftigt, alle Kognakreste in ein Wasserglas zu schenken, das er mit sinnigem Bedacht leerte. Als er aber nichts Trinkbares mehr vorfand und den Chef mit geschlossenen Augen sitzen sah, strich er das Musikgeld vom Teller und schlich auf Zehenspitzen, stöhnend, davon.
Er hörte nicht mehr die ängstliche Frage, die ihm nachlallte:
»Soll ich schlafen gehn ... Nejedli ...?«
Der Große Salon war voller Umsturz. Zerbrochene Gläser bedeckten den Boden, umgefallene Stühle versperrten den Weg, überall dunstete vergossener Wein, Kaffee, Schnaps. Schmutziges Gewölk stand in der Luft. Maxl blinzelte in die Verwüstung. Er holte tief Atem, als wollte er Edith rufen und befehlen, daß die Ordnung wieder hergestellt werde. Ohnmächtige Zornfalten zerschnitten plötzlich seine Stirn. Aber er schnappte nur nach Luft, und kein Ruf kam über seine schlaffen Lippen. Endlich stand er auf und schwankte aus dem Zimmer. Lange

noch war sein tappender und scharrender Schritt zu hören, ehe er oben in der Mansarde verschwand.

Als der Lärm der letzten Gäste draußen in der schmalen Gasse verhallt war, konnte sich Ludmilla nicht länger bezwingen und öffnete, was den Damen streng verboten war, die Tür in die Nacht.

Oskar stand vor ihr.

Sie hätte es gerne zurückgewürgt, aber über den Schreikrampf, der sie erfaßte, hatte sie keine Macht mehr.

VI

Nun saß Ludmilla neben Oskar in der Küche, wo die Tische gedeckt waren.

Die Küche bedeutete das wahre Heiligtum dieses Hauses, und sie war auch wirklich ein Prachtraum mit ihrem Kachelherd und den vier weißen, wachstuchbespannten Tischen. Wer hierher eindringen durfte, der spielte nicht mehr die Rolle des Gastes, des Fremden, der Wurzen, der blieb in jeder Beziehung taxfrei, der gehörte zur Sippschaft, der teilte die Geheimnisse des weitverbreiteten Standes.

Die dämmrige Vier-Uhr-Stunde des Sommers war indessen angebrochen und die Zeit des großen Mahles gekommen. An Wichtigkeit wurde diese Vier-Uhr-Morgenstunde nur noch von der Sechs-Uhr-Abendstunde übertroffen, wenn die Damen darangingen, sich für das Geschäft zurechtzumachen und der Figaro mit seiner Brennschere von einer zur andern eilte. Gemütlicher aber war's am Morgen, wenn man mit heißer Suppe allen Fusel und Nikotindunst hinunterspülte, sich dem Schlaf entgegenfreuend.

Vor jedem Platz standen zwei Teller übereinander auf dem Tisch, eine Serviette ruhte in ihrem Ring, und was es in den vornehmsten Etablissements nicht gab, silbernes Besteck strahlte neben dem Geschirr. Dieses silberne Besteck verpflichtete. Wer auch nur eine kurze Zeit damit gelöffelt und gegabelt hatte, war für alle Zukunft geadelt. Er konnte schwerlich mehr auf das Niveau von ›Napoleon‹ zurücksinken. Viel häufiger führte der Weg empor.

Ludmilla hatte Oskar verziehn. Verziehn? ... Was für ein großartiges Wort! Was hätte sie denn tun sollen, was blieb ihr übrig? Schmollen vielleicht, ihn sekkieren, sich die kurze Zeit verderben, die er bei ihr sein konnte? Wenn er hinaus durchs Tor trat und mit zehn Schritten in der Eisengasse stand, war sie Luft für ihn, ärmer als die Ärmste, konnte ihm nicht drohen wie jedes andere Weib, ihn nicht beschenken, ihn nicht in Angst versetzen, hatte im Guten und Bösen nicht die leiseste Macht. Mußte er es nicht ablehnen – und mit voller Berechtigung, – wenn sie Ausgang hatte, gemeinsam mit ihr den Nachmittag zu verbringen? Sie sah das vollkommen ein. Durfte sie sich denn an seiner Seite zeigen, ohne den aufstrebenden Künstler zu kompromittieren? Sie wollte auch gar nicht mit ihm zusammen sein dort draußen, auf der Straße, in fremden Zimmern. Dies war der Grund, warum sie ihre Ausgangsrechte jetzt immer andern Mädchen abtrat.

Hier allein, hier in diesem Haus, in dieser Küche konnte er sie finden. Sie aber konnte ihn nirgends finden. War es nicht schon viel, daß er gekommen war? Wer zwang ihn denn überhaupt zu kommen? (Wenn er heiratet, die Seinige, die wird ihn schon zwingen!) Sie wußte nicht einmal seine Adresse, um ihn einen Brief zu schreiben. Nein, sie hat ihn niemals um die Adresse gebeten! Aber so ein Schweinehund, so ein Mann, bemerkt das gar nicht.

Jetzt war er da! Dankbar mußte sie sein, nichts als dankbar. Heiße Freude belebte sie, daß sie zwei Tage lang nicht unterlegen war, daß sie zwei Tage lang, hier in diesem Haus, allen Feinden trotzend, sich ihre Kraft und ihren Willen hatte beweisen können. Sie verschwieg ihren Kampf, denn Oskar hätte auch für diese Tapferkeit kein besonderes Interesse gezeigt.

Nun aber saß er neben ihr, nun galt ihr alles gleich und sie war selig, daß sie den Hungrigen füttern und ihm ihre Suppe hingeben durfte. Während Oskar, ohne den Blick zu erheben, schlürfte und schluckte, sammelte Ludmilla rasch wie ein Räuber die Züge ihres Geliebten und raffte sie in sich hinein, damit ihr viel von ihm bliebe ...

Inzwischen waren die anderen Damen zum Mahl erschienen. Der wüste Zwist, die Rauferei hatte keine Spuren zurückgelassen. Ein paar kleine Flecke und Kratzer waren nicht der Rede wert. Merkwürdig, die Explosion schien alle Gehässigkeit bereinigt zu haben, und die Scham über den widerlichen Vorfall band selbst Feindinnen aneinander. Es herrschte zuvorkommende Kameradschaft, Herzlichkeit, die ein wenig übertrieben und lauernd war. Selbst Manja, die Mürrische, bezeugte durch die langhinklagenden Töne eines slawischen Volksliedes, daß sie nunmehr zu heiterer Versöhnlichkeit entschlossen sei.

Die Mädchen hatten die lockende Kostümierung des Abends abgelegt und trugen unsaubere Schlafröcke, Nachtjacken, ja selbst an den Füßen statt der silbernen oder goldenen Tanzschuhe vertretene Schlapfen und Pantoffeln. Auch war ihr Haar zerzaust, und die Strümpfe hingen schlecht gespannt an den Beinen.

Ein träges Löffeln und Schmatzen erhob sich ringsum. Oskar, der neben Ludmilla am Mahl der Damen teilnahm, erklärte ihr leise die Gründe seiner langen Abwesenheit. Die Direktion des Theaters hatte ihn aufgefordert, die Rolle eines erkrankten Kollegen im letzten Augenblick zu übernehmen. Es war eine gute Rolle, eine klassische Rolle, die hier Kainz zuletzt gespielt hatte, und vor allem Oskars erste *große* Rolle. Da durfte er sich doch nicht besinnen, die beiden letzten Nächte dem Studium zu opfern.

Ludmilla, die sonst so Mißtrauische, sah ihn mit berückten Augen an. *Ihm* glaubte sie leidenschaftlich. Seine Gründe waren ja so einleuchtend. Wort für Wort wiederholte sie Oskars Rechtfertigung laut, um sich vor ihren Kolleginnen ihrer Liebe nicht schämen zu müssen.

Grete fragte nach dem Titel des Dramas und vergaß dabei nicht zu prahlen:

»Mein Papa hat mich zu allen Stücken ins Theater mitgenommen. Kannten Sie Christians, Herr Oskar?«

Oskar kam einen Augenblick in Verlegenheit, ehe er antwortete. Ludmilla hatte ihn nicht nach dem Namen seiner Rolle gefragt. Er verplapperte sich und nannte ein Drama, das zur Zeit gar nicht gespielt wurde. Schnell blickte er zu Ludmilla hin. Aber sie war ganz Glaube. Eine weit plumpere Lüge noch hätte sie ihm nicht angesehn.

Da geschah es, daß Oskar von dieses Mädchen Liebe und von ihrer jetzt verklärten Anmut mitgerissen wurde und gegen seine träge Gewohnheit des Geliebtwerdens selber Zärtlichkeiten erfand und der Lauschenden schöne Dinge vorträumte.

Ilonka mußte von dem Geflüster etwas erhascht haben, denn sie lachte auf:

»Hört Ihr!? Aushalten will er sie.«

Und zu Ludmilla gewandt:

»Ja, aushalten wird er dich, aushalten, mit dem Hintern zum Fenster hinaus ...«
Ludmilla dachte lange mit beschatteter Stirn und gesenkten Augen scharf nach, ehe sie plötzlich mit fremder und tiefer Stimme fragte:
»Weißt du, Oskar, was deine allergrößte Gemeinheit war?«
Und sie gab mit langsamen Silben selber die Antwort:
»Daß du heute wiedergekommen bist, das ist deine größte Gemeinheit!«
Aber ehe Oskar und die andern diese neue Wendung noch begreifen konnten, war Edith die Wirtschafterin, eingetreten, und ihre Worte konnten ein ahnungsvolles Ensetzen nur schlecht verhehlen:
»Kinder, ich weiß nicht, was los ist, aber im Zimmer von Herrn Maxl stöhnt es so merkwürdig. Ich hab mich gar nicht getraut, anzuklopfen, so viel Angst hab ich ...«
Da sahen sich alle an und vor jedem Blick tauchte das gelbe, erbärmliche Bild des Herrn Chef auf. Und alle wußten mit einem Mal und hatten es immer gewußt, daß Maxl ein schwerkranker Mann war. Doch hatte man sich niemals Gedanken darüber gemacht, denn selbst die rangälteste Dame erinnerte sich nicht, je einen Herrn Maxl gekannt zu haben, der nicht gelbsüchtig, kurzatmig, todmüde und komisch gewesen wäre. Das gehörte ja zu ihm. Auch wollte niemand jemals aus seinem Mund eine Klage vernommen haben. Und ein altes Bauern-Sprichwort lautet: Zu einem Gaul, der frißt, holt man keinen Tierarzt.
Jetzt aber war es klar, daß man Schweinsbraten mit Kraut und Knödel müsse kalt werden lassen. Ein Ausbruch von angstvoller ja mütterlicher Zärtlichkeit antwortete der Botschaft Fräulein Ediths.
Die ganze Schar erhob sich, selbst Ludmilla ließ Oskar stehn. Und über die Treppen, die von Venus und dem Trompeter von Säckingen bewacht wurden, bewegte sich ein Zug von schlampig gewandeten jungen Weibern, die sich nicht mehr in Knien und Hüften wiegten und die der lockenden Drehung ihrer runden Rückenformen nicht mehr selbst bewußt waren. Dieser Zug glich eher dem Gedränge von Dienstmägden und vernachlässigten Ladenmädchen, die zu einem Stellenvermittlungsbüro die Treppe emporklimmen.
Je höher aber die Schar kam, je mehr sie sich dem Zimmerchen des Chefs näherte, um so dumpfer und unerklärlicher wurde die Furcht, die sich plötzlich um alle Nacken schlang wie ein nasses Tuch. Die

Mädchen hielten sich, zitternd dicht aneinander, als Edith vergeblich drei-, vier-, fünfmal an die Tür klopfte. Endlich – kein Stöhnen mehr war zu hören – öffnete sie vorsichtig die Tür, und ehe ihre Hand noch den Schalter des Lichts gefunden hatte, drängten ihr die Verwegensten in die Finsternis nach.

Keine hatte je dieses Zimmer betreten dürfen. Das verbot ein strenger Paragraph des Hausgesetzes.

Das Licht offenbarte seltsamerweise vor allem eine Unmenge von Madonnen- und Heiligenbildern, welche die Wände zierten. Dann erst offenbarte das Licht den Herrn Chef, der mit halbem Körper leblos aus dem Bette hing.

War er ohnmächtig geworden, war er tot?

Edith und Valeska hoben den Leib aufs Bett. Die andern liefen durcheinander und holten jammernd aus ihren Zimmern Eau de Cologne, Parfum-, sinnlose Arzneiflaschen, deren Essenz sie in verschwenderischen Mengen über Maxls tiefgelbe Stirn und offene Lippen gossen.

Grete schrie immerfort, daß sie diesen Anblick nicht ertragen könne. Ilonka hingegen plapperte erregt und ganz in ihrem Element, daß es in solchen Fällen nur *ein* Mittel gäbe, gehackte Zwiebel mit Speichel verreiben und dem Bewußtlosen in die Nasenlöcher und auf die Augenlider streichen. Sie wüßte dieses Mittel noch von ihrer Großmutter, und wer hätte sich in solchen Dingen besser ausgekannt als diese Großmutter. Edith erinnerte sich des gerahmten Anschlags, der in der Küche hing: »Erste Hilfe bei Unglücksfällen.« Aber sie fand nicht den Mut, den entfremdeten Körper noch einmal zu berühren.

Nur Manja, die Tochter des Totengräbers von Rokycan, lachte verächtlich, trat zum Bette, drängte mit sachlichen Armen die andern als Unbefugte zurück und lüpfte die Augenlider des Daliegenden. Dann wandte sie sich um und sagte mit überzeugter Amtsmiene:

»Er ist tot!«

Und der Arzt, den Edith sogleich holen ließ, konnte nichts anderes tun, als Manjas Wort bestätigen.

VII

Schwierigkeiten aller Art häuften sich. Das erstemal, wenn man von den sagenhaften Messerstechereien ältester Zeit absieht, lag hier ein Toter im Hause. Und ein Toter, welcher nicht als Gast von einem regellosen oder gewaltsamen Ende erreicht worden, sondern hauszuständig, nach amtsärztlicher Auffassung eines durchaus ordnungsgemäßen Todes verstorben war.

Letztwillige Verfügungen lagen nicht vor, worüber sich niemand wundern wird, der Herrn Maxl nur ein einziges Mal gesehen hat. Dem Verblichenen hatte ja oft die Kraft gefehlt, sein Mittagessen einzunehmen, wo sollte er da die Energie hernehmen, sich mit der Welt nach seinem Tode und ihren Interessen zu beschäftigen.

Den Anteil am anderweitigen Hausbesitz seiner Eltern hatte er vor Jahren schon um ein Linsengericht an Bruder Adolf verkauft, der allerdings seinerseits diese Reichtümer sehr bald dunklen Gläubigern abtreten mußte. Herrn Maxl war nichts anderes übriggeblieben, als in die Gamsgasse zu ziehen, wo er dann in einer Kammer zu Häupten seiner Pensionärinnen wohnte.

Unklar blieben vorläufig die Verhältnisse von Herr und Haus. Die gesetzlichen Erben, entfernte Verwandte, meldeten sich erst – sie werden gewußt haben warum – am vierten Tag nach dem Todesfall. So lag alles auf Fräulein Ediths Schultern. Aber diese Schultern waren überaus tragfähig.

Zwar richtete sich das Interesse der Polizei- und Verlassenschaftsbehörde mit besonderem Nachdruck auf derartige, so plötzlich verwaiste Unternehmungen. Aber die Beziehungen, die Edith nicht nur bei der Polizei, sondern bei sämtlichen Landes- und Staatsämtern unterhielt, waren hochmögend, vertrauensvoll und dauerhaft. Nach flüchtig vorgenommener Prüfung der Lage ließ man ihr freie Hand, und sie war weitblickend genug, die Dinge zu ihrem eigenen Nutzen, zum angemessenen Wohl des Personals und zur pietätvollen Ehrung der Leiche zu regeln.

Nicht genug hoch kann es ihr angerechnet werden, daß sie die große Summe, die sie gestern noch vom Chef empfangen hatte – mit nachlässiger Freigebigkeit pflegte er das Betriebsgeld der Wirtschafterin einzuhändigen, – daß sie diese noch ungebuchte Summe treulich zur Seite legte. Sie schloß sie sogar in einen Briefumschlag ein, auf den sie mit zärtlichen Buchstaben »Herr Maxl« schrieb, andächtig hinter den Namen ein Kreuz malend. Sie war so uneigennützig, dieses Geld für ein Begräbnis würdigen Ranges zu bestimmen. Aber gerade in der Tatsache dieses Begräbnisses lag die Hauptfülle der Schwierigkeiten.

Die religiöse Frage zuvörderst!

Herr Maxl war jüdischer Abkunft. Sie, Edith, hatte die Erziehung der Ursulinerinnen genossen, und immer wieder bekannte sie, daß ohne jene strenge Erziehung, ohne das Glück innigen Kirchenglaubens sie es niemals in jungen Jahren so weit gebracht hätte, zur Wirtschafterin eines der vornehmsten Häuser Europas nämlich. Hielt man ihr vor, daß der Beruf, dem sie diente, nicht im Sinne der Religion gelegen sein könne, pflegte sie die Geschichte einer Beichte zu erzählen. Der junge Heilige im Beichtstuhl hätte sie mit folgender Tröstung entlassen:

»Mein Kind«, dies waren seine Worte, »Ihr Leben ist gewiß sehr sündig. Gott aber hat die Eigenschaften und Berufe über die Menschen verteilt nach seinem Willen. Und auch Ihren Beruf hat er – so unbegreiflich es ist – immer geduldet. Es wäre besser, Sie fänden einen andern Beruf. Vermögen Sie das aber nicht, so müssen Sie doch stets eingedenk bleiben, daß Sie ein Kind der Kirche sind. Dann werden Sie nicht verzweifeln. Und ich mache Sie darauf aufmerksam, daß die gemeinsten Unanständigkeiten der Menschen immer nur aus der Verzweiflung kommen.«

Fräulein Edith wechselte den Beruf nicht und sündigte weiter, aber mit Fanatismus hing sie fürderhin der Kirche an.

Aus diesem Fanatismus erklärt sich auch ihre Neugier zur Seelenfängerei. Wer anders nun wäre ein näherer Gegenstand ihres Bekehrungseifers gewesen als Herr Maxl? Und tatsächlich, als der Chef an Ediths Seite zum erstenmal das Schauspiel der Messe in der Kirche des heiligen Gallus erlebte, war er wie verwandelt.

Seitdem besuchte er an jedem Sonntag mit Edith die Vormittagsmesse, was keine geringe Selbst-Überwindung bedeutete, wenn man erwägt, wie ausgedehnt und trubelnd gerade das Nachtgeschäft des Samstags zu sein pflegt. Aber Edith vermochte noch mehr, sie brachte ihn dahin, das Wesen der Himmelskönigin zu erfassen und sein Zimmer mit Heiligenbildern zu schmücken. Nur in einem, im entscheidenden Punkt, in dem der Taufe, leistete er Widerstand. Täglich kam Edith auf diese letzte Notwendigkeit zu sprechen, ohne die es keine

Seelenrettung gäbe. Aber Herr Maxl begegnete der ergreifendsten Vorhaltung immer mit den gleichen Sentenzen:
»Ein traut's Kind wär ich!«
Wenn Edith sich aufs Bitten verlegte, quäkte seiner Stimme weinerliche Gleichgültigkeit:
»Was sollen Sie nebbich mit mir anfangen?«
Und wenn dann die Eifernde alle widerwärtigen metaphysischen Folgen der Ungetauftheit mit feuerroten Farben malte, schloß Maxl das Gespräch mit dem Bekenntnis ab:
»Laß dir dienen, Edith! Ein Jud bleibt ein Jud.«
Dennoch kann es nicht verschwiegen werden, daß Herr Maxl lange vor Ediths Zeit schon, aus nicht mehr erklärbaren Gründen, jenes gestempelte Dokument eingebracht hatte, das man ›Konfessionslosigkeitserklärung‹ nennt und das den Staatsbürger seiner religiösen Pflichten und Leistungen enthebt.
Ediths Herzenswunsch wäre es gewesen, wenn der Herr des Hauses ein christliches Begräbnis mit allen vorschriftsmäßigen Gebräuchen erlangt hätte. Sie lief deshalb zum Hauptpfarrer des Kirchsprengels von Sankt Gallus. Aber wie sehr auch der geistliche Herr guten Willens war, er hatte gebundene Hände, und ohne Taufschein gab es keine kirchliche Bestattung. Hingegen machte er darauf aufmerksam, daß die Einrichtung der heiligen Seelenmessen an keinerlei Bedingung gebunden sei, und Edith erwarb auch sogleich drei dieser Seelenmessen. Beim Abschied gab Hochwürden der Wirtschafterin auf lächelnde und joviale Art noch zu verstehen, daß die Erscheinung eines amtierenden Priesters an solchem Ort und in unserer niederträchtigen Zeit nur Ärgernis und das Hohngelächter der Freidenker erregen würde.
Wohl oder übel sah sich Edith nun gezwungen, die israelitische Kultusgemeinde aufzusuchen, in deren Matrikeln der Name des Verewigten eingeschrieben war. Dort sagte man ihr, daß sie auf der mosaischen Abteilung des Olschaner Friedhofs eine Grabstätte für den Toten käuflich erwerben müsse. Hingegen könne an einen zeremoniellen Kondukt nicht gedacht werden. Herr Stein wäre ein Abtrünniger, er hätte dem väterlichen Glauben die Treue gebrochen und sei auch sonst keine Persönlichkeit gewesen, die einer Glaubens- oder Volksgemeinde zur Zierde gereiche. Wolle man das Begräbnis von der Leichenhalle des Zentralfriedhofs ausgehn lassen, so könnte vielleicht, wenn man gnädig beide Augen schlösse, dies oder jenes geschehn. Die

Partei aber werde doch im Ernst nicht glauben, daß ein Seelsorger das Lokal in der Gamsgasse betreten könne.

Als Edith die Anweisung für das Grab in Empfang genommen hatte, fragte sie der Beamte noch, ob Herr Stein Söhne hinterlassen habe, denn es müsse doch ›Kaddisch‹, das Seelengedächtnisgebet, für ihn gesagt werden. Er bekam die Aufklärung, daß an diesem Grabe niemand anderer trauern werde als ein paar weibliche Wesen. Da schaute der alte Mann die Wirtschafterin mißbilligend über seine Brillen an und nickte ironisch, als wollte er sagen: ›Keine Söhne! Das sieht dem Herrn Stein ähnlich ...‹

Ohne von der Kundschaft die Erfüllung irgendwelcher Bedingungen zu fordern, erbot sich am frühen Nachmittag schon die Firma François Blum durch persönliches Offert, die Beerdigung billigst und bestens durchzuführen.

Jedermann, der in der hier geschilderten Stadt herangewachsen ist, wird sich der großen Firmatafeln entsinnen: ›François Blum. Entreprise des pompes funèbres.‹ Und mehr noch, er wird sich der Auslagen in Schwarz und Silber erinnern, welche die genannte Firma an einigen belebten Punkten der Stadt eingerichtet hatte. In diesen Auslagen reihten sich, meist zu beiden Seiten eines Prachtsarges – bestimmt, einem Vorweltriesen im Todesschlafe zu dienen – der Größe nach andre Särge bis zu den armen Schatullen der kleinen Kinder. Den ganzen glänzenden Schauder umwand schwarzes Tuch in effektvoller Faltung, und Palmenzweige, die staubigen Requisiten himmlischen Friedens, bedeckten ihn.

Die Vorsehung hatte in der Firma François Blum ein wohlassortiertes Mementomori der hastenden Stadt einverleibt, denn wenn das genußfreudige Auge sich eben noch an einer Auslage voll Hummern, Wildbret, Ananas und Kaviar ergötzt oder eine Anordnung von Frauenwäsche, von Juwelen, Blumen, ein geist-verlockendes Angebot von Büchern und Musikalien bewundert hatte, plötzlich schreckte es zurück, denn schwarz und silbern, mit vertrockneten Palmzweigen prahlend, starrte es der Tod aus seinen Spiegelscheiben an. Ach, es war nicht Thanatos, der Knabe mit der gesenkten Fackel, nicht der Mäher mit der Hippe, nein, es war der kleinbürgerliche Tod, der großstädtische Tod, der moderne Tod, der Tod ohne Sinn und Bildnis, ein lächerliches Ding, aus Silberfarbe, papiernen Palmen, schwarzem Tuch, Kalk und Verwesung gemengselt.

Immerhin blieb dieser Tod eine der wenigen Festlichkeiten, die das Leben der Menschen kannte. Niemand war sich dessen stärker bewußt als die Damen des Etablissements in der Gamsgasse. Und so mußte Fräulein Edith trotz beträchtlicher Mehrkosten sich entschließen, bei der Firma Blum eine ›Aufbahrung‹ zu bestellen.

Nach der ersten Nacht voll Angst und Schauder, eine Leiche im Hause, in *ihrem* Hause zu wissen, hatten sich die Mädchen schon am nächsten Tag in den traurigen Umstand gefunden.

Das Lokal mußte selbstverständlich bis zum Abend nach der Beerdigung geschlossen bleiben. Schon diese unerwarteten Ferien, die mit allerlei Besorgungen, Ausgängen verbunden waren, welche den gewohnten Stundenplan umstürzten, erfreuten als etwas Neues, Abwechslungsreiches. Dazu kam der erregte Eifer, sich in aller Eile, wenn auch nur mit dürftigen Mitteln, die notwendigen Trauersachen zurechtschneidern zu müssen. Die Küche war in eine Flickwerkstätte verwandelt, Nähmaschinen rasselten, den Boden bedeckten Stoffreste, Herd und Geschirr duckten sich schüchtern. Arbeit gab es in Hülle und Fülle. Da es den Damen unheimlich war, die oberen Stockwerke zu betreten, lärmte alles Leben im Erdgeschoß.

Die Nacht fiel von den Geschöpfen dieser Stätte ab, wie eine Krankheit. All diese Kinder von Frühaufstehern, Töchter von Bauern, Arbeitern, kleinen Geschäftsleuten, Amtsdienern, Schaffnern, Aufwärterinnen genossen mit wahrer Gier das ihnen Verbotene, das Tagesleben. Durch einen Todesfall beurlaubt, trieben sie sich selig in den Straßen herum und fuhren, bewegungstoll, mit der elektrischen Bahn sinnlos von einem Ende der Stadt zum andern.

Selbst Ludmilla wurde, trotz ihres Schauspielers, von dem allgemeinen Eifer mitgerissen. Sie nähte, änderte, gustierte wie alle andern. Und daß sie im schlanken Schwarz trauernder Bürgermädchen die Hübscheste sein würde, das bezweifelte nicht einmal Ilonka in ihrem Herzen.

Für die Aufbahrung war der Große Salon bestimmt. Wenn man auch keine Gäste erwarten durfte, so gehörte es sich doch, daß irgendwo für alle Fälle ein kleiner Imbiß und Getränk bereit stand. Dieser Zweck wurde dem Blauen Salon zugedacht.

Am nächsten Tag donnerten die Arbeiter mit ihren mächtigen Stiefeln über die schwächlichen Treppen, und im Salon begann ein wildes Geschrei und Gehämmer. Dieser Raum hatte Tageslicht nie gesehn, er zwinkerte unbehaglich wie ein halbblindes Nachttier, das man in seiner Höhle aufgestört hat. Ach wie klein, wie nichtig zeigte sich im nüchternen Scheine dieses Tier, das sich zu seiner Stunde so phantastisch zu dehnen wußte.

Die Geister aller Tänze, Lieder, Couplets, Witze und Zoten, die hier je erklungen waren, sträubten sich und jagten die Wände entlang. Es half ihnen nichts. Die Wände wurden schwarz ausgeschlagen, der Katafalk erhob sich langsam vom Boden, ein strapazierter Palmen- und Lorbeerhain wurde mit Hüh und Hott durch die Tür spediert. Ja selbst ein großes Kreuz hatte Edith, unbefugterweise, zu Häupten des Katafalks aufstellen lassen.

Die Entreprise des pompes funèbres machte ihrem guten Ruf alle Ehre. Doch steht es dahin, ob sie es war, welche jene Notiz in der Zeitung einrücken ließ, die einigen Lesern wegen der in ihr enthaltenen schicksalshaften Paradoxie aufgefallen ist:

»Gestern starb hier Herr Max Stein im achtundvierzigsten Lebensjahre. Das Leichenbegängnis findet vom *Trauerhause* Gamsgasse 5 aus statt.«

Alles ging in bester Ordnung seines Weges. Ein einziger Umstand nur machte sich störend bemerkbar: Der charakteristische Geruch im Hausflur, jener Geruch von heißem Badewasser, in das man Parfum geschüttet hat, von Seifenschaum, Vaseline, Hautcreme, Schminke, Schweiß, Alkohol und scharfgewürzten Speisen war durch kein Mittel zu vertreiben. Die Damen verbrannten stundenlang Weihrauch im Flur, aber der Geruch wurde dadurch – man kann es gar nicht anders bezeichnen – nur noch unanständiger.

VIII

Es gehört zu den Unwahrscheinlichkeiten, die man dem Leben gern, den Autoren ungern verzeiht, daß Herr Präsident Morè, gewiß der genaueste Zeitungsleser der Stadt, jene paradoxe Todesfallsnotiz übersehn hatte. Eine gewisse Erklärung für die Unwahrscheinlichkeit liegt freilich in dem Umstand, daß in jenen Tagen des Hangens und Bangens alle Blätter voll der entscheidendsten Nachrichten waren, und daß in jeder Zeile Krieg und Frieden, das Schicksal der Welt auf dem Spiele stand.

Herr Morè hatte in tiefen Gedanken sein Kaffeehaus verlassen. Patriotische Wallungen bewegten sein Gemüt, und vor seinem geistigen Auge wogte Krieg. Morès Krieg war ein sehr zurückgebliebener Krieg. Er zeigte nicht die ›moderne Leere des Schlachtfeldes‹, keine betonierten Schützengräben, Fliegergeschwader und Gasangriffe, er war ein stürmisches Gemälde voll Lustigkeit und Kavallerie. Herrliche Denkmalspferde bäumten sich zum Himmel, Granaten platzten rot, grün, gelb und blau, gleich kostbaren Feuerwerkskörpern, Verwundete griffen sich ans Herz wie Sänger bei hohen Tönen.
Die Weltkatastrophe so farbenbunt vorträumend, überquerte der Präsident den Obstmarkt und schritt an der Front der Universität entlang die Eisengasse hinab, als er rechterhand auf dem Kleinen Platz einen zweispännigen Fourgon dritter Klasse und drei Trauerlandauer warten sah. Er überlegte sogleich, wer hier gestorben sein könnte – dies zu wissen gehörte ja zu seinem Beruf – und ging mit Eifer die bekannteren Firmen und Familien durch, die in der Gegend ihren Wohnsitz hatten. Er verwunderte sich selber, daß *ihm* ein Todesfall entgangen sein konnte. Zugleich aber – da er wußte, wo er sich befand – wandelte ihn eine Lust an, der er in früheren Jahren manchmal nachgegeben hatte.
Herr Doktor Schleißner mochte sich immerhin einbilden, daß er es sei, dem der Präsident die Kenntnis ›dieser heiligen Hallen‹ zu verdanken habe. Morès Art war es nicht, die Nacht zum Tage zu machen und sich vor allen Leuten bloßzustellen. Gott, ein einziges Mal mochte es hingehn!
Er aber kannte das Haus in der Gamsgasse längst und zu besseren Stunden als in denen des Pöbels. Als jüngerer Mensch war er hier öfter insgeheim um die Nachmittagszeit eingekehrt und hatte immer ein befriedigendes Vergnügen gefunden. Seine Handlungsweise erschien ihm nicht nur diskreter, sondern auch sittlicher und vor allem hygienischer als die der Allgemeinheit.
Der Präsident blieb stehn. Erschüttert fühlte er in diesem Augenblick den Anbruch eines neuen Zeitalters. Doppelten Wesens war es. Ernst auf der einen Seite wie eine leichenbitterische Suite bärtiger Herren mit Zylinder und Kaiserrock, schneidig auf der andern Seite und frisch-fröhlich landsknechthaft. Morès Phantasie stellte in der Tat Landsknechte hin und beschwor Vorstellungen aus der einschlägigen Literatur wie: Troßweibel, Würfelspiel und Lagerdirnen.

Morè sah den Leichenwagen an, dachte der schweren Zeit einerseits und der Sittenlockerung andererseits, die in der Luft lag, und beschloß, da er für die nächsten Stunden nichts vorhatte, seinen Wünschen heute nicht im Wege zu stehn. An dem wartenden Fourgon vorbei, dessen Rappen schwarz-nickende Federn auf dem Kopfe trugen, trat er, selber nickenden Schrittes, in die schmale Gasse.
Er fand die sonst so streng verschlossene und dichtverhängte Tür weit geöffnet ...
Indessen war im Hause alles zur Abschiedsfeier bereit. Der Sarg stand auf dem Katafalk, von ein paar losen Blumen und einem dürftigen Kranz bedeckt, denn zu reicherem Schmuck reichte die von Edith so edelmütig auf die Seite gebrachte Summe nicht mehr hin.
Wegen des Sarges hatte es übrigens zwischen der Entreprise des pompes funèbres und Fräulein Edith eine Unstimmigkeit gegeben. Er war nichts als eine einfache rohe Holzkiste, wie sie die jüdische Satzung den Toten vorschreibt. Gott selber spricht ja durch die Schrift: ›Staub bist du und Staub sollst du werden!‹ Jeder Schmuck, jede Verschönerung dieses gottgewollten Prozesses ist daher unfromm und blasphemisch. Die Wirtschafterin jedoch war durchaus anderer Ansicht. Ein Sarg muß schön und großartig sein, mit Silber beschlagen, mit Emblemen geziert, und auch ein weißer Spitzenvorstoß darf nicht fehlen. Schweres Geld hatte sie bezahlen müssen, damit solch eine Holzkiste geliefert werde. »Echt jüdisch«, rief sie, wäre das. Selbst die Religion diene dazu, einen ›Rebbach‹ zu machen und die Kunden übers Ohr zu hauen. Es hielt sehr schwer, die Erregte davon zu überzeugen, daß die Erde des israelitischen Friedhofs nur einen vorschriftsmäßigen Sarg in sich aufnehmen dürfe.
Die Damen in ihrer ärmlich improvisierten und zugleich aufgedonnerten Trauer hatten sich versammelt. Einige kleine Leute aus der Nachbarschaft waren auch gekommen, sogleich aber auf betrübten Zehenspitzen in den Blauen Salon geschlichen, wo man sich gratis mit Likör und Topfenkuchen bedienen konnte. Dort machte Herr Nejedli die Honneurs und mußte die Nachbarn, die Angestellten der Entreprise des pompes funèbres sowie sich selbst nicht viel zum Essen und Trinken nötigen.
Leider war kein Gast, kein Sechser-Dragoner, kein Artillerist, Intellektueller, Nachtvogel, kein Schleißner, kein Peppler, kein Oskar, mit einem Wort kein staundendes Auge da, um den berühmten Großen

Salon nicht wiederzuerkennen. Das Tanzparkett war zum größten Teil vom Katafalk in Anspruch genommen, die Glühbirnen glosten finster verhüllt, die Amoretten über den Spiegeln hatten schwarze Negligés angetan, ein Kreuz erhob sich zu Häupten des jüdischen Sarges, große Kirchenkerzen brannten, und eine besonders zahlreiche Familie stark gepuderter Kleinbürgerstöchter in Trauer weinte, weil es sich so gehörte, weil man den Verstorbenen gekannt hatte, weil das Leben traurig, weil der Tod erschütternd und seine seltene Festlichkeit freudebringend ist.

Während rote Nasen sich schneuzten und es ringsum schluchzte, hatte der Große Salon, dieser todesschwarze Raum, keine Vergangenheit. Und wiederum ging unbemerkt ein Augenblick vorüber, der gesättigt war von den erhabenen, den shakespeareschen Widersprüchen des Lebens.

Aber ewig konnte man nicht schluchzen, sich schneuzen und den Sarg bestarren. Etwas mußte jetzt geschehn, jemand mußte ein Wort sagen, dem Toten einen Abschiedsspruch zurufen. Edith wurde immer verlegener. Schmerzlich machte sich das Fehlen des Priesters fühlbar, der große Mangel ihrer Veranstaltung, der sie doch so entsagungsvoll eine runde Summe geopfert hatte. Sie war außer sich, denn wie sollte ohne Gott und heilige Handlung die Feier ihren Fortgang nehmen? Alles war prächtig hergerichtet, jede Seele des erschütternden Abschieds gewärtig, und dennoch stand man schon zu lange umher, peinliche Fragen schienen die Luft zu verdicken; es war ein stiller Skandal. Edith zerbiß sich die Lippen, nichts Rettendes fiel ihr ein. Sie sandte verzweifelte Blicke umher ...

Und, siehe, plötzlich fielen diese verzweifelten Blicke auf den Präsidenten Morè, der lang und schwarz in der Tür stand. Keiner der ›Gäste‹ hatte sich eingefunden. Ihn aber führte sein warmes Herz und eine edle Denkungsart hierher. Edith pries die Weisheit des Schicksals und die Seele Morès.

Seine Erscheinung ragte wie erschaffen für den Trauerpomp; jetzt konnte nichts mehr geschehn, da dieser unvergleichliche Funktionär des Todes, dessen Name selbst an Mors erinnerte, aufgetreten war. Die Wirtschafterin fiel flüsternd über ihn her und binnen zehn Sekunden war die Situation gerettet.

Daß der Präsident der Spinoza-Gesellschaft, der Ordensmeister der ›Söhne des Bundes‹ eine bedeutende Rednergabe besaß, und daß ein

Grabsteinagent die Oratorik der Friedhöfe beherrschte, war selbstverständlich. Zu dieser Gabe trat (eine übliche Folge des Talents) die unbändige Sucht hinzu, bei allen Gelegenheiten, bei Eröffnung und Schließung von Sitzungen, Versammlungen, Kongressen, bei feierlichen und unfeierlichen Anlässen, bei Hochzeiten, Jubiläen, Trauerkommersen und harmlosen Gastereien, überall, wo es anging und nicht anging – die unbändige Sucht, auch Reden halten zu wollen! So war Edith jetzt nicht minder erfreut über die Zusage des Präsidenten, als er über ihre Bitte.

Mit einem rasch-mißtrauischen Umblick erkundigte er sich darnach, ob nicht etwa ein Unbefugter, ein Journalist gar, hier Zutritt gefunden habe. Dann erst stellte sich Morè an den Katafalk, hob den Kopf, um der Inspiration zu lauschen und schloß die schmerzensvollen Augen.

Nun begann er, seine Rede zu halten, die ebensosehr und ebensowenig für den Toten hier unterm Bahrtuch als für irgendeinen andern Verstorbenen Geltung haben konnte. Es war aber, und einzig darauf kommt es an, eine sehr schöne Rede.

Der Präsident zitierte gleich eingangs Goethe und dessen Feststellung, daß der strebend bemühte Mensch erlöst werden könne. Der naheliegenden Gefahr, angesichts so vieler Bajaderen die ›feurigen Arme der Unsterblichen‹ zu zitieren, welche ›verlorene Kinder zum Himmel emporheben‹, entging Morè im letzten Augenblick und rettete sich in jene unbedenklichere Strophe, in welcher der Neuling die Huri am Paradiestor auffordert, ›ihn immer nur ohne Federlesen hereinzulassen, weil er ein Mensch gewesen sei‹. Die Zuhörer, vom unverstandenen Dichterwort angeschauert, erstaunten nicht über des Präsidenten Zumutung, sich Herrn Maxl als strebendbemühten und schwertumgürteten Kämpfer vor der Paradiespforte vorzustellen.

Vielleicht hat Herr Maxl allein sich über diese Vorstellung verwundert, wenn die Annahme einiger Geheimlehrer, daß die ›Intelligenzen‹ der Toten ihre eigene Leichenfeier beobachten, zutreffend ist.

Aber nicht allein bei Goethe blieb es. Der Redner berief auch noch Spinoza, Lessing, Jesaja, Haeckel und führte so bei einem traurigen Anlaß die geistvollsten Männer der Welt in den Großen Salon der Gamsgasse ein.

Die Rede erreichte ihren Höhepunkt, als der Präsident sich mit männlich-herbem ›Du‹ unmittelbar an den Toten wandte, den gewitterschwülen Ernst der Zukunft prohezeite und in dem Abgeschiedenen das Sinnbild einer genußfrohen, heiteren und unbeschwerten Zeit pries, die nun auf der Bahre liege, um dahinzufahren für immer. Es sei bestimmt in Gottes Rat, daß man jetzt Abschied nehmen müsse von einem liebenswürdigen Menschen und vielleicht, wer weiß, Abschied auch von der eigenen leichtbeschwingten Jugend ...

Bei dieser Stelle schlug das schwelende Schluchzen zur Flamme eines lauten Geheuls hoch. Ludmilla, von hoffnungsloser Liebe gepackt, schrie in ihr Taschentuch. Auch Oskar lag ja dort und wartete, noch heute begraben zu werden.

Ilonka zerschlug sich in plötzlicher und düsterer Raserei die Brust. Manja, die harte Totengräberstochter, wand sich vor Schmerz. Edith kniete in fassungsloser Tränenzerknirschung vor dem Katafalk. Nur Grete hing mit trockenen, aber brennenden Augen an dem wortgewaltigen Munde des Sprechers.

Mit einem tröstlichen und weihevollen Ausklang schloß nun die Rede.

Die aus dem Schmerzenstraum erwachten Damen benahmen sich linkisch wie Schulkinder oder Dienstmägde, als einer jeden von ihnen der Herr Präsident mit strenger Beileidsmiene die Hand drückte.

Am schnellsten erholte sich Edith von ihrer Erschütterung. Sie genoß dankbar das Glück, diese Feier, die ja ihr Werk und Verdienst war, einen erhebenden Verlauf nehmen zu sehn. Nach solch einer aufwühlenden Ansprache aber war es die Musik allein, die noch etwas zu sagen hatte. Die Wirtschafterin drängte deshalb Herrn Nejedli energisch zum Klavier.

Es erwies sich aber, daß im Laufe der langen Jahre das Repertoire des ehemaligen ›k. k. Titularwunderkindes Kaiser Ferdinands des Gütigen‹ bedenklich zusammengeschmolzen war. Tänze, Märsche, Schlager, ja, die saßen noch gut in den Fingern, aber man konnte doch unmöglich den Auszug eines Toten mit dem elektrisierenden ›Einzug der Gladiatoren‹ feiern.

Sehr schlimm stand es um die ernste Musik. Herrn Nejedlis Hände waren weder eines populären Chorals noch auch Chopins Trauermarsches mächtig. Alles in allem beschränkte sich sein gemütvolles Programm auf drei Nummern: ›Lohengrins Brautzug‹, Arie aus: ›Die Jüdin‹ und ›Barkarole‹ aus ›Hoffmanns Erzählungen‹.

Der Alte verwarf ›Lohengrin‹, ohne zu zaudern und entschloß sich zur ›Jüdin‹:

»Großer Gott, hör mein Flehn!
Hör mein Flehn, großer Gott!«

Niemand nahm Anstoß an der bewegten, fast lustigen Leidenschaftlichkeit dieses Allegros, und als Nejedli gar auf verbotenen Umwegen zur ›Barkarole‹ hinübermodulierte, da sahen sich alle an, denn die Barkarole war ja Maxls Herzensmusik gewesen, bei der er immer ›weinen mußte wie ein kleines Kind‹. – Sinniger, verklärter konnte die Totenfeier nicht enden, als mit diesen ewigen Klängen, die auf lichtbekränzten Barken über finstere Wasser gleiten:

»Süße Nacht, du Liebesnacht,
O stille mein Verlangen ...«

Die Träger mit dem Sarg ächzten und polterten an der goldbronzierten Venus und am Trompeter von Säckingen vorbei über die kranke, hustende Treppe. Die Damen folgten. Aber nicht mehr Trauertöne, sondern Geflüster und leises Gelächter waren zu vernehmen. Vorhin, ja, da hatten sie sich ausgeweint bis zur Tränenneige. Tränen, sie löschen den göttlichen Durst unserer Seele, und deshalb sind wir glücklich und satt, wenn wir geweint haben.
Die Damen waren glücklich und satt. Mehr noch, der freudige Stolz erfüllte sie, der aus allem Gelingen emporwächst.

IX

Die Firma Blum lieferte nicht nur im Aufbau des Pomps wahre Expreßarbeit, vielmehr noch bewährte sie sich in der Abrüstung ihrer Schleier, Bespannungen, Draperien und Podeste. Rasch besorgte sie den Szenenwechsel zwischen Tod und Leben, wie ein guter Bühnenmeister seine Verwandlungen.
In diesem Fall besonders war Eile dringende Forderung, denn am Abend schon sollte das Haus dem Vergnügen wieder offenstehn, und kein Rest des Todes durfte sich drückend auf die Seele der Gäste senken.

Hier war Schnelligkeit wirklich Hexerei. Kaum hatte der Kondukt sich in Bewegung gesetzt, flogen alle Fenster auf, Geschrei und Hammerschlag erscholl von neuem, und der Große Salon, von seinen unnatürlichen Fesseln befreit, fand zu sich selber zurück. Auch der durch Weihrauch, Kerzenqualm und unnatürliche Ausdünstungen getrübte Hausgeruch dehnte sich, nun wieder er selbst geworden, im Flur. Als nach zwei Stunden die Trauernden in ihren Landauern vom Friedhof heimkehrten, lag kein sichtbarer Schatten mehr über den Räumen, und sie waren die alten.
Mit einem leichten Fremdheitsgefühl durchschritten die Damen die alt-neuen Gemächer, denn jede Wohnstätte hat ihre Epochen, und die Insassen fühlen es. Zwischen heute und heute lag ein Abgrund, klaffte das Grab, darein man vor einer Stunde die nackte, ungehobelte Holzkiste versenkt hatte.
Präsident Morè war mit der Gesellschaft von der Beerdigung zurückgekehrt. Dort draußen in Olschan, wo er eine bekannte Persönlichkeit war, hatte er sich um seines Rufes willen ein wenig abseits gehalten, aber man konnte diese Zurückhaltung wohl als stille Bescheidenheit deuten.
Der Präsident genoß wegen seiner erschütternden Trauerrede unbegrenzte Hochachtung. Mit scheuer Verlegenheit sahen die Mädchen zu ihm empor. Und dann, er war der einzige von allen ›Gästen‹, der ein menschliches Verhältnis zu ihnen und ihrem Leben gefunden hatte. Mit keiner anderen Absicht war er ja heute hierhergekommen, als dem Toten die Reverenz abzustatten und den Trauernden sein Beileid auszusprechen. Fräulein Edith wußte die erwiesene Ehre vollauf zu würdigen. Wahrhaftige Dankbarkeit in den Augen trat sie an Morè heran, hielt seine Hand zärtlich in der ihren und erklärte, daß sie nun wisse, *wer* von den Freunden des Hauses ein wirklicher Mensch und Mann von Herz sei. Der Präsident zuckte trauervoll die Achseln und meinte, er kenne das Leben und wäre sich über den Lauf der Welt im klaren. Daß aber, wenn schon kein andrer, auch der Doktor Schleißner heute den Weg hierher nicht gefunden habe, das setze ihn doch in Erstaunen. Edith gab zu verstehn, daß ein Mann ein Mann bleibe und keinen andern Zweck verfolge als echt männliche Schweinerei. Der Präsident sei eine Ausnahme. Das hätte sie ihm gleich angespürt. Ihr könne man keinen Schwindel vormachen; sie habe nichts, aber die Menschenkenntnis sei auch kein schlechtes Kapital.

Da traten dem ernsten Biedermann Tränen in die Augen, weil das Schicksal ihm Gelegenheit gegeben hatte, sich tugendhafter zu bewähren, als diese Menschenkennerin es von der Mannheit im allgemeinen erwartete. Der wahre Grund seines Kommens war vergessen. Er begann zu glauben, daß die Humanität selbst, deren klassischen Meistern und Meisterwerken er rastlos diente, ihn heute hierhergeführt hatte.
Die Damen umstanden die düster-würdige Gestalt im Kreis wie einen Lehrer, lauschten ihren Worten, und die ortsgemäßen Phrasen und Bemerkungen, die tagelang schon geschwiegen hatten, auch jetzt noch wagten sie sich nicht hervor, obgleich Ilonka eine schier unüberwindliche Verlockung empfand, ein paar saftige Kernworte ihres Berufsjargons in die Unterhaltung zu werfen.
Der Große Salon, dessen Läden, wie es sich gehörte, geschlossen waren, lag wieder in seiner ihm eigentümlichen Beleuchtung und harrte mit rotem Plüsch, Marmortischen, Renaissancespiegeln und frisch gebohnertem Tanzparkett dem Lärm der Nacht entgegen. Nach und nach begannen die Mädchen trotz ihrer Trauerkleider den wiegenden Schritt des Abends zu proben, den sie drei Tage lang vermieden hatten.
Nur Ludmilla fehlte, die in einer Vorstadt zurückgeblieben war, um bei Verwandten Besuch zu machen.
Der Präsident, mit sich selber höchlich zufrieden, überlegte lange, ob er als solider Kaufmann in diesem Hause nicht auch seine Kundschaft sehn müsse. Er kam trotz gewisser moralischer Einwendungen zu dem Schluß, daß es als Zeichen beginnender Untüchtigkeit und geschäftlicher Schlaffheit zu deuten wäre, wenn er sich bei so günstigen Umständen einen Kunden entschlüpfen ließe. So gab er sich denn einen Ruck und begann, diesmal ohne jedes Pathos, aber dafür mit klingendem Herzton, abermals zu sprechen.
»Kinder« – so etwa lautete seine Ansprache, wobei er Grete und Anita neben sich Platz nehmen ließ und einen Seufzer vorbrachte – »der Mensch stirbt und wir alle werden sterben. Wie dieses Sterben tut, das weiß keiner, und wer es weiß, Kinder, der weiß es auch nicht mehr. Gut! Damit muß man sich abfinden. Aber die Geschichte hat noch einen anderen Haken ...«
Seine Stimme klang nun wissensschwer und resigniert:
»So ein Grab, wenn es nicht gepflegt wird, verfällt, und ich gebe mein Wort darauf, innerhalb weniger Monate ist es ein Misthaufen. Ich spreche aus Erfahrung.«

Manja bestätigte das, und Morè fuhr fort:
»Die Pflege eines Grabes aber, meine Damen, kostet Geld, so häßlich es ist, die *Erinnerung* kostet Geld. Wer gibt dieses Geld? Anständige und korrekte Hinterbliebene! Wenn aber ein Mensch niemanden hat, was dann?!«
Der Präsident schaute vielsagend von einer zur andern, ehe er sich anschickte, die Herzen zu treffen:
»Was dann?! Fragt euch selbst, ob ihr dereinst jemanden haben werdet!«
Das Argument saß. Wen würden sie dereinst haben?! Spital, Versorgungshaus, Anatomie und bestenfalls ein hartes Brot, so lautete des Märchens Ende, das man ihnen so oft erzählte. Der Präsident lächelte väterlich:
»Nun, Herr Max Stein hat wenigstens so herzensgute Mädchen, wie ihr es seid, zu Hinterbliebenen. Aber wohin werdet ihr im kommenden Jahr verschlagen sein? Ihr könnt es nicht wissen!«
Auch dieses Argument saß. Heute war man in der erstklassigen Gamsgasse beschäftigt und speiste mit silbernem Besteck. Aber die Jahre vergehn, und nicht jede kann zur Wirtschafterin avancieren, Haupttreffer in der Lotterie und im Leben sind selten. Es hatte dutzendweise Manjas, Anitas, Ilonkas gegeben, die zu ›Napoleon‹ zurücksanken und dann immer tiefer und tiefer in der Provinz verkamen.
Der Präsidnet wollte niemanden betrüben, plötzliche Erleuchtung zeigten jetzt seine Züge:
»Mir kommt eben ein guter Gedanke! Wie wäre es, wenn ihr unter euch eine kleine Sammlung veranstalten wolltet, um den Toten ein Steinchen mit seinem Namen aufs Grab zu setzen. Ich spreche aus Erfahrung! So ein Marmor (es muß natürlich nicht gerade Marmor sein, auch Sandstein zum Beispiel macht sich recht gut), aber Marmor vor allem erhält ein Grab in alle Ewigkeit jung. Selbstverständlich geschmackvollste Ausführung, keine Bildhauerarbeit, einfache goldene Schrift! Wer dann in vielen Jahren vorübergeht, liest: ›Max Stein‹, sagt Aha und erinnert sich. – Was meint ihr? Wollen wir nicht eine kleine Kollekte eröffnen? Das heißt, nur wenn es euch wirklich einleuchtet. Denn mir selbst kann es ja gleich sein. Ich denke aber an alles und habe zufällig einen Preiskurant mitgebracht. Von dreihundert Kronen aufwärts erhält man schon ganz passable Denkmäler ...«
Vom Herzen der Damen war der Druck dieser letzten Tage noch nicht

gewichen. Noch fühlten sie sich auf dem Parkett des Großen Salons nicht zu Hause. Das Bild des Friedhofes stand vor ihren Augen. Die Frage: »Wen werdet ihr haben?« wohnte noch in ihrem Ohr. Gern hätten sie sich von dem Gedanken an das Schicksal losgekauft, das ihnen doch angstvoller drohte als andern Menschen. Und ist der Tod nicht jene Naturerscheinung, die in allen einfachen Völkern und Personen den Trieb anregt, Opfer darzubringen?

So waren die Worte Morès auf fruchtbaren Boden gefallen. Mehr oder weniger eifrig begab sich alles auf die Zimmer. Die Barschaften und Ersparnisse wurden gezählt und wieder gezählt. Je nach dem Maß von Großherzigkeit, Glauben, Geiz und Geberlaune fiel das dargebrachte Opfer aus.

Valeska, das eitelste und gutmütigste Herz von allen, kam, weil sie von der Kollekte schon beim Umkleiden betroffen worden war, oder nur weil sie das Bedürfnis hatte, sich in ihrer Pracht zu zeigen, kurz, sie kam splitternackt herunter, um die fünfundzwanzig Kronen ihres Tributes an den Tod dem Geschäftsvertreter des Todes persönlich einzuhändigen. Und wunderbar! Als in dem noch immer verstimmten Düster des Großen Salons plötzlich die freudige Fleischfarbe dieses Frauenleibes aufblühte, schien er das erstemal nach Maxls Tod wirklich zu sich kommen zu wollen. Der erschöpfte Raum lächelte matt und holte zögernd Atem wie ein Kranker, dessen Zustand sich dem Leben zuwendet. Valeska aber drehte sich berauscht um ihre eigene ansehnliche Achse. Es war ein traulicher, ja anheimelnder Augenblick.

In der nächsten Viertelstunde hatte Präsident Morè die meisten Mädchen mit ihren bürgerlichen Namen und mit angemessenen Beträgen in eine Spendeliste eingetragen. Nur Fräulein Edith, die das Ihre getan, und Manja, die Eingeweihte, die den Schwindel kannte, versagten ihre Teilnahme.

Der Grabsteinagent konnte die schöne Ordre in sein Taschenbuch eintragen, und auch er tat – gerührt über sich selbst – ein Übriges, indem er seine Provision von den üblichen fünfzehn auf sieben und ein halbes Prozent herabminderte.

Die Ankleidezeit und mit ihr der Figaro waren gekommen. Die gewohnte Erregung fuhr in die Damen. Man drängte schreiend über die Stiegen ins Stockwerk der Garderoben. Mächtig erklang Ilonkas Lieblings-Kraftwort, das sie nun aus befreiter Brust hervorjubelte.

Grete allein blieb neben dem Präsidenten im Salon sitzen. Sie griff nach seiner Hand.

»Also! Ein großes Loch! Da wird man hineingeschüttet! Dreck und fertig!«

Der Vorsitzende der Spinoza-Gesellschaft wehrte, ohne seine Weltanschauung deutlicher preiszugeben, kurz ab:

»Das ist nicht das Wesentliche!«

Grete erstaunte:

»Sag' mal Präses, du glaubst doch nicht an den Himmel wie Edith?«

Der Präsident begnügte sich, mit Doktor Faust zu bemerken:

»Und sehe, daß wir nichts wissen können.«

Grete aber war noch nicht am Ende ihrer Metaphysik angelangt. Sie sah Morè scharf an und betonte jedes Wort:

»Wenn es möglich ist, daß wir in den Himmel kommen, warum regnet's dann immer, wenn einer begraben wird?«

Sie triumphierte. Aber der Präsident entkräftete ihren feinen Syllogismus durch trockene Berufserfahrung:

»Ich habe in meiner Praxis auch schöne Begräbnistage erlebt.«

Grete fragte plötzlich:

»Du Präses! Was hat Spinoza gesagt?«

»Der hat viel gesagt, mein Kind!«

»Hat das Spinoza geschrieben: Sör, geben Sie Gedankenfreiheit!?«

»Nein, das ist von Schiller. Aber Spinoza hat genauso gedacht. Er sagt zum Beispiel: Glückseligkeit ist Tugend, nicht ihr Lohn!«

»Glückseligkeit ist nicht ihr Lohn! Meiner auch nicht! Das ist gottvoll, Präses ...«

Grete gluckste vor Erschütterung über Morès Zitatenschatz.

Sie bekam eine sehr innige Stimme:

»Spinoza, das ist ein Spanier, was? Ich hab auch einmal einen Spanier gehabt ... Nein, zwei!«

Der Präsident belehrte:

»Spinoza war ein Holländer.«

Grete machte ein angeekeltes Gesicht:

»Holländer! Pfui Teufel! Ich kann die Holländer nicht ausstehn. In Hamburg, weißt du, da waren damals viele Holländer ...«

Der Präsident, dessen Gedanken sorgenvoll bei der Politik weilten, schnitt dieses Bekenntnis kurz ab:

»Sie werden voraussichtlich neutral bleiben.«

Jetzt drückte sich Grete dicht an den Mann:
»Du Präses! Weißt du eigentlich, daß ich auf dich fliege? Ich fliege viel mehr auf dich als auf den Schleißner! Wie kann man Schleißner heißen? Der hat wohl viel Geld für das ›L‹ in seinem Namen zahlen müssen? Was? Das war großartig fein von dir, daß du heut gekommen bist, Präses!«
Der Präsident lächelte herablassend und fuhr bedächtig mit seiner großen behaarten Hand Gretes lange Beine hin. Sie seufzte an seiner Brust:
»Du sollst mein Geliebter sein und darfst mir kein Geld geben.«
Da aber kannte sie den Präsidenten schlecht.
Er erhob sich zu seiner vollen Höhe und erklärte, er sei ein Gast wie jeder andere und verzichte darauf, eine Ausnahme zu machen. Gern wollte er sich jetzt mit ihr aufs Zimmer begeben. Geschenke aber nehme er nicht an. Wie käme sie dazu und wie käme er dazu. Ordnung müsse sein!
Das Paar verschwand.

Zu gleicher Zeit erhielt Edith von Ludmilla die Botschaft, daß sie nicht mehr in die Gamsgasse zurückkehren werde.

X

Hier müssen diese kurzen und flüchtigen Aufzeichnungen notgedrungen enden, denn die Geschichte des altehrwürdigen Hauses in der Gamsgasse *endet* hier. Eine unbeträchtliche Chronik ›lezter Tage‹ umschließen unsere Blätter, wenn man, ohne jede geschichtliche Schwärmerei, nüchternen Sinns annimmt, daß dieses berühmte Haus nach der Schlacht auf dem Weißen Berge etwa gegründet worden ist. Die glanzvolle Vermutung, daß schon dreihundert Jahre früher Kaiser Karl der Vierte von Luxemburg sein Schöpfer gewesen sei, gehört wohl nur in das Reich der Sage. Aber dies ist ja das Wesen des Ruhmes; auch die Taten und Leistungen unbekannter Männer schreibt er dem strahlenden Namen zu. Warum soll Karl, der große Städtebauer, dem wir die Neustadt, die Universität und alte Brücke verdanken, nicht auch den Grundstein zum Großen Salon der Gamsgasse gelegt haben?

Gewaltige Epochen jedenfalls und ein riesiges Lebensalter waren ihm beschieden zwischen dem Dreißigjährigen und dem Weltkrieg. Diese großartige Lebensdauer hätte ein romantischeres Ende verdient, als in der Person eines dekadenten, halbschwachsinnigen ›Letzten‹ auszulöschen. Aber gehen die mächtigen Reiche der Welt denn effektvoller unter? Sie glauben zu bestehen, sie führen Krieg, und eh sie noch wissen wie, sind sie aufgelöst und als Beute verteilt.
In dem paradoxen Augenblick, wo Herr Maxl im Großen Salon auf der Bahre lag, hatte sich das Schicksal des Etablissements erfüllt, mochte es sich auch bis zum Umsturz noch hinschleppen. Die Erben taugten nichts. Das beweist zur Genüge der Umstand, daß Fräulein Edith, die frömmste und umsichtigste aller Wirtschafterinnen, schon in den ersten Tagen des neuen Regimes ihre Kündigung einbrachte. Diese Kündigung und die Sittenstrenge der neuen Staatsmänner gaben der Unternehmung den Rest.
Das Haus steht noch. Aber der Lederhandel der Umgebung hat es erobert, und selbst der eigenartige, einst unüberwindliche Duft des Vorraums soll, sicherem Vernehmen nach, vom Juchtengeruch völlig vertilgt worden sein.
Im übrigen ist jeder Tod ein höherer Wahrspruch, und nichts stirbt, dessen Zeit nicht gekommen ist. Wenn man heute, nächtlicherweile, durch die von Lichtreklamen durchgellten Straßen geht, liest man an jeder Ecke die Aufschriften von Lokalen, welche der Freude nicht, aber dem Tanze geweiht sind. Das Saxophon des Negers quäkt. Durch die grellen Portale gehn wirkliche Damen aus und ein, und ihre herrlichen und freien Beine locken deutlicher, als es einst selbst in der Gamsgasse die Regel war.
Vergrämt, durch eine ungebuchte und schier unendliche Neben-Buhlschaft ums Brot gebracht, zieht müde die Straßendirne über den verlassenen Strich. Wer weiß, ob es überhaupt noch öffentliche Häuser gibt? So kann vielleicht unserer Schilderung, wenn kein anderer, doch ein historischer Wert zugesprochen werden.
Nach den unwichtigen Schicksalen höchst unwichtiger Personen wird sich niemand erkundigen. Sie hatten ja auf diesem Bilde nur die Rolle der Staffage inne. Auch würde die Erkundigung den Gefragten in Verlegenheit setzen. Natürlich wird er sofort herausplatzen:
»Wissen Sie, daß Oskar ein ganz Prominenter geworden ist und das schönste Landhaus in einer amerikanischen Fimstadt besitzt?«

Diese Frage aber geht verloren, da doch jeder Zuluneger Oskar von der Leinwand her kennt.
Hingegen sieht man Ludmilla mehrmals in der Woche an allen wichtigen Abenden in den Theatern der Stadt.
Sie ist nicht eigentlich dicker geworden, nur im Kampfe mit dem Doppelkinn scheint das Doppelkinn Sieger bleiben zu wollen. Man kann sie noch immer hübsch nennen. Ihre schlanken, klassischen Beine feiern, von der Mode begünstigt, auf der Straße alltäglich Triumphe.
Ihre alten Bekannten haben längst das Wagnis aufgegeben, sie zu grüßen. Sie dankt nur jenen Herren, die sie erkennt, und gerade ihre alten Bekannten erkennt sie nicht. Sie blickt ihnen mit angestrengten Kinderaugen in die Gesichter, an die sie sich – sie mögen noch so wissend lächeln oder schmeicheln – beim besten Willen nicht erinnern kann.
Auch Oskar, der sich auf einer europäischen Triumphreise befindet, erging es jüngst nicht anders. Die angestrengten Kinderaugen erkannen ihn nicht, und nicht anderes bekam er in diesen Augen zu lesen als die gelangweilte Verwunderung einer Weltdame über zudringliche Blicke. Er aber blieb eine ganze Weile verstört und sprach nichts, was wieder einmal beweist, daß der Mann eitler ist als das Weib.
Wer wollte Ludmilla ihr schlechtes Gedächtnis vorwerfen? Mit Blut hat der Krieg noch ganz andere Erinnerungen weggeschwemmt. Auch ist sie längst schon die Frau eines einflußreichen Abgeordneten der Republik. Der Zufall wollte es, daß er in den enthusiastischen Tagen des Umsturzes ein Glied jener parlamentarischen Kommission war, die unter dem Vorsitz einer bekannten Frauenrechtlerin die ›kasernierte Prostitution‹ zu Falle brachte und mithin auch das Schicksal des Großen Salons entschied. Frau Ludmillas Gatte gilt als Idealist, er war bisher in keinen der zahlreichen Korruptions-Skandale verwickelt und ist, wie man hört, eine große politische Hoffnung. Nun, ihr und dem Staate wäre es aufrichtig zu wünschen, daß er bei Bildung des nächstens Kabinetts Minister würde.

Weißenstein, der Weltverbesserer

Europa 1911! Goldene Abendröte eines Zeitalters, dessen schwerste Sorgen uns heute paradiesisch erscheinen. Aus den Headlines der Zeitungen wehte kein Haß, sickerte kein Blut. Die Welt ereiferte sich über eine neue Oper, ein kühnes Buch, eine radikale Kunstanschauung. Die Sensationen rochen noch nicht nach Vernichtung und Entrechtung von Millionen. Jene düsteren Psychosen, die man heute ›politische Ideologien‹ nennt, erfüllten vorerst die zerrauften Charakterköpfe einzelner Träumer, Narren und dilettierender Apostel. Noch bewohnten die sozialen und nationalen Heilande, im ungestörten Vollbesitz ihrer Defekte nicht die Reichskanzleien, sondern die Nachtasyle. Man begegnete ihnen in den muffigen Stammlokalen politisierender Kleinbürger oder bestenfalls in den Literatur-Cafés. Diese Cafés in Paris, Wien, Berlin – sie trugen den Spottnamen Café Größenwahn – waren nicht nur die Pflanzstätten der wechselnden künstlerischen Moden, sondern mehr als das, sie gehörten zu den geistigen Hexenküchen eines zukünftigen Grauens, das nun Gegenwart geworden ist.
Unsere Geschichte beginnt in einem dieser Cafés. Es lag an einer Straßenecke des geheimnisvollen Prag, dieser Stadt der großen Türme, der schweren Schatten und ausgesuchten Sonderlage. In meiner Jugend habe ich dieses Café sehr geliebt. Einen magnetischen Zauber übten auf mich die endlosen Diskussionen im Zigarettendunst aus, jene äußerst gefährliche Atmosphäre aus Kameradschaft und Gehässigkeit gemischt, aus rührender Hilfsbereitschaft und giftigstem kritischen Hochmut. Für jeden jungen Künstler war solch ein ›Café Größenwahn‹ die unerläßliche Feuerprobe, die er zu bestehen hatte. Sie entschied über seine Zulassung zu dem auserwählten Kreis derjenigen, die den ›Bourgeois‹ in sich überwunden hatten. In ganz seltenen Fällen wurde das Café zu einer amüsanten Vorhölle des Ruhmes, wobei freilich in den Augen der Insassen der Ruhm als ein unverzeihlicher Rückfall in das Bürgertum galt.
Damals, an einem nebligen Dezemberabend, saß ich mit meinen Freunden in diesem Café, obwohl ich Soldat war. Ich diente gerade als Korporal eines ›Kaiserlich-Königlichen Artillerieregimentes‹ mein Militärjahr ab. Vor wenigen Wochen war mein erstes Buch im Druck

erschienen, ein Band Gedichte unter dem Titel ›Der Weltfreund‹. Das Büchlein hatte ein gewisses Aufsehen gemacht. (In meiner Vaterstadt Prag war's ein ausgesprochen unliebsames Aufsehen.) Immerhin besaß ich vor meinen gleichaltrigen Freunden den Vorsprung, ein ›gedruckter Autor‹ zu sein, von den Zeitungen teils wohlwollend abgeklopft, teils höhnisch gemaßregelt. Als einer, dem es bereits gelungen war, die bürgerliche Kritik herauszufordern, bildete ich den Mittelpunkt unserer jugendlichen Tafelrunde. Ich erinnere mich, daß wir an jenem Dezemberabend über Dostojewski sprachen. An welchem Abend, welcher Jahreszeit sprachen wir *nicht* über Dostojewski? Er war der Schutzheilige unserer Generation. Vielleicht war's gerade der ›Idiot‹, über den wir diskutierten, als sich unserm Tisch eine Gestalt näherte, die diesem Buche entsprungen zu sein schien. Ein sehr kleiner Mann war's, ein Gnom, ein Heinzelmännchen von welker Haltung, jedoch unzweifelhaft noch jung. Die Hände hielt er in sonderbarer Art über den Bauch gekreuzt. Sie hingen schlaff herab wie noch nicht ganz entwickelte Blätter. Den Kopf trug das Heinzelmännchen gegen die rechte Schulter geneigt. Es war ein Wasserkopf, so riesig, daß man ihn, um gerecht zu sein, schon mit dem klinischen Ausdruck ›Hydrocephalus‹ bezeichnen mußte. Auf dem Gipfel der ungeheuer vorgewölbten Stirn wuchs ein wenig krauses und zausiges Schwarzhaar. Unter ganz dünnen Brauen schauten uns schöne dunkle Augen erschrocken an. Ich habe nie wieder einen Blick gesehen, in dem Angst, Begehrlichkeit und Melancholie so durchdringend zu einer Einheit legiert waren, nicht einmal bei Tieren. Den Gegensatz zu dem Riesenschädel und den traurigen Augen bildete der Mund, man muß schon sagen das Mündchen, mit kirschroten, herzförmig modellierten Kinderlippen. Freilich, wenn das Mündchen sich öffnete, wurden mehr Zahnlücken als Zähne sichtbar. Der Gnom umkreiste zweimal unseren Tisch. Immer schiefer sank der Kopf gegen die rechte Schulter. Offenbar war er viel zu schwer für den allzu dünnen Hals. Mir fiel der ebenso feierliche wie abgeschabte Cutaway auf, in dem die kleine Gestalt steckte wie in einem formlosen Sack. Das Gewand schien aus dem Besitz eines Riesen in den des Zwerges übergegangen zu sein. Plötzlich fühlte ich, wie das Wesen dicht hinter mich trat. Eine Flüsterstimme traf mein Ohr, in dem sich das Vibrato des Entsetzens mit dem Singsang mischte, in welchem Kinder Gedichte aufzusagen pflegen:

»Retten Sie mich, Herr W.«, flehte das Männchen, »der Anarchist Wohrizek trachtet mir nach dem Leben. Er will sich rächen. Sehen Sie, dort ...«
»Setzen Sie sich vorerst«, sagte ich und rückte zur Seite. Das Wesen sank neben mir auf den Sitz, am ganzen Leibe zitternd.
»Wer ist Herr Wohrizek, der Anarchist, und was für eine Affäre haben Sie mit ihm?« fragte einer von uns ohne sein Lachen unterdrücken zu können. Der Verfolgte starrte geduckt in den Raum: »Er hat eine Versammlung abgehalten heut' im Redoutensaal«, tremolierte er. »Viele hundert Arbeiter waren dort, lauter arme brave Menschen. Er hat gesprochen über die Befreiung des Weibes. Aber er ist ein Lügner, ein Schwindler, ein Gewalttäter, ein Alkoholiker, der Anarchist Wohrizek. Da bin ich aufgestanden und hab mich zum Wort gemeldet und hab gesagt: ›Wenn Sie für die Befreiung des Weibes sind, Herr Wohrizek, warum prügeln Sie dann täglich Ihre eigene Frau?‹ Es war ein schrecklicher Skandal, und er hat geschworen mich umzubringen. Sehen Sie nur, sehen Sie nur ...« An einem der Nebentische hatte sich ein Mann erhoben. Es war in der Tat ein Anarchist wie er im Buche steht. Ein rabenschwarzer Lockenkopf mit einer flatternden Lavallière-Krawatte und einem Knotenstock in der Hand. In Neapel, auf der Via Partenope, sehen die Verkäufer unanständiger Photographien ähnlich aus. Der Mann stierte feindselig zu uns hinüber. Wenn ich auch keine besonders martialische Erscheinung war, so trug ich doch immerhin Uniform und war im Besitze eines breiten Kavalleriesäbels. Ich stand auf und erwiderte den feindseligen Blick. Der Anarchist Wohrizek spuckte aus, nahm seinen Schlapphut und verduftete. Der Gnom stöhnte vor Erleichterung auf.
»Sie haben mich gerettet. Darf ich Ihr Diener sein?« – »Wer sind Sie eigentlich?« – »Ich bin der Weißenstein.« – »Und was sind Sie außerdem noch?«
Der Riesenkopf unseres Gastes sank beinahe auf die schmutzige Marmorplatte des Tisches: »Ich bin das dreizehnte Kind meiner Eltern«, sagte er. In jenem Singsang, der lyrisches Pathos, falsche Aussprache und eine Spur vertrackter Selbstironie zu einem sonderbaren Ganzen verband, begann Weißenstein nun die Geschichte seines bisherigen Lebens zu erzählen. So tragisch sie auch war, angesichts des grotesken Erzählens und der grotesken Situation brachen wir immer wieder in grausames Lachen aus. Weißenstein nahm unsere Heiterkeit durchaus

nicht krumm. Sie befriedigte ihn als eine Art von Beifall. Wahrhaftig ein dreizehntes Kind war dies Heinzelmännchen wie aus einem Märchen. Seine Eltern besaßen eine Schnapsbrennerei und einen Ausschank irgendwo im südböhmischen Land. In einer Schenke aufgewachsen, wegen seiner Ungestalt viel verspottet von den Geschwistern, von betrunkenen Bauern, Händlern und Marktfahrern, hatte er sehr früh die teuflische Natur des Alkohols kennengelernt. Er haßte den Schnaps, wie er seinen Vater haßte, den Schnapsbrenner. Eines Tages – es war gerade Wochenmarkt – sprang der Halbwüchsige auf den Schanktisch und hielt vor der versammelten Kundschaft eine Brandrede gegen das Feuerwasser, das seine Familie ernährte. In begreiflicher Wut über diese Geschäftsstörung prügelte ihn der Vater halbtot. Trotzdem wiederholte sich am nächsten Markttage dasselbe. Daraufhin packte der Alte die Sachen seines Dreizehnten in einen kleinen Rucksack, steckte ihm eine schmale Barschaft zu und schmiß ihn hinaus. Nie wieder dürfte er sich in seinem Vaterhause blicken lassen. Nach kurzer Wanderschaft fand Weißenstein in der benachbarten Kreisstadt eine Anstellung als Pikkolo, als Kellnerjunge. Das Gesetz seines Lebens aber wollte es, daß er aus dem Regen in die Traufe kam. Das Wirtshaus, in dem er wohnte, war zugleich das größte Versammlungslokal des Bezirks. Hier spielte der Alkohol eine weniger gefährliche Rolle als die Politik. Diese Politik aber war nichts anderes als der geistige Fusel des Zeitalters. Sehr bald erkannte das wache Auge des wasserköpfigen Kellnerjungen, welcher Art all diese Politiker waren, die sich auf der Rednertribüne spreizten. Sie taten nicht, was sie sagten, und sie sagten nicht, was sie taten. Die Sozialisten pokerten mit den Fabrikanten im Hinterstübchen. Der Agrarier bezahlte seine Rechnungen aus dem Wohltätigkeits-Fonds für Flur- und Feuerschaden. Und der Vorsitzende des klerikalen Tugendvereins vergewaltigte das hübsche Küchenmädchen auf der Toilette. Der Pikkolo war Augenzeuge all dieser Widersprüche. Er bezwang sich um seiner Armut willen längere Zeit und sah dieser Lügenhölle schweigend zu. Dann aber geschah in dem großen Versammlungssaal dasselbe, was in der väterlichen Schankstube geschehen war. Der Kellnerjunge, das Biertablett in der Hand, unterbrach einen der Prachtredner und erhob seine Stimme zur Anklage. Aus dem herzförmigen Kindermündchen drangen die Schlangen und Skorpione der Wahrheit. Er wurde verprügelt und flog hinaus. Er wurde noch hundertmal geprügelt und flog noch hundertmal hinaus. Aus den unglaublichsten Stellungen und Berufen. Durch das Herz des Dreizehnten floß nach dem schönen Dichterwort ›ein brennendes Recht‹. (Dieser Lava war freilich beizender Rauch beigemischt, der immer wieder zum Lachen zwang.) So klein und elend Weißenstein war, sein Mut, mit dem er der Lüge, dem Unrecht, der Menschenschinderei entgegentrat, schien unbändig zu sein. Er zeigte uns die Narben, die seinen Kopf und Körper bedeckten, Spuren eines erstaunlichen Krieges.

Von dieser Stunde schloß sich der Dreizehnte unserm Kreis an. Frühmorgens schon pflegte er in meiner Wohnung zu erscheinen, die Zeitung in seiner zitternden Hand. Er war die reinste Wünschelrute für alle Abscheulichkeiten, die sich begaben. Sein scharfes Auge pflückte aus dem kleingedruckten Lokalbericht die erstaunlichsten Teufeleien. »Man muß etwas tun für die unehelichen Mütter«, jammerte er z. B., oder: »Wissen Sie, Herr W., daß man in der städtischen Irrenanstalt die Patienten schlägt? Sie sollten darüber ein Gedicht machen ...« Wir versuchten, dem Dreizehnten eine regelmäßige Beschäftigung zu verschaffen. Er hatte das Goldschmied-Handwerk erlernt. »Gold ist Gold«, sagte er, »da gibt's keinen Schmutz.« Nach langem Zureden nahm ihn zum Gehilfen ein Goldschmied, der Goldschmied hieß. Weißenstein verschwand für mehrere Wochen. Als er wieder im Café auftauchte, wackelte sein schwarzer Kopf und seine Augen waren gerötet: »Die Menschen sind so schlecht«, jammerte er, »der Herr Goldschmied will mich auf Verleumdung klagen.« – »Was haben Sie da wieder angestellt, Sie Dreizehnter?!« – »Nichts! Ich hab nur gesagt, Herr Goldschmied, die Frau Goldschmied ist eine Madame Potiphar.« – »Oh, Sie sind ein unverbesserlicher Frechling, Weißenstein!« – »Aber es ist doch wahr, daß die Frau Goldschmied eine Madame Potiphar ist. Sie ist täglich, wenn der Alte nicht da war, im Negligé gekommen und hat mir Anträge gemacht. Ich hab sie streng abgewiesen. Da hat sie sich gerächt und mich aufs Blut gepeinigt. Und jetzt will mich der Chef verklagen. Helfen Sie mir, ich muß diese böse Stadt verlassen. Ich will nach Wien ...« Weißenstein war blaß vor Angst. Wir steuerten das Reisegeld zusammen. Wir schickten ihn nach Wien in der Hoffnung, die leichtlebige Hauptstadt werde dem Weltverbesserer ein Plätzchen bieten. Nach drei Monaten etwa stand er wieder vor uns. Er begrüßte uns mit sonderbaren Zischlauten. Als er den Mund öffnete, sahen wir, daß ihm die letzten Zähne waren ausgeschlagen worden. Er erwiderte wehmütig unsere fragenden Blicke: »Ja, es ist wieder schiefgegangen, meine Herren. Ich hab Unglück gehabt, diesmal mit der Religion ...« Nun folgte die Sache mit Huhn und Lamm. Sie spielte sich im Männerheim der Wurlitzergasse ab, einem Nachtasyl, das durch die Biographie des gegenwärtigen deutschen Reichsführers weltbekannt geworden ist. (Er hat sich zur selben Zeit dort aufgehalten wie der Dreizehnte.) Huhn war ein protestantischer Theologiestudent, Lamm ein Rabbinatskandidat. Diese beiden herabgekommenen Anwärter des Seelsorgerstandes hatten den Vorzug, die Bettnachbarn unseres Weltverbesserers zu sein. Es kam, wie es kommen mußte. Der Dreizehnte sagte dem Theologen auf den Kopf zu, er lüge bewußt und geflissentlich, wenn er zu glauben vorgebe, Gott der Herr habe in Gestalt des Heiligen Geistes ein irdisches Weib geschwängert. Den Rabbinatskandidaten Lamm hingegen traf er auf frischer Tat beim Verzehren einer Schinkensemmel an. Er entlarvte auch ihn als einen ungläubigen Leutebetrüger. Darauf schlossen die beiden Konfessionen einen Bund, überfielen nächtlicherweise den Dreizehnten und bearbeiteten ihn unter dem zustimmenden Halloh des halben Männerheims. Es kam zu einer allgemeinen Schlacht. Die Polizei mußte einschreiten. Weißenstein wurde als lästiger Zuzügler per Schub in seine Heimat gebracht.

Die Geschichten des Dreizehnten sind Legionen. Ich lasse es genug sein. Selbst die Angelegenheit mit der Blinden will ich nur flüchtig erwähnen. Der Dreizehnte hatte ein blindes Mädchen kennengelernt. Er wollte es heiraten. »Sie sieht nicht, daß ich ein häßliches Scheusal bin. Sie wird mich nicht betrügen. Oh, wie schön ist es, ein armes Geschöpf zärtlich durch die Welt zu führen, das ganz von einem abhängt ...« Nach einiger Zeit aber stellt es sich heraus, daß die Blinde gelogen hatte, daß sie nicht besonders blind war, sondern mit einem Auge die auffälligen Umrisse ihres sonderbaren Bräutigams ganz gut erkennen konnte. Der Enttäuschte verließ sie sofort.

Ich habe in meinem Leben ein paar unvergeßliche Charaktere kennengelernt. Unter ihnen ist Weißenstein, der Weltverbesserer, gewiß nicht der wertvollste. Ich betrachte ihn als eine Charge, eine Nebenrolle in Gottes großer Tragikomödie. Ich würde ihn nicht aus dem Totenreich beschwören, hätte das Leben selbst seiner Geschichte nicht eine Pointe geschenkt, brüsker und kühner als ein Autor sie erfinden kann.

Der August 1914 war da. Der große Krieg brach aus. Die Insassen des

Cafés und unser Kreis zerstreuten sich in alle Winde. Ich verbrachte mehrere Jahre an der Ostfront der österreichischen Armee. Später wurde ich zum Kriegspressequartier nach Wien kommandiert. Inzwischen hatte der Krieg das Menschenreservoir bis auf die Neige geleert. Man mobilisierte den Bodensatz; alte Männer, Invaliden, Kranke, halbe und ganze Krüppel. All das trottete nun in schmutzigen Uniformen durch die Straßen der hungernden Städte. Im letzten Kriegswinter wurde ich mit einem dienstlichen Auftrag nach Bodenbach gesandt, der Grenzstadt zwischen Deutschland und dem damaligen österreichischen Kaiserstaat. Zu früher Morgenstunde verließ ich mein armseliges Hotel, um über die Elbebrücke nach Teschen zu gehen. Diese schöne Eisenbrücke war noch beinahe leer. Nur ein schwanker Haufen bewegte sich vor mir. Voran schleppten sich zwei abgemagerte Ochsen. Hinter ihnen zottelten als Treiber drei greise Soldaten, weißhaarig und frierend, slowakische Bauern vermutlich. Zuletzt kam ein uniformiertes Etwas, dem eine lächerlich kleine Militärkappe auf dem Wasserkopf tanzte. Dieses Etwas schwang einen Knüppelstock und krähte: »Soldaten wollt ihr sein? Ungeziefer seid ihr! Die Prügelstrafe sollte man wieder einführen für euch ...« Ich packte ihn von hinten bei den Schultern: »Weißenstein, Sie, der Menschheitskämpfer, sind unter die Menschenschinder gegangen?« – »Ich bin der Kommandant dieses Schlachtviehtransports«, erwiderte er stolz, »und die da, das sind keine Menschen, das sind ewige Sklaven. *Die gehören unterdrückt!*«

Ich blieb stehen. Mir war nicht nur zum Lachen. Noch verstand ich den Geist der Zeit nicht, der aus den sozialen Idealisten Tolstois und Dostojewskijs die neuen erbarmungslosen Herren des Kremls gemacht hatte. Ich blickte dem ›Schlachtvieh-Transport‹ nach. Unter Vorantritt der beiden Ochsen, gefolgt von den drei ewigen Sklaven, stapfte Weißenstein, der Weltverbesserer, jeder Zoll ein Diktator.

Cabrinowitsch

Ein Tagebuch aus dem Jahre 1915

Der freundliche Unteroffizier lädt mich ein, ihm in die Beobachtungszelle des Garnisonspitals zu folgen.
»Sie werden etwas zu sehen bekommen.«
Wir treten über einige verwitterte Stufen in einen Vorraum, der jenes elend-nebligen Dunkels voll ist, das alle militärischen Räumlichkeiten erfüllt. Auf einer Pritsche sitzen zwei Soldaten mit aufgepflanztem Bajonett. Vor der grauen Tür im Hintergrund – sie ist von einem vergitterten Guckfenster durchbrochen – steht ein schnoddriger Deutschmeister-Feldwebel. Dann und wann öffnet er die Klappe des Fensterchens und drückt sein abgebrüht-verlebtes Gesicht an die Stäbe.
Mein Korporal tritt auf ihn zu, begrüßt ihn und reicht ihm seinen Dienstzettel:
»Cabrinowitsch geht um drei Uhr zurück.«
»Eh scho wissen«, wehrt der Feldwebel ab, der viel zu selbstbewußt ist, einen Befehl nicht schon vorher zu kennen.
»Er ziagt si o, darr Hund!«
»Ist das Cabrinowitsch«, frage ich, »der das Attentat in Sarajewo verübt hat?«
Ein bejahend-verächtlicher Blick streift mich.
Dann öffnet der Feldwebel die Tür der Zelle.
Es ist sehr hell in der Zelle. Hell, doch von einem seltsamen gelben Licht, das dem Sonnenlicht nicht gleicht. Ehe noch mein Auge sich eingewöhnt und ein fast unzerstörtes Soldatenbett unterscheidet, informiert mich der Korporal:
»Der Fürstenmörder Cabrinowitsch ist vor vierzehn Tagen aus der Festung hier eingeliefert worden. Tuberkulöse Drüsenschwellungen. Unheilbar. Heute wird er in seinen Kerker zurückgeschafft. Nicht im Krankenhaus, in den Theresienstädter Kasematten muß er sterben.«
Ich sehe: Eine weiße, unsäglich schwindende Gestalt hält sich mit phosphoreszierender Hand am Eisen der Bettstatt fest. Sie scheint ganz in eine gespenstisch weiße Leinwand gekleidet zu sein, die sie eng

umwindet. Nicht der Eindruck eines bekleideten Gerippes ist dies. – Nein, viel eher zittert hier ein schwacher Schein, ein leise sichtbares Fließen der Luft. In dem unnatürlich fremdartigen Gelb des Raums bebt eine Geistererscheinung, die sich auflösen will.
Cabrinowitsch stützt die Hand aufs Kavalett und macht mit den Füßen die Bewegung eines Menschen, der stehend in sein Schuhwerk schlüpfen will. Doch tritt er sanft und hartnäckig in ein Nichts. Die übermäßig spitzen Knie stehen gegeneinander, die Beine zittern geschwind und in einem feinen Ausschlagswinkel.
Mein Korporal, ein sonst höflicher und jovialer Mann, fährt ihn mit unverständlich gepeitschten Worten an, schrill, furchtbar, von unerreichlicher Höhe herab.

Es ist eine verborgene tiefe Macht, sage ich mir, die mit so schrecklichen Kehllauten die Stimme dieses Korporals verändert. Ich glaube nicht, daß eine von den Personen, die mit dem Schatten dort zu tun haben, dieser Macht sich entziehen kann. Es wird ihm keiner besser anlassen. Wir alle sind Sklaven auch des fremden Schicksals, des anderen Karmas. – Wir müssen unsere Diener- und Botenrollen spielen, wie sie uns in den Mund gelegt sind, und kein Stichwort bleibt uns erlassen.
»Du hast dich hier über das Essen beklagt.« Die Worte des Korporals werden durch die Barschheit hindurch verständlich. »Er hat die gute vierte Diät bekommen«, wendet er sich zu mir. »Jetzt kann er wieder zu seinen Fleischtöpfen zurückkehren.«
Es dreht sich uns ein mildes schneeweißes Antlitz ein wenig schief zu. »Ich habe mich, bitte, nicht beklagt.« Cabrinowitsch sagt das in wohlgesetztem Deutsch, mit einer ganz verklärten Freundlichkeit, nur seine Beine zittern stärker.
Er ist zwanzig Jahre alt.
Plötzlich beginnt sein Gesicht an einem Lächeln zu arbeiten. Es geht sehr mühsam, aber endlich ist es doch da. Ich fühle sogleich: Dieses Lächeln ist für mich bestimmt, ein Versuch, gemeinsame Menschlichkeit zu zeigen, damit ich mich nicht fürchten und schämen muß. Zugleich aber ist dies Lächeln ein Gruß, ein Gruß vom Jenseits der Leiden her, ein Gruß des schwingenden Seelenlichts, das überall aus der Ruine seines zermarterten Körpers tritt und in meinem dunklen, festen Leibe das geschwisterliche Licht sucht. – Einen geheimnisvollen Augenblick

lang durchwallt mich herzaufwärts ein mächtiger Strom – und auch ich will lächeln, hinüberlächeln über diesen Abgrund ...

Aber ich vermochte nicht den Gruß des Lächelns zu erwidern. Auch dem Gesicht des Kranken entsank das Gewicht, langsam geriet es zurück in seine zarte, ernste und heitere Freundlichkeit. – Ich hatte in diesem Raum meine Freiheit verloren, das Schicksal jenes Menschen, der ein Anlaß des ungeheuren Sterbens war, zwang mich, streng und erbarmungslos vor ihm zu stehen, wider meinen Willen und mein Wissen.

Als Knabe hatte mich oft dieser Gedanke beschäftigt: Kann man sich einen besten und einen schlechtesten, einen glücklichsten und einen unglücklichsten Menschen vorstellen? Oder hat nicht der Beste (zumindest in seinem Bewußtsein) noch eine Unendlichkeit von Unglücklicheren? So daß der Beste und der Unglücklichste gleichsam immer noch in der Mitte stehen?

Dies Gesicht dort in der Zelle, diese nicht einmal mehr schmerzliche Güte, diese schief geneigte Freundlichkeit, diese verklärte Schwäche, dies wußte ich erschüttert, war das wundervolle entrückte Gesicht des *Allerletzten,* dessen, der aus der Mitte gestoßen ist, der am äußersten Rande der Menschheit steht. Nicht anders als auf dem Antlitz des Helden erkannte ich in diesen verlorenen Zügen die Schönheit und Würde der tödlichen unausdenklichen Einsamkeit dessen, der niemals mehr in die Mitte der Menschen zurückkehren kann.

Cabrinowitsch machte einige Schritte. Er hatte keine Fesseln an den Füßen, dennoch ging er mit den knappen Schritten der Gefesselten. Über ihn war solch eine hohe Bedeutung gebreitet, daß für einen Augenblick das Scharren der Stiefel, Geräusper und tonloser Schwatz der beiden Wachtsoldaten aussetzte.

Ja! Dieser Jüngling war der auserwählte Schicksalsmensch. In einer Wolke von Verschwörereiden, durch einen tiefen Traum wandelnd mit der Bombe, an einer beflaggten Straßenecke der großen Tat harrend, auserkoren von ernsten Göttern (die allein wissen, was sie wollen), nachtwandelnd und notwendig wie die Note in einer Melodie, schuldig unschuldig, zufällig und vorbestimmt wie die Atout-Karte in einem großen Spiel.

Die zwei ersten aus unsicherer Entfernung abgegebenen Revolverschüsse durchbohren das Thronfolgerpaar tödlich. Das Unwahrscheinliche ist geschehen. Milliarden Kugeln, ohne zu treffen, werden vergellen. Sind es die Mörder, die gemordet haben?

Da stand nun der Knabe im gelben fremden Licht seiner Zelle, ein fortgeworfen abgeschminktes Requisit der Tragödie, unbewußt, doch durch das ihm Zugeteilte ein höherer Mensch; dieser arme, überall schwer durchlässige Körper war nicht nur Opfer der Gefängnisse und des Hasses der Monarchie, jeder von den Millionen Toten des Krieges bröckelte unerbittlich ein wenig von ihm ab. – Und doch nur ein junger Mensch, irgendwer, der dem Maß seiner schrecklichen Berufung nicht gewachsen sein konnte, passiv wie ein Rad, das nicht weiß, wohin es rollt.

Merkwürdig erscheint es mir noch, daß sich auf dem Schmerzensgesicht des Cabrinowitsch eine Barttracht gebildet hatte, wie wir sie von einigen heiligen Menschen der Erde kennen.

Und jetzt fuhr ihn der Korporal an: »Machen Sie sich fertig, Sie!« – Cabrinowitsch versuchte wieder zu lächeln und zitterte noch schrecklicher.

Den überirdischen Ausdruck seiner Hände zu beschreiben, vermag ich nicht.

Später stand ich im Korridor vor der Stufe, die zu jenem Vorraum der Beobachtungszelle führt. Es hatten sich viele Leute angesammelt, denn das Gerücht, daß der Attentäter von Sarajewo weggeführt würde, war in alle Säle des Kriegshospitals gedrungen.

Verwundete und einige Weiber promenierten.

Mein Korporal trat wieder auf mich zu und zeigte mir ein Blatt, auf dem vermerkt und vom Spitalkommandanten unterfertigt stand, daß Cabrinowitsch »zur Fortsetzung seiner Strafe tauglich« sei.

Ein Spaßvogel hatte mit roter Tinte noch hinzugefügt: Fluchtverdächtig!

Zwei Sanitätssoldaten holten eine fahrbare Transportbahre herbei. Hie und da fiel aus gepreßten Gemütern ein roher Scherz. Ein älterer Landsturmmann, der schon am nächsten Tag wieder zur Front einrücken mußte, nahm die Pfeife aus dem Mund und sagte, ohne wie sonst vorher auszuspucken: »Letzte Ausfahrt!«

Die Türe öffnete sich, und vor den beiden Bewaffneten stieg jetzt langsam und ganz schwach Stufe für Stufe hinab Cabrinowitsch, mit demselben milden durchklärten Antlitz wie vorhin, tief und edel in sich gekehrt.

Er trug die militärische Sträflingsuniform, aus braunem unmenschlichem Zwilch Mantel, Kappe und aus schrecklicher Sackleinwand das Beinkleid. Dennoch konnte ich mich eines Eindrucks von Vornehmheit, ja von Eleganz nicht erwehren. Mit sinkenden Knien trat er an die Bahre heran.

»Niemand helfe ihm«, brüllte verzerrt ein Oberleutnant und ballte die Fäuste. Doch schon vorher war er vor einem zurückgeschreckt, der ihm behilflich sein wollte, die Schulter hochziehend, mit dem feinen Takte des Ausgestoßenen.

Jetzt erst erkannte man, daß dieses Gesicht nicht die Farbe des Sterbens oder des Grabes trug, nein, eine höhere, unbekannte, außerirdische Farbe, die entrückte Farbe des Totenreichs, weißer als weiß und doch nicht weiß und auch nicht bläulich.

Er legte sich langsam auf die Bahre. Für einen Augenblick wurde ein selten zartes Fußgelenk sichtbar, das vielleicht einmal einem gebräunten Knaben gehört haben mochte, der klettergewandt auf den Ästen der Bäume in einem glücklich-dunklen Garten daheim war.

In diesem Augenblick durchfuhr mich ein Satz, der mir wie eine höchste Erhellung in alle Sinne blitzte. Jetzt sind die Worte tot, und ich kann sie ebensowenig verstehn, wie sie meine Leser verstehn werden. Dennoch will ich sie hierhersetzen:

»Alles Leiden ist objektiv, aller Schmerz ist bei Gott.« Ich mußte vor Herzklopfen einige Male auf- und ablaufen.

Inzwischen drängten sich die Leute näher an die Bahre. Im Halbdunkel sahen sie dieses mattleuchtende Gesicht und diesen schwachen blonden Bart.

Eine Bäuerein schrie hysterisch auf; sie schien in dem Gesicht des Cabrinowitsch eine Ähnlichkeit entdeckt zu haben, denn sie starrte ihn eine Weile geisterseherisch an, bekreuzigte sich und begann herzzerreißend zu schluchzen.

Und es standen hier viele Menschen durcheinander: Verwundete, Verstümmelte, Verschüttete, kaum erst gerettet, in ihren erdgebeizten überbluteten Kleidern, viele Einsame in ihrem dumpfen Käfig, mit Pfeifen und Zigaretten im Mund, jeder für sich, jeder in seinem Gefängnis, eine Unsumme von Erlebnis und Schicksal: Frühlingsabende, Erntefeste, Liebesnächte, Sturmangriff, Todesschmerzen ... Aber es war noch nicht zu Ende. Von all diesen Dingen war ihnen und mir noch manches vorbestimmt.

Alle blickten auf das kleingewordene adelige Gesicht mit den dunkelruhigen Augen dort auf der Bahre. Und in die derben Seelen griff das Geheimnis. Die Männer standen starr, habtacht, verlegen, als wäre ein Vorgesetzter unter ihnen. Einem Lamm war die Schuld auferlegt worden. Dieses Wesen wird nichts mehr empfangen, nicht einmal einen Menschentod. Und darum übertrifft es alle.

Ich beugte mich über die Bahre. Ich wollte noch einmal das astrale, grüßende Lächeln finden. Aber über den Zügen des Jünglings mit den offenen blicklosen Augen lag jetzt eine lichte unbewegliche Gleichgültigkeit, die noch etwas Höheres war als jenes Lächeln.

Ein Kommando wurde laut. Die Leute traten zurück. Sanitätssoldaten schoben die Bahre hinaus. Übertriebenes Reden, Lachen, Husten, Scherzen durchschallten erlöst den Korridor. Der Überwachungsfeldwebel atmete auf.

Ein Versuch über das Kaisertum Österreich

(Prolog zur amerikanischen Ausgabe von ›Aus der Dämmerung einer Welt‹)

I

Dieses Buch umfaßt eine Anzahl mehr oder weniger umfangreicher und schmaler Novellen und Romane, die in tieferem Sinne eine Einheit bilden. Es ist freilich nicht die Einheit einer bescheidenen Comédie humaine, die in ihrer Geschichtenreihe mit durchgehenden Gestalten und übergreifenden Ereignissen arbeitet, es ist auch nicht die Einheit des postumen Bewußtseins, das die Trümmer des unverbundenen Lebens aus der Vergängnis reißt und neu zusammenfügt. Die Einheit dieses Buches ist die Welt, von der es weniger handelt, als in ihr spielt. Eine eigenartige, eine denkwürdige Welt, deren Namen allen geläufig war und die doch nur ganz wenige kannten, vielleicht diejenigen allein, die sie im Guten und im Bösen an sich selbst erfahren haben, ihre wissenden Kinder also. Diese Welt ist dahin für immer. Sie starb nach der langen Dämmerung ihres Greisenalters nicht leicht, sondern im schmerzhaften Todeskampf. Sehr viele ihrer Kinder leben noch, und manche unter ihnen sind wissende Kinder. Sie gehören zwei Welten an, jener toten, die in ihnen noch nicht gestorben ist, und der neuen Welt, der Erben, die sie übernommen hat wie die Waren eines Ausverkaufs. Zweien Welten anzugehören, mit einer Seele zwei Zeitalter zu umspannen, das ist ein höchst paradoxer Zustand, der sich in der Geschichte selten wiederholt und nur wenigen Menschengeschlechtern aufgebürdet wird. Als Rom zerfiel und auf Italiens Boden neue Staaten hervorsprossen, da mochten Generationen gelebt haben, die ähnliches erfuhren und erfühlten. – Alle Sterblichen, die noch im vorigen Jahrhundert geboren sind, gehören zwei Zeitaltern an, sie mögen wo immer zu Hause sein. Sie müssen ihre Kräfte gewaltig anspannen, um solch schwerer Bedingung Herr zu werden. Wer weiß, ob nicht so manche bittere Not der Epoche dieser geheimen Doppelexistenz zuzuschreiben ist. Zweien Welten aber gehören wohl nur die Kinder jener toten Welt an, deren Namen sogleich verraten werden wird. Der

Verfasser der anliegenden Geschichten zählt dazu. Er hat sie ohne jede historische Absicht geschrieben. Er dachte nicht daran, die Schatten des ewig Verlorenen in dichten Sprachnetzen zu fangen. Er wollte nichts anderes, als von den Wesen und Dingen seiner eigenen Jugend berichten. Alle diese Novellen sind im Laufe vieler Jahre entstanden. Die frühesten unter ihnen stammen wirklich noch aus der ›Dämmerung‹ jener Welt. Sie sind aus der Agonie. Kein Wunder, daß Traum und Tod ihr Siegel ist.

2

Welche Welt. Sie trug einen großen Namen. Doch sie selbst war noch größer als ihr Name, der da lautete: ›Österreichisches Kaisertum‹ oder ›Österreichisch-ungarische Monarchie‹, wobei letztere Bezeichnung einer gewissen Künstlichkeit nicht entbehrt und für feinere Ohren schon den Niedergang des stolzen Reiches weissagt. Ein stolzes Reich wahrhaftig, nicht nur, was seine Maße betrifft, sondern weit mehr noch im Hinblick auf die unbeschreibliche Farbenfülle seiner Landschaften und Menschenstämme. Skeptische Geister werden hier vielleicht aufblicken und fragen: Wie ist das? Sind diese farbenvollen Landschaften etwa vom Erdbeben zerstört worden, diese bunten Menschenstämme aus ihren Siedlungen verschwunden? Sind nicht vielmehr diese Berge, Täler und Ebenen noch immer dieselben wie vor Jahrhunderten und ebenso die sie bewohnenden Völker? Kann überhaupt das, was hier eine Welt genannt wurde, wirklich verdämmern und sterben? Steckt hinter solchen Behauptungen nicht die Übertriebenheit und Unwirklichkeit der Metapher? Politische Systeme sterben, Regierungsformen, Verwaltungsarten, das heißt, auch sie sterben nicht eigentlich, sondern gehen in andere Systeme, Regierungsformen und Verwaltungsarten über. Die staatlichen Regelungen des Weltwesens lösen einander ab. Das Geregelte jedoch, das Regierte, das Verwaltete, sei es Land, sei es Volk, sei es Einzelmensch, überdauert mit seiner eingeborenen Artung all diese Entwicklungen.
Was immer auch die Wahrheit sei, jeder Alt-Österreicher wird auf solche Einwendungen erwidern: »Ihr mögt recht haben, ich weiß es nicht. Mir jedenfalls ergeht es sehr merkwürdig, wenn ich die Landschaften und Städte wiedersehe, die einst zu meiner alten Welt gehört

haben. Gewiß, die Alpen Tirols, die Seen des Salzkammergutes, die sanften Horizonte Böhmens, die wüsten Hochflächen des Karstes, die üppigen Gestade der Adria, die Paläste Wiens, die Kirchen Salzburgs, die Türme Prags, all das ist dasselbe geblieben, seiner äußeren Gestalt nach wenigstens. Und doch, selbst das Unverwandelte der äußeren Gestalt billige ich euch nur sehr zögernd zu. Gehört zu ihr nicht der Raum, aus dem sie wächst, die Luft, die sie durchdringt, das Licht, das sie belebt, und mehr als alles andere, das Auge, das sie erfaßt? Was sich verändert hat, auch außerhalb des Menschlichen verändert hat, das läßt sich kaum ausdrücken. Ich will nicht behaupten, daß all diese Landschaften und Städte einen ganz bestimmten Glanz verloren haben. Vielleicht ist es eher ein Schleier, den sie verloren haben, ein wohltätiger Schleier, ein Schleier der Maja, der viel verhüllte. Eines aber weiß ich gewiß: Einst war hier meine Welt, mit der ich eigentümlich verbunden war. Zu dem fernsten Huzelendorf in den Karpaten fühlte ich noch irgendeine Verwandtschaft, unbekannt warum. Jetzt ist mir auch das Allernächste entfremdet, meine eigene Stadt, meine eigene Straße, mein eigenes Haus, unbekannt warum. Ich bin in einem sehr komplizierten Sinn heimatlos geworden.« Der Mann beschreibt mit diesen Worten eine Wirklichkeit, wenn auch eine geheimnisvolle. Nur die modernen Irrlehren, ökonomische und biologische, sind platt genug, solche Wirklichkeit zu verkennen. Sie erklärten allgesamt die Geschichte der Menschheit aus dem schicksalsmäßigen Zusammentreffen der Rassen mit bestimmten irdischen Räumen, aus der Symbiose von Blut und Boden, aus den Ernährungsbedingungen des jeweiligen Bodens und der kriegerischen Notwendigkeit, sie zu verbessern und zu erweitern. In diesen Anschauungen bildet die Geschichte eines Volkes von seiner Entstehung bis zum Untergang eine einzige primitive Linie, die nur von den materiellen Mächten Erde, Art und Notdurft bestimmt ist. Für den Geist ist kein Platz, besser (nein, schlichter), er wird mit schamhaftem Zwinkern als die Frucht jener materiellen Mächte definiert. Muß man gegen solche nationalisierten Wahnvorstellungen ernsthaft polemisieren, da eine einzige Frage sie schon ins Nichts jagt: Hat Blut und Boden – als Voraussetzung des Lebens keineswegs geleugnet – die Erde gestaltet, Reiche zusammengeschlossen oder zertrümmert, Zeitalter begründet oder vollendet? War es nicht vielmehr das Christentum, eine reine, unabhängige Idee also, die das Antlitz der Welt verwandelt hat, bis in die Züge und Mienen der Landschaft hinein? Oder, um ein andres Beispiel zu nennen: der Islam. Sind die Bewohner des alten Babylon und des heutigen Bagdad der Rasse nach nicht ungefähr die gleichen geblieben, Blut und Boden derselbe? Und doch, die alten Babylonier und die modernen Araber würden einander nicht wiedererkennen, da Mohammeds weltumspannende Stiftung zwischen sie getreten ist.

Hier wird keine Theorie aufgestellt, sondern eine Erfahrungstatsache ausgesprochen. *Nur im Zeichen einer höheren Idee wurden und werden Reiche gegründet.* Nationen können bloß Staaten bilden. Nationalstaaten sind ihrem innersten Wesen nach dämonische Einheiten; wie alles Dämonische und Abgöttische reizbar, ›dynamisch‹, drohend und bedroht. Die wahren Reiche aber entstehen dadurch, daß den dämonisch-natürlichen Einheiten ein übernatürlich göttliches Element zugemischt wird, das sie über sich emporreißt: eine Offenbarung oder eine höhere Idee. Jedes echte Reich ist ein mißlingender Versuch, das Reich Gottes auf Erden zu stiften. In seiner Geburtsstunde wenigstens ist es das.

Der alte Österreicher, der vorhin sprach, hält seine abgestorbene Welt, den Kaiserstaat Österreich, für ein echtes Reich dieser Art. Die Städte und Landschaften haben sich in seinen Augen verwandelt, er ist in einem komplizierten Sinne heimatlos geworden (obwohl er einen vollgültigen Reisepaß besitzt), weil das Reich sich in seine dämonischen Einheiten aufgelöst hat, in Nationalstaaten. Er ist weit davon entfernt, jenes alte Reich zu vergötzen, ihm die Tugenden und Vorzüge des verlorenen Paradieses zuzubilligen, hat es doch nur die allerletzte Dämmerung einer Welt erlebt, deren Abendstunde mehr als ein Jahrhundert währte. Dennoch leidet er. Er leidet, weil eine höhere Ordnung zu einer niedrigeren herabgesunken ist. Er leidet unter dem Verlust einer feinen persönlichen Würde, die, ungeachtet aller völkischen Gemeinschaft, aus der übergeordneten Idee des Reiches auch auf ihn, den kleinsten Teil, herniederfloß.

3

Das Reich und seine Idee! Wie kann ihre Bedeutung einem entrückteren Leser klar gemacht werden!? Vor allem: das Kaisertum Österreich war ein sehr großes Reich, die zweitgrößte unter den Großmächten

Europas, wenn nach dem Flächeninhalt uralten Kulturbodens gemessen wird. Wer einmal eine Landkarte Europas, wie es vor dem Kriege aussah, in der Hand gehabt hat, wird gewiß die gewaltige Tierform mit dem drohend erhobenen Haupt nicht vergessen haben, die inmitten des Erdteils besitzend thronte. Vierundzwanzig Länder umfaßte das Reich, schlecht gerechnet, noch in den Tagen seines Unterganges, auf der Höhe seiner Macht gehörte überdies halb Italien dazu. Vierundzwanzig Länder, wohlgemerkt, keine Provinzen, keine mit dem Lineal gezogenen Gouvernements und Verwaltungsbezirke, sondern irrtümlich organisierte Gebilde, deren Geschichte oft bis in die Völkerwanderung und sogar in die römische Zeit zurückreicht. Aber weit wichtiger als die historische Gestalt dieser Länder ist ihre äußere Natur zu werten. Sie sind auf das Wunderbarste voneinander verschieden, ja gegensätzlich. Der Kenner, vom Forscher ganz zu schweigen, gerät hier jeweils nach zwei Schnellzugstunden immer wieder in eine andere Welt. Das Kaisertum Österreich besaß unter den europäischen Staatsgebilden zweifellos den größten und spannungsvollsten Reichtum an Naturformen. Ähnlich wie die Vereinigten Staaten Nordamerikas, nur gemäßigter und milder, vereinigte es in seinen Grenzen das Klima des Nordens mit seinen Fichtenwäldern und die Südflora des Mittelmeeres mit Lorbeer, Öl, Zypressen auf nacktbraunen, vielgefalteten Hängen. Es vereinigte die arktischen Gletscherwelten des Ortlergebietes und die asiatisch weiten Steppen der Pußta – die leidenschaftszerrissenen Zinnen der Dolomiten und die schwermütigen Hügel Böhmens – die traumäugigen Wasser der Alpenseen und das mittelländische Meer mit seinem schönsten Archipelagus vor der dalmatinischen Küste – die Hochalmen der Karpaten und die Niederungen der Donau mit allen Wundern ihres Stromgebietes, den vogelreichen Wildnissen ihrer Auen und den mächtigen dichtbesiedelten Inseln ihres Tochterflusses, der Theiß. Alles, was es in Europa an Naturschätzen und Naturwundern gab, vereinigte das untergegangene Reich in *einem* Raum, den es allen seinen Völkerschaften zum gemeinsamen Leben darbot, damit sie ihr irdisches Glück fänden und zugleich einem höheren Gedanken dienten.
Was von den Naturschätzen gesagt wurde, gilt auch für die Bewohner Österreichs. Zwar umschloß er nicht alle Volksstämme des europäischen Erdteils, doch sehr viele von ihnen und insbesondere die wichtigsten Rassen: Germanen, Romanen und Slawen.

Den vierundzwanzig Ländern entsprachen dreizehn Völkerschaften. Außer den Deutschen und den Magyaren, die in der westlichen und östlichen Reichshälfte seit Jahrhunderten die Führung innehatten, vereinigte das Kaisertum vier nordslawische Völker (Tschechen, Slowaken, Polen, Ruthenen oder Kleinrussen), drei südslawische (Kroaten, Serben, Slowenen), drei romanische (Italiener, Rumänen und das seltsame Bergvolk der Ladiner). Zu diesen zwölf Völkern trat als dreizehntes noch eine sehr zahlreiche Judenschaft hinzu, die ihrerseits wieder in einen westlichen und östlichen Stamm zerfiel. Der östliche lebte im polnischen Galizien und in dem fernen Waldland der Bukowina, der westliche zum größten Teil in Böhmen, Mähren und Schlesien, den drei Erbländern der böhmischen Wenzelskrone. Der Mittelpunkt dieser westlichen Judenschaft war das uralte Ghetto Prags, hochberühmt durch seine Gelehrten, seine kabbalistischen Mystiker und seine Legenden.
Hier wurden nur die manifesten, die heute noch lebenden Völkerschaften aufgezählt. Darüber aber dürfen die latenten Stämme nicht vergessen werden, jene Stämme, deren Name in den statistischen Tabellen nicht vorkommt, deren Blut aber fortwirkt. Von der keltischen Urrasse, die in den Alpen- und Sudetenländern hauste, soll geschwiegen werden, obgleich sie gewiß alles österreichische Völkerwesen grundierte. Desgleichen seien die römischen Legionen nur flüchtig erwähnt, die von Helvetien bis zum Schwarzen Meer, das ganze Donaubecken entlang, ihre Lager und Kastelle innehatten, den Weinbau einführten, zechten und Kinder zeugten. Österreich aber ist immer ein ideales Durchzugsland gewesen, eine Schlüsselstellung bis auf den heutigen Tag, ein tragisches Kampfgefilde, auf dem sich das Schicksal unzähliger Volksstämme erfüllte. Langobarden und Gepiden, Hunnen und Awaren, Tartaren und Türken. Die asiatische Völkerbrandung, die von Zeit zu Zeit das Abendland zu überfluten suchte, brach sich immer wieder auf österreichischer Erde, zuletzt noch vor 250 Jahren bei der Belagerung Wiens durch die Türken. Ein Teil dieser heranbrausenden Reiterrassen, deren Weiber und Kinder sich zumeist im Troß befanden, strömte nach Osten zurück, der andere Teil blieb, wurde gebändigt und aufgesogen. Jedoch nicht nur durch kriegerische Einbrüche erfolgte die Zufuhr immer neuen Blutes, verwandelte sich immer überraschender das Kaleidoskop der österreichischen Nationalitäten. Auch auf gesetzmäßig friedlichem Wege ging Ähnliches vor

sich. Als das habsburgische Szepter das spanische und das römisch-deutsche Weltreich beherrschte, drang nicht nur spanische Politik, spanische Art und Sitte über die Alpen, sondern auch spanisches Blut. Heute noch begegnet man in verlorenen Bergdörfern spanischen Familiennamen.

Die österreichische Erde hatte geheime humusbildende Kraft. Ganze Völker und Rassen, deren Fußspuren sie trägt, waren für sie wie vergangene Herbste, wie abgefallenes Laub vom vorigen Jahr. Sie sog all diese Rassenherbste in sich auf und verwandelte sie in etwas Neues. In was? Hier nähern wir uns der Idee.

Zuerst ein Vergleich. Wenn auch kein völlig zutreffender. Wiederum seien die Vereinigten Staaten genannt: Auch sie sind ein echtes Reich, weil sie keine natürliche, ›dämonische Einheit‹ sind, sondern der staatliche Gestaltungsversuch einer höheren, einer übergeordneten Idee. Ihre Reichsidee läßt sich nicht minder schwer formulieren als die österreichische. Umschreibt man sie etwa folgendermaßen – ›Höchstmögliche Freiheit der Persönlichkeit innerhalb einer höchstverantwortlichen Gemeinschaft‹ –, so sagt man etwas Banales, Verblasenes, das im Widerspruch zur Wirklichkeit steht und bei den Kennern dieser Wirklichkeit ein mitleidiges Lächeln hervorlocken muß. Ideen aber sind keine Begriffe, sind keine Wesenheiten des reinen Intellektes. Ideen haben ihre Sinnlichkeit. Platon selbst stellt sich unter dem, was er ›Ideen‹ benennt, keine Abstraktionen vor, sondern die ›Urbilder‹, die Modelle alles geschaffenen Seins. Bilder jedenfalls. Man wird eine wirkliche Idee niemals begreifen, wenn man das Bildhafte, ja Leibhaftige an ihr nicht zu sehen vermag, nicht zu riechen und zu schmecken. Die Vereinigten Staaten haben ihre Idee, und die obige Formel ist nur ein vager Fingerzeig auf sie hin. – Das alte Kaisertum Europas und die noch junge Republik Amerikas begegnen einander in gewissen Voraussetzungen. Beide sind, wie schon gesagt, Völkerreiche und keine Nationalstaaten. Beide sind entstanden durch Zusammenschluß und Ausgleich unterschiedlicher Rassen und Volksstämme. In beiden hat einer dieser Volksstämme die Überlegenheit erzielt und auf die andern assimilierend gewirkt. In der atlantischen Republik war es der angelsächsische Stamm, der seine Sprache und Lebensart durchsetzte, im Kaisertum der germanische Stamm, der aber leider in den großen Entscheidungsstunden sich seiner Aufgabe nicht gewachsen zeigte. Vielleicht, dies muß man den Deutschen des alten Österreichs zugutehal-

ten, hätte keine leidenschaftliche Nation der Welt dieser Aufgabe gewachsen sein können, die unendlich viel schwerer war als das Problem, das der angelsächsische Stamm in Amerika gelöst hat. Die Vereinigten Staaten sind ein Reich, das nicht entstanden ist, sondern geschaffen wurde; nicht in dunklen Zeitaltern, sondern im hellsten Lichte der Geschichte, und zwar durch wilde Einwanderung, durch eine Art Explosion Europas. Sie wurden oft mit einem Schmelzofen der Rassen verglichen. Und wirklich, eine ungeheure, eigentümliche Kraft des atlantischen Kontinents schmilzt innerhalb weniger Generationen die einander fremdesten Völker zu hundertprozentigen Amerikanern um. Eine neue Nation ist zum Teil schon geworden, zum Teil im Werden begriffen. Mit ihr erhebt sich aber auch jene dämonische Gefahr, welche die übergeordnete Idee dieses Reiches bedroht. Die großen Gegensätze tun sich nun auf, die dem Vergleichen ein Ziel setzen. Sie sind durch die beiden für Amerika und Österreich angewandten Bilder charakterisiert, der mit rasender Heftigkeit arbeitende Schmelzofen auf der einen Seite, der langsam kauende Humus auf der andern. Dem mechanischen steht der organische Prozeß gegenüber.
Auch die Idee des alten Österreichers wollte es, daß der Mensch, der es bewohnte, umgeschaffen, umgeschmolzen werde. Sie forderte von ihm, daß er nicht nur ein Deutscher, ein Ruthene, ein Pole sei, sondern etwas mehr, etwas darüber hinaus. Es wäre sehr übertrieben, dieses Opfer, das die Idee forderte, ein volles Sacrificium nationis zu nennen. Etwas Ähnliches aber war es doch. Ein Verzicht auf bequeme Selbstbeschränkung, ein Verzicht auf die begeisternde Hingabe an bluthafte Instinkte, ein Verzicht auf das wilde Bedürfnis nach dem Triumph des eigenen Herkommens. Nur wer diesen Verzicht leistete, zu solchem Opfer entschlossen war, konnte die höheren Weihen der Idee erhalten, wurde umgeschaffen, verwandelte sich aus einem Deutschen oder Tschechen in den neuen Menschen, den Österreicher. Die große Idee bestimmte den Umgeschaffenen, diesen Österreicher, zum Lehrer. Er sollte das Licht seiner durch Opfer erprobten Menschlichkeit hinaustragen, damit alle, die noch jung waren, noch barbarisch, noch erdgebunden, durch dieses Licht erleuchtet und bekehrt würden. Diese Bestimmung zum ›Lehrer des Ostens‹ ist mit dem alten Österreicher untergegangen. Schon lange vorher aber war sie verschüttet. Nur wenige wußten von ihr.

4

Der erste, welcher die Idee ›Österreich‹ erahnte, war kein Geringerer als Karl der Große. Er legte in dem kleinen Land, dessen Herz die Weinstadt, die Wienerstadt bildet, den Grundstein zu der sogenannten Ostmark. Schon im Augenblicke ihrer Gründung hatte diese Ostmark eine doppelte Leistung zu erfüllen. Ihr war auferlegt das Verteidigungsamt und das Lehramt. Sie sollte als eine unüberwindliche Barrikade des Abendlandes vor dem Ansturm der Barbaren schützen und zugleich dieselben Barbaren bändigen, sittigen, umschaffen, aus blutgebundenen, dämonischen Naturmenschen zu abendländischen Christen erziehen. Diese Aufgabe Österreichs hat sich im Verlauf seiner Geschichte nicht um ein Jota geändert. Logischerweise mußte es in der Stunde zerfallen, da das dämonische Naturmenschentum in Gestalt des modernen Nationalismus und seiner wissenschaftlichen Lehren die christlich-abendländische Reichsidee verdunkelt hatte.
Am ersten Weihnachtstag des neunten Jahrhunderts empfing Karl der Große aus den Händen des Papstes Leo die Krone des römischen Cäsaren. Eines der gewaltigsten Ereignisse, das unsere Erde erlebt hat. Das alte Imperium, dessen Macht soviele Jahrhunderte geruht hatte, war neu geboren. Und im wahrsten Sinne neu. Denn anders als Caesar Augustus, als Hadrian oder Marc Aurel war der neue Cäsar nicht mehr das Sinnbild irdischer Herrschaft allein, nicht mehr Vertreter jenes Quiritentums, das sich durch höchste politische Überlegenheit den antiken Weltkreis, urbem et orbem, unterworfen hatte. Es gab kein altes Herrenvolk mehr, keinen Erben des Quiritentums, der das Imperium nach Römerweise hätte ausüben können. Aber es gab das Kreuz, in dessen beiden Balken sich die irdische Horizontale und die überirdische Vertikale kreuzten. Der Reichsapfel in Karls linker Hand, Symbol des Erdballs, trug das Kreuz. Die beiden tiefsten Gegenspieler, Cäsar und Christus, waren in der Idee des neuen ›Heiligen Römischen Reiches Deutscher Nation‹ auf die im irdischen Bezirke möglichste Distanz einander angenähert. Die Stelle aber auf dem Reichsapfel – Globus in des Kaisers Linken, wo das Kreuz sich erhob, – hätte müssen die Ostmark sein.
In Wirklichkeit war sie es auch. Im Anfang noch an der Peripherie gelegen, rückte sie immer mehr in den Mittelpunkt. Gleich einem gewaltigen Magneten lag sie da und zog wie Eisenspäne die jungen Völ-

ker an. Und dann kam ihre große Stunde. Sie wurde zum Kernstück und Kleinod des Heiligen Römischen Reiches, als die im geistigen Sinne echtesten und legitimsten Erben des Cäsar Carolus Magnus die Herrschaft antraten. Es war das Haus Habsburg, das die österreichischen Erblande regierte und die römische Kaiserwürde fortan mit wenigen Unterbrechungen innehatte bis zu ihrem Ende.
Als zu Beginn des neunzehnten Jahrhunderts die Welle des deutschen Nationalismus zu steigen begann, löste der damals herrschende Habsburger Franz der Erste das Heilige Römische Reich Deutscher Nation auf und nannte sich nicht mehr römischer Kaiser, sondern ›Kaiser von Österreich‹. Es war ein verzweifelter Versuch, die große Idee der Völkereinheit zu retten, ein Rückzug, eine Konzentration auf die stärkste Stellung. Davon profitierte die preußische Königsfamilie der Hohenzollern, die Erzfeindin Österreichs und der heiligen Reichsidee. Sie peitschte die Dämonen des pangermanischen Nationalismus entschlossen auf. Nach den Siegen über Österreich und Frankreich im Jahre 1870/71 gelang es ihr, die deutschen Kleinstaaten unter ihre Herrschaft zu bringen und auf diese Weise zu einigen. Und nun erfolgte einer der übelsten Wortwitze der Weltgeschichte. Großpreußen nannte sich ›deutsches Reich‹, da es doch bestenfalls nur ein Nationalstaat, eine dämonische Einheit war, das Gegenteil also eines völkerverbindenden, aus einer übergeordneten Idee geborenen Reiches. Die preußischen Könige aber verliehen sich den Titel von Kaisern. Kaiser ist die griechische Wortform von Cäsar. Jeder Kaiser ist Nachfolger Caesars, der die supernationale Weltherrschaft abendländischer Gesittung begründete. Cäsarentum ist der absolute Gegensatz zum Stammeskönigtum. Die Hohenzollern waren erfolgreiche Stammeskönige, die aus Haß gegen die legitimen Cäsaren des Hauses Habsburg einen leeren Kaisertitel usurpierten.
Der erste habsburgische Cäsar hieß Rudolf. Er stammte aus dem Aargau in der Schweiz. Daß er Schweizer von Geburt war, ist nicht ganz ohne sinnbildliche Bedeutung. Es wies jedenfalls auf die helvetischen Tugenden der Neutralität und nationalen Verträglichkeit hin. Darf man den geschichtlichen Quellen und ihren dichterischen Ausschmückungen trauen, so hat Rudolf, abgesehen von seiner persönlichen Tatkraft und Zielbewußtheit, schon gewisse Eigenschaften besessen, die man dem österreichischen Menschen später zuschreiben wird. Er war in seiner Lebenshaltung auffallend einfach, jeder Selbst-

besessenheit, jeder phrasenhaften Pathetik abhold, kein kühler, sondern ein warmer weil humorvoller Durchschauer des Menschen, fromm und nüchtern zugleich.
Ein derartiger Charakter gab den Ton an, der durch die Jahrhunderte fortschwang, vorbildlich und mythisch werden konnte. Nicht alle habsburgischen Cäsaren gleichen diesem Charakter, selbstverständlich. Es gab unter ihnen Schwache, Minderwertige, Gleichgültige, Extravagante, die tief unter dem gesunden Maß Rudolfs standen. Es gab auch einige, die dieses Maß hoch überschritten. Doch weder diese noch jene waren die Richtigen, waren das Maß des Österreichertums.
Verlockende Gestalten bietet die Ahnenreihe der Habsburger dem fremden Blick in Fülle. Da ist Karl der Fünfte, dessen Reich bis zum Niedergang der Sonnen reichte, noch das ferne Mexiko einschloß, und dessen Seele dennoch zerbrach, so daß er als Kapuzinermönch endete. Da ist sein Gegentypus Rudolf der Zweite, dessen ganzes Reich vom altersgrauen Hradschin, der Prager Königsburg, ummauert war, ein dunkel närrisches Reich, in dem Hunderte Alchimisten Gold machten und den Stein der Weisen suchten, während Nekromanten dem Tod zu Leibe gingen und Astrologen in den Konjunktionen der Gestirne lasen, unter ihnen unsterbliche Geister wie Tycho de Brahe und Kepler. Da ist ferner eine starke Frauengestalt, Maria Theresia, die Matriarchin des Rokoko. Doch nicht von diesen überdurchschnittlichen Gestalten wird weiter die Rede sein, sondern von einer eher durchschnittlichen Persönlichkeit, die aber das ›Maß‹ hatte, von dem Letzten, der in manchen Zügen dem Ersten glich, von dem Cäsar in der Dämmerung einer Welt.

5

Bei der Gestalt des Kaisers Franz Joseph soll deshalb hier ein wenig verweilt werden, weil ihr Schatten fast auf allen Erzählungen dieses Buches liegt. Es ist eines der längsten Leben und Regierungen, welche die Geschichte kennt. Der ganze Abend des Habsburgerreiches ist von diesem Manne ausgefüllt. Als er im dritten Dezembermonat des Weltkrieges starb, war die Nacht gekommen, obgleich ein junger, unseliger Nachfolger noch da war, der die Auflösung erdulden mußte. Franz

Joseph ist sechsundachtzig Jahre alt geworden und hat beinahe siebzig davon geherrscht. Sein Leben hat fast drei, seine Regierung mehr als zwei Menschenalter gewährt. Als Achtzehnjähriger kam er während der Revolution von 1848 auf den Thron. An einem Dezembertag begann seine Regierung, an einem Dezembertag endete sie. Ihre Jahreszeit, ihre politische Stimmung, ihr menschliches Merkmal war Winterdämmerung, Winterfrost und Todesnähe. Als er geboren wurde, lebten noch viele Menschen des Ancien régime, die geistig jenseits der großen Wasserscheide der Französischen Revolution standen und in Napoleon hauptsächlich einen frechen Parvenu sahen. Als er im Schönbrunner Schloß auf dem Totenbette lag, da stand das neue, das triumphierende Zeitalter der Giftgase, Brandbomben und der gemarterten und marternden Masse gerade in schönster Blüte. Wie eine Brücke von unendlicher Spannweite verbindet das Leben Franz Josephs zwei geschichtliche Epochen, die voneinander zehnfach weiter entfernt sind als durch das reale Jahrhundert, das sie trennt. Eine schlaffe Natur konnte das nicht sein, die, siebzig Jahre auf dem Gipfel einer Welt stehend, solche Spannung ertrug, ohne zusammenzubrechen. Die Natur Franz Josephs stützte sich gegen das Ungeheure auf ihre Art. Sie stumpfte nicht ab, aber sie zog sich zurück, sie verschloß sich in einer echt cäsarischen Einsamkeit. Sie umpanzerte sich mit der ununterbrochenen Hingabe an den Begriff des ›Dienstes‹. (Die Feder wollte schon das Wort fanatische Hingabe hinschreiben. Aber nichts wäre unwahrer als das Wort ›fanatisch‹ in Verbindung mit Franz Joseph.) Die Dienstpragmatik, so lautete der echt österreichische Ausdruck, regelte die Tätigkeit, die Rechte und Pflichten des Kaisers bis in die leiseste Nuance. Wo sie aufhörte – aber sie hörte eigentlich nicht auf –, fand sie ihre Fortsetzung in einer unendlich skrupelhaften Taktforderung, die es dem Herrscher zum Beispiel verbot, bei Gelegenheit einer Kunstausstellung oder eines Theaterabends ein persönlich gefärbtes Urteil abzugeben. So entstand die in Witzblättern oft verhöhnte Phrase: ›Es war sehr schön. Es hat mich sehr gefreut.‹ Cäsars Sache aber war es nicht, persönlich zu sein. Er stand über allem Persönlichen, das nach dem eigenen Geschmack urteilt. In einer Zeit, wo die Persönlichkeit in snobistischer Weise angebetet wurde, wo die als Freiheit verkleidete Zufälligkeit und Unordnung Trumpf war, überwand sich die ursprünglich ungeduldige und launische Natur Franz Josephs zur Unpersönlichkeit, zur Ordnung und Regel.

Dies war nur möglich, weil auch in ihm, dem Letzten, noch die alte Kraft der heiligen Reichsidee fortwirkte. Das Allmenschliche in dieser Idee zwang der Seele des Kaisers eine Tugend ab, für die das Wort *Objektivität* zu schwach ist. Er, dessen Blut und Tradition deutsch war, versuchte mit letzter Aufrichtigkeit, allen Völkern der Monarchie gerecht zu werden. Er, der aus dem feudal despotischen Zeitalter stammte, der nur mit den Häuptern des Hochadels bestenfalls einen kargen Verkehr pflog, er war es, der in den letzten Jahren seiner Herrschaft die sozialistische Forderung nach dem allgemeinen, gleichen und direkten Wahlrecht gegen seine Umgebung, gegen Ministerien und Parlamente in zähem Kampfe durchsetze. Das Unfaßbare geschah damit. Ein Habsburger, der noch unter Metternich groß geworden war, der zu Beginn seiner Laufbahn die ins Wanken geratenen reaktionären Gewalten wiederhergestellt hatte, derselbe Habsburger paktierte am Ende seiner Laufbahn mit den verhaßten und gefürchteten Massen, mit den Arbeitern, mit dem revolutionären Proletariat.
Ist diese Tatsache wirklich so paradox, wie sie auf den ersten Blick erscheint? War der christliche Cäsar nur ein Herrscher der Reichen und Glänzenden? Hat nicht in diesem auffallenden Geschehnis, in dieser überraschenden Tat des alten Kaisers noch einmal die große Reichsidee gesprochen? Zeitgebundene Prinzipien des jeweiligen Weltregiments waren für sie nicht das Entscheidende. Von Beginn des Reiches an hatte die Idee alle politischen Formen durchlaufen, die an der Tagesordnung waren, den Feudalismus des Mittelalters, die barocke Despotie, den aufgeklärten Absolutismus, die liberale Demokratie; warum sollte sie nicht, wenn die Stunde kam, sich in die Form des Sozialismus kleiden? Der von der Krone geführte Kampf für das allgemeine Wahlrecht war das Symbol für eine solche Bereitschaft. Der allmenschlichen Intention des österreichischen Gedankens kam es nicht darauf an, daß die besitzenden Mächte ihre Rolle in Ewigkeit weiterspielen. Der Krieg zwischen Kapital und Arbeit, wie immer er auch ausgehen sollte, berührte die Reichsidee in ihrem Innersten nicht. Ihre Kampffront lag auf einer anderen Ebene. Sie suchte mit letzter Kraft nach Bundesgenossen gegen den großen Feind. Und sie fand diesmal die Bundesgenossen in der Masse der Armen und Ärmsten. Der gemeinsame Feind aber war der leidenschaftliche Gegenspieler des österreichischen Universalitätsgedankens von altersher: der dämonische Haß, die eitle Überhebung der Teile über das Ganze, die freche Selbst-

vergötterung, mit einem Wort, der vom erbosten Kleinbürgertum sämtlicher Völkerschaften getragene Nationalfanatismus. Er ist Sieger geblieben.

Die nach 1860 geborenen österreichischen Geschlechter, mithin Großväter, Väter, Söhne und Enkel haben Franz Joseph nur mehr als ein fernes Greisenbild gekannt. Der einsame alte Herr, der – nach einem bekannten patriotischen Gassenhauer – im Schönbrunner Park sitzt, sorgenschwer, dieser alte Herr mit dem der ganzen Welt vertrauten, in der Mitte geteilten Weißbart, dieser gebeugte, pensionsbedürftige General in hechtgrauer Bluse, er war der letzte der Cäsaren, Augustus senex, die müde Verkörperung der allmenschlichen und weltumspannenden Reichsidee. Sein Leben, sein Antlitz, seine gebrechlich elegante Altersfigur waren längst mythisch geworden. Sie erfüllten das Bewußtsein jedes Österreichers von dem Tag an, da er als sechsjähriges Kind die Volksschule zum ersten Mal betrat. Neben dem Crucifixus hing das Bild Cäsars an der Wand der Schulzimmer. Dieses Antlitz mit dem weißen Kaiserbart – das die Schuljugend, die Beamten, die Soldaten täglich und stündlich vor sich hatten – sandte unablässig eine blasse Welle von traulicher Unnahbarkeit aus, der sich niemand entzog. Keine betonte Majestät lag auf diesen Zügen, kein Herrscherblick, auch Güte nicht, kaum eine gewisse Freundlichkeit, ein ganz anderer Ausdruck zeigte sich: Es war so, als ob dieser leicht zur Seite geneigte Greisenkopf angestrengt einem fast unhörbaren Klange lauschte. Erhorchte er in seiner Abgeschiedenheit den dumpfen Ruf der aufbegehrenden Völker, den erstickten Schrei der Massen? Nein! Franz Joseph lauschte mit müde geneigtem Haupt der Weissagung des Endes.

Die trauliche Unnahbarkeit des Kaiserbildes durchdrang die Seelen der Generationen und imprägnierte sie bis in ihre Träume hinein. Das Bild wurde im wörtlichen Sinne zum Vor-Bild. Die Straßen waren von vielen Franz Josephs bevölkert. Treulich unnahbare Antlitze mit geteilten Weißbärten sah man überall in den Ämtern. Selbst die Türhüter in den gewaltigen Portalen der Paläste trugen dieselbe Maske, nur blickte ihr lauschend geneigtes Kaiserhaupt aus pelz- und tressengeschmückten Uniformen hervor, weit prächtiger als jene, die Franz Joseph an festlichen Tagen anlegte.

Bei jeder mythischen Gestalt kommt der Augenblick, in dem die Menschen an deren wirklicher Existenz zu zweifeln beginnen. Im Falle Franz Josephs geschah es noch zu Lebzeiten. Die Sage ging um, der

Kaiser sei längst gestorben und im Erbbegräbnis der Kapuzinergruft zu Wien beigesetzt. Seine Rolle aber spiele jetzt einer der kaiserlichen Pseudogeister, und zwar einer von sehr unscheinbarem amtlichen Rang. Diese Legende wurde von den Gegnern der Monarchie verbreitet und witzig ausgemünzt. Ihre symbolische Wahrheit erfreute: das Reich ist tot und führt nur mehr ein schwindelhaftes Scheinleben. Das Reich aber mußte tot sein, sollten die dämonischen Einheiten zum Dasein gelangen. Und sie drängten erbittert zum Dasein.

Seine Gegner haben in Franz Joseph nicht den Menschen, sondern die Idee gehaßt. Als Mensch ›konnte man ihm nichts nachsagen‹. Diese abgegriffene Phrase hat hier eine tiefe Bedeutung. Cäsars geheiligte Aufgabe war es, das Persönliche zu überwinden, in unaufhörlicher Selbstbeherrschung zum Prinzip zu werden, zum Gesetz für ein Reich der sich ihrerseits umschaffenden und sublimierenden Völker. Das Nicht-Persönliche, das Nicht-Menschliche war Cäsars persönliche Pflicht. Er hat sie erfüllt in dem unnachgiebigen Bestreben, seine irdische Natur zum Gefäß der Reichsidee umzuschaffen. Franz Joseph war durchaus kein bedeutender und am allerwenigsten ein philosophischer Kopf. Seine Haltung ergab sich nicht aus Bewußtsein, nicht aus der Erkenntnis der Idee, sondern aus der Logik der Tatsachen und aus einem innersten Feingefühl für die kränkelnde Wirklichkeit seines Reiches. Man konnte ihm nichts nachsagen. Es ist wahr. Er hat in seiner siebzigjährigen Regierungszeit weniger Todesurteile unterschrieben als die heutigen Gewalthaber in einem Monat. Und doch! Keiner, der ihn genau kannte, rühmt ihm auffallende Güte nach. Ohne Nachsicht wahrte er die Distanz, selbst denjenigen gegenüber, welche viele Jahrzehnte in seiner nächsten Nähe ihm dienten. Er soll nur in den allerseltensten Fällen einem seiner Untergebenen (und die zweiundfünfzig Millionen Einwohner der Monarchie waren ihm alle untergeben) die Hand gereicht haben. Und doch! Kälte und Härte waren gewiß nicht die Eigenschaften, die in seinen blauen, von weißen Brauen überbuschten Augen zu lesen standen.

Dem Menschen Franz Joseph war ein sehr wenig glückliches Erdenlos zuteil geworden. Mit achtzehn Jahren verlor er seine Jugend an die Kaiserwürde. Er heiratete jung eine Frau, die er bis zu ihrem letzten Atemzug wirklich geliebt hat. Elisabeth aber entpuppte sich ziemlich bald als ein egozentrisches und überspanntes Wesen, das nicht lieben konnte oder zumindest ihres Gatten Liebe nicht erwidert hat. Der

Kaiser, dessen Gesetz die Überwindung alles Persönlichen war, hatte eine ausgesprochene ›Persönlichkeit‹ zur Gemahlin, eine ›interessante und bedeutende Frau‹, wie das offizielle Kennwort lautete, das den Literaten Ehrfurcht einflößte, den Monarchen aber mit Peinlichkeit erfüllt haben muß. Franz Joseph, eine einfache Natur, sehnte sich nach idyllischem Familienleben. Elisabeth verweigerte es ihm. Sie hielt sich ihm fern, körperlich und seelisch. Immer war sie auf Reisen. Sie verbrachte Jahre auf ihrer Yacht, in ihrem Schloß auf Korfu, in Metropolen und Kurplätzen. Der Kaiser duldete diese kompromittierende Unrast. Es besteht kein einziges Zeugnis einer Mißbilligung, kein Beweis der leisesten Klage oder Anklage. Hingegen gibt es zahllose Briefe und Telegramme an die Fernweilende, die ohne Vorwurf die zärtliche Besorgnis ausdrücken, bis zum Tage des Mordes von Genf. Franz Joseph hat die drei ihm nächststehenden Menschen durch unnatürliche Todesart verloren. Der erste war Maximilian von Mexiko, ein nicht minder ehrgeiziger als träumerischer Charakter, der teils aus romantischem Wahn, teils aus der tragischen Stellung des jüngeren Bruders heraus eine unmögliche Sendung übernahm, der er am allerwenigsten gewachsen war. Er starb in Queretaro unter den Kugeln des mexikanischen Hinrichtungspelotons, vor dessen Gewehre ihn Juarez, der nationale Diktator stellen ließ. Drei Jahrzehnte später fiel die Kaiserin, diese ewig ferne, ahasverische und dennoch geliebte Frau, dem sinnlosen Attentat des albernen Anarchisten Lucheni in Genf zum Opfer. Den schwersten Schicksalsschlag aber bildete doch das dunkle Ende Rudolfs, des Kronprinzen und einzigen Sohnes. Bis heute noch ist es nicht beweiskräftig aufgeklärt, ob das Paar von Mayerling sein Leben durch einen gemeinsamen Selbstmord beschloß, oder ob damals ein rätselhafter Mord geschah, in dem sich Liebe und Politik kolportagehaft verschlangen. Der Kaiser selbst war es, der die Spuren der Wahrheit für alle Zeit verwischt hat. In diesem Fall war er sehr hart und gab einen Befehl des Grauens, der Philipp dem Zweiten von Spanien Ehre gemacht hätte. Man mußte die Leiche Marie Vetseras, der Geliebten Rudolfs, entkleiden; sie wurde in einen Fiaker gesetzt und, von zwei Kavalieren rechts und links gestützt, im rasendem Tempo durch ein Spalier von Neugierigen gefahren. Niemand sollte dieses unglückliche Mädchen mit dem Tode des Kronprinzen in Verbindung bringen, der einem Jagdunfall zum Opfer gefallen sei, wie die allerhöchste Legende es geglaubt zu wissen wünschte.

Drei blutige Tode und zugleich drei europäische Sensationen ersten Ranges. Rudolfs Tod, ein grausamer Skandal, willkommenste Beute der Weltpresse. Maximilians Tod, die Hinrichtung eines Habsburgers, eines kaiserlichen Prinzen, der Mißerfolg eines Unzulänglichen, tiefe Kompromittierung des regierenden Bruders also. Elisabeths Tod durch den Dolch eines kläglichen Narren, das sinnbildliche Ende einer ›unverstandenen Frau‹, die sich auf ewiger Flucht vor ihrem allzu nüchternen Gatten befindet, welch ein Gegenstand mitleidvoller Betrachtung, aufdringlicher Einfühlung und zwinkernder Mitwisserschaft für aufgeregte feuilletonistische Berichterstatter! Cäsar, der Überwinder alles Personenhaften, dessen menschliches Ich fast schon ganz in das majestätische Wir aufgegangen war, er mußte in seinem allerprivatesten Umkreise zum Gegenstand blutiger Sensationen werden. Es war, als hätte sich das Schicksal verschworen, die Tragkraft seiner kaiserlichen Unpersönlichkeit immer wieder zu prüfen.
Franz Joseph bestand diese Prüfung. Es gibt kein Dokument des Schmerzes und der Scham von ihm, nicht von seiner Hand und nicht aus seinem Mund. Nur ein seltsam steinernes Wort wird überliefert, das er nach Erhalt des Genfer Schreckenstelegramms gesprochen haben soll: »Mir bleibt doch nichts erspart.«
Dieser karge Seufzer war alles, was die Völker Österreichs von seinem innersten Gefühl zu hören bekamen. Damals aber wußten sie noch nicht, daß dieser karge Seufzer Franz Josephs, des Menschen, bald auch für Franz Joseph, den Kaiser, Geltung haben werde.
Er hatte in seiner schier unendlichen Regierungszeit das Reich bewahrt, er hatte die Dämmerung seiner Welt bis an die äußerste Grenze verlängert. Rückschlag auf Rückschlag wurde von ihm durch ruhiges Beharren überwunden: Der Verlust Mailands und Venedigs, die Niederlage bei Sadowa durch die Preußen, die unglückselige Zerspaltung des Reiches durch den magyarischen Vorherrschaftstrieb, die nationalfanatischen Vorstöße der übrigen dämonischen Einheiten. All dieser haßgepeitschten Dynamik setzte er eine weise, großartige Statik entgegen, die sich in meisterhaftem Hinausschieben der Lösungen, im Ausweichen und Zerbröckelnlassen der Konflikte offenbart. Diese Statik wurde im ehrfurchtslosen Wörterbuch des Österreichers zu dem klassischen Begriff des ›Fortwurstelns‹ geprägt. Franz Joseph wußte, daß nur ein Schritt zum Abgrund führe. Aber er, der Achtzigjährige, konnte hoffen, daß er diesen Schritt nicht werde tun müssen. Wann kam er

endlich, der erlösende Tag, um die Seele Cäsars von sieben Jahrzehnten grauenvoller Verantwortung zu befreien? Mochte sein Nachfolger mit ihr fertig werden, der machtgierige jähzornige Mensch, der schon mit bebenden Nüstern auf die späte Erbschaft lauerte.
Da geschah das Unheil von Sarajewo. Das Thronfolgerpaar starb durch die Revolverkugeln eines serbischen Nationalfanatikers. Nach einem Augenblick der Bestürzung ergriff sofort eine Welle hysterischen Kraft- und Trotzgefühls gewisse Schichten der Monarchie. Es ist genug, hieß es da, wir dürfen nicht länger zuwarten, wir müssen, ehe es zu spät ist, der Welt beweisen, daß wir eine Großmacht sind. – Geniale Manöver-Feldherren sahen ihr Jetzt oder Nie gekommen. Feudalen Ministern, des kunstvollen Fortwurstelns müde, gefiel es, starke Männer in preußischer Tonart zu spielen. Den Scharfmachern aller Sorten winkten rosige Erfolge. Im Hintergrund aber glühte die Hoffnung der deutschen und magyarischen Vorrangsnation, durch einen siegreichen Krieg die anderen Völkerschaften des Kaisertums völlig an die Wand zu drücken.
Es ist erschütternd, sich vorzustellen, daß unter all diesen sinnbetörten Staatsmännern und Generälen, in diesem Hexenkessel der aufgehetzten öffentlichen Meinung, sich nur ein einziger Mann fand, der alles wußte, vorherwußte, der die ganze bittere Wahrheit bis zur Neige vorempfand. Und dieser Mann war vierundachtzig Jahre alt. Die uralte Idee des Reiches, die Idee der Einigung und des Lehramts, sie lebte nur mehr in einem greisen Herzen, in des Cäsars Herz. Er fühlte genau, daß die Idee es nicht verlange, daß um des getöteten Fürsten willen der Bestand der Monarchie aufs Spiel gesetzt werde. Auch die nationalistische Aufgeregtheit eines kleinen Volkes bildete keinen Grund, das Leben zu wagen, waren doch alle Völker in und außerhalb der Grenzen nationalistisch aufgeregt. Die heilige Idee des Reichs hatte alle Krankheiten der Geschichte in Ruhe überdauert. Warum nicht auch diese? Das mußte der Kaiser empfinden. Aber er wußte, daß jeder Schritt, auch der kleinste, der Schritt in den Abgrund war.
Doch, was sollte er tun, er, der längst Zermürbte? Wie eine Flut schlug die Kriegshetze und Kriegsbegeisterung über ihm zusammen. Vielleicht sprach ein höherer Wille, der das Unheil wollte. Und trotzdem! Nicht einen Augenblick lang wankte in Franz Joseph das endgültige Wissen um die Wahrheit. Nur so konnte sich die nachfolgende Szene ereignen, die überzeugend berichtet wird.

Die Kriegserklärung liegt auf dem Schreibtisch des Kaisers. Der Chef des Generalstabs und die Minister haben ihn mit Vorträgen, Memoranden, Warnungen, Drohungen tagelang bedrängt. Er hat sich gewehrt und gewehrt bis zum letzten Rest seiner Kraft. Nun hat man zu zweifelhaften Mitteln gegriffen, Berichte gefärbt, Nachrichten pessimistisch umgebogen, das Bild der Lage dergestalt entworfen, daß dem Monarchen nichts anderes mehr übrig bleiben *kann*, als zu unterschreiben. Er wehrt sich noch immer. Endlich kommt der gewisse Tropfen, der das Gefäß zum Überlaufen bringen soll, eine Botschaft: Die Serben haben die Feindseligkeiten eröffnet ...

Der alte Mann ergreift die Feder. Er starrt auf das wundervolle Luxuspapier der in französischer Sprache abgefaßten Kriegserklärung. Dann läßt er die Feder wieder sinken, träumt eine Weile mit leerem Blick zum Fenster hinaus. Schließlich wendet er den Kopf zum Flügeladjutanten, der neben ihm steht und ein gebeugter Greis ist wie er, wenn auch viel, viel jünger:

»Die wissen alle nicht, was der Krieg ist ... Ich weiß es ... Von Solferino ...«

Der alte General schweigt. Er ist von seinem Herrn nicht aufgefordert, eine Meinung abzugeben. Franz Joseph aber wartet, wartet lange, als würde er sich nach einer Antwort sehnen, nach einer letzten Rettung. Nichts! Da rückt er die Hornbrille zurecht, setzt die Feder an, und in leichter, fast zierlicher Schrift tanzt der Namenszug unter einen Text, der zwölf Millionen Männer das Leben kosten wird.

Unterschreiben, in einem zarten Schwung den Namen Franz Joseph aufs Papier setzen, das war ein wesentlicher Teil seines Dienstes in sieben Jahrzehnten. Nun ist das furchtbare Werk auch dieser Unterschrift getan, von der er als einziger weiß, daß sie ein Todesurteil über sein Reich ist. Da erhebt sich der Kaiser und spricht die bezeugten Worte:

»Wenn wir schon zu Grunde gehen müssen, so soll es wenigstens anständig geschehen ...«

Draußen aber, auf allen Straßen, in Palästen, Bürgerhäusern, Ämtern, Bauten und wo sonst noch verständige Männer wohnen und arbeiten, herrscht eitel Lärm, wilde Begeisterung und vorweggenommene Siegestrunkenheit.

6

Es war nicht die letzte Unterschrift Franz Josephs. Zwei Jahre lang saß er noch unermüdlich an seinem Schreibtisch von fünf Uhr morgens angefangen und unterschrieb Akten, Erlässe, bittere Verordnungen der Kriegszeit. Der Schreibtisch stand in einem ziemlich großen Arbeitsraum, der mit dem anstoßenden Schlafzimmer die Wohnung des Kaisers von Österreich bildete. Wie ein dunkler und bürgerlicher Fremdkörper war diese Wohnung eingesprengt in die verschwenderisch lichte Grazie des Schönbrunner achtzehnten Jahrhunderts. Sie glich den für die Mitglieder des Kaiserhauses reservierten Wartesälen der Bahnhöfe. Ein Triumph der Unpersönlichkeit. In ihr war keine Spur von den Eigenheiten, Liebhabereien und Devotionalien der Erinnerung zu finden, mit denen selbst der Unbedeutendste seinen Wohnraum zu schmücken pflegt. Cäsar, der das Reich verkörperte, durfte kein einmaliges und zu fülliges Ich mehr verkörpern. Selbst sein spartanisches Bett, auf dem er sich zum Todesschlaf streckte, schien dem Fiskus entliehen zu sein.

Zwei Jahre also hatte er noch die kaiserliche Unterschrift geleistet, im vollem Bewußtsein des Vergeblichen und des unabwendbaren Untergangs. Noch immer stand er allein mit diesem Wissen. Die Großen des Reiches kamen zu ihm mit Siegesnachrichten und optimistischen Selbsttäuschungen. Er sah sie an und schwieg. Eines Tages aber ging es nicht mehr. Die zitternde Hand versagte die ewige Unterschrift. Er mußte sich niederlegen. Die Schläfrigkeit des Todes war stärker geworden als sein Wille. Die letzten Worte, die der Kaiser sprach, waren an seinen treuen Kammerdiener namens Ketterl gerichtet. Und noch aus diesen todestrunkenen Worten, die sorgfältig eine direkte Rede vermieden, war das unbeschreibliche Formgefühl Franz Josephs für sein Amt und seine Pflicht herauszuhören:

»Viele Rückstände sind aufzuarbeiten« ..., murmelte der Sterbende ..., »ich bitte daher, mich morgen um eine Stunde früher zu wecken ...«

Der zweite Dezember, an dem der tote Cäsar und mit ihm das Reich und seine Idee zur Gruft getragen wurden, war keiner von den frühen Wintertagen, in denen die trockene Klarheit des frischen Frostes herrscht. Dem gewaltigen Trauerpomp kam die Gnade eines echten ›Kaiserwetters‹ durchaus nicht zu Hilfe. Unerschöpflicher Regen trommelte dicht vom Himmel. Um die Mittagszeit erfüllten die Straßen der Haupt- und Residenzstadt Wien die Schauer der Sintflut und die Dämmerungen eines apokalyptischen Novembers. Die schwarzumflorten Bogenlampen der ganzen Stadt brannten mit düstren Zweifelsblicken, die aufgeschraubten Gasflammen mit gespreizten, zitternden Feuerhänden. Längs der Straßen und Plätze, auf denen die letzte Ausfahrt des Kaisers sich begeben sollte, stand das tiefgegliederte Spalier der Truppen. Feldgraue, behelmte Männer, in durchnäßten und schlechten Monturen. Starr, ehern standen die Männer. Trotz Finsternis, Regen und Kälte wünschten sie nicht, daß die Zeit rascher vorübergehe. Viele von ihnen klammerten sich an jede Minute an, denn morgen schon konnten sie wieder in den Schützengräben liegen. Hinter dem Spalier der Truppen drängte sich das Wiener Volk, keine lebensfrohe Menge mehr, sondern eine graue, gedrückte Masse. Schwarzgekleidete Bürger mit Zylinder und Trauerband hoben sich ab. Sie achteten des Regens nicht. Viele weinten. Cäsar war tot, und ein schreckliches Erwachen lag in der Luft. Doch auch die verwundeten Krieger mit riesigen Verbänden, an Krücken und Stöcken, belebten tausendfach wie trostlose Flecken das allgemeine Grau. Wer sie sah, hatte sogleich den Geruch des Krieges in der Nase, der in unsichtbaren Schwaden über dem Reich lastete, den Geruch von schlammiger Erde, Eiter und Jodoform. Dies war der Rahmen, in dem sich des kaiserlichen Begräbnisses pomphafte Barockoper abspielte, wie sie einst das hochberühmte spanische Hofzeremonial komponiert hatte. Verschwommen zog der erhabene Spuk durch die Dämmerung des Weltuntergangs an den erstarrten Augen des Volkes vorbei. Noch einmal sah man die Leopardenfelle und Goldverschnürungen der ungarischen Magnaten, noch einmal die schneeweißen ritterlichen Mäntel der Leib- und Arcierengarden, noch einmal die Helmbüsche der Burggendarmen, noch einmal das Gewoge der grünen Federn auf den Galahüten der Generalität. Das Ungetüm des aufgetürmten Totenfurgons sah man aber kaum, schwarze Reiter mit zischenden Riesenfackeln umgaben ihn dicht.

Der Furgon mit dem Leichnam des Cäsar hält am Neuen Markt vor dem Kloster der Kapuzinermönche, die in ihrer Gruft die sterblichen Hüllen der habsburgischen Herrscher bewachen. Die niedrige Klosterpforte ist geschlossen, als sei heute ein Alltag wie jeder andere. Da tritt der oberste Hofmeister des Kaisers vor und pocht mit seinem

Zeremonienstab gebieterisch an die hölzerne Tür. Aus dem hallenden Innern des Klosterflurs ertönt die Stimme eines Mönches:
»Wer verlangt Einlaß?«
Der Obersthofmeister reckt seine Gestalt und antwortet scharf und deutlich, jede Silbe des folgenden sogenannten ›Großen Titels‹ laut hervorstoßend:
»Seine kaiserliche und königliche apostolische Majestät Franz Joseph, der Erste, Kaiser von Österreich, König von Ungarn, König von Böhmen, König der Lombardei und Venetiens, König von Galizien und Lodomerien, König von Kroatien und Slavonien, König von Jerusalem, Erzherzog von Österreich und nied' der Enns, Herzog von Steiermark, Salzburg, Kärnten, Krain und der windischen Mark, Herzog von Schlesien, Herzog der Bukowina, Markgraf von Mähren, gefürsteter Graf von Tirol, Herr von Triest!«
Noch einmal flammt in den Ländernamen des Großen Titels das Reich auf, in seiner ganzen Größe und Glorie. Doch die Stimme des unsichtbaren Mönches entgegnet:
»Den kenne ich nicht.«
Zweites Pochen! Zweite Frage! Der Obersthofmeister erwidert mit dem sogenannten ›Kleinen Titel‹, der eine bescheidene Konzentration des Großen ist. Nun ist das Reich nurmehr auf die wichtigsten Namen und Würden zusammengedrängt. Und wiederum die Stimme des Mönches:
»Den kenne ich nicht.«
Drittes Pochen! Dritte Frage nach dem Einlaßbegehrenden! Dritte Antwort des Obersthofmeisters:
»Ein armer Sünder.«
»Den kenne ich.«
Die Klosterpforte öffnet sich. Der Kaiser und sein Reich schwanken im qualmigen Fackellicht hinab zu den Vätern. Die Dämmerung ist der Nacht gewichen.

7

Der Verfasser dieses ausholenden Prologes *über* Österreich und der nachfolgenden, absichtslosen Geschichten *aus* Österreich erschrickt über die Fülle des Stoffes, die er zu bewältigen hätte, wollte er das

Reich und seine Idee auch nur flüchtig skizzieren. Die Aufgabe wäre zu groß. Er beschränkt sich darauf, mit diesen Seiten eine ferne Hintergrunds-Landschaft für seine Erzählungen zu malen. Seine Hoffnung ist es, daß der fremde, aus einer anderen Welt stammende Leser dadurch manches tiefer begreifen wird, was ihm sonst nur als ferne Exotik erschiene.

Die Erscheinung Franz Josephs, des letzten Cäsars, wurde in den Mittelpunkt der Betrachtung gestellt, weil sie die große Gestalt der Dämmerung war. Doch auch ihre Züge konnten auf diesem Fresko nur grob und ungenau geraten. Von Franz Joseph ging ein Zeitalter aus, man nennt es das franzisko-josephinische, das ärmer, aber nicht weniger vornehm als das victorianische war. Der Lebensstil des Kaisers mit seinem Hang zum Unpersönlichen bestimmt den Lebensstil der offiziellen Welt bis in die Schriftsprache hinein. Es gab ein eigenes österreichisches Deutsch, das nur diejenigen papieren oder unrein nannten, welche keine Ohren hatten. Den Canevas dieser Sprache bildete der Amtsstil, der noch aus der ›curialen‹ Umständlichkeit der barocken Hofkanzlei stammt, dessen gewundene Bildungen und Zusammensetzungen aber wundersam dazu taugten, Gefühlsregungen, verborgene Absichten und Listen zu verschleiern. Eine trockene Ausdrucksweise, voll Reiz und Tücken, wie geschaffen, den Behörden und Privaten das geheiligte ›Fortwursteln‹ zu erleichtern. Dem Canevas aber entsproß die frischeste, bunteste Sprachstickerei, darein alle Völker der Monarchie ihre farbigen Fäden zogen. Ein unerschöpflicher Reichtum an Idiomen und Mundarten, an Zartheit und Zorn, an Schwermut und Witz, der die Seele des ganzen Reiches zum Ausdruck brachte.

In diesem österreichischen Deutsch, wenn auch in seiner verklärtesten Form, schrieben die großen Dichter Franz Grillparzer, Ferdinand Raimund, Nikolaus Lenau, Adalbert Stifter. Da sie im neunzehnten Jahrhundert Österreichs lebten, waren auch sie Gestalten der Dämmerung und allzumal unglückliche Menschen. Raimund und Stifter endeten durch Selbstmord, Lenau im Irrenhaus. Der bitterste unter ihnen, weil er das schärfste Bewußtsein besaß und die gefährdete Reichsidee zutiefst erkannte, war der Dramatiker Grillparzer. Früh nahm er den Kampf für diese Idee auf. Mit jugendlichem Ehrgeiz versuchte er, das große geschichtliche Drama aller Völker der Monarchie zu schaffen. Er stellte nicht nur die Habsburger, sondern auch die nationalen Herren der Ungarn und Tschechen in den Mittelpunkt seiner Werkreihe.

Seine schönen Blankverse und Trochäen entstanden aus heiliger Glut für die gute Sache voll ätzend unerbittlicher Kritik an der gegenwärtigen Wirklichkeit. Die törichten Verwalter dieser Wirklichkeit, die ahnungslosen Geistesschergen der Staatspolizei, mißverstanden Grillparzers edlen Willen. Die Zensurbehörde rückte dem glühendsten Verfechter des österreichischen Lehramts und der österreichischen Einheit mit der ganzen Tücke subalterner Esel gegen ein überlegenes Gehirn gehässig zu Leibe. Er ward zum Lieblingsopfer der Zensur. Da er das empfindlichste Wesen der Welt war, zerbrach er an diesen Schikanen und der Teilnahmslosigkeit des Publikums. Grillparzer wurde alt und älter und arbeitete nicht mehr. Das heißt, er schrieb in seiner Wohnung inmitten Wiens Berge von bissigen Epigrammen und vergifteten Aphorismen, die man nach seinem Tod im Schreibtisch fand. Viele davon sind berühmt geworden. Der treffendste Satz aber, den er vor nahezu hundert Jahren über die heutige Welt prägte, war aus dem Bewußtsein der Reichsidee geboren. Er lautet:

›Von Humanität durch Nationalität zur Bestialität.‹

Alle großen Österreicher besaßen diesen Wesenszug zur Bitterkeit, von den berühmten Feldherren hinab bis zu den berühmten Komödianten. Wie läßt sich das erklären? Waren nicht die Wiener – um das Volk der Hauptstadt als Beispiel zu nennen – weitergepriesen wegen ihrer Lebenslust, wegen ihres behaglichen Phäakentums? Das Reich hatte doch nicht nur ewige Dämmerung gekannt, sondern auch einen glanzvollen Mittag? Ja, das ist wahr! Aus dem glanzvollen Mittag des Reiches, da die Sonne der Barockzeit im Zenit stand, ragte die Gestalt eines staatsmännischen und militärischen Genies hoch empor, dessen Andenken nicht untergegangen ist. Und doch! Auch Prinz Eugen war – zum Beweise obiger Behauptung – ein Mann der Bitterkeit, obgleich er die größten Erfolge und den höchsten Ruhm errang, der je einem Österreicher zuteil wurde. Woher die Bitterkeit? Zwei Gründe zeigen sich. Eugen war ein starker Geist, dessen politische Vision nicht nur sein, sondern auch das künftige Jahrhundert durchdrang. Keiner wie er hat die Reichsidee so rein verstanden und durch Taten so mächtig gefördert. Zugleich aber mußte dieser starke Geist erkennen, daß es die Tragik dieser Idee war, an den Menschen und den Tatsachen zu scheitern, daß alles, was er der durch Regenten, Politiker, Beamte, Militärs verkörperten Dummheit der Welt abgetrotzt hatte, sich gar bald in nichts auf-

lösen werde. – Und dann der zweite Grund: Eugenio von Savoya war italienischen Blutes und in Frankreich geboren. Erst, als er sich von Ludwig dem Vierzehnten einen Refus geholt hatte, trat er in habsburgische Dienste. Prinz Eugen ist das erhabenste Musterbeispiel für das, was man in der Monarchie einen ›gelernten Österreicher‹ zu nennen pflegte. Wer die Idee in ihrer Tiefe begreift, kommt zu dem Schluß, daß der wahre Österreicher immer nur ein gelernter Österreicher sein konnte. Denn Österreicher sein hieß ja gerade, alles Blutgebundene, Instinkmäßige, Dämonische überschritten zu haben, zum abendländischen Allmenschen umgeschaffen worden zu sein in der Lehre des Reiches. Kein Österreicher hat klarer das Sacrificium nationis gebracht als Eugen von Savoyen. Gott aber hat jedem Opfer ein Geheimnis verliehen, das sich in einer doppelten Einwirkung auf den Menschen offenbart. Das Opfer befreit uns von schmerzhaften Verblendungen. Das ist seine wohltätige Wirkung. Es beschneidet aber auch den Lebensdrang unserer Natur. Das ist eine schädigende Wirkung, die abträgliche Folge jeder Vergeistigung. Vielleicht ruht die Bitterkeit aller großen Österreicher im Geheimnis des Opfers, das sie darbringen mußten.
Das Reich aber bestand wahrhaftig nicht nur aus großen Männern, und Bitterkeit war nicht der Wesenszug seines Volkes und seiner Völker, auch in der Dämmerung nicht. Im Gegenteil! Die organische Mischung hatte schon einen Menschenschlag entwickelt, den man als allgemein österreichisch ansprechen könnte, einen Menschenschlag, der merkwürdigerweise das Leichtlebige und nicht die Schwermut der Völkerschaften in sich vereinte. Der Österreicher war ein Mensch des Augenblicks, der Beschaulichkeit, des Genusses, der geschworene Feind dessen, was ein scharfer Ausdruck ›tierischen Ernst‹ nennt. Sein unruhiges Temperament verwarf die griesgrämige puritanisch-kapitalistische Lehre, die inzwischen die Welt erobert hatte, in der *Arbeit* läge der ganze Sinn des Daseins, oder deutlicher gesagt, die Erzeugung von Lebensmitteln und deren ungerechte Verteilung sei der gottgewollte Lebenszweck. Zeit ist Geld, diese energische Auffassung, in der sich alle ernsten Männer der Epoche einig waren, entsprach durchaus nicht dem verdächtigen Empfindungsleben des Österreichers. Er war verlottert genug, zu glauben, daß Geld Zeit sei. Verkehrterweise wollte er nicht die Zeit benützen, um Geld zu verdienen, sondern Geld verdienen, um die Zeit zu benützen. Denn in der Zeit, die ihm zum Leben vergönnt war, lagen die einzigen Güter seiner Armut: Schauen,

Hören, Riechen, Schmecken, Tasten, Denken und Fühlen und Lieben. Man sieht demnach, daß dieser Menschenschlag zum Reichtum nicht taugte, obgleich die Erde der Monarchie alle Naturschätze barg, die es gibt. Er war, wenn man es so ausdrücken darf, zu realistisch, um materialistisch zu sein. Im österreichischen Wesen kreuzten sich formgebundenes Bürgertum und formfeindliche Bohème auf das seltsamste. (Übrigens weist die Beziehung ›Bohème‹, die unsinnigerweise ›Böhmen‹ bedeutet und ›Zigeunertum‹ meint, auf die österreichische Welt hin.) Dieser Menschenschlag, der durch die Ausbeutung der ihm verliehenen irdischen Reichtümer nicht glänzte, war dafür ein leuchtender Hort der ästhetischen und musischen Werte. Es sei hier nicht von den großen schöpferischen Künstlern gesprochen, die er der Welt schenkte, sondern von der unbändigen Fülle an darstellender Begabung, die er in sich barg. Würde man in der Kunstwelt aller Länder eine Statistik darüber anstellen, wo alle mehr oder weniger namhaften Musiker, Kapellmeister, Geiger, Pianisten, Sänger, Regisseure, Schauspieler, Filmgrößen usw. der letzten Jahrzehnte geboren seien, der verhältnismäßige Anteil der österreichischen Völker und Länder wäre erstaunlich, ja beinahe erschreckend.
Das große Heiligtum aber, das die allmenschliche Mischung, der langsam arbeitende Humus des Reichs hervorbrachte, die allgemeine Sprache, die Sprache aller Sprachen in der babylonischen Verwirrung, ist die Musik. Österreich war der Kreuzungspunkt aller Straßen, die Wasserscheide aller Ströme, der Umschlagplatz aller Güter, die Europas Musik ausmachen. Zwischen Italien und Germanien gelegen, vollendete es beide in seiner Seele. Es genügt, einen einzigen Namen zu beschwören: Mozart! Der arme Salzburger Junge, dieser Held der gewaltigsten Arbeit an Menge und Maß, die je geleistet wurde, schrieb italienische Opern und deutsche Symphonien. Aufgezehrt, lungenkrank, in ewigen Geldsorgen, Tag und Nacht mit Titanenkraft am Werke, war er doch zugleich ein unbeschreiblich leichter und süßer Mensch, liebte, lachte, tändelte, spielte zum Tanz auf und tanzte über seinem eigenen Abgrund. Er starb jung und wurde wie ein Hund begraben.
Wolfgang Amadeus Mozart ist der lichte Cherub der reinen Melodie und der dunkle Cherub der polyphonen Verflechtung. Als unergründlicher Orpheus der christlich antiken Menschlichkeit ragte er über die Zeitalter und wird dauern, solange die Musik dauert. Er ist die tönend gewordene Idee Österreichs.

Zum Schlusse seiner Betrachtungen möchte der Verfasser noch ein Bekenntnis ablegen.
Er hat nicht immer und sogar erst recht spät erkannt, was hier die Reichsidee genannt wird. Die Geschichten dieses Buches wissen noch wenig von ihr oder ahnen sie nur schwach. In der Dämmerung seiner Welt, da Österreich gerade noch bestand, unterging und nicht mehr bestand, da war es vielleicht am schwersten, der Idee nahe zu sein. Fledermäuse taumelten durch die Dämmerung, Totenkopffalter, Schatten und Mißgestalten. Die Kriegsfurien waren los. Nicht nur tapfere Ergebung in das Schicksal war in allen Schichten zu finden. Angst, Haß und der Schrecken herrschten, Militärjustiz, Streberei und Angeberei. Der Weltkrieg versetzte die österreichischen Völker in einen unheilbaren Widerspruch zu sich selbst. Österreich sollte ja die Befriedung sein und nicht die Entzweiung. Es hätte ebensowenig einen Krieg für die germanische wie für die slawische Hegemonie führen dürfen. Franz Joseph hat dies im Augenblick, da er die Mobilisierung anordnete, mit furchtbarer Klarheit eingesehen, ohne es abwenden zu können. Als der Krieg ausbrach, war Österreich nicht mehr Österreich. Weil das Reich sich selbst aufgab, fiebert die Welt heute noch.
Die Methoden entfesselter Staatsverteidiger schlugen der Idee ins Gesicht. Man erlebte in grausiger Steigerung Hamlets Wort vom »Übermut der Ämter und der Schmach, die Unwert schweigenden Verdienst erweist« auch im menschlichen Österreich. Seit siebzig Jahren das erste Mal wuchsen wieder Galgen im Land.
Dies ist nun alles längst vertan und vergessen. Eine Welt ist untergegangen. Uns Menschen aber war auferlegt, das Geschehende niemals zu verstehen, wenn wir auch das Geschehene, die Geschichte, gerne deuten. Das Vollendete, das heißt das Abgestorbene, erst klärt sich für uns. Wir beginnen, die Klarheit dann zu ahnen, wenn sie sich von ihrer irdischen Erscheinungsform getrennt hat. Wäre es anders, hätte man jene Welt nicht zerstört.
Österreich war eine wunderbare Heimat, eine allmenschliche Heimat ohne Rücksicht auf Blut und Bekennen, auf Herkommen und Hinwollen ihrer Kinder. Der noch im alten Reich geborene Österreicher hat keine Heimat mehr. Aber besteht nicht der sicherste Besitz des Menschen in dem, was er verloren hat?

Par l'Amour

Bertrand, ein Junggeselle, fuhr jeden Morgen zwischen zehn und elf von der verträumten Station Le Vesinet mit dem Vorortszug zum Bahnhof Saint-Lazare. Er fuhr in ›sein‹ Ministerium, wo er wie so mancher seiner literarischen Kollegen eine Sinekure innehatte; ein erstaunliches Fremdwort übrigens, dieses Ohnesorg, das aus dem Sprachschatz des glücklichen Frankreich noch immer nicht geschwunden ist. Bertrand pflegte sich während der täglichen Fahrzeiten gewöhnlich in seine Zeitung zu vertiefen, wobei ›vertiefen‹ einen übertriebenen Ausdruck für oberflächlich schläfriges Zeilenschlucken und Sogleich-Vergessen bedeutet. Der Junggeselle nämlich gehörte zu jenen Auserwählten und Unverwundbaren, denen die Zeit und die Zeitung nicht wehtun konnten, es sei denn durch allfällig unfreundliche Anmerkungen über eines seiner Geistesprodukte.
Auch heute, an einem blendenden Maitag, oberflächlich in die Zeitung vertieft, nahm Bertrand seine Umgebung ebensowenig zur Kenntnis wie sonst. So geschah es, daß er lange Zeit die herzbewegende Erscheinung gar nicht bemerkte, die auf einer der flüchtigen Haltestellen eingestiegen war und ihm gegenüber Platz genommen hatte. Als seine Augen dann plötzlich diese Erscheinung umfaßten, tat ihnen sogleich das Blick-Versäumnis der wenigen Minuten bitter leid. Es war eine Frau, nein, ein Mädchen, dem Anschein nach äußerst jung. Die überzarte Gestalt in eine Art Trauer oder Halbtrauer gekleidet, stach gegen die übrige leicht geschürzte Weiblichkeit ringsum ab, deren sommerlich nackte Arme und Waden das starke Tageslicht in dem Eisenbahnwagen durch ihr fröhliches Fleischeslicht zu vervielfältigen schienen. Bertrands Gegenüber saß ganz regungslos da, von seiner Umgebung nicht nur durch das bißchen Zwischenraum getrennt, sondern durch ganze Zeitläufte, als der holde Revenant, als das reizende Gespenst irgendeines vergangenen Jahrzehnts, von den schwarzen Lackschuhen unten bis zum punktierten Hutschleier oben. Das Ensemble erweckte jedoch den Eindruck eines besonderen modischen Raffinements. Dieses wundersame Mädchenbild hielt den Kopf gesenkt. Bertrand konnte nichts vom Gesicht sehen. Der punktierte Hutschleier, der die geahnte Helligkeit des Antlitzes umkränzte, zit-

terte in der Vibration der Fahrt. Hie und da verriet er eine Locke braunen Haares. Die Schöne hielt den Kopf deshalb tief gesenkt, weil sie las und vermutlich ein wenig kurzsichtig war. Was sie las, schien in merkwürdiger Weise ihrem Kleid und Wesen angepaßt zu sein. Es war ein Romanheft, Großquart, doppelspaltig gedruckt. Bertrand wunderte sich darüber, daß dergleichen vergilbtes Lesefutter mit blaß bewegten Illustrationen mitten im Text noch immer verkauft werde, nicht anders wie in seiner Jugendzeit. Er bemühte sich, den Titel der Geschichte zu entziffern, die das Mädchen gegenüber so völlig gefangenhielt, daß es wie in einer Wolke von seliger Abwesenheit anwesend war. Doch es gelang ihm erst, als die Lesende, die letzten Zeilen der Spalte genießend, mit ihren matt leuchtenden Fingern im schwarzen Netzhandschuh das Blatt zögernd umwandte, als könne sie sich von dem gelesenen Leben nicht trennen.
Wie ein lichter Widerschein spiegelten sich die emsigen Zeilen des wahrscheinlich recht trüben ›Par l'amour‹ auf dem unsichtbaren Gesicht des Mädchens. Bertrand fühlte diesen Widerschein. Es war, als ob die verschiedenen Schatten-Grade eines bilderraschen Films über eine verborgene Leinwand liefen und man gewahre nichts andres als das Heller- und Dunklerwerden zwischen Reflektor und Bild: Vereinigungen und Abschiede, Küsse und Schüsse, Fluchten und Rettungen, und all das durch den gierigen Zeitraffer des lesenden Auges wunderbar beschleunigt. Ohne es zu sehen, sah Bertrand dieses ungeduldige Auge, wie es atemlos die Zeilen entlangwanderte, so innig, ja so inbrünstig, daß der ausgelesene, der abgeerntete Teil der Seite hinterher grau wurde und zu erlöschen schien. Mehr als die zeitfremde Schönheit, als die unbewußte Anmut der Erscheinung entzückte ihn dieses ganz und gar verlorene Lesen, diese bedingungslos saugende Kraft der Hingabe an ein Phantasiewerk in antiquiertem Format, von dem er selbst gewiß nicht zwanzig Zeilen würde herabwürgen können. Doch, was auch immer ›Par l'amour‹ erzählen mochte, erst heute, erst angesichts des Mädchens mit dem Romanheft, hatte Bertrand das leibhaftige Wunder des Lesens kennengelernt.
Der Junggeselle war vor wenigen Tagen vierundvierzig Jahre alt geworden. Mehr denn je den Abenteuern des Auges verfallen und nicht nur denen des Auges, hatte sich in letzter Zeit eine neue schwermütige Ungeduld in sein Herz eingeschlichen. Wie lange noch wird der kleine Tod, der Tod im Tode auf sich warten lassen? Dieser ›kleine Tod‹ –

ein halbwüchsiger, aber echtbürtiger Verwandter des großen Todes – das war für Bertrand der gefürchtete Augenblick, in welchem das Gegen-Lächeln der Frau aufhören und ihr Auge ihn keiner Antwort mehr würdig finden würde. Beim Anblick der leidenschaftlich Lesenden bedrängte ihn aber nicht diese neue Unsicherheit des Endes, sondern die alte Unsicherheit des Anfangs, die fieberische Scheu des Knaben, die er doch schon in undenklicher Vergangenheit verloren zu haben glaubte. Unterm Anhauch dieses errötenden Gefühls kannte er sich selbst nicht mehr. Verlegen drückte er seinen Körper, der ihm plötzlich unbequem war, in die Ecke, um der unberührten Erscheinung nicht zu nah zu kommen. Sein ängstlich stockender Blick streichelte den punktierten Hutschleier, die geahnte Helligkeit des Gesichts, den langen untadligen Hals, dessen gelbliches Elfenbein in den gleichfarbigen Spitzenkragen verfloß, die kindhafte Wölbung der Brüste unter dem glänzenden Seidenschwarz; er tastete sich weiter bis zu den matt leuchtenden Händen in Netzhandschuhen, die den Roman ›Par l'amour‹ festhielten, und er gab seine Pilgerfahrt nicht auf, bevor er die feinen Füße in Trauerstrümpfen aus halbgeschlossenen Lidern geliebkost hatte, blinzelnd, als tue er etwas Unerlaubtes.
Bertrand besaß keine Einbildungskraft, die sonst leicht in Gang zu bringen war. An seinen Büchern arbeitete er sehr schwer. Man wußte, daß er weit eher ein skrupelhafter Meister der Konstruktion war als ein gesegneter Jünger der Eingebung und Phantasie. Ein bohrender Trieb zur Rechenschaft stellte sich ihm wieder in den Weg. Jetzt aber, während der Zug über die boots- und wimpelbunte Seine rauschte und das leise Parfüm seines Gegenübers ihn wie ein verstohlener, aber unabweisbarer Bote anrühte, verließ, anrührte, – jetzt überfiel Träumerei ohne Rechenschaft diesen kritischen Geist. Konnte das Mädchen da, das er noch vor fünf Minuten nicht gesehen hatte, diese zeitfremde Lieblichkeit inmitten offen dargebotenen Weiberfleisches, diese in einen altertümlichen Roman Verlorene und Eingepuppte, konnte sie nicht die große Wunder-Chance sein, vom Schicksal im letzten Augenblick ihm zugesprochen, im Frühling vierundvierzig seines sich neigenden Lebens?
Überflüssige Frage. Sie ist diese Chance. Seit gestern sind sie verheiratet und nun auf der Reise in ihre ersten Ferien. Er wundert sich nicht besonders, daß zwischen Jetzt und Jetzt das Jahr seiner Werbung liegt, so inständig, so heiß, wie er sichs selbst nie zugetraut hätte. Sie liest

leidenschaftlich, wie sie damals gelesen hatte, als sie einander im Zuge nach Saint-Lazare das erste Mal begegneten. Liest sie vielleicht jetzt eines seiner Bücher? Nein, nein! Sie soll durch keinen seiner gebosselten Sätze verwirrt werden. Hingegen hat er einen ganzen Nachmittag damit verbracht, auf dem rechten Seine-Ufer einen großen Stoß von mumifizierten Romanheften aufzutreiben, die den Vorzug haben, ›Par l'amour‹ zu gleichen. Und nun ist sie wieder verloren und verpuppt – zum Glück nicht in seine mühselig um die Wahrheit kämpfenden Stilkünste, sondern in diese spannend sentimentale Liebesgeschichte, die ihr unsichtbares Antlitz noch immer wie mit einer fernen Glut anhaucht. Bertrand erwägt ernsthaft, ob er das in sich überwinden könnte, was man ›literarisches Niveau‹ nennt, dieses sonderbare Geflecht aus Hochmut, Ehrfurcht, Snobismus, Wahrheitsdrang, Wirklichkeitsscheu und Resignation. Freilich, zu solcher kühnen Hoffnung versteigt er sich nicht, für seine Frau jemals ein ›Par l'amour‹ schreiben zu können. Doch vielleicht werden sie einander auf halbem Wege entgegenkommen dürfen, er, als Schreibender und sie, als Lesende. Bertrand rührt sich nicht, schließt die Augen. Er ist entschlossen, sein junges Weib nicht zu stören, und sollte es bis zum Ziel der Fahrt vom Hefte nicht aufschauen. Ist es nicht mehr als genug, dem späten Wunder so nahe zu sein, dieser unglaubhaften Erfüllung eines zerfahrenen und vergeudeten Junggesellenlebens? Er wird diesmal das eigenlebendige Bild der Frau vor sich selbst verteidigen, vor seiner männlichen Rücksichtslosigkeit, Gier, Sättigung und Fluchtbereitschaft. Demütig wird er mit geschlossenen Augen und mit geschlossenem Egoismus das Gottesgeschenk ihrer Existenz genießen, das mit ihm verbunden ist in selsam luftiger Weise und doch ganz und gar. Deshalb hat er sie ja in edelster Selbstüberwindung bis zu dieser Stunde noch nicht berührt, nicht einmal mit dem Ferngefühl der Spitze seines Mittelfingers. Deshalb winkt er unausgesetzt begütigend seinen aufgeputschten Sinnen ab, die hinter den Gitterstäben seiner selbst meutern. Die Lesende soll nicht vorzeitig seine Geliebte sein, nicht einmal in der Vergewaltigung durch den Gedanken. Im Frühjahr vierundvierzig, hat man es endlich, es war auch höchste Zeit, zur Meisterschaft der Liebes-Geduld gebracht. Man hat sich ohne einen Schatten von Ironie oder Kritik dem Sippengesetz einer Familie unterworfen, deren labyrinthische Strengbürgerlichkeit in unserm Zeitalter stehngeblieben ist wie das kühle, ein wenig schon verschollene Haus, in dem sie wohnt.

Statt des verstorbenen Vaters nimmt dessen vergrößerte Photographie den leeren Ehrenplatz an der Familientafel ein. Die Argusaugen von zwanzig Onkeln und Tanten haben Bertrand aufs Korn genommen, und allerlei Hausgeistern hat er Prüfungsfragen aus dem vorigen Jahrhundert beantworten müssen, ehe man die Braut mit ihm ziehen ließ. Zuletzt wurde noch ein Hundertjähriger hereingeschoben, der älteste des Geschlechts, der das Ehrenbändchen an seinem Krankenhemde trug. Er gab unter vielen Vorbehalten seinen miselsüchtigen Segen, der eher wie eine Verstoßungsformel klang.
Bertrand denkt sich dies alles nicht aus. Die Kraft seiner durch die dichte Nähe der Lesenden aufgewirbelten Träumerei ist so neuartig, so tief, daß keine richtigen Bilder seinen Geist durchziehen – das wäre nichts Besonderes –, vielmehr die beinahe schon bildlose Erinnerung an Bilder, an durchlebte Szenen, überwundene Schwierigkeiten, an lange Spaziergänge, Gespräche, Bekenntnisse – der füllige, duftende Nachklang dessen, was sich niemals begeben hat, nicht einmal im Traum des Träumers. Es ist ungefähr ähnlich, als wenn einen alten Bergsteiger bei bloßer Nennung eines Gipfelnamens die atemlose Erschöpfung des vollendeten Aufstiegs befiele.
Wahrhaftig, Bertrand spürte Herzklopfen. Der rebellierende Liebeswunsch in ihm hatte sich der Lesenden schon so tief eingelassen, daß er erschrak. Es wäre geradezu schmachvoll gewesen, so zu tun, als habe sich nichts ereignet. Schon bestand eine heimliche Pflicht, die ihn mit der ahnungslosen Geliebten verband. Die große letzte Chance: War nicht die überraschende Heftigkeit seines Gefühls der Ruf des Schicksals selbst? Er durfte sich beim Aussteigen nicht einfach wegstehlen wie ein banaler Liebesschwindler und die große letzte Chance seines Lebens verpassen.
Bertrand begann zu erwägen, wie er am feinsten und natürlichsten sich dem Mädchen nähern könnte. Ein Schweißtropfen trat auf seine Stirn. Trotz seines abenteuerreichen Lebens kostete es ihm schwere Selbstüberwindung, eine Frau anzusprechen. Er drehte den Kopf von der noch immer inbrünstig Lesenden zum Fenster ab. An einer troslosen Mauer lief in großen schwarzen Lettern die Aufschrift: ›7 km bis zum Bahnhof Saint-Lazare.‹ Noch zehn Minuten. Ein Wort vielleicht über ›Par l'amour‹, ein lächelndes Wort über dieses Zauberwerk, welches so herrlich zu bannen versteht, daß man nichts hört und sieht und fühlt, auch nicht die Blicke der Bewunderung. Das mit den ›Blicken

der Bewunderung‹ unterbleibt besser, beschloß das literarische Niveau in Bertrand, das sich nicht geschlagen gab. Seltsam gequält starrte er auf die verrauchten Feuermauern der Häuser, auf die häßliche Hinterseite von Paris. Plötzlich fiel ihm ein: Ich habe ihr Gesicht noch gar nicht gesehen. Und er wunderte sich sehr darüber, daß er dieses Gesicht, das er noch nicht gesehen hatte, schon so lange in sich trug und hegte und liebte.

Langsam wandte Bertrand seinen Blick. Die Lesende hatte zu lesen aufgehört. Das Heft mit ›Par l'amour‹ lag verbraucht, ausgesogen, erschlafft in ihrem Schoß. Das Gesicht, das er noch nicht gesehen hatte, sah ihn an, sehr aufmerksam, sehr offen. Es war ein junges Gesicht, wenn auch nicht achtzehnjährig, wie er geträumt hatte, so doch auch nicht mehr als fünfundzwanzig Jahre alt. Es war ein recht schönes Gesicht, wenn auch nicht die Schönheit, die Bertrand in seinem Gemüt gehegt hatte, ohne an ihr zu zweifeln. Und doch, seine Hände waren kalt von schwer beschreiblicher Ernüchterung. Wäre dieses Gesicht durch ein Feuermal entstellt gewesen, oder häßlich, oder auch nur mittelmäßig hübsch, der Junggeselle hätte die süße Liebesphantasie dieses Maitages zwischen Le Vesinet und Saint-Lazare sofort vergessen und sich wieder oberflächlich in die Zeitung vertieft. Wäre dieses Gesicht dirnenhaft gewesen, der Junggeselle hätte, durch den nicht gerade originellen Widerspruch zwischen Lastermund und Trauerkleidung aufgereizt, ein praktisches Abenteuer in die Wege geleitet. Dieses Gesicht war aber weder mittelmäßig hübsch noch auch lasterhaft. Es wurde von sehr dunklen, leuchtenden Augen beherrscht. Die Augen in diesem jungen Gesicht aber, so sehr sie auch leuchteten, waren böse und alt. Und sie waren (warum?) strafend auf Bertrand gerichtet. Er hielt ihren Blick aus, obgleich furchtsames Unbehagen ihn erfüllte. Schnellten die Augen dieser Frau das endgültige Urteil gegen ihn ab? War er anstatt der späten Chance seines Lebens dem ›kleinen Tode‹ in dieser tückisch Lesenden unversehens begegnet, ja, wirklich unversehens? Nein, eine andre Feindschaft traf ihn aus diesen dunklen Augen, die ätzten und stachen. In seiner Träumerei hatte er eines hellsichtig herausgefühlt: den Widerwillen der Sippe, die sich in dem Mädchen verkörperte, gegen seinesgleichen. Bourgeoise Wespennatur, dachte er, voll berechnender Gewöhnlichkeit und gekränkter Selbstverkapselung. Selbst die ätherische Gestalt, vor zwei Sekunden herzbewegend, nahm plötzlich eine andere Bedeutung an. Sie war

durchsichtig und feingliedrig, doch so wie Insekten es sind. Und diese Blicke waren wahrhaftig Insektenstiche mit Widerhaken, Das ganze Gift, das sie aus der sentimentalen Süßigkeit von ›Par l'amour‹ gesogen hatten, spritzten sie nun gegen ihn, den Gegner erkennend. Sie verteidigten ›Par l'amour‹ gegen seinen Hochmut. Zwischen ihm und ›Par l'amour‹ war beim besten Willen kein Bund zu flechten. Der unbegreifliche Haß einer trauerbekleideten Abgeschlossenheit ballte sich in diesen unnachgiebigen Blicken zusammen, ein Haß, an dem die vielen Toten des Clans beteiligt waren, für die man jahraus, jahrein in Schwarz ging. Die strafenden Augen wandten sich von Bertrand nicht ab. Er hätte sich geschämt, ihnen zu weichen, und so hielt er mit einem mageren und hilflosen Lächeln stand. Es war eine vollkommene Niederlage. Ohne Zweifel hatte sich Bertrands zarte Liebes- und Ehephantasie in der Seele der Lesenden abgespiegelt und ihren höhnischen Widerstand hervorgerufen. Denn nicht nur in, sondern auch zwischen den Menschen geht zehntausendmal mehr vor als sie erahnen dürfen. Die großen dunklen Augen schonten den Durchschauten noch immer nicht. Sie erhoben die Anklage als alte Bekannte, vor denen kein dunkler Winkel sicher ist. Sie nahmen nicht nur Rache an Bertrands eigensüchtiger Träumerei, sie gaben ihm plötzlich die ganze Zweifelhaftigkeit seiner Natur schmerzlich zu spüren.
Als einige Minuten später die liebliche Gestalt in gemilderter Trauer mitten im Gedränge des Bahnhofs Saint-Lazare verschwunden war, dachte Bertrand: Ich habe mich verliebt, habe geheiratet, habe eine Ehe geführt und schließlich einen langwierigen Scheidungsprozeß verloren. Und während er die Treppe zum Métro hinabstieg, nahm es ihn wunder, daß er sich ausgesprochen erleichtert fühlte.

Eine blassblaue Frauenschrift

Erstes Kapitel
April im Oktober

Die Post lag auf dem Frühstückstisch. Ein beträchtlicher Stoß von Briefen, denn Leonidas hatte erst vor kurzem seinen fünfzigsten Geburstag gefeiert, und täglich trafen noch immer glückwünschende Nachzügler ein. Leonidas hieß wirklich Leonidas. Den eben so heroischen wie drückenden Vornamen verdankte er seinem Vater, der ihm als dürftiger Gymnasiallehrer außer diesem Erbteil nur noch die vollzähligen griechisch-römischen Klassiker und zehn Jahrgänge der ›Tübinger altphilologischen Studien‹ vermacht hatte. Glücklicherweise ließ sich der feierliche Leonidas leicht in einen schlichtgebräuchlichen Leo umwandeln. Seine Freunde nannten ihn so und Amelie hatte ihn niemals anders gerufen als Leon. Sie tat es auch jetzt, indem sie mit ihrer dunklen Stimme der zweiten Silbe von León eine melodisch langgezogene und erhöhte Note gab.

»Du bist unerträglich beliebt, León«, sagte sie, »Wieder mindestens zwölf Gratulationen ...«

Leonidas lächelte seiner Frau zu, als bedürfe es einer verlegenen Entschuldigung, daß es ihm gelungen sei, zugleich mit dem Gipfel einer glänzenden Karriere sein fünfzigstes Lebensjahr zu erreichen. Seit einigen Monaten war er Sektionschef im ›Ministerium für Kultus und Unterricht‹ und gehörte somit zu den vierzig bis fünfzig Beamten, die in Wirklichkeit den Staat regierten. Seine weiße, ausgeruhte Hand spielte zerstreut mit dem Briefstapel.

Amelie löffelte langsam eine Grapefruit aus. Das war alles, was sie morgens zu sich nahm. Der Umhang war ihr von den Schultern geglitten. Sie trug ein schwarzes Badetrikot, in welchem sie ihre alltägliche Gymnastik zu erledigen pflegte. Die Glastür auf die Terrasse stand halb offen. Es war ziemlich warm für die Jahreszeit. Von seinem Platz aus konnte Leonidas weit über das Gartenmeer der westlichen Vorstadt von Wien hinaussehen, bis zu den Bergen, an deren Hängen die Metropole verebbte. Er warf einen prüfenden Blick nach dem Wetter, das für sein Behagen und seine Arbeitskraft eine wesentliche Rolle spielte. Die Welt präsentierte sich heute als ein lauer Oktobertag, der in einer Art von launisch gezwungener Jugendlichkeit einem Apriltage glich. Über den Weinbergen der Bannmeile schob sich dickes hastiges Gewölk, schneeweiß und mit scharf gezeichneten Rändern. Wo der Himmel frei war, bot er ein nacktes, für diese Jahreszeit beinahe schamloses Frühlingsblau dar. Der Garten vor der Terrasse, der sich noch kaum verfärbt hatte, wahrte eine ledrig hartnäckige Sommerlichkeit. Kleine gassenbübische Winde sprangen mutwillig mit dem Laub um, das noch recht fest zu hängen schien.

Ziemlich schön, dachte Leonidas, ich werde zu Fuß ins Amt gehen. Und er lächelte wiederum. Es war dies aber ein merkwürdig gemischtes Lächeln, begeistert und mokant zugleich. Immer, wenn Leonidas mit Bewußtsein zufrieden war, lächelte er mokant und begeistert. Wie so viele gesunde, wohlgestalte, ja schöne Männer, die es im Leben zu einer hohen Stellung gebracht haben, neigte er dazu, sich in den ersten Morgenstunden ausnehmend zufrieden zu fühlen und dem gewundenen Lauf der Welt rückhaltlos zuzustimmen. Man trat gewissermaßen aus dem Nichts der Nacht über die Brücke eines leichten, alltäglichen neugeborenen Erstaunens in das Vollbewußtsein des eigenen Lebenserfolges ein. Und dieser Lebenserfolg konnte sich wahrhaftig sehen lassen: Sohn eines armen Gymnasialprofessors achter Rangklasse. Ein Niemand, ohne Familie, ohne Namen, nein ärger, mit einem aufgeblasenen Vornamen behaftet. Welch eine triste, frostige Studienzeit! Man bringt sich mit Hilfe von Stipendien und als Hauslehrer bei reichen, dicklichen und unbegabten Knaben mühsam durch. Wie schwer ist es, das verlangende Hungerblinzeln in den eigenen Augen zu bemeistern, wenn der träge Zögling zu Tisch gerufen wird! Aber ein Frack hängt dennoch im leeren Schrank. Ein neuer, tadelloser Frack, an dem nur ein paar kleine Korrekturen vorgenommen werden mußten. Dieser Frack nämlich ist ein Erbstück. Ein Studienkollege und Budennachbar hat ihn Leonidas testamentarisch hinterlassen, nachdem er sich eines Abends im Nebenzimmer eine Kugel unangekündigt durch den Kopf gejagt hatte. Es geht fast wie im Märchen zu, denn dieses Staatsgewand wird entscheidend für den Lebensweg des Studenten. Der Eigentümer des Fracks war ein ›intelligenter Israelit‹. (So vorsichtig bezeichnet ihn auch in seinen Gedanken der feinbesaitete Leonidas, der den allzu offenen Ausdruck peinlicher Gegebenheiten verabscheut). Diesen Leuten ging es übrigens in damaliger Zeit so erstaunlich gut,

daß sie sich dergleichen luxuriöse Selbstmordmotive wie philosophischen Weltschmerz ohne weiteres leisten konnten.
Ein Frack! Wer ihn besitzt, darf Bälle und andere gesellschaftliche Veranstaltungen besuchen. Wer in seinem Frack gut aussieht und überdies ein besonderes Tänzertalent besitzt wie Leonidas, der erweckt rasche Sympathien, schließt Freundschaften, lernt strahlende junge Damen kennen, wird in ›erste Häuser‹ eingeladen. So war es wenigstens damals in jener staunenswerten Zauberwelt, in der es eine soziale Rangordnung und darin das Unerreichbare gab, das des auserwählten Siegers harrte, damit er es erreiche. Mit einem blanken Zufall begann die Karriere des armen Hauslehrers; mit der Eintrittskarte zu einem der großen Ballfeste, die Leonidas geschenkt erhielt. Der Frack des Selbstmörders kam somit zu providentieller Geltung. Indem der verzweifelte Erblasser ihn mit seinem Leben hingegeben hatte, half er dem glücklicheren Erben über die Schwelle einer glänzenden Zukunft. Und dieser Leonidas erlag in den Thermopylen seiner engen Jugend keineswegs der Übermacht einer hochmütigen Gesellschaft. Nicht nur Amelie, auch andere Frauen behaupten, daß es einen Tänzer seinesgleichen nie gegeben habe noch auch je wieder geben werde. Muß erst gesagt werden, daß Leóns Domäne der Walzer war, und zwar der nach links getanzte, schwebend, zärtlich, unentrinnbar fest und locker zugleich? Im beschwingten Zweischritt-Walzer jener sonderbaren Epoche konnte sich noch ein Liebesmeister, ein Frauenführer beweisen, während (nach Leóns Überzeugung) die Tänze des modernen Massenmenschen in ihrem gleichgültigen Gedränge nur dem maschinellen Trott ziemlich unbesellter Glieder einen knappen Raum gewähren.
Auch dann, wenn Leonidas sich seiner verrauschten Tänzertriumphe erinnert, umspielt das so charakteristisch gemischte Lächeln seinen hübschen Mund mit den blitzenden Zähnen und dem weichen Schnurrbärtchen, das noch immer blond ist. Er hält sich mehrmals am Tag für einen ausgemachten Götterliebling. Würde man ihn auf seine ›Weltanschauung‹ prüfen, er müßte offen bekennen, daß er das Universum als eine Veranstaltung ansehe, deren einziger Sinn und Zweck darin besteht, Götterlieblinge seinesgleichen aus der Tiefe zur Höhe emporzuhätscheln und sie mit Macht, Ehre, Glanz und Luxus auszustatten. Ist nicht sein eigenes Leben der Vollbeweis für diesen freundlichen Sinn der Welt? Ein Schuß fällt in der Nachbarkammer seines

schäbigen Studetenquartiers. Er erbt einen beinah noch funkelnagelneuen Frack. Und schon kommt's wie in einer Ballade. Er besucht im Fasching einige Bälle. Er tanzt glorreich, ohne es je gelernt zu haben. Es regnet Einladungen. Ein Jahr später gehört er bereits zu den jungen Leuten, um die man sich reißt. Wird sein allzu klassischer Vorname genannt, tritt lächelndes Wohlwollen auf alle Mienen. Sehr schwierig ist es, das Betriebskapital für ein derart beliebtes Doppelleben herbeizuschaffen. Seinem Fleiß, seiner Ausdauer, seiner Bedürfnislosigkeit gelingt's. Vor der Zeit besteht er alle seine Prüfungen. Glänzende Empfehlungen öffnen ihm die Pforten des Staatsdienstes. Er findet sogleich die prompte Zuneigung seiner Vorgesetzten, die seine angenehm gewandte Bescheidenheit nicht hoch genug zu rühmen wissen. Schon nach wenigen Jahren erfolgt die vielbeneidete Versetzung zur Zentralbehörde, die sonst nur den besten Namen und den ausgesuchtesten Protekitonskindern vorbehalten ist. Und dann diese wilde Verliebheit Amelie Paradinis, der Achtzehnjährigen, Bildschönen ...

Das leichte Erstaunen allmorgendlich beim Erwachen ist wahrhaftig nicht ungerechtfertigt. Paradini!? Man irrt nicht, wenn man bei diesem Namen aufhorcht. Ja, es handelt sich in der Tat um das bekannte Welthaus Paradini, das in allen Weltstädten Zweigniederlassungen besitzt. (Seither ist freilich das Aktienkapital von den großen Banken aufgesaugt worden.) Vor zwanzig Jahren aber war Amelie die reichste Erbin der Stadt. Und keiner der glänzenden Namen aus Adel und Großindustrie, keiner von diesen himmelhoch überlegenen Bewebern hatte die blutjunge Schönheit erobert, sondern er, der Sohn des hungerleidenden Lateinlehrers, ein Jüngling mit dem geschwollenen Namen Leonidas, der nichts besaß als einen gutsitzenden, aber makabren Frack. Dabei ist das Wort ›erobert‹ schon eine Ungenauigkeit. Denn, recht besehen, war er auch in dieser Liebesgeschichte nicht der Werbende, sondern der Umworbene. Das junge Mädchen nämlich hatte mit unnachgiebiger Energie die Ehe durchgesetzt gegen den erbitterten Widerstand der ganzen millionenschweren Verwandtschaft.

Und hier sitzt sie ihm gegenüber, heut wie allmorgendlich, Amelie, sein großer, sein größter Lebenserfolg. Merkwürdig, das Grundverhältnis zwischen ihnen hat sich nicht verwandelt. Noch immer fühlt er sich als der Umworbene, als der Gewährende, als der Gebende, trotz ihres Reichtums, der ihn auf Schritt und Tritt mit Weite, Wärme und Behagen umgibt. Im übrigen betont Leonidas nicht ohne unbestechliche Strenge, daß er Amelis Besitztümer durchaus nicht für die seinen ansehe. Von allem Anfang an habe er zwischen diesem sehr ungleichen Mein und Dein eine feste Schranke aufgerichtet. Er betrachte sich in dieser reizenden, für zwei Menschen leider viel zu geräumigen Villa gleichsam nur als Mieter, als Pensionär, als zahlenden Nutznießer, widme er doch sein ganzes Gehalt als Staatsbeamter ohne Abzug der gemeinsamen Lebensführung. Schon vom ersten Tag dieser Ehe hab er auf dieser Unterscheidung unerbittlich bestanden. Mochten die Auguren einander auch anlächeln, Amelie war entzückt über den männlichen Stolz des Geliebten, des Erwählten. Er hat jüngst die Höhe des Lebens erreicht und geht nun die Treppe langsam abwärts. Als Fünfzigjähriger besitzt er eine acht- oder neununddreißigjährige Frau, blendend noch immer. Sein Blick prüft sie.

In dem nüchtern entlarvenden Oktoberlicht schimmern Amelies nackte Schultern und Arme makellos weiß, ohne Flecken und Härchen. Dieses duftende Marmorweiß entstammt nicht nur der Wohlgeborgenheit, sondern ist ebenso die Folge einer unablässigen kosmetischen Pflege, die sie ernst nimmt wie einen Gottesdienst. Amelie will für Leonidas jung bleiben und schön und schlank. Ja, schlank vor allem. Und das fordert beständige Härte gegen sich selbst. Vom steilen Weg dieser Tugend weicht sie keinen Schritt. Ihre kleinen Brüste zeichnen sich unterm schwarzen Trikot spitz und fest ab. Es sind die Brüste einer Achtzehnjährigen. Wir bezahlen diese jungfräulichen Brüste mit Kinderlosigkeit, denkt der Mann jetzt. Und er wundert sich selbst über diesen Einfall, denn als entschlossener Verteidiger seines eigen ungeteilten Behagens hat er niemals den Wunsch nach Kindern gehegt. Eine Sekunde lang taucht er den Blick in Amelies Augen. Sie sind heute grünlich und sehr hell. Leonidas kennt genau diese wechselnde und gefährliche Färbung. An gewissen Tagen hat seine Frau meteorologisch veränderliche Augen. ›April-Augen‹ hat er's selbst einmal genannt. In solchen Zeiten muß man vorsichtig sein. Szenen liegen in der Luft ohne die geringste Ursache. Die Augen sind übrigends das einzige, was zu Amelies Jungmädchenhaftigkeit in sonderbarem Widerspruch steht. Sie sind älter als sie selbst. Die nachgemalten Brauen machen sie starr. Schatten und bläuliche Müdigkeiten umgeben sie mit der ersten Ahnung des Verfalls. So sammelt sich in

den saubersten Räumen an gewissen Stellen ein Niederschlag von Staub und Ruß. Etwas beinah schon Verwüstetes liegt in dem Frauenblick, der ihn festhält.
Leonidas wandte sich ab. Da sagte Amelie: »Willst du nicht endlich deine Post durchschauen?« – »Höchst langweilig«, murmelte er und sah erstaunt den Briefstoß an, auf dem seine Hand noch immer zögernd und abwehrend ruhte. Dann blätterte er wie ein Kartenspieler das schiere Dutzend vor sich auf und musterte es mit der Routine des Beamten, der die Bedeutung seines ›Einlaufs‹ mit einem halben Blick feststellt. Es waren elf Briefe, zehn davon in Maschinenschrift. Um so mahnender leuchtete die blaßblaue Handschrift des elften aus der eintönigen Reihe hervor. Eine großzügige Frauenschrift, ein wenig streng und steil. Leonidas senkte unwillkürlich den Kopf, denn er spürte, daß er aschfahl geworden war. Er brauchte einige Sekunden, um sich zu sammeln. Seine Hände erfroren vor Erwartung, Amelie werde jetzt eine Frage nach dieser blaßblauen Handschrift stellen. Doch Amelie fragte nichts. Sie sah aufmerksam in die Zeitung, die neben ihrem Gedeck lag, wie jemand, der sich nicht ohne Selbstüberwindung verpflichtet fühlt, die bedrohlichen Zeitereignisse zu verfolgen. Leonidas sagte etwas, um etwas zu sagen. Er würgte an der Unechtheit seines Tons:
»Du hast recht ... nichts als öde Gratulationen ...«
Dann schob er – es war wieder der Griff eines gewiegten Kartenspielers – die Briefe zusammen und steckte sie mit vorbildlicher Lässigkeit in die Tasche. Seine Hand hatte sich weit echter benommen als seine Stimme. Amelie sah von der Zeitung nicht auf, während sie sprach:
»Wenn's dir recht ist, könnt ich all das fade Zeug für dich beantworten, León ...«
Aber Leonidas hatte sich schon erhoben, völlig Herr seiner selbst. Er strich sein graues Sakko glatt, zupfte die Manschetten aus den Ärmeln, legte dann die Hände in die schlanke Taille und wiegte sich mehrere Male auf den Zehenspitzen, als könne er auf diese Weise die Geschmeidigkeit seines prächtigen, wohlgewachsenen Körpers prüfen und genießen:
»Für eine Sekretärin bist du mir zu gut, lieber Schatz«, lächelte er begeistert und mokant. »Das erledigen meine jungen Leute im Handumdrehen. Hoffentlich hast du heute keinen leeren Tag. Und vergiß bitte nicht, daß wir abends in der Oper sind ...«

Er beugte sich zu ihr hinab und küßte sie mit ausführlicher Innigkeit aufs Haar. Sie blickte ihn voll an mit ihrem Blick, der älter war als sie selbst. Sein schmales Gesicht war rosig, frisch und wundervoll rasiert. Es strahlte von Glätte, von jener unzerstörbaren Glätte, die sie beunruhigte und gebannt hielt seit jeher.

Zweites Kapitel
Die Wiederkehr des Gleichen

Nachdem Leonidas sich von Amelie verabschiedet hatte, verließ er das Haus nicht sogleich. Allzusehr brannte in seiner Tasche der Brief mit der blaßblauen Frauenhandschrift. Auf der Straße pflegte er weder Brief noch Zeitungen zu lesen. Das ziemte sich nicht für einen Mann seines Ranges und seiner Angesehenheit im wörtlichen Sinne. Andrerseits besaß er die unschuldige Geduld nicht, solange zu warten, bis er sich ungestört in seinem großen Arbeitszimmer im Ministerium befinden würde. So tat er das, was er öfters als Knabe getan hatte, wenn es eine Heimlichkeit zu verbergen, ein schlüpfriges Bild zu betrachten, ein verbotenes Buch zu lesen galt. Der Fünfzigjährige, dem niemand nachspionierte, blickte ängstlich nach allen Seiten und schloß sich dann, nicht anders als der Fünfzehnjährige einst, vorsichtig in den verschwiegensten Raum des Hauses ein.
Dort starrte er mit entsetzten Augen lange auf die strenge steile Frauenhandschrift und wog den leichten Brief unablässig in der Hand und wagte es nicht, ihn zu öffnen. Mit immer persönlicherer Ausdruckskraft blickten ihn die sparsamen Schriftzüge an und erfüllten nach und nach sein ganzes Wesen wie mit einem Herzgift, das den Pulsschlag lähmt. Daß er Veras Handschrift noch einmal werde begegnen müssen, das hätte er selbst in einem lastenden Angsttraum nicht mehr für möglich gehalten. Was war das für ein unbegreiflicher, was für ein unwürdiger Schreck vorhin, als ihn mitten unter seiner gleichgültigen Post plötzlich ihr Brief angestarrt hatte? Es war ein Schreck aus den Anfängen des Lebens ganz und gar. So darf ein Mann nicht erschrecken, der die Höhe erreicht und seine Bahn fast vollendet hat. Zum Glück hatte Amelie nichts davon bemerkt. Warum dieser Schreck, den er noch in allen Gliedern spürte? Es ist

doch nichts als eine alte dumme Geschichte, eine platte Jugendeselei, wohl zwanzigfach verjährt. Er hat wahrhaftig mehr auf dem Gewissen als die Sache mit Vera. Als hoher Staatsbeamter ist er täglich gezwungen, Entscheidungen über Menschenschicksale zu treffen, hochnotpeinliche Entscheidungen nicht selten. In seiner Stellung ist man ja ein wenig wie Gott. Man verursacht Schicksale. Man legt sie ad acta. Sie wandern vom Schreibtisch des Lebens ins Archiv des Erledigtseins. Mit der Zeit löst sich Gott sei Dank alles klaglos in nichts auf. Auch Vera schien sich doch schon klaglos in nichts aufgelöst zu haben.
Es mußte fünfzehn Jahre her sein, mindestens, daß er zum letztenmal einen Brief Veras in der Hand gehalten hatte, so wie jetzt, in einer ähnlichen Situation übrigens und an einem nicht minder kläglichen Örtchen. Damals freilich kannte Amelies Eifersucht keine Grenzen, und ihr mißtrauisches Feingefühl witterte stets eine Fährte. Es blieb ihm nichts übrig, als den Brief zu vernichten. Damals! Daß er ihn ungelesen vernichtete, das allerdings war etwas anderes. Das heißt, es war eine lumpige Feigheit, eine Schweinerei ohnegleichen. Der Götterliebling Leonidas machte sich in diesem Augenblicke nichts vor. Den damaligen Brief habe ich ungelesen zerrissen – und auch den heutigen werde ich ungelesen zerreißen –, einfach, um nichts zu wissen. Wer nichts weiß, ist nicht in Anspruch genommen. Was ich vor fünfzehn Jahren nicht in mein Bewußtsein eingelassen habe, das brauche ich heute doch noch hundertmal weniger einzulassen. Es ist erledigt, ad acta, nicht mehr da. Ich halte es für ein unbedingtes Gewohnheitsrecht, daß es nicht mehr da ist. Unerhört von dieser Frau, daß sie mir noch einmal ihre Existenz so nah vor Augen führt. Wie mag sie jetzt sein, wie mag sie jetzt aussehen?
Leonidas hatte nicht die geringste Vorstellung davon, wie Vera jetzt aussehen mochte. Schlimmer, er wußte nicht, wie sie ausgesehen hatte, damals, zur Zeit seines einzigen echten Liebesrausches im Leben. Nicht den Blick ihrer Augen konnte er zurückrufen, nicht den Schimmer ihres Haares, nicht ihr Gesicht, ihre Gestalt. Je gesammelter er sich bemühte, ihr sonderbar verlorenes Bild in sich zu beschwören, um so hoffnungsloser wurde die Leere, die sie wie mit spöttischer Absicht in ihm zurückgelassen hatte. Vera war gleichsam die vertrackte Ausfallserscheinung seiner sonst gut gepflegten und kalligraphisch glatten Erinnerung. Zum Teufel, warum wollte sie auf einmal

nicht bleiben, was sie fünfzehn Jahre schon war, ein gut eingeebnetes Grab, dessen Stelle man nicht mehr findet.
Mit unverkennbarer Tücke materialisierte die Frau, die ihr Bild dem treulosen Geliebten entzog, ihre Persönlichkeit in den wenigen Worten der Adresse. Sie waren voll schrecklicher Anwesenheit, diese feinen Federstriche. Der Sektionschef begann zu schwitzen. Er hielt den Brief in der Hand wie eine Vorladung des Strafgerichts, nein, wie das ausgefertigte Urteil dieses Strafgerichtes selbst. Und plötzlich stand jener Julitag vor fünfzehn Jahren da, hell und blau, in seinen flüchtigsten Einzelheiten.
Ferien! Herrlichster Alpensommer in Sankt Gilgen. Leonidas und Amelie sind noch ziemlich jung verheiratet. Sie wohnen in dem entzückenden kleinen Hotel am Seeufer. Man hat sich heute mit Freunden zu einer gemächlichen Bergpartie verabredet. In wenigen Minuten wird an der Landungsstelle dicht vor dem Hotel das Dampferchen anlegen, das man besteigen muß, um zum Ausgangspunkt des geplanten Spaziergangs zu gelangen. Die Halle des Gasthof ähnelt einer großen Bauernstube. Durch die gittrigen, von wildem Wein beschatteten Fenster dringt die Sonne nur mit spärlich dickflüssigen Honigtropfen. Der Raum selbst ist dunkel. Es ist aber ein vollgesogenes Dunkel, das die Augen seltsam blendet. Leonidas tritt zur Portiersloge, fordert seine Post. Drei Briefe sind's, darunter jener mit der steilen strengen Frauenschrift in blaßblauer Tinte. Da fühlt Leonidas, daß Amelie hinter ihm steht. Sie legt ihm zutraulich die Hand auf die Schulter. Sie fragt, ob für sie nichts angekommen sei. Wie es ihm gelingt, Veras Brief zu verbergen und in die Tasche zu praktizieren, weiß er selbst nicht. Das ambrafarbige Dunkel hilft ihm. Zum Glück erscheinen jetzt die Freunde, welche man erwartet. Nach der heiteren Begrüßung verschwindet Leonidas unauffällig. Er hat noch fünf Minuten Zeit, den Brief zu lesen. Er liest ihn nicht, sondern dreht ihn uneröffnet hin und her. Vera schreibt ihm nach drei Jahren tödlichen Schweigens. Sie schreibt ihm, nachdem er sich gemeiner, schrecklicher benommen hat als jemals ein Mann zu seiner Geliebten. Zuerst diese niederträchtigste aller feigen Lügen, denn er war doch vor drei Jahren schon verheiratet, ohne es ihr zu gestehn. Und dann der abgefeimte, betrügerische Abschied am Waggonfenster: »Leb wohl, mein Leben! Zwei Wochen noch und du bist bei mir!« Mit diesen Worten ist er einfach verschwunden und hat die Existenz von Fräulein Vera Wormser nicht

mehr zur Kenntnis genommen. Wenn sie ihm heute schreibt, sie, ein Wesen wie Vera, dann steckt dahinter die furchtbarste Selbstüberwindung. Dieser Brief kann demnach nichts anderes sein als ein Hilferuf in schwerer Bedrängnis. Und das Schlimmste? Vera hat den Brief hier geschrieben. Sie ist in Sankt Gilgen. Auf der Rückseite des Umschlags steht es schwarz auf weiß. Sie wohnt in einer Pension am jenseitigen Seeufer. Leonidas zieht schon ein Taschenmesser, um das Kuvert einfach aufzuschlitzen, eine ebenso lächerliche wie verräterische Pedanterie. Er öffnet aber das Taschenmesser nicht. Wenn er den Brief liest, wenn zur Gewißheit wird, was er nicht einmal zu ahnen wagen darf, dann gibt es kein Zurück mehr. Einige Sekunden lang überlegt er die Möglichkeit und Aussicht einer Beichte. Doch welcher Gott könnte von ihm fordern, daß er seiner blutjungen Frau, einer Amelie Paradini, die ihn fanatisch liebt, die ihn zum Erstaunen aller Welt geheiratet hat, daß er diesem bevorzugten Sondergeschöpf ohne weiteres aus heiterem Himmel gestehe, er habe sie schon nach einem Jahr ihrer Ehe in umsichtigster Weise betrogen. Er würde damit nur seine eigene Existenz und das Leben Amelies zerstören, ohne Vera helfen zu können. Ratlos steht er im engen Raum, während die Sekunden eilen. Ihm wird übel vor seiner eigenen Angst und Niederlage. Der leichte Brief lastet schwer in seiner Hand. Das Papier des Umschlags ist sehr dünn und nicht gefüttert. Undeutlich scheinen die Zeilen durch. Er versucht hier und dort zu entziffern. Vergebens! Eine Hummel surrt durchs offene Fensterchen und ist mit ihm gefangen. Ödigkeit, Trauer, Schuld erfüllen ihn und plötzlich ein heftiger Zorn gegen Vera. Sie schien doch bereits verstanden zu haben. Ein kurzes, verrücktes Glück, von Gnaden des Zufalls und seiner Lüge. Er hat nicht anders gehandelt als ein antiker Gott, der sich in wandelbarer Gestalt zu einem Menschenkinde herabbeugt. Darin liegt doch ein Adel, eine Schönheit. Vera schien es überwunden zu haben, dessen war er ja schon so sicher. *Denn was immer geschehen sein mochte mit ihr,* sie hatte sich in den drei Jahren seit seinem Verschwinden nicht gemeldet, mit keiner Zeile, mit keinem Wort, mit keiner persönlichen Botschaft. Aufs beste überstanden war alles und eingeordnet. Wie hoch hatte er sie ihr angerechnet, diese verständige Einordnung ins Unvermeidbare. Und jetzt, dieser Brief! Nur durch eine Glücksfügung ist er Amelie nicht in die Hände gefallen. Und nicht nur der Brief. Sie selbst ist da, verfolgt ihn, taucht auf hier an diesem Bergsee, wo sich alle

Welt zusammenfindet, jetzt im abscheulich familiären Monat Juli. Ingrimmig denkt Leonidas: Vera ist eben doch nur eine ›intellektuelle Israelitin‹. So hoch diese Menschen sich auch entwickeln können, an irgend etwas hapert's am Ende doch. Zumeist am Takt, an dieser feinen Kunst, dem Nebenmenschen keine seelischen Scherereien zu bereiten. Warum z. B. hatte sich sein Freund und Kommilitone, der ihm jenen erfolgreichen Frack vererbte, um acht Uhr abends, zu einer geselligen Stunde also und noch dazu im Nebenzimmer, erschießen müssen? Hätte er das nicht ebensogut woanders tun können oder zu einer Zeit, wo sich Leonidas nicht in der Nähe befand? Aber nein! Jede Handlung, auch die verzweifeltste, muß unterstrichen und in bittere Anführungszeichen gesetzt werden. Immer ein Zuviel oder ein Zuwenig! Ein Beweis für jenen so bezeichnenden Mangel an Takt. Unsagbar taktlos ist es von Vera, im Juli nach Sankt Gilgen zu kommen, wo Leonidas mit Amelie zwei Wochen seines schwerverdienten Urlaubs verbringen will, wie sie gewiß in Erfahrung gebracht hat. Gesetzt den Fall, er begegnet ihr jetzt auf dem Dampferchen, was soll er tun? Er weiß natürlich, was er tun wird: Vera nicht erkennen, nicht grüßen, durch sie achtlos heiter hindurchblicken und mit Amelie und der kleinen Gesellschaft ohne Wimpernzucken lachende Konversation machen. Doch wie teuer wird ihn diese empörend brillante Haltung zu stehen kommen! Sie kostet Nervenkraft und Selbstbewußtsein für eine ganze Woche seines allzu kurzen Urlaubs. Der Appetit ist hin. Die nächsten Tage sind vergällt. Und er muß sofort einen einleuchtenden Grund Amelie gegenüber ersinnen, um spätestens morgen Mittag den Aufenthalt in diesem so reizenden Sankt Gilgen abbrechen zu können. Wohin sie sich aber begeben werden, ob nach Tirol, an den Lido oder ans nördliche Meer, überall wird ihn die Möglichkeit verfolgen, die er nicht auszudenken wagt. Das rasche Gefälle dieser Überlegungen hat ihn den Brief in seiner Hand vergessen lassen. Jetzt aber erfaßt ihn eine jähe Neugier. Er möchte wissen, woran er ist. Vielleicht sind jene dämmerigen Ahnungen und Befürchtungen nur Ausgeburten seiner so leicht reizbaren Hypochondrie. Vielleicht wird er erleichter aufatmen, wenn er den Brief gelesen hat. Die dicke Sommerhummel, seine Mitgefangene, hat endlich den Fensterspalt gefunden und verdröhnt in der Freiheit draußen. Es ist auf einmal schrecklich still in der kläglichen Enge. Leonidas setzt das Taschenmesser an, um den Brief aufzuschneiden. Da tutet das uralte Dampferchen, klein und klapprig, ein

Kinderspielzeug aus verschollenen Zeiten. Das Schaufelrad schäumt hörbar das Wasser auf. Nach einer kurzen Regungslosigkeit beginnt das Schattenmuster des Weinlaubs von neuem sein Spiel an der Wand. Keine Zeit mehr! Schon wird Amelie nervös rufen: León! Sein Herz klopft, während er den Brief in kleine Schnitzel zerreißt und verschwinden läßt ...

Ewige Wiederkehr des gleichen! So etwas also gibt's wahrhaftig, staunte Leonidas. Veras heutiger Brief hatte ihn in dieselbe schmähliche Situation versetzt wie jener vor fünfzehn Jahren. Es war die Ursituation seiner Versündigung an Vera und an Amelie. Alles stimmte aufs Haar überein. Der Postempfang in Gegenwart seiner Frau, damals wie heute. Jetzt erst las er auf der Rückseite des Briefes den Vermerk der Absenderin: ›Dr. Vera Wormser loco‹. Dann folgte der Name des Parkhotels, das in nächster Nähe, zwei Straßen entfernt, lag. Vera also war gekommen, damals wie heute, um ihn zu suchen, um ihn zu stellen. Nur daß statt einer Sommerhummel einige greise Herbstfliegen, asthmatisch summend, seine Gefangenschaft teilten. Leonidas hörte sich, nicht ohne Verwunderung, leise auflachen. Dieser Schreck vorhin, dieses Stillstehen des Herzens war nicht nur unwürdig, er war auch blödsinnig. Hätte er den Brief nicht ruhig vor Amelie zerreißen können, gelesen oder ungelesen?! Eine Belästigung, eine Petition aus dem Publikum, wie hundert andere, weiter nichts. Fünfzehn Jahre, nein, fünfzehn plus drei Jahre! Das sagt sich so einfach. Aber achtzehn Jahre sind eine unausschöpfliche Verwandlung. Sie sind mehr als ein halbes Menschenalter, das die Lebenden beinahe völlig austauscht, ein Zeitozean, der wahrhaftig andere Verbrechen zu nichts verwässert als eine feige Unanständigkeit in der Liebe. Was war er doch für ein Waschlappen, daß er von dieser mumifizierten Geschichte nicht loskommen konnte, daß er durch sie die schöne Seelenruhe seines Vormittags verlor, er, ein Fünfzigjähriger auf dem Gipfel seiner Laufbahn? Der ganze Unsegen kam von der Halbschlächtigkeit seines Herzens, so stellte er fest. Dieses Herz war einerseits zu weich geraten und andrerseits zu windig. Sein Lebtag litt er daher an einem ›verdorbenen Herzen‹. Diese Formel ging zwar, er empfand es selbst, gegen den guten Geschmack, sie drückte aber seinen unpäßlichen Seelenzustand treffend aus. War die schreckhafte Empfindlichkeit der blaßblauen Frauenschrift gegenüber nicht der Beweis einer skrupelhaft zarten Kavaliersnatur, die einen moralischen

Schnitzer auch nach schier unendlicher Zeit nicht verwinden und sich vergeben kann? Leonidas bejahte im Augenblick diese Frage rückhaltlos. Und er belobte sich selbst mit einiger Melancholie, weil er, ein anerkannt schöner und verführerischer Mann, außer der leidenschaftlichen Episode mit Vera nur noch neun bis elf gegenstandslose Seitensprünge in seiner Ehe sich vorzuwerfen hatte.

Er atmete tief auf und lächelte. Jetzt wollte er mit Vera Schluß machen für immer. Fräulein Doktor der Philosophie Vera Wormser, Spezialfach Philosophie. In dieser Berufswahl schon lag ein aufreizender Hang zur Überlegenheit. (Fräulein Doktor? Nein, hoffentlich Frau Doktor. Verheiratet und nicht verwitwet.) Im offenen Fensterchen stand der bauschige Wolkenhimmel. Leonidas riß entschlossen den Brief ein. Der Riß aber war noch nicht zwei Zentimeter tief, als seine Hände innehielten. Und jetzt geschah das Gegenteil von dem, was vor fünfzehn Jahren in Sankt Gilgen geschehen war. Damals wollte er den Brief öffnen und zerriß ihn. Jetzt wollte er den Brief zerreißen und öffnete ihn. Spöttisch sah ihn von dem verletzten Blatt die gesammelte Persönlichkeit der blaßblauen Frauenschrift an, die sich nun in mehreren Zeilen entwickeln konnte.

Oben auf dem Kopf des Briefes stand in raschen und genauen Zügen das Datum: ›Am siebenten Oktober 1936‹. Man merkt die Mathematikerin, urteilte Leonidas, Amelie hat in ihrem ganzen Leben noch nie einen Brief datiert. Und dann las er: ›Sehr geehrter Herr Sektionschef!‹ Gut! Gegen diese dürre Anrede ist nichts einzuwenden. Sie ist vollendet taktvoll, obgleich sich ein schwacher, aber unüberwindlicher Hohn hinter ihr zu verbergen scheint. Jedenfalls läßt dieses ›Sehr geehrter Herr Sektionschef‹ nichts allzu Nahes befürchten. Lesen wir weiter!

›Ich bin gezwungen, mich heute mit einer Bitte an Sie zu wenden. Es handelt sich dabei nicht um mich selbst, sondern um einen jungen begabten Menschen, der aus den allgemein bekannten Gründen in Deutschland sein Gymnasialstudium nicht fortsetzen darf und es daher hier in Wien vollenden möchte. Wie ich höre, liegt die Ermöglichung und Erleichterung eines solchen Übertritts in Ihrem speziellen Amtsbereich, sehr geehrter Herr. Da ich hier in meiner ehemaligen Vaterstadt keinen Menschen mehr kenne, halte ich es für meine Pflicht, Sie in diesem, für mich äußerst wichtigen Fall in Anspruch zu nehmen. Sollten Sie bereit sein, meiner Bitte zu willfahren, so genügt es, wenn Sie mich durch Ihr Büro verständigen lassen. Der junge Mann wird Ihnen dann zu gewünschter Zeit seine Aufwartung machen und die notwendige Auskunft geben. Mit verbindlichem Dank. Vera W.‹

Leonidas hatte den Brief zweimal gelesen, vom Anfang bis zum Ende, ohne abzusetzen. Dann steckte er ihn mit vorsichtigen Fingern wieder in die Tasche wie eine Kostbarkeit. Er fühlte sich so schlaff und müde, daß er nicht Kraft genug fand, die Tür aufzusperren und aus seinem Gefängnis zu treten. Wie komisch überflüssig erschien ihm jetzt seine kindliche Flucht in das beklemmende Örtchen. Diesen Brief hätte er keineswegs mit tödlichem Schreck vor Amelie verbergen müssen. Diesen Brief hätte er offen liegen lassen, ja ihr ruhig über den Tisch hinreichen können. Es war der harmloseste Brief der Welt, dieser hinterlistigste Brief der Welt. Dergleichen Bittschriften um Protektion und Intervention bekam er hundert im Monat. Und doch, in diesen knappen und geraden Zeilen lebte eine Ferne, eine Kälte, eine abgezirkelte Besonnenheit, vor der er sich moralisch zusammenschrumpfen fühlte. Vielleicht wird dereinst, wer kann's wissen, vor dem Jüngsten Gericht, ein ähnlich tückisch ausgewogener Schriftsatz auftauchen, der nur für den Gläubiger und den Schuldner, für den Mörder und das Opfer verständlich ist, allen andern aber als geringfügiger Sachverhalt erscheint, durch diese Verhüllung doppelt furchtbar für den Betreffenden. Weiß Gott, was für unseriösen Einfällen und Anwandlungen ein gesetzter Staatsbeamter mitten an einem hellichten Oktobertage erliegen konnte! Woher kam auf einmal das Jüngste Gericht in ein sonst so sauberes Gehirn? Schon kannte Leonidas den Brief auswendig. ›Es liegt in Ihrem speziellen Amtsbereich, sehr geehrter Herr.‹ So ist es, sehr geehrter Herr! ›Ich halte es für meine Pflicht, Sie in diesem für mich äußerst wichtigen Fall in Anspruch zu nehmen.‹ Der trockene Stil einer Eingabe. Und doch ein Satz von marmorner Wucht und spinnwebzarter Feinheit für den Wissenden, den Schuldigen. ›Der junge Mann wird Ihnen zu gewünschter Stunde seine Aufwartung machen und die notwendige Auskunft geben.‹ Notwendige Auskunft! Diese zwei Worte rissen den Abgrund auf, indem sie ihn verschleierten. Kein Staatsrechtler, kein Kronjurist hätte sich ihrer gnadenlosen Zweideutigkeit zu schämen gehabt.

Leonidas war betäubt. Nach einer Ewigkeit von achtzehn Jahren hatte den allseits Gesicherten die Wahrheit doch eingeholt. Es gab keinen

Ausweg mehr für ihn und keinen Rückzug. Er konnte sich der Wahrheit, die er in einer Minute der Schwäche eingelassen hatte, nicht mehr entziehen. Nun war die Welt für ihn von Grund auf verwandelt, und er für die Welt. Die Folgen dieser Verwandlung waren nicht abzusehen, das wußte er, ohne diese Folgen in seinem bedrängten Geist noch ermessen zu können.
Ein harmloser Bittbrief! In diesem harmlosen Bittbrief aber hatte Vera ihm kundgetan, daß sie einen erwachsenen Sohn besaß und daß dieser Sohn der seinige war.

Drittes Kapitel
Hoher Gerichtshof

Obgleich die Zeit schon vorgerückt war, ging Leonidas die Alleestraße des Hietzinger Viertels viel langsamer entlang als sonst. Er stützte sich, gedankenvoll schreitend, auf seinen Regenschirm, blickte aber zugleich mit aufmerksamen Augen um sich her, um keinen Gruß zu versäumen. Er war recht oft gezwungen, seine Melone zu ziehen, wenn ihn die pensionierten Beamten und kleinen Bürger dieser ehrerbietig konservativen Gegend schwungvoll komplimentierten. Seinen Mantel trug er überm Arm, denn es war unversehens warm geworden.
Seit der kleinen Weile, in der durch Veras Brief sein Leben von Grund auf verwandelt worden war, hatte sich auch das Wetter dieses Oktobertages überraschend verändert. Der Himmel war überall zugewachsen und zeigte keine schamlos nackten Stellen mehr. Die Wolken eilten nicht länger dampfweiß und scharfgerändert, sondern lasteten unbeweglich tief und hatten die Farbe schmutziger Möbelbezüge. Eine Windstille wie aus dickem Flanell herrschte ringsum. Das Pochen der Motoren, das Kreischen der Elektrischen, der Straßenlärm fern und nah klang wie gepolstert. Jedes Geräusch war aufgetrieben und undeutlich, als erzähle die Welt die Geschichte dieses Tages mit vollem Munde. Ein unnatürlich warmes, ein verschlagenes Wetter, das bei älteren Leuten die Angst vor einem plötzlichen Tode förderte. Es konnte sich zu allem entscheiden: zu Gewitter und Hagelschlag, zu griesgrämigem Landregen oder zu einem faulen Friedensschluß mit der Herbstsonne. Leonidas mißbilligte von ganzem Herzen diese Wit-

terung, die den Atem bedrängte und auf seinen eigenen Gemütszustand zweideutig gemünzt schien.
Die schlimmste Folge der krankhaften Windstille aber bestand darin, daß sie den Sektionschef hinderte, logische Gedanken und Entscheidungen zu fassen. Ihm war's, als arbeite sein akademisch erzogenes Gehirn nicht frei und gelenkig wie sonst, sondern in dicken, unbequemen Wollhandschuhen, mit welchen sich die rasch aufwachsenden Fragen nicht recht anfassen und begreifen ließen.
Er war also Vera erlegen heute. Nach einem achtzehnjährigen, stummen Kampf, der sich wie außerhalb des Lebens abgespielt hatte, ohne deshalb weniger tatsächlich zu sein. Ihre Kraft allein hatte ihn gezwungen, den Brief zu lesen, anstatt ihn zu zerreißen und damit der Wahrheit noch einmal zu entkommen. Ob es ein Fehler war, das konnte er jetzt noch nicht wissen, eine Niederlage war's jedenfalls und entscheidender als das, ein jäher Weichenwechsel seines Lebens. Seit einer Viertelstunde lief dieses Leben auf einem neuen Schienenstrang in unbekannter Richtung. Denn seit genau einer Viertelstunde hatte er einen Sohn. Dieser Sohn war ungefähr siebzehn Jahre alt. Das Bewußtsein, des fremden jungen Mannes Vater zu sein, hatte ihn durchaus nicht unerwartet aus dem Hinterhalt des Nichts angetreten. Im Dämmerreiche seines Schuldbewußtseins, seiner Angst und seiner Neugier lebte ja Veras Kind seit dem unbekannten Tage der Geburt ein drohend gespensterhaftes Leben. Nun hatte nach einer schier unendlichen Inkubationsfrist, in der die Furcht fast schon zerronnen war, dieses Gespenst urplötzlich Fleisch und Blut angenommen. Die harmlos tückische Verschleierung der Wahrheit in Veras Brief milderte die Ratlosigkeit des Bestürzten keineswegs. Obwohl er vom Charakter der einst Geliebten nicht das mindeste mehr wußte, so dachte er jetzt mit einem nervösen Verkneifen der Lippen: Das ist echt Vera, diese Kriegslist! Sie bleibt unbestimmt. Bleibt sie nur unbestimmt, um mich nicht zu kompromittieren? Oder läßt sie mir noch eine Hoffnung? Der Brief gibt mir offenbar die Möglichkeit, auch jetzt noch zu entschlüpfen. ›Sollten Sie bereit sein, meiner Bitte zu willfahren …‹ Und wenn ich nicht bereit wäre? Mein Gott, das ist es ja! Durch ihre Unbestimmtheit bindet sie mich doppelt. Ich kann nicht länger passiv bleiben. Eben darum, weil sie die Wahrheit nicht schreibt, verifiziert sie die Wahrheit. Dem Sektionschef war im Zusammenhange mit Vera dieser juristische Fachausdruck ›verifizieren‹ wirklich in den Sinn gekommen.

Untreu seinen guten Manieren, blieb er bei einem Übergang mitten auf der Fahrbahn stehen, blies einen stöhnenden Atemzug von sich, nahm die Melone ab und trocknete seine Stirn. Zwei Autos gaben wütend Laut. Ein Schutzmann drohte empört. Leonidas erreichte in verbotenen Sprüngen das andere Ufer. Es war ihm nämlich eingefallen, daß sein neuer Sohn in hohem Maße ein israelitischer Jüngling war. Er durfte also in Deutschland nicht mehr die Schule besuchen. Nun, man lebte hier in der gefährlichsten Nachbarschaft Deutschlands. Niemand wußte, wie sich die Dinge hierzulande entwickeln würden. Es war ein ungleicher Kampf. Von einem Tag zum andern konnten hüben dieselben Gesetze in Kraft treten wie drüben. Schon heutzutage war für einen hohen Staatsbeamten die gesellschaftliche Berührung mit Veras Rasse, von einigen glänzenden Ausnahmen abgesehen, höchst unstatthaft. Die Zeiten lagen sehr fern, in welchen man den Frack eines unglücklichen Kollegen erben durfte, der sich aus keinem triftigeren Grunde erschossen hatte, als weil er des vergötterten Richard Wagner Verdammungsurteil gegen den eigenen Stamm nicht zu ertragen vermochte. Und nun besaß man mit Fünfzig urplötzlich selbst ein Kind dieses Stammes. Eine unglaubliche Wendung! Die Weiterungen waren nicht auszudenken. Amelie? Aber so weit sind wir noch gar nicht, redete Leonidas sich selbst ein.

Immer wieder versuchte er, den Fall, in den er als Verschulder und Opfer gleichermaßen verwickelt war, sich aufs gewissenhafteste ›zurechtzulegen‹. Der geschulte Beamte besitzt ja die Fertigkeit, über jeden Sachverhalt einen ›Akt zu errichten‹ und ihn damit dem Schmelzprozeß des Lebens zu entreißen. Leonidas gelang es kaum, diesen dürren Sachverhalt wieder herzustellen, geschweige auch nur einen Hauch jener sechs Wochen seiner brennenden Liebe. Vera selbst verbat sich's, genau so wie sie ihm ihr Bild entzog. Was übrigblieb, war recht mager. In diesen quälenden Minuten wäre er auch vor Gericht (vor welchem Gericht?) nicht fähig gewesen, ein farbigeres Bild des inkriminierten Vergehens zu malen, als etwa folgendes:

Es geschah im dreizehnten Monat meiner Ehe, hoher Gerichtshof – so hätte das trockene Plädoyer beginnen können –, da erhielt Amelie die Nachricht, daß ihre Großmutter mütterlicherseits schwer erkrankt sei. Diese Großmutter, eine Engländerin, war die wichtigste Persönlichkeit der eingebildeten, snobistischen Millionärsfamilie Paradini.

Sie liebte ihre jüngste Enkelin abgöttisch. Amelie war gezwungen, um einen wesentlichen Teil ihres Erbes zu verteidigen, nach Devonshire auf den Landsitz der Sterbenden zu reisen. Intriganten und Erbschleicher waren am Werk. Ich hielt es für unumgänglich notwendig, daß meine Frau der alten Dame in ihren letzten Stunden immer vor Augen blieb. Leider dehnten sich diese letzten Stunden zu vollen drei Monaten aus. Ich glaube, ohne nachträgliche Fälschung sagen zu können, daß wir beide, Amelie und ich, über diese erste Trennung unserer Gemeinschaft aufrichtig verzweifelt waren. Um ganz offen zu sein, vielleicht habe ich für meine Person gleichzeitig eine angenehme Spannung empfunden, daß ich nun für eine kurze Dauer wieder frei sein werde und mein eigener Herr. In den Anfängen nämlich war Amelie noch weit anstrengender, launischer, verstimmter, eifersüchtiger als jetzt, wo sie sich trotz ihrer ursprünglichen Unbändigkeit meinem maßvollen Lebensrhythmus anzupassen gelernt hatte. Sie war ja kraft ihres Reichtums die Herrin über mich und hatte es leicht, eine Fée caprice zu sein. Die brutalen Grundverhältnisse zwischen den Menschen lassen sich auch durch persönliche Kultur, Bildung, Erziehung und ähnliche Luxusgüter nicht umstürzen. Wir feierten jedenfalls auf dem Westbahnhofe einen schweren, tränenvollen Abschied. Zur selben Zeit hatte mein Ministerium den Beschluß gefaßt, mich nach Deutschland zu schicken, damit ich dort die vorbildliche Organisation des Hochschulstudiums aus der Nähe kennenlerne. Aufbau und Verwaltung der Universitäten sind, wie man weiß, mein eigentliches Fach und meine besondere Force. In diesen Belangen habe ich einiges geleistet, was aus der Erziehungsgeschichte meines Vaterlandes nicht leicht wird ausgemerzt werden können. Amelie ihrerseits war recht zufrieden, daß ich für die Zeit unserer Trennung nach Heidelberg gehen würde. Sie hätte überaus darunter gelitten, mich in dem großen, verführerischen Wien zurücklassen zu müssen. Die Versuchungen eines hübschen deutschen Universitätsstädtchens erschienen ihr federleicht dagegen. Ich hatte sogar hoch und heilig versprechen müssen, schon am Tage nach ihrer Abreise Wien zu verlassen, um mich unverzüglich meiner neuen Aufgabe zu widmen. Mit Pünktlichkeit hielt ich mein Versprechen, denn ich muß bekennen, daß mir Amelie selbst heute noch eine gewisse Furcht einflößt. Ich habe ihre überlegene Position nicht zu überwinden verstanden. Daß sie sich's in den Kopf gesetzt hatte, den kleinen Konzeptbeamten, der ich damals war, gegen alle

Widerstände zu heiraten, das war die Extravaganz einer Sehrverwöhnten, der jeder Wunsch erfüllt werden mußte. Wer hat, dem wird gegeben. Ich bin, das läßt sich nicht bezweifeln, in Amelies Besitz übergegangen. Sehr groß sind die Vorteile, einer unabhängigen, steinreichen Frau anzugehören, die aus einem finanziell und gesellschaftlich mächtigen Hause stammt. Die Nachteile sind aber nicht minder groß. Nicht einmal die strenge Gütertrennung, auf der ich von jeher grundsätzlich bestand, kann es verhüten, daß auch ich durch ein den großen Vermögen innewohnendes Naturgesetz eine Art willensbeschränktes Eigentum geworden bin. Vor allem: Wenn ich Amelie verliere, habe ich positiv mehr zu verlieren, als sie zu verlieren hat, wenn sie mich verliert. (Ich glaube übrigens nicht, daß Amelie meinen Verlust überleben könnte.) All diese Gründe haben mich vom ersten Tage an unsicher und ängstlich gemacht. Es bedurfte daher einer unablässigen Selbstbeherrschung und Vorsicht, mir diese demütigenden Schwächen nicht anmerken zu lassen und immer der spielerisch heitere Mann zu bleiben, der seinen Erfolg mit einem lässigen Achselzucken als selbstverständlich hinnimmt. – Vierundzwanzig Stunden nach unserem rührenden Abschied traf ich in Heidelberg ein. Im Portal des dortigen Prachthotels kehrte ich um. Plötzlich widerte mich der üppige Lebensstil an, in den mich meine Ehe versetzt hatte. Es war wie ein Heimweh nach den Bitternissen und der Bedürftigkeit meiner eigenen Lehrzeit. Und dann: Mir war ja die Aufgabe gestellt worden, das Leben und Treiben der hiesigen Studenten zu studieren. Ich mietete mich also in einer engen, billigen Studentenpension ein. Schon bei der ersten Mahlzeit am gemeinsamen Tisch sah ich Vera. Ich sah Vera Wormser wieder.

Für alles, was ich nunmehr vorbringen will, hoher Gerichtshof, muß ich um ganz besondere Nachsicht bitten. Es ist nämlich so, daß ich mich an die unter Anklage stehenden Vorgänge nicht eigentlich erinnern kann, obwohl sie mir natürlich als meine eigenen anrüchigen Erlebnisse durchaus bekannt sind. Ich weiß von ihnen ungefähr so, wie man etwas weiß, das man vor langer Zeit irgendwo gelesen hat. Man kann's notdürftig nacherzählen. Es lebt aber nicht im Innern wie die eigene Vergangenheit. Es ist abstrakt und leer. Eine peinliche Leere, vor der jeder Versuch eines gefühlshaften Wiedererlebens zurückscheut. Da ist vor allem meine Geliebte selbst, Fräulein Vera Wormser, Studentin der Philosophie, zu jener Zeit. Ich weiß, daß sie bei unsrer

Wiederbegegnung in Heidelberg zweiundzwanzig Jahre alt war, neun Jahre jünger als ich, drei Jahre älter als Amelie. Ich weiß, daß ich niemals eine feinere, zierlichere Erscheinung gekannt habe als Fräulein Wormser. Amelie ist sehr groß und schlank. Sie muß aber um diese Schlankheit unaufhörlich kämpfen, denn von Natur neigt ihre fürstliche Gestalt eher zur Fülle. Ohne daß je eine Bemerkung darüber gefallen wäre, hat es der Instinkt Amelies genau erfaßt, daß mich alles Pompös-Weibliche kalt läßt und daß ich eine unüberwindliche Zuneigung für kindhafte, ätherische, durchsichtige, rührend-zarte, gebrechliche Frauenbilder empfinde, insbesondere dann, wenn sie mit einem besonnenen und unerschrockenen Geiste gepaart sind. Amelie ist dunkelblond, Vera hat nachtschwarze, glatte Haare, in der Mitte gescheitelt, und im ergreifenden Gegensatz dazu, tiefblaue Augen. Ich berichte das, weil ich es weiß, nicht aber, weil ich es vor mir sehe. Ich sehe Fräulein Wormser, die meine Geliebte war, nicht mit meinem inneren Auge. So trägt man das Bewußtsein einer Melodie in sich, ohne sie wiedergeben zu können. Schon seit Jahren kann ich mir die Vera von Heidelberg nicht vorstellen. Immer wieder drängt sich eine andere dazwischen. Die vierzehn- oder fünfzehnjährige Vera, wie ich sie als bettelarmer Student zum erstenmal erblickt habe.
Die Familie Wormser hatte hier in Wien gelebt. Der Vater war ein vielbeschäftigter Arzt, ein kleiner, feingliedriger Mann mit einem schwarzgrauen Bärtchen, der wenig sprach, hingegen selbst bei Tische unversehens eine medizinische Zeitschrift oder Broschüre hervorzuholen pflegte, in die er sich versenkte, ohne die anderen zu beachten. Ich lernte in ihm den ›intellektuellen Israeliten‹ par excellence kennen, mit seiner Vergötterung des bedruckten Papiers, mit seinem tiefen Glauben an die voraussetzungslose Wissenschaft, der bei diesen Leuten die natürlichen Instinkte und Gelassenheiten ersetzt. Wie imponierte mir damals jene unschuldige Strenge, die keine anerkannte Wahrheit unwidersprochen hinnimmt. Ich fühlte mich nichtig und wirr vor dieser zergliedernden Schärfe. Er war Witwer schon die längste Zeit, und auf der schwermütigen Grundierung seiner Züge lag unauslöschbar ein spöttisches Lächeln. Die Wirtschaft führte eine ältere Dame, die zugleich das Amt einer Ordinations-Schwester versah. Doktor Wormser, sagte man, war ein Arzt, der so manche Leuchte der Fakultät an Wissen und diagnostischer Treffsicherheit übertraf. Ich war in dieses Haus empfohlen worden, um den siebzehnjährigen

Jacques, Veras Bruder, zum Examen vorzubereiten. Jacques hatte durch eine langwierige Krankheit mehrere Monate des Schuljahres versäumt, und nun mußten die Lücken in aller Eile ausgefüllt werden. Er war ein blasser, schläfriger Junge, verschlossen gegen mich bis zur Feindseligkeit, und hat mich durch seine Zerstreutheit und seinen inneren Widerstand (heute weiß ich den Grund) oft bis aufs Blut gepeinigt. Er ist dann in den ersten Kriegswochen als Freiwilliger gefallen. Bei Rawaruska. Wie froh aber war ich in jener härtesten Periode meines Lebens, eine fixe Hauslehrerstelle für längere Zeit gefunden zu haben. Vor mir lag keine Zukunft. Daß mir schon ein Semester später der Sprung aus meiner dumpfen Unterwelt in eine lichte Oberwelt gelingen werde, das hätte auch eine robustere Natur nicht für erträumbar gehalten. Ich glaubte schon, das große Los gezogen zu haben, weil man mich im Hause Wormser, ohne daß es ausbedungen war, täglich beim Mittagessen dabehielt. Der Doktor kam gewöhnlich gegen ein Uhr heim. Jacques und ich saßen da noch immer über den Lehrbüchern. Er rief uns beide zu Tisch, wobei er meines unseligen Vornamens wegen oft die berühmte Grabschrift des antiken Leonidas und seiner Helden parodierte:

»Wanderer, kommst du nach Sparta,
verkündige dorten, du habest
hier uns schmausen gesehn, wie
das Gesetz es befahl.«

Ein mäßiger Witz, der mich aber immer wieder sonderbar beschämte und kränkte. Das Mittagmahl bei Wormser wurde für mich ein Gewohnheitsrecht. Vera kam fast immer zu spät. Auch sie war Gymnasiastin wie ihr Bruder. Ihre Schule aber lag in einem entfernten Bezirk. Sie hatte einen langen Heimweg. Das Haar trug sie damals noch lang. Es fiel ihr auf die schwächlichen Schultern. Ihr Gesichtchen, wie aus Mondstein geschnitten, wurde beherrscht von den großen, langbeschatteten Augen, deren irritierendes Blau sich unter die schwarzen Brauen und Wimpern aus einer kühlen Fremde verirrt zu haben schien. Nur selten traf mich ihr Blick, der hochmütigste, ablehnendste Mädchenblick, den ich je zu erdulden hatte. Ich war der Hauslehrer ihres Bruders, ein kleiner Student, käsig, mit Pickeln im Gesicht und stets entzündeten Augen, die bedeutungslose Nichtigkeit und Unsi-

cherheit in Person. Ich übertreibe nicht. Bis zu jenem unglaubwürdigen Wendepunkt meines Lebens war ich ohne Zweifel ein unschöner, linkischer Bursche, der sich von jedermann verachtet und von jeder Frau verlacht fühlte. Ich hatte gewissermaßen das äußerste ›Tief‹ meines Daseins erreicht. Niemand hätte einen Groschen für die Laufbahn dieses schäbigen Studenten gegeben. Auch ich nicht. Mein ganzes Selbstvertrauen war erschöpft. Wie sollte ich gerade in diesen unseligen Monaten ahnen, daß ich mich selbst bald werde grenzenlos in Erstaunen setzen? (Alles kam dann wie ohne mein Zutun.) Ich war mit dreiundzwanzig Jahren in meinem Elend eine noch nicht voll entwikkelte Lemure. Vera aber, ein Kind, schien weit über ihre Jahre hinaus reif und gefestigt zu sein. Immer, wenn mich bei Tisch ihre Augen streiften, erstarrte ich unter dem arktischen Kältegrad ihrer Gleichgültigkeit. Dann hatte ich den Wunsch, mich in Nichts aufzulösen, damit Vera den unappetitlichsten und unsympathischsten Menschen der Welt nicht länger vor den schönen Augen haben müsse.
Neben Geburt und Tod erlebt der Mensch eine dritte katastrophale Stufe auf seinem Erdenweg. Ich möchte sie die ›soziale Entbindung‹ nennen, ohne mit dieser etwas zu geistreichen Formel ganz einverstanden zu sein. Ich meine den krampfgeschüttelten Übergang von der völligen Geltungslosigkeit des jungen Menschen zu seiner ersten Selbstbestätigung im Rahmen der bestehenden Gesellschaft. Wieviel gehen an dieser Entbindung zugrunde oder nehmen zumindest einen Schaden fürs Leben. Es ist schon eine runde Leistung, fünfzig Jahre alt zu werden, und noch dazu in Ehren und Würden. Mit dreiundzwanzig, ein verspäteter Fall, wünschte ich mir alltäglich den Tod, zumal wenn ich am Familientisch Doktor Wormsers saß. Mit wildem Herzklopfen erwartete ich jedesmal Veras schwebenden Eintritt. Erschien sie in der Tür, so war's für mich eine fürchterliche Wonne, die mir die Kehle zudrückte. Sie küßte den Vater auf die Stirn, gab dem Bruder einen Klaps und reichte mir geistesabwesend die Hand. Dann und wann richtete sie sogar das Wort an mich. Es handelte sich dabei meist um Fragen, die einen der Gegenstände betrafen, die an diesem Tage in ihrer Schule zur Sprache gekommen waren. Ich versuchte dann mit gieriger Stimme auszupacken und mein Licht leuchten zu lassen. Es gelang mir niemals. Vera wußte nämlich immer so zu fragen, als benötige sie keineswegs unfehlbaren Wissensborn, als welchen ich mich dünkte, so als sei ich der Geprüfte und sie die Prüfende. Nichts nahm

sie auf Treu und Glauben hin. Darin war sie die echte Tochter des Doktors. Schnitt sie meinen eitlen Sermon – ihre Augen sahen über mich hinweg – mit einem unnachsichtigen ›Warum ist das so?‹ plötzlich ab, dann verwirrte mich ihr Wahrheitssinn bis zur Sprachlosigkeit. Ich selbst hatte niemals ›Warum?‹ gefragt, sondern an der endgültigen Richtigkeit alles Gelehrten nicht im geringsten gezweifelt. Nicht umsonst war ich der Sohn eines Schulmannes, der das ›Memorieren‹ des Lehrstoffes für die beste Methode hielt. Manchmal stellte mir Vera auch Fallen. In meinem Eifer ging ich in diese Fallen. Dann lächelte Doktor Wormser müde vor Ironie oder ironisch vor Müdigkeit, wer konnte es bei ihm unterscheiden. Veras Intelligenz, ihr kritischer Sinn, ihre Unbestechlichkeit, wurden nur noch übertroffen von dem unnahbaren Reiz ihrer Erscheinung, der mir immer wieder den Atem verschlug. Hatte ich mir eine Niederlage zugezogen, dann liebte ich das Mädchen nur um so verzweifelter. Ich durchlebte ein paar Wochen, der gräßlichsten Sentimentalität. Nachts weinte ich mein Kissen naß. Ich, der ich einige Jahre später die umworbenste Schönheit von Wien mein nennen sollte, ich glaubte während jener unseligen Wochen, dieses strengen Schulmädchens Vera niemals würdig werden zu dürfen. Volltrunken von Hoffnungslosigkeit war ich. Zwei Wesenszüge der Angebeteten schleuderten mich stets in den Abgrund meines Unwerts: die Reinheit ihres Sinns und eine süße Fremdartigkeit, die mich verzückte bis an die Grenze des Schauders. Mein einziger Sieg war, daß ich mir nichts anmerken ließ. Ich sah Vera kaum an und befleißigte mich bei Tisch einer starr blasierten Miene. Wie es sentimentalen Pechvögeln zu ergehen pflegte, erging es auch mir. Immer wieder unterlief mir oder beging ich eine Ungeschicklichkeit, die mich lächerlich machte. Ich streifte ein venezianisches Glas zu Boden, das Vera besonders liebte. Ich verschüttete Rotwein über das frische Tischtuch. Ich wies aus purer Verlegenheit und blödem Stolz die Speisen zurück und stand, ohne Aussicht auf ein Abendessen, so hungrig auf, wie ich mich hingesetzt hatte; eine sinnlose, aber heldenhafte Entsagung, die auf Vera nicht den mindesten Eindruck machte. Einmal brachte ich – meine Zimmermiete mußte ich deshalb schuldig bleiben – die schönsten langstieligen Rosen mit, hatte aber den Mut nicht, sie Vera zu überreichen, sondern steckte sie gleich im Vorraum hinter einen Schrank, wo sie ruhmlos verkamen. Kurz, ich benahm mich wie der schüchterne Liebhaber des älteren Lustspiels, nur noch verbohrter und vertrackter. Ein andermal, als wie schon beim Dessert saßen, spürte ich, wie meine allzuenge Hose an der bedenklichsten Stelle mitten durchplatzte. Mein ausgewachsener Rock bedeckte diese Stelle nicht. Wie sollte ich mich, heiliger Himmel, nach Tisch unentlarvt an Vera vorbei retten? Mein Selbstbewußtsein hat früher oder später niemals wieder eine solche Hölle erlebt wie in diesen Minuten.

Man sieht, hohes Gericht, wie meine Erinnerung flüssig wird, wenn ich sie auf das Haus Wormser und die Zeit meiner ersten und letzten unglücklichen Liebe richte. Ich könnte nichts einwenden gegen die Vermahnung: Bleiben Sie bei der Sache, Angeklagter. Wir sind keine Seelenärzte, sondern Richter. Warum behelligen Sie uns mit den Herzenswallungen eines Jünglings, der sehr verspäteter Weise die Nachwirkungen der Geschlechtsreife noch nicht überwunden hatte? Ihre Schüchternheit haben Sie mittlerweile gründlich abgelegt, das werden Sie zugeben. Als Sie den Frack des Selbstmörders erbten und im Spiegel erkannten, daß er Ihnen gut stand und Sie zu einem wohlaussehenden jungen Mann machte, da waren Sie mit einem Schlage ein anderer, das heißt, Sie waren Sie selbst. Wen also wollen Sie mit jenen langweiligen Geschichten rühren? Sehen Sie etwa in der kindischen Schwärmerei, die Sie vor uns ausbreiten, eine Ausrede für Ihr nachfolgendes Verhalten?

– Ich suche keine Ausrede, hoher Gerichtshof. – Es ist festzustellen, daß Sie während Ihres Dienstes im Hause Wormser der Vierzehn- oder Fünfzehnjährigen Ihre Gefühle mit keiner Miene zur Kenntnis brachten. – Mit keiner Miene. – Fahren Sie demnach fort, Angeklagter! Sie hatten sich zu Heidelberg in einer Studentenpension eingemietet, wo Sie Ihrem Opfer wieder begegneten. – Jawohl, ich hatte mich in dieser kleinen Pension eingemietet und begegnete nach vollen sieben Jahren gleich bei der ersten Mahlzeit Vera Wormser. Nachdem Jacques dank meiner Hilfe das Abiturientenexamen bestanden, war die Familie nach Deutschland gezogen. Man hatte Wormser die Leitung eines privaten Krankenhauses in Frankfurt angeboten, und er war diesem Rufe gefolgt. Als ich Vera aber wiedersah, lebte weder ihr Vater noch ihr Bruder mehr. Sie stand vollkommen allein im Leben, behauptete jedoch, sich weniger verlassen als frei und selbständig zu fühlen. Der Zufall hatte es gewollt, daß ich am langen Tisch meinen Platz neben dem ihren hatte ...

Ich unterbreche mich, hoher Gerichtshof, weil ich selbst bemerke, daß meine Ausdrucksweise immer stockender und hölzerner wird. Je mehr ich mich sammeln will, desto peinlicher versagt meine Vorstellungsgabe. Ich nähere mich dem Tabu, dem verbotenen Raum meiner Erinnerung. Da ist zum Beispiel gleich jener Streit, der schon bei der ersten Mahlzeit entbrannte. Ich weiß, daß ein Streit um irgendeinen wissenschaftlichen Gegenstand ausbrach, der damals gerade die Mode beschäftigte. Ich weiß auch, daß Vera meine heftigste Gegnerin war. Trotz meines sonst höchst verläßlichen Gedächtnisses aber weiß ich vom Inhalt dieses Streites nichts mehr. Ich nehme an, daß ich gegen Veras zersetzende Kritik die Sache der Konvention vertrat und mir damit den Beifall der Mehrzahl sicherte. Ja, wahrhaftig, diesmal erlitt ich keine Niederlage mehr wie einst an des guten Doktors Familientisch. Ich war einunddreißig Jahre alt, Abgesandter eines Ministeriums, glänzend angezogen, man hatte mich heute schon in Gesellschaft Seiner Magnifizenz, des Herrn Rektors gesehen, ich besaß Geld in Hülle und Fülle, lebte also innerlich und äußerlich im Stande einer großartigen Überlegenheit über all dieses junge Volk, dem auch Vera angehörte. Ich hatte in den letzten Jahren außerordentlich viel gelernt, ich hatte meinen Vorgesetzten die Gebärde des liebenswürdig verbindlichen Rechthabens und Machthabens abgelauscht, die eine weise Besonderheit unserer altösterreichischen Beamtentradition ist. Ich verstand zu reden. Mehr, ich verstand, mit sicherer Gelassenheit so zu reden, daß alle anderen schwiegen. Ich war mit vielen Persönlichkeiten von Rang in nähere Berührung gekommen, deren Ansicht und Meinungen ich zur Unterstützung meiner Ansicht nun leichthin ins Treffen führen durfte. Ich kannte somit nicht nur die Elite, ich war selbst ein Teil von ihr. Vor seiner ›sozialen Entbindung‹ überschätzt der junge bürgerliche Mensch die Schwierigkeit des Sprunges in die Welt. Ich persönlich zum Beispiel verdankte meine erstaunliche Karriere durchaus keinen überragenden Eigenschaften, sondern drei musikalischen Talenten: dem feinen Gehör für die menschlichen Eitelkeiten, meinem Taktgefühl und – dies ist das wichtigste der drei Talente – der schmiegsamsten Nachahmungskunst, deren Wurzel freilich in der Schwäche meines Charakters liegt. Wäre ich sonst, ohne eine Ahnung auch nur vom Wechselschritt zu haben, einer der beliebtesten Walzertänzer in meinen jungen Tagen geworden? Als ein großer Herr trat nun der lächerliche Hauslehrer der ehemals Angebeteten entgegen. Ich glaube zu wissen, daß Vera nach einer anfänglichen Mißbilligung mich immer erstaunter betrachtete, mit immer größeren, immer blaueren Augen. Daß aber meine alte Verliebtheit mit einem Schlag neu erweckt wurde, daß glaube ich nicht nur zu wissen, das weiß ich. Das Spiel mit Menschen, mit Mann und Frau, hatte ich inzwischen gelernt. Es war aber nicht nur ein frevelhaftes Spiel, es war ein toller Zwang, Schritt für Schritt, einer Schuld entgegen, die von Anfang an feststand. Ich glaube zu wissen, daß ich mich gut beherrschte, daß ich nichts von meiner Entflammtheit zeigte, nicht aus kläglichem Stolz wie einst, sondern aus genußvoller Zielstrebigkeit. Genau überlegte ich, wie ich mich täglich besser zur Geltung bringen könnte, sowohl in meinem soignierten Äußeren als auch im Geiste. Mehr als durch die wohlbedachten kleinen Aufmerksamkeiten, die ich ihr erwies, gewann ich Vera dadurch, daß ich ihr zu verstehen gab, ich teile im Herzen ihre unbekümmert radikalen Anschauungen, und nur meine hohe Stellung und die Staatsräson zwinge mich zur Einhaltung einer ›mittleren Linie‹. Ich glaube, sie wurde rot vor Freude, als sie sicher war, mich von den ›Lügen der Konvention‹ geheilt zu haben. So wartete ich vorsichtig auf den rechten Augenblick. Auf den Augenblick, wo man es gewissermaßen im Gefühl hat. Er kam rascher, als ich zu hoffen wagte. Es war der vierte oder fünfte Tag meines Aufenthaltes, an dem Vera sich mir ergab. Ich sehe ihr Gesicht nicht, aber ich fühle die starre Verwunderung, die sie erfüllte, ehe sie ganz und gar mein wurde. Ich sehe den Ort nicht, wo es geschah. Alles ist schwarz. War es ein Zimmer? Bewegten sich Zweige unterm nächtigen Himmel? Ich sehe nichts, aber das Gefühl des herrlichen Augenblicks trage ich in mir. Das war nicht Amelies herrisch fordernde Heftigkeit. Das war ein erschrockener Starrkrampf zuerst und dann dieses atmende Erschlaffen des weichen Mundes, das träumerische Nachgeben der kindlichen Glieder, die ich in Armen hielt, ein scheues Näherstreben später, ein sanftes Zutrauen, eine Fülle des Glaubens. Niemand konnte so unbedingt, so einfältig glauben, wie diese scharfe Kritikerin. Entgegen Veras freien Reden und oft burschikosem Gehaben, durfte ich in diesem Augenblicke erkennen, daß ich der Erste war. Ich hatte bis zur Stunde nicht geahnt, daß die Jungfräulichkeit, von Herbheit und Schmerz verteidigt, etwas Heiliges ist...

Hier muß ich haltmachen, hoher Gerichtshof. Jeder Schritt weiter verstrickt mich in einen Urwald. Obwohl ich ihn damals bewußt und mit arger Absichtlichkeit durchdrungen habe, so finde ich jetzt den Eingang nicht mehr. Ja, unsere Liebe war eine Art Urwald. Wo bin ich überall mit meiner Geliebten gewesen zu jener Zeit? In wie vielen giebligen Städtchen und Ortschaften des Taunus, des Schwarzwalds, des Rheinlands, in wie vielen Gaststuben, Weinlauben, Wirtsgärten und gewölbten Kammern? Ich hab's verloren. Alles bleibt leer. Doch nicht danach geht die Frage des Gerichts. Man fragt mich: Bekennen Sie sich schuldig? Ich bekenne mich schuldig. Nicht aber liegt meine Schuld in der einfachen Tatsache der Verführung. Ich habe ein Mädchen genommen, das bereit war, genommen zu werden. Meine Schuld war, daß ich sie mala fide so restlos zu meinem Weibe gemacht habe, wie keine andere Frau jemals, auch Amelie nicht. Die sechs unzugänglichen Wochen mit Vera bedeuten die wahre Ehe meines Lebens. Ich habe der großen Zweiflerin jenen ungeheuren Glauben an mich eingepflanzt, nur um ihn zuschanden werden zu lassen. Das ist mein Verbrechen. Entschuldigen Sie, bitte! Ich merke, daß dieses hohe Gericht die großen Worte nicht schätzt. Ich habe gehandelt wie ein ›Kavalier mit Strupfen‹, wie ein ganz gewöhnlicher Heiratsschwindler. Es begann sehr stilvoll mit der trivialsten aller Gesten. Ich verbarg meinen Ehering. Die erste Lüge zog mit exakter Notwendigkeit die zweite nach und die hundert nächsten. Nun aber kommt erst die Würze meiner Schuld. All jene Lügen und die reine Gläubigkeit der Belogenen verschärften meine Wollust in unvorstellbarer Weise. Ich baute vor Vera mit dem eindringlichsten Eifer unsre gemeinsame Zukunft auf. Ich entwickelte eine fugenlose Gründlichkeit meiner häuslichen Vorsorge, die sie hinriß. Nichts wurde in meinen Plänen vernachlässigt, nicht die Einteilung, die Einrichtung unsrer künftigen Wohnung, nicht die Wahl des Stadtbezirks, der für uns am vorteilhaftesten gelegen sein mochte, nicht die Wahl der Menschen, die ich für würdig erachtete, mit ihr zu verkehren; die stärksten Geister und unzugänglichsten Frondeure befanden sich darunter, selbstverständlich. Meine Phantasie überbot sich selbst. Da blieb nichts unbedacht. Ich entwarf den täglichen Stundenplan unsres glückstrahlenden Ehelebens bis in die kleinste Kleinigkeit. Vera würde ihr Studium in Heidelberg abbrechen und in Wien an meiner Seite vollenden. In der Stadt Frankfurt gingen wir in die schönsten Geschäfte. Ich begann für unsre Haushaltung Einkäufe zu machen, und zwar, um jene Wollust zu erhöhen, erwarb ich darunter allerlei Gegenstände der Intimität und engsten Lebensnähe. Ich überhäufte sie mit Gaben, um ihren Glauben noch weiter zu erhöhen. Trotz ihrer wilden Proteste kaufte ich so eine ganze Aussteuer zusammen. Das einzige Mal in meinem Leben war ich verschwenderisch. Das Geld ging mir aus. Ich ließ mir eine große Summe telegraphisch nachsenden. Den ganzen Tag wühlte ich mit Fanatismus in Damast, Leinen, Seide, Spitzen, in Bergen von florzarten Damenstrümpfen. Welch ein unbeschreiblicher Kitzel für mich, als in Vera das Eis der Intelligenz schmolz und das entzückte Weibchen hervortrat, in seiner ganzen holden Fremdartigkeit und mit der bedingungslosen Hingabe an den Mann, die diesem Stamme eignet. Ich sehe sie nicht, hoher Gerichtshof, aber ich fühle, wie wir durch die Straßen gehn, Hand in Hand, die Finger ineinander verschränkt. Wie fühle ich die Melodie des einverstandenen Schrittes neben mir! Nichts Schöneres habe ich erlebt als dieses Hand in Hand und Schritt bei Schritt. Doch während ich es voll erlebte, genoß ich zugleich mit einem tiefen Schauder den mörderischen Tod, den ich unsrer Gemeinschaft zu bereiten im Begriffe stand. Und dann kam eines Tages der Abschied. Für Vera war's ein froher Abschied, denn ich sollte sie ja nach kurzer Trennung für immer zu mir nehmen. Ich sehe ihr Gesicht unter meinem Waggonfenster nicht. Es muß mich angelächelt haben aus der Fülle seines ruhigen Glaubens. »Leb wohl, mein Leben«, sagte ich. »Noch vierzehn Tage und ich hole dich ab.« Als ich aber dann allein in meinem Abteil saß, zusammengesunken nach so vielen Wochen der Spannung, da verfiel ich in eine Art narkotischen Schlafs. Ich schlief stundenlang, unerweckbar, und versäumte es, in einer großen Station den Zug zu wechseln. Nach einer sinnlosen Reise gelangte ich nachts in eine Stadt, die Apolda hieß. Das weiß ich. Vera sehe ich nicht mehr, doch ich sehe deutlich die traurige Bahnhofswirtschaft, wo ich den Morgen erwarten mußte ...

So hätte Leonidas sprechen müssen. So hätte er auch vor jedem Gericht in zusammenhängender Darstellung sprechen können, denn jedes Steinchen dieses Mosaiks war in seinem Bewußtsein vorhanden. Das Gefühl seiner Liebe und Schuld war da, nur die Bilder und Szenen entwichen, wenn er nach ihnen haschte. Und vor allem, die Empfindung eines unerwarteten Prozesses gab ihn nicht frei. Das Wetter aber, diese schreckliche Windstille, als deren innerster Mittelpunkt er durch die Straßen zu gehen meinte, machte jeden Versuch des ›Zurechtlegens‹ immer wieder zunichte. Immer stumpfer und wohliger empfand er den Griff seiner Gedanken. War's nicht höchste Zeit, eine Entscheidung zu treffen? Stand das Urteil des hohen Gerichtshofes nicht schon fest, der mit bürokratischer Hartnäckigkeit irgendwo in ihm und außer ihm

tagte? ›Wiedergutmachung der Schuld an dem Kinde‹, so lautete Artikel 1 dieses Urteils. Und strenger noch Artikel 2? ›Wiederherstellung der Wahrheit‹. Durfte er aber Amelie die Wahrheit sagen? Diese Wahrheit würde seine Ehe zerschlagen für immer. Trotz der verflossenen achtzehn Jahre könnte ein Wesen wie Amelie seinen Betrug und mehr noch, seine lebenslängliche Lüge nicht verzeihen und nicht überwinden. Er hing in diesen Minuten an seiner Frau mehr als je. Ihm wurde schwach. Warum hatte er Veras verfluchten Brief nicht zerrissen?!
Leonidas hob die Augen. Er ging soeben an der Stirnseite des Hietzinger Parkhotels vorbei, wo Fräulein Doktor Wormser wohnte. Freundlich grüßten die Balkonreihen, an denen sich der wilde Wein mit seinen hundert rötlichen Tönungen dahinrankte. Es mußte ein reizender Aufenthalt hier sein, jetzt im Oktober. Die Fenster gingen auf den Schönbrunner Park hinaus, rechts auf den Tiergarten, links auf das sogenannte ›Kavaliersstöckl‹ des ehemalig kaiserlichen Schlosses. Vor dem Eingang des Hotels hielt er seinen Schritt an. Es mochte ungefähr zehn Uhr sein. Wahrhaftig keine Stunde, in der ein wohlerzogener Mann einer beinahe fremden Dame seinen Besuch abstatten darf ... Hinein! Sich anmelden lassen! Ohne lange Überlegung eine Lösung improvisieren! Aus dem Portal trat ein Herr der Direktion, der den Sektionschef ehrfürchtig grüßte. Himmel Herrgott, kann man nirgends mehr vorüberschleichen, ohne ertappt zu werden?

Leonidas floh hinüber in den Schloßpark. Ihm war's gleichgültig jetzt, daß er sich heute gegen seine sonstige Art verspätete und der Minister schon nach ihm gefragt haben mochte. Endlos schwang sich die Allee zwischen barock geschnittenen Taxusmauern in eine verzeichnete Ferne. Dort irgendwo im dunstig Leeren hing die ›Gloriette‹, ein baulicher Astralleib, das Gespenst eines triumphierenden Jubeltors, das ohne Zusammenhang mit der entzauberten Erde in den wohlgeordneten Himmel des Ancien régime zu führen schien. Es roch nach vielfältiger Abgeblühtheit, nach altem Staub und nach Säuglingswindeln ringsum. Lange Kolonnen von Kinderwagen wurden an Leonidas vorbeigeschoben. Mütter und Bonnen führten die Drei- und Vierjährigen an der Hand, deren plapperndes, greinendes Auf und Ab die Luft erfüllte. Leonidas sah, daß in den Kinderwagen ein Säugling dem andern zum Verwechseln glich, mit seinen geballten Fäustchen, den aufgeworfenen Lippen und dem tiefbeschäftigten Kindheitsschlaf.

Nach hundert Schritten fiel er auf eine Bank. In diesem Augenblick arbeitete sich eine Strahlenspur Oktobersonne durch und besprengte den Rasen gegenüber mit einem dünnen Schauer. Vielleicht überschätzt er diese ganze Geschichte. Am Ende war Veras junger Mann gar nicht sein Sohn. Pater semper incertus, so erklärt schon das römische Recht. Die Verifizierung seines Sohnes hing schließlich nicht von Vera allein, sondern auch von ihm ab. Diese Vaterschaft konnte vor jedem Gericht bestritten werden. Leonidas wandte den Blick seinem Nachbarn auf der Bank zu. Dieser Nachbar war ein schlafender alter Herr. Es war eigentlich kein alter Herr, sondern nur ein alter Mann. Die räudige Melone und ein vorsintflutlich hoher Stehkragen deuteten auf eines jener Zeitopfer hin, das bessere Tage gesehen hatte, wie die mitleidslose Phrase lautete. Es konnte aber auch ein seit Jahren stellungsloser Kammerdiener sein. Die knotigen Hände des alten Mannes lagen schwer wie Vorwürfe auf den eingeschrumpften Schenkeln. Noch nie hatte Leonidas einen Schlaf gesehen wie diesen, den sein Nachbar schlief. Der Mund mit den tristen Zahnlücken stand ein wenig offen, aber man merkte die Regung des Atems nicht. Überall liefen in diesem brachen Gesicht die tiefen Runzeln und Falten konzentrisch auf die Augen zu. Es waren Saumpfade, Karrenwege, Zufahrt-Straßen des Lebens, verschüttet insgesamt und zugewachsen in einem verlassenen Land. Nichts bewegte sich dort. Die wie nach innen gestülpten Augen aber bildeten zwei beschattete Sandgruben, in denen alles zu Ende war. Vom Tode unterschied sich dieser Schlaf unvorteilhaft dadurch, daß er noch einen Rest von Krampf und Angst bewahrte und eine schwache Abwehr unbeschreiblich ...
Leonidas sprang auf, ging die Allee zurück. Schon nach wenigen Schritten torkelte und murmelte es hinter ihm:
»Herr Baron, ich bitt' gehorsamst, seit drei Tagen hab ich nichts Warmes im Leib ...«
»Wie alt sind Sie?« fragte der Sektionschef den Schläfer, dessen Augen auch im Wachen zwei leere, unfruchtbare Gruben zu sein schienen.
»Einundfünfzig Jahre, Herr Graf«, klagte der Greis, als verrate er ein bereits ganz und gar unzulässiges Alter, das von Rechts wegen auf Unterstützung nicht mehr zu rechnen hat. Leonidas riß einen größeren Geldschein aus seiner Brieftasche, reichte ihn dem Gestrandeten und blickte sich nicht mehr um.
Einundfünfzig Jahre! Er hatte sich nicht verhört. Soeben war er seinem

Doppelgänger begegnet, seinem Zwillingsbruder, der andern Möglichkeit seines Lebens, der er nur um Haaresbreite entgangen war. Vor fünfzig Jahren hatte man den greisen Schläfer und ihn, als Säuglinge zum Verwechseln ähnlich, durch eine Parkallee geschoben. Er war aber noch immer der schöne León, geschniegelt und gebügelt, mit seinem blonden Schnurrbärtchen, tadellos gebadet, ein Vorbild männlicher Frische und straffer Wohlgestalt. Auf seinem glatten Gesicht waren die Zufahrt-Straßen des Lebens nicht verschüttet, nicht leer, sondern heiter befahren. Da eilten alle Sorten des Lächelns dahin, der Liebenswürdigkeit, des Spottes, der guten und bösen Laune, die Lüge in allen Ausführungen. Er schlief keinen flüchtigen, agonischen Schlaf auf der Parkbank, sondern den gesunden, runden, regelmäßigen Schlaf der Geborgenheit in seinem großen französischen Bett. Welche Hand hatte ihn, den Hauslehrer bei Wormsers, diesen Jämmerling mit der geplatzten Hose, dem sicheren Rachen des Untergangs entführt, um den andern Kandidaten hineinzustoßen? Er hielt sein Glück, seinen Aufstieg nicht mehr wie sonst für das persönlich verdienstvolle Zusammenspiel gewisser Talente. Das Gesicht des gleichaltrigen Wracks hatte ihm den Abgrund gezeigt, der ihm nicht minder zugedacht gewesen als jenem und durch dieselbe unergründliche Ungerechtigkeit ihm selbst erspart geblieben war.

Ein schwarzes Grauen wandelte Leonidas an. In diesem Grauen aber steckte ein verwischter heller Fleck. Der helle Fleck wuchs. Er wuchs zu einer Erkenntnis, dergleichen den mäßig gläubigen Mann noch nie eine beschlichen hatte: Ein Kind haben, das ist keine geringe Sache. Erst durch ein Kind ist der Mensch unrettbar in die Welt verflochten, in die gnadenlose Kette der Verursachungen und Folgen. Man ist haftbar. Man gibt nicht nur das Leben weiter, sondern den Tod, die Lüge, den Schmerz, die Schuld. Die Schuld vor allem! Ob ich mich zu dem jungen Mann bekenne oder nicht, ich ändre den objektiven Tatbestand nicht. Ich kann mich vor ihm drücken. Aber ich kann ihm nicht entkommen. »Es muß sofort etwas geschehen«, flüsterte Leonidas geistesabwesend, während ihn eine unausdrückbar bestürzende Klarheit erfüllte.

Er winkte am Parktor ungeduldig ein Taxi herbei:

»Ministerium für Unterricht!«

Während in ihm ein mutiger Entschluß wuchs, starrte er wie blind in den nur wenig erleichterten Tag.

Viertes Kapitel
Leonidas wirkt für seinen Sohn

Sogleich beim Eintritt in sein Büro erhielt Leonidas die Meldung, daß ihn der Herr Minister zehn Minuten nach elf Uhr im roten Salon erwarte. Der Sektionschef sah den Sekretär, der ihm diese Meldung überbrachte, sinnverloren an und gab keine Antwort. Nach einer kleinen, verwunderlichen Pause legte der junge Beamte mit behutsamem Nachdruck eine Mappe auf den Schreibtisch. Es werde sich bei der anberaumten Sitzung – so meinte er mit gebührender Bescheidenheit – voraussichtlich um die Neubesetzung der vakanten Lehrstühle an den Hochschulen handeln. In dieser Mappe finde der Herr Sektionschef das ganze Material in gewohnter Ordnung.

»Ergebensten Dank, mein Lieber«, sagte Leonidas, ohne die Mappe eines Blickes zu würdigen. Zögernd verschwand der Sekretär. Er hatte erwartet, sein Chef werde wie sonst in seiner Gegenwart das Dossier durchblättern, gewisse Fragen stellen und Notizen machen, um nicht unvorbereitet beim Minister zum Vortrag zu erscheinen. Leonidas aber dachte heute nicht daran.

Gleich den anderen höchsten Beamten des Staates hegte der Sektionschef keine besondere Hochachtung für die Herren Minister. Diese wechselten nämlich je nach Maßgabe des politischen Kräftespiels, er aber und seine Kollegen blieben. Die Minister wurden von den Parteien empor- und wieder davongespült, luftschnappende Schwimmer zumeist, die sich verzweifelt an die Planken der Macht klammerten. Sie besaßen keinen rechten Einblick in die Labyrinthe des Geschäftsganges, keinen Feinsinn für die heiligen Spielregeln des bürokratischen Selbstzwecks. Sie waren nur allzu häufig wohlfeile Simplisten, die nichts andres gelernt hatten, als in Massenversammlungen ihre ordinären Stimmen anzustrengen und durch die Hintertüren der Ämter lästige Interventionen für ihre Parteigenossen und deren Familienanhang auszuüben. Leonidas aber und seinesgleichen hatten das Regieren gelernt wie Musiker den Kontrapunkt lernen in jahrelang unablässiger Übung. Sie besaßen ein nervöses Fingerspitzengefühl für die tausend Nüancen des Verwaltens und Entscheidens. Die Minister spielten (in ihren Augen) nur die Rolle politischer Hampelmänner, mochten sie dem Zeitstil gemäß auch noch so diktatorisch einhertreten. Sie aber, die Ressortchefs, warfen ihren unbeweglichen Schatten über diese Tyrannen. Welches Partei-Spülicht auch die Ämter überschwemmte, sie hielten die Fäden in der Hand. Man brauchte sie. Mit dem preziösen Hochmut von Mandarinen blieben sie bescheiden im Hintergrund. Sie verachteten die Öffentlichkeit, die Zeitung, die persönliche Reklame jener Tageshelden – und Leonidas noch mehr als alle andern, denn er war reich und unabhängig.

Er schob die Mappe weit von sich, sprang auf und begann, in seinem großen Arbeitszimmer mit starken Schritten hin- und herzugehen. Welche Kräfte strömten doch von diesem sachlichen Raum auf seine Seele über! Hier war sein Reich, hier und nicht in Amelies luxuriösem Haus. Der mächtige Schreibtisch mit seiner vornehmen Leere, die beiden roten Klubfauteuils mit ihrem verwetzten Leder, das Bücherbord, wo er die griechisch-römischen Klassiker und die philologischen Zeitschriften seines Vaters eingestellt hatte. Gott weiß warum, die Aktenschränke, die hohen Fenster, der Kaminsims mit der vergoldeten Stehuhr aus der Kongreßzeit, an der Wand die völlig nachgedunkelten Bilder irgendwelcher verschollener Erzherzöge und Minister – all diese abgenützten, persönlichkeitslosen Gegenstände aus dem ›Hofmobiliendepot‹ waren wie Stützen, die seinen wankenden Gefühlen Halt verliehen. Er atmete sich voll mit der schlecht abgestaubten Würde dieses Raums. Sein Entschluß war unwiderruflich gefaßt. Noch heute wollte er seiner Frau die volle Wahrheit bekennen. Ja! Bei Tisch! Am besten während des süßen Gangs oder zum schwarzen Kaffee. Wie ein Politiker, der eine Rede vorbereitet, hörte er sich mit seinem inneren Ohr:

– Wenn es dir recht ist, lieber Schatz, so bleiben wir noch einen Augenblick sitzen. Erschrick nicht, ich habe etwas auf dem Herzen, das mich seit vielen, vielen Jahren bedrückt. Bis zum heutigen Tage hab ich einfach nicht den Mut gehabt, du kennst mich ja, Amelie, ich ertrage alles, nur keine Katastrophen, keine Gefühlsstürme und Szenen, ich kann's nicht ertragen, dich leiden zu sehn ... Ich liebe dich heute wie ich dich immer geliebt hab, und ich habe dich immer geliebt wie ich dich heute liebe. Unsre Ehe ist das Heiligtum meines Lebens, du weißt, daß ich ungern pathetisch werde. Ich hoffe, daß ich mir in meiner Liebe nur wenig habe zuschulden kommen lassen. Das heißt, diese eine, einzige, sehr große Schuld ist da. Es steht bei dir, mich zu strafen, mich sehr hart zu strafen. Ich bin auf alles gefaßt, liebste Amelie, ich

werde mich deinem Urteil bedingungslos beugen, ich werde auch unser, das heißt dein Haus verlassen, wenn du es befiehlst, und mir irgendwo in deiner Nähe eine ganz kleine Wohnung suchen. Aber bedenke doch, ehe du urteilst, ich bitte dich, daß meine Schuld mindestens achtzehn Jahre zurückliegt und daß keine Zelle unsres Körpers, keine Regung unsrer Seele mehr dieselbe ist wie damals. Ich will nichts schönfärben, aber ich weiß es heute, daß ich während unsrer unseligen Trennung dich nicht so sehr betrogen wie unter einem Teufelszwang gehandelt habe. Glaub es mir! Ist unsre so lange glückliche Ehe nicht der lebendige Beweis? Weißt du, daß wir in fünf, sechs Jahren, wenn du es willst, die silberne Hochzeit feiern werden? Leider Gottes aber hat meine unbegreifliche Verirrung Folgen gehabt. Es ist ein Kind da, das heißt, ein junger Mann von siebzehn Jahren. Erst heute habe ich's erfahren. Ich schwöre dir. Bitte kein unüberlegtes Wort jetzt, Amelie, keine voreiligen, zornigen Entscheidungen. Ich gehe jetzt aus dem Zimmer. Ich lasse dich allein. Damit du ruhig nachdenken kannst. Was du auch über mich beschließen wirst, ich werde mich dieses jungen Mannes annehmen müssen. –
Das ist nichts! Das ist weichlich und jämmerlich! Ich muß sparsamer reden, kantiger, männlicher, ohne Umschweife und Hinterhalte, nicht so feig, so bettelhaft, so sentimental. Immer wieder kommt bei mir diese alte ekelhafte Sentimentatlität an die Oberfläche. Amelie darf keinen Augenblick Glaubens sein, sie könne mich durch Verbannung am härtesten strafen und ich sei in meiner Verwöhntheit, Bequemlichkeit, Verweichlichung rettungslos abhängig von ihrem Gelde. Sie darf sich um Himmels willen nicht einbilden, ich würde mich ohne unser Haus, unsre beiden Wagen, unsre Dienerschaft, unsre zarte Küche, unsre Geselligkeit, unsre Reisen ganz und gar verloren fühlen, obwohl ich mich wahrscheinlich ohne diesen verflucht angenehmen Embarras wirklich verloren fühlen werde.
Leonidas suchte eine neue knappe Formulierung für seine Beichte. Wiederum mißlang's. Als er bei der vierten Fassung hielt, schlug er plötzlich wütend die Faust auf den Tisch. Scheußliche Sucht des Beamten, alles zu motivieren, alles zu unterbauen! Lag nicht das wahre Leben im Unvorhergesehenen, in der Eingebung der Sekunde? Hatte er, auf den Grund verderbt durch Erfolg und Wohlergehen, schon mit fünfzig Jahren verlernt, wahr zu leben? Der Sekretär klopfte. Elf Uhr! Es war Zeit. Leonidas packte mit einem ungnädigen Ruck die Mappe,

verließ sein Büro und schritt schallend durch die langen Gänge des alten Palastes und über die prächtige Freitreppe in das Reich des Ministers hinab.

Der rote Salon war ein ziemlich kleiner, muffiger Raum, den der grüne Beratungstisch fast zur Gänze ausfüllte. Hier wurden zumeist die intimeren Sitzungen des Ministeriums abgehalten. Vier Herren waren bereits versammelt. Mit seinem stereotypen Lächeln (begeistert-mokant) begrüßte sie Leonidas. Da war zuvörderst der ›Präsidialist‹, der Kabinettschef des Hauses, Jaroslav Skutecky, ein Mann Mitte Sechzig, der einzige, der im Rangalter über Leonidas stand. Skutecky erschien mit seinem altertümlichen Gehrock, seinem eisengrauen Spitzbart, seinen roten Händen, seiner harten Aussprache als der reine Gegensatz des Sektionschefs, dieses Mannes nach der Mode. Er setzte soeben, nicht ohne eine gewisse Leidenschaftlichkeit, zwei jüngeren Ministerialräten und dem rothaarigen Professor Schummerer auseinander, wie glänzend er in diesem Jahr seinen Sommerurlaub eingerichtet hatte. Mit der ganzen Familie, ›leider siebenköpfig‹, wie er immer wieder betonte:
»Am schönsten See des Landes, ich bitte, am Fuße unsres imposantesten Gebirgsstockes, ich bitte, der Ort wie ein Schmuckkästchen, keine Elegance, aber Saft und Kraft, mit Freibad und Tanzgelegenheit für die liebe Jugend, mit Autobus in jede Richtung, ich bitte, und mit gepflegten Promenaden für Gicht und Angina pectoris. Drei prima Zimmer im Gasthof, kein Luxus, aber Wasser, fließend, kalt und warm, und alles, was man sonst noch braucht. Den Kostenpunkt werden die Herren nicht erraten. Sage und schreibe fünf Schilling pro Kopf. Das Essen, ich bitte, brillant, üppig, mittags à drei Gänge, abends à vier Gänge. Hören Sie: Eine Suppe, eine Vorspeise, Braten mit zwei Gemüsen, eine Nachspeise, Käse, Obst, alles mit Butter oder bestem Fett zubereitet, auf mein Wort, ich übertreibe nicht...«
Dieser Hymnus wurde dann und wann durch die zustimmend grunzende Bewunderung der Hörer unterbrochen, wobei sich ein jüngeres, schwammiges Gesicht mit einer Stupsnase rühmlich hervortat. Leonidas aber trat ans Fenster und starrte auf das ernste vergeisterte Gemäuer der gotischen Minoritenkirche, die dem Palais des Ministeriums gegenüber lag. Dank Amelie, dank seiner Kinderlosigkeit, hatte er es nicht notwendig gehabt, in der grenzenlosen Banalität des klein-

bürgerlichen Lebens zu versinken wie dieser alte Skutecky und all die anderen Kollegen, die ihre bevorzugte Stellung durch äußerst magere Bezüge abbüßten. (Der Beamte hat nichts, das aber hat er sicher, sagt der Wiener Komödiendichter.) Leonidas berührte mit der Stirn das kalte Fensterglas. An die linke Flanke der geduckten Kirche schmiegte sich ein zausiges Vorgärtlein, aus dessen Rasen ein paar ziemlich verhungerte Akazienbäume emporwuchsen. Die regungslosen Blätter schienen der Natur aus Wachs täuschend nachgebildet zu sein. Der schöne Platz glich heute dem dumpfen Lichtschacht einer Mietskaserne. Den Himmel sah man nicht. Es wurde immer dunkler im Zimmer. Leonidas war so tief in der Leere seiner Verstörtheit versunken, daß er das Erscheinen des Ministers gar nicht bemerkt hatte. Ihn weckte erst die hohe, ein wenig belegte Stimme dieses Vinzenz Spittelberger:

»Grüß Gott die Herren alle miteinand', Servus, Servus ...«

Der Minister war ein kleiner Mann in einem verdrückten und zerknitterten Anzug, der den Verdacht erregte, sein Träger habe mehrere Nächte in ihm schlafend zugebracht. Alles an diesem Spittelberger war grau und wirkte sonderbar ausgewaschen. Die Haare, die in Bürstenform in die Höhe standen, die schlecht rasierten Backen, die stark vorgewölbten Lippen, die Augen, die exzentrisch schielten – man nannte das hierzulande ›himmeln‹ –, ja selbst der Spitzbauch, der unvermittelt und unbegründet unter dem bescheidenen Brustkasten vorsprang. Der Mann stammte aus einem der Alpenländer, nannte sich selbst in jedem zweiten Satz einen Bauern, war's aber keineswegs, sondern hatte sein ganzes Leben in großen Städten zugebracht, zwanzig Jahre davon in der Hauptstadt, als Lehrer und zuletzt Direktor einer Fortbildungsschule. Spittelberger machte den Eindruck eines tagblinden Tieres. Der altmodisch-eigensinnige Klemmer vor seinen himmelnden Augen schien diesen nicht zum Sehen zu verhelfen. Sogleich, nachdem er den Präsidentensitz am Beratungstisch eingenommen hatte, sank sein großer Kopf voll gleichgültigen Lauschens gegen die rechte Schulter. Die Beamten wußten, daß der Minister in den letzten Tagen eine Reihe von politischen Versammlungen im ganzen Lande abgehalten hatte und erst am frühen Morgen mit dem Nachtzug aus einer entfernten Provinz angekommen war. Spittelbergers Natur stand im Rufe einer stets schlafbedürftigen Unverwüstlichkeit:

»Ich habe die Herren hierher gebeten«, begann er mit heiserer Eiligkeit, »weil ich beim morgigen Ministerrat die Sache mit den Berufungen gern unter Dach und Fach bringen möchte. Die Herren kennen mich. Ich bin expeditiv. Also, lieber Skutecky, wenn ich bitten darf ...«

Er lud mit einer halben, fast wegwerfenden Geste die Beamten zum Sitzen ein, zog aber den Professor Schummerer auf den Platz zu seiner Rechten. Der Rothaarige spielte die Rolle eines Vertrauensmannes der Universität beim Ministerium und galt überdies als besonderer Günstling Spittelbergers, dieser ›politischen Sphinx‹, wie einige den Minister bezeichneten. Zum Ärger des Sektionschefs Leonidas tauchte Schummerer stets gegen Mittag im Hause auf, trieb sich schlurfenden Ganges in den verschiedenen Büros umher, hielt die Arbeit auf, indem er den akademischen Klatsch hinterbrachte und im Austausch dafür den politischen Klatsch einhandelte. Er war Prähistoriker von Fach. Seine Geschichtswissenschaft begann genau dort, wo das geschichtliche Wissen zu Ende ist. Sein Forschergeist fischte gewissermaßen im Trüben. Schummerers Neugier aber galt nicht nur der vergangenen, sondern nicht minder der gegenwärtigen Steinzeit. Er besaß das feinste Ohr für das verschlungene Hin und Her der Beziehungen, Einflüsse, Sympathien und Intrigen. Wie an einem Barometer konnte man an seinem Gesicht die Schwankungen des politischen Wetters ablesen. Auf welche Seite er sich neigte, dort war zuversichtlich die Macht von morgen ...

»Der Herr Sektionschef wird die Güte haben ...« sagte der alte Skutecky mit harter Aussprache und blickte verlangend auf die Mappe, die vor Leonidas lag.

»Ach so«, räusperte sich dieser, öffnete die Mappe und begann mit seiner in fünfundzwanzig Jahren erworbenen technischen Gewandtheit den Vortrag. Sechs Lehrstühle mußten an den verschiedenen Hochschulen des Landes neu besetzt werden. In der Reihenfolge und nach den Angaben der vor ihm liegenden Aufzeichnungen berichtete der Sektionschef über die einzelnen Gelehrten, die in Vorschlag gebracht worden waren. Er tat dies mit einem völlig gespaltenen Bewußtsein. Seine Stimme ging wunderlich neben ihm einher. Tiefes Schweigen herrschte. Keiner der Herren erhob einen Einwand gegen die Kandidaten. Jedesmal, wenn ein Fall erledigt war, reichte Leonidas das betreffende Blatt dem jungen Beamten mit dem schwammigen Gesicht, der dienstfertig hinter dem Minister stand und es behutsam in

dessen großer Aktentasche versorgte. Vinzenz Spittelberger selbst jedoch hatte seinen Klemmer auf den Tisch gelegt und schlief. Er sammelte Schlaf, wo und wie er nur konnte, besser, er hamsterte Schlaf. Hier ein halbes Stündchen, dort zehn Minuten, zusammen ergab's doch eine hübsche Summe, die man ohne wesentlichen Fehlbetrag der Nacht entziehen konnte. Die Nacht aber brauchte man für Freunde, für den Dienst an diesem oder jenem Stammtisch, für Aufarbeitung von Rückständen, für Reisen und vor allem für die große Wollust der Verschwörungen. In der geselligen Nacht keimt das am Tage Gepflanzte, der zarte Schößling der Intrige. Auch ein Politiker in Amt und Würden kann daher auf die Nacht nicht verzichten, die ein zigeunerhaftes, aber produktives Element ist. Heute spielt man noch den Fachminister. Morgen aber wird man vielleicht die ganze Macht im Staate an sich reißen, wenn man die Zeichen der Zeit richtig verstanden, erkannt und sich nach keiner Seite hin unvorsichtig gebunden hat. Spittelberger schlief einen eigenartigen Schlaf, der wie ein Vorhang voll von Löchern und Rissen war, ohne darum weniger zu erquicken. Dahinter lauerte der Schläfer, jeden Augenblick auf dem Sprung, hervorzufahren und zuzupacken.
Zwanzig Minuten hatte Leonidas bereits gesprochen, indem er die Lebensläufe, die Taten und Werke der zu berufenden Professoren verlas und aus den vorliegenden Berichten eine Charakteristik ihres politischen und bürgerlichen Wohlverhaltens zusammenstellte. Seine Stimme huschte angenehm, leise und flüchtig dahin. Niemand merkte, daß sie gleichsam auf eigene Rechnung und Gefahr handelte und sich vom Geiste des Sprechers getrennt hatte. Soeben wanderte das Vormerkblatt des fünften Weisen in die Hand des Schwammigen. Es war so finster geworden, daß jemand die Deckenbeleuchtung einschaltete.
»Ich komme nun zu unserer medizinischen Fakultät«, sagte die angenehme Stimme und machte eine bedeutsame Pause. »Der Ordinarius für Innere Medizin, Herr Minister«, mahnte jetzt Skutecky, mit einem leicht erhobenen, fast frommen Ton, als befinde man sich in einer Kirche. Diese Form des Weckens wäre aber durchaus nicht nötig gewesen, denn Spittelberger hatte seine verwaschenen Augen längst aufgeschlagen und himmelte ohne eine Spur von Verwirrung oder Schlaftrunkenheit im Kreise umher. Dieser Schlafkünstler hätte ohne Zweifel die Namen und Eigenschaften der fünf bisher verhandelten

Kandidaten fehlerlos aufzählen können, besser jedenfalls als Leonidas.
»Die Medizin«, lachte er, »da muß man aufpassen. Die interessiert das Volk. Sie ist der Übergang von der Wissenschaft zur Wahrsagerei. Ich bin nur ein einfacher Mensch, ein harmloser Bauer, wie die Herren ja wissen, darum geh ich lieber gleich zum Dürrkräutler, zum Wunderdoktor oder zum Bader, wenn mir etwas fehlt. Es fehlt mir aber nichts ...«
Schummerer, der Prähistoriker, kicherte mit gefälliger Übertriebenheit. Er wußte, wie sehr Vinzenz Spittelberger auf dergleichen Humor eingebildet war. Auch Skutecky, vom untergebenen Schmunzeln der jüngeren Herren unterstützt, erging sich in einem: »Glänzend das ...«
Und er fügte schnell hinzu:
»Da werden Herr Minister also auf den Vorschlag Professor Lichtl zurückgreifen ...«
Einmal im Schuß seiner anerkannten Witzigkeit, grinste Spittelberger und sog hörbar den Speichel ein:
»Habt ihr kein größeres Kirchenlichtl auf Lager als diesen Lichtl? Wenn ich ihn brauchen kann, werd' ich den Teufel zum Ordinarius für Innere Medizin machen ...«
Leonidas starrte inzwischen teilnahmslos auf die wenigen Blätter, die noch vor ihm lagen. Er las den Namen des berühmten Herzspezialisten: Professor Alexander Bloch. Seine eigene Hand hatte über diesen Namen mit Rotschrift das Wort ›Unmöglich‹ geschrieben. Die Luft war dick von Zigarettenrauch und Dämmerung. Man konnte kaum atmen.
»Die Fakultät und der akademische Senat haben sich voll und ganz für Lichtl ausgesprochen«, bekräftigte Schummerer Skuteckys Anregung und nickte siegesgewiß. Da aber erhob sich die Stimme des Sektionschefs Leonidas und sagte: »Unmöglich.«
Alles blickte jäh auf. Spittelbergers von Natur übernächtigtes Gesicht blinzelte gespannt. »Wie bitte«, fragte hart der alte Präsidialist, der seinen Kollegen mißverstanden zu haben glaubte, hatte er doch gestern erst mit ihm über diesen heiklen Fall gesprochen und daß es in heutiger Zeit nicht angehe, dem Professor Alexander Bloch, möge er auch die größte Kapazität sein, einen so wichtigen Lehrstuhl anzuvertrauen. Der Kollege war vollinhaltlich derselben Ansicht gewesen und hatte überdies aus seiner Abneigung gegen Professor Bloch samt des-

sen wohlbekanntem Anhang keinen Hehl gemacht. Und jetzt? Die Herren waren verwundert, ja bestürzt über dieses auffallend dramatische ›Unmöglich‹, Leonidas nicht zuletzt. Während seine Stimme nun den Einwurf gelassen begründete, erkannte die andere Person in ihm, beinahe amüsiert: Ich bin mir gänzlich untreu geworden und beginne hiermit bereits für meinen Sohn zu wirken ... »Ich will dem Professor Lichtl nicht nahetreten«, sagte er laut, »er mag ein guter Arzt und Lehrer sein, er war bisher nur in derProvinz tätig, seine Publikationen sind nicht sehr zahlreich, man weiß nicht viel von ihm. Professor Bloch aber ist weltberühmt, Nobelpreisträger für Medizin, Ehrendoktor von acht europäischen und amerikanischen Universitäten. Er ist ein Arzt der Könige und Staatsoberhäupter. Erst vor einigen Wochen hat man ihn nach London in den Buckingham-Palast zum Konsilium berufen. Er zieht alljährlich die reichsten Patienten nach Wien, argentinische Nabobs und indische Maharadschas. Ein kleines Land wie das unsrige kann es sich nicht leisten, eine solche Größe zu übergehen und zu kränken. Durch diese Kränkung würden wir außerdem noch die öffentliche Meinung des ganzes Westens gegen uns aufbringen ...«

Ein Schatten von Spott flog über den Mund des Sprechers. Er dachte daran, daß er jüngst bei einem glänzenden Gesellschaftsabend über den ›Fall Bloch‹ befragt worden war. Dieselben von ihm soeben gebrauchten Argumente hatte er bei dieser Gelegenheit auf das entschiedenste abgewehrt. Derartige internationale Erfolge wie bei Bloch und Konsorten seien nicht auf wirklichen Werten und Leistungen gegründet, sondern auf der wechselseitigen Förderung der Israeliten in der Welt, auf der ihr hörigen Presse und auf dem bekannten Schneeballsystem unerschrockener Reklame. Dies waren nicht nur seine Worte gewesen, ausdrücklich, sondern auch seine Überzeugung.

Der Prähistoriker wischte sich betreten die Stirn:

»Schön und gut, verehrter Herr Sektionschef ... Leider aber ist das Privatleben dieses Herrn nicht einwandfrei. Die Herren wissen, ein enragierter Spieler, Nacht für Nacht, Poker und Baccarat. Es geht dabei um die größten Summen. Darüber besitzen wir einen geheimen Polizeibericht. Und Honorare versteht dieser Herr einzukassieren, Prost Mahlzeit, das ist bekannt. Zweihundert bis tausend Schilling, eine einzige Untersuchung. Ein Herz hat er nur für Glaubensgenossen, das versteht sich, die behandelt er gratis, besonders dann, wenn sie noch im Kaftan in die Ordination kommen ... Ich glaube meinerseits, ein kleines Land wie das unsre kann es sich nicht leisten, einen Abraham Bloch ...«

Hier nahm der alte Skutecky dem allzu eifernden Vorgeschichtler das Wort ab. Er tat es mit einem nachsichtigen und völlig objektiven Tonfall:

»Ich bitte zu bedenken, daß Professor Alexander Bloch schon siebenundsechzig Jahre alt ist und daß er somit nur mehr zwei Jahre Lehrtätigkeit vor sich hat, wenn man das Ehrenjahr nicht einrechnet.«

Leonidas, unhaltbar auf der schiefen Ebene, konnte es nicht unterlassen, ein Scherzwort zu zitieren, das in gewissen Kreisen der Stadt im Schwange war:

»Jawohl, meine Herren! Früher war er zu jung für ein Ordinariat. Jetzt ist er zu alt. Und zwischendurch hatte er das Pech, Abraham Bloch zu heißen ...«

Niemand lachte. Die gerunzelten Mienen von Rätsellösern betrachteten streng den Abtrünnigen. Was war hier vorgegangen? Welche dunkeln Einflüsse mischten sich ins Spiel? Natürlich! Der Mann einer Paradini! Mit soviel Geld und Beziehungen gesegnet, darf man sichs herausnehmen, gegen den Strom zu schwimmen. Die Paradinis gehören zur internationalen Geldaristokratie. Aha, daher weht der Wind! Dieser Abraham Bloch setzt wahrhaftig Himmel und Hölle in Bewegung, und dazu vermutlich noch das englische Königshaus. Machenschaften der Freimaurerei und des goldenen Weltklüngels, während unsereins nicht weiß, wo das Geld für einen neuen Anzug hernehmen ...

Der rothaarige Zwischenträger schneuzte hierauf seine poröse Nase und betrachtete nachdenklich das Resultat:

»Unser großer Nachbar«, meinte er schwermütig und drohend zugleich, »hat die Hochschulen radikal von allen artfremden Elementen gesäubert. Wenn ein Bloch bei uns eine Lehrkanzel erhält, und gar die für Innere Medizin, dann ist das eine Demonstration, ein Faustschlag ins Gesicht des Reiches, das gebe ich dem Herrn Minister zu bedenken ... Und wir wollen doch, um unsre Unabhängigkeit zu verteidigen, diesen Leuten den Wind aus den Segeln nehmen, nicht wahr ...«

Das Gleichnis von dem Winde, den man dem künftigen Steuermann aus den Segeln nehmen wollte, war recht beliebt in diesen Tagen. Jemand sagte: »Sehr richtig!« Der schwammige Subalterne hinter dem

Stuhl des Ministers hatte sich zu diesem Zwischenruf hinreißen lassen. Leonidas faßte ihn scharf ins Auge. Der Beamte gehörte einer Abteilung an, mit welcher der Sektionschef nur selten in Berührung kam. Der unberechenbare Spittelberger aber hatte ihn unter seine Günstlingschaft aufgenommen, weshalb er auch der gegenwärtigen Beratung zugezogen worden war. Der wasserhelle Blick des Feisten strahlte solch einen Haß aus, daß Leonidas ihm kaum standhalten konnte. Der bloße Name ›Abraham Bloch‹ hatte genügt, dieses phlegmatisch breite Gesicht mit Zornesröte zu entflammen. Aus welchen Quellen sammelte sich dieser überschwengliche Haß? Und warum wandte er sich mit dieser frechen Offenheit gegen ihn, den erprobtesten Mann in diesem Hause, der auf fünfundzwanzig ehrenvolle Dienstjahre zurückblicken durfte? Er persönlich hatte doch niemals die geringste Vorliebe für Typen wie Professor Bloch gezeigt. Ganz im Gegenteil! Er hatte sie gemieden, wenn nicht streng abgelehnt. Nun aber sah er sich auf einmal – es ging nicht mit rechten Dingen zu – in diese verdächtige Gemeinschaft verstrickt. Das alles hatte er dem diabolischen Brief Vera Wormsers zu verdanken. Die sicheren Grundlagen seiner Existenz schienen umgestürzt. Er fand sich gezwungen, die Kandidatur eines medizinischen Modegötzen gegen seine Überzeugung zu vertreten. Und jetzt mußte er zu allem noch die unverfrorenen Bemerkungen und die schamlosen Blicke dieses breiigen Laffen hinnehmen, als wäre er nicht nur Blochs Verteidiger, sondern schon Bloch selbst. So schnell war das gegangen. Leonidas senkte als erster die Augen vor diesem Feinde, der ihm urplötzlich erstanden war. Da erst fühlte er, daß ihn Spittelberger hinter seinem schiefen Klemmer höchst aufmerksam anstarrte:
»Sie haben Ihren Standpunkt auffällig geändert, Herr Sektionschef...«
»Ja, Herr Minister, ich habe meinen Standpunkt in dieser Frage geändert...«
»In der Politik, lieber Freund, ist es manchmal ganz gut, wenn man Ärger erregt. Es kommt nur darauf an, wen man ärgert...«
»Ich habe nicht die Ehre, ein Politiker zu sein, Herr Minister. Ich diene nach besten Gewissen dem Staate...«
Eine frostige Pause. Skutecky und die anderen Beamten verkrochen sich in ihr Inneres. Spittelberger aber schien den pikierten Satz durchaus nicht krumm zu nehmen. Er zeigte seine schlechten Zähne und erklärte gemütlich:

»No, no, ich habe das nur als einfacher Mensch gesagt, als ein alter Bauer ...«

Keinen Menschen gab's auf der weiten Welt – wie spürte es Leonidas jetzt –, der weniger einfach, der verzwickter und vertrackter gewesen wäre als dieser ›alte Bauer‹. Fühlbar rasten hinter der lautlosen Stirn des borstigen Dickschädels in vielen übereinandergebauten Stockwerken die Hochbahn- und Untergrundbahnzüge seiner unermüdlichen Zielstrebigkeit. Spittelbergers elektrischer Opportunismus stand wie ein Wolkengebilde im Raum, quälender jetzt als Schummerers und des Schwammigen Feindseligkeit. Die letzte atembare Luft ging aus.

»Herr Minister gestatten«, schnappte Leonidas und riß ein Fenster auf. In demselben Augenblick brach der Platzregen los. Eine schraffierte Wassermauer verbaute die Welt. Man sah die Minoritenkirche nicht mehr. Der Lärm einer Kavallerieattacke knatterte über Dächer und Pflaster. Inmitten des Riesengebäudes aus Regen vergrollte ein Donner, dem kein Blitz vorgegangen war.

»Das war höchste Zeit«, sagte Skutecky mit harter Aussprache. Spittelberger hatte sich erhoben und kam, die linke Schulter hochgezogen, beide Hände in den Taschen der zerknitterten Hose, schleppenden Ganges auf Leonidas zu. Jetzt glich er wirklich einem Bauern, der beim Wochenmarkt seine Kuh über den Preis loszuschlagen trachtet:

»Wie wär's, Herr Sektionschef, wenn wir diesem Bloch das große goldne Ehrenkreuz für Kunst und Wissenschaft verleihen lassen und den Titel eines Hofrates dazu ...«

Dieser Vorschlag bewies, daß der Minister seinen Sektionschef nicht für einen bürokratischen Handlanger hielt wie den braven Jaroslav Skutecky, sondern für eine einflußreiche Persönlichkeit, hinter der sich undurchsichtige Mächte verbargen, die nicht verletzt werden durften. Die Lösung des Problems war Spittelbergers würdig. Eine Lehrkanzel und Klinik, sie bedeuten eine reale Machtstellung und sollen daher der bodenständigen Wissenschaft nicht entzogen werden. Ein hoher Orden aber, der nur äußerst selten verliehen wird, stellt eine Ehrung von solchem Rang dar, daß die Parteigänger der Gegenseite nicht mehr den Mund öffnen können. Beiden Teilen ist somit gedient.

»Was meinen Sie zu diesem Ausweg?« lockte Spittelberger.

»Ich halte diesen Ausweg für unstatthaft, Herr Minister«, sagte Leonidas.

Vinzenz Spittelberger, die Sphinx, spreizte die stämmigen Beine und senkte seinen grauen Borstenschädel wie ein Ziegenbock. Leonidas sah auf den kahlen Fleck am Scheitel hinab und hörte, wie der Politiker Speichel einschlürfte, ehe er gelassen betonte:
»Sie wissen, ich bin sehr expeditiv, lieber Freund ...«
»Ich kann Herrn Minister nicht hindern, einen Fehler zu begehen«, sagte Leonidas knapp, während ihn das berauschende Bewußtsein eines unbekanntes Mutes durchströmte. Worum ging es? Um Alexander Bloch? Lächerlich! Dieser unglückliche Bloch war nur ein auswechselbarer Anlaß. Leonidas aber wähnte, jetzt stark genug zu sein für die Wahrheit und für die Erneuerung seines Lebens.
Minister Spittelberger hatte den roten Salon, gefolgt von Skutecky und den Ministerialräten, bereits verlassen. Unvermindert prasselte der Regen fort.

Fünftes Kapitel
Eine Beichte, doch nicht die richtige

Als Leonidas nach Hause kam, regnete der Regen noch immer in beständigen, wenngleich schon müderen Strichen. Der Diener meldete, daß die gnädige Frau von ihrer Ausfahrt noch nicht heimgekehrt sei. Es geschah höchst selten, daß Leonidas, mittags vom Amte kommend, auf Amelie warten mußte. Während er seinen triefenden Mantel auf den Bügel hängte, zitterte in ihm noch immer die Betroffenheit über sein heutiges Verhalten nach. Er war dem Minister gegenüber zum erstenmal im Leben aus dem Takt des Beamtentums gefallen. Es war nicht Sache dieses Beamtentums, mit offenem Visier zu kämpfen. Man benutzte gelenkig die Strömung der Welt, von der man sich mit Umsicht treiben ließ, um die unerwünschten Klippen zu vermeiden und die erwünschten Halteplätze anzustreben. Er aber war dieser verfeinerten Kunst untreu geworden und hatte den Fall Alexander (Abraham) Bloch brutalisiert und ihn zu einer Krise, zu einer Kabinettsfrage emporgestritten. (Ein Fall übrigens, der ihm zum Gähnen langweilig war.) Wenn er jedoch schon durch Veras und des Sohnes geheimen Einfluß in diesen Kampf geglitten war, so hätte er ihn nach alten Brauch mit der ›negativen Methode‹ führen sollen. Anstatt für Professor Bloch hätte er gegen Professor Lichtl sein müssen, und zwar

durchaus nicht mit den wirklichen Argumenten, sondern mit rein formalen Einwendungen. Skutecky hatte sich wieder einmal als Meister seines Faches erwiesen, indem er gegen Bloch nicht etwa den nackten antisemitischen Grund ins Treffen führte, sondern den objektiven und gerechten Grund seines vorgerückten Alters. In ähnlicher Art hätte er den Beweis konstruieren müssen, daß Lichtls Kandidatur nicht allen sachlichen Forderungen entspreche. Sollte morgen der Ministerrat die Berufung dieses Lückenbüßers beschließen, so hatte er, der Sektionschef, sich eine schwere Niederlage auf seinem eigensten Gebiete zugezogen. Nun war's zu spät. Sein Benehmen heute, die Niederlage morgen, die würden ihn unweigerlich zwingen, demnächst in den Ruhestand zu treten. Er dachte an den Haßblick des Schwammigen. Es war der Haßblick einer neuen Generation, die ihre fanatische Entscheidung getroffen hatte und ›Unsichere‹ wie ihn erbarmungslos auszurotten gedachte. Den rachsüchtigen Spittelberger beleidigt, den Schwammigen und die Jugend aufs Blut empört, sieh nur an, das genügt, damit alles zu Ende sei. Leonidas, der an demselben Morgen noch seine Laufbahn sich mit freudigem Erstaunen bewußt gemacht hatte, er gab sie nun um halb ein Uhr mittags kampflos und ohne Bedauern preis. Allzugroß war die Verwandlung, die der Rest dieses Tages forderte. Allzuschwer lastete die nächste Stunde der Beichte auf ihm. Doch es mußte sein.
Er stieg langsam die Treppen in das obere Stockwerk hinauf. Sein bauschiger Hausrock hing, wohlvorbereitet, über einem Stuhl wie immer. Er legte den grauen Sakko ab und wusch im Badezimmer ausführlich Gesicht und Hände. Dann erneuerte er mit Kamm und Bürste seinen genauen Scheitel. Während er dabei im Spiegel sein noch jugendlich dichtes Haar betrachtete, wandelte ihn eine höchst sonderbare Empfindung an. Er tat sich um dieser wohlerhaltenen, so hübschen Jugendlichkeit willen selbst leid. Die unbegreifliche Parteilichkeit der Natur, die jenen Schläfer auf der Schönbrunner Parkbank mit Fünfzig zur Ruine verdammt, ihn aber mit Jugendfrische gesegnet hatte, sie schien ihn nun sinnlos verschwendet zu sein. Im Vollbesitz seines dichten weichen Haares und seiner rosigen Wangen wurde er aus der Bahn geworfen. Ihm wäre leichter ums Herz gewesen, hätte ihn aus dem Spiegel ein altes, verwüstetes Gesicht angestarrt. So aber zeigten ihm die wohlbekannten liebwerten Züge, was alles verloren war, obgleich die Sonne noch so köstlich hoch stand ...

Die Hände auf dem Rücken, schlenderte er durch die Räume. In Amelies Ankleidezimmer blieb er witternd stehen. Diesen Teil des Hauses betrat er nur sehr selten. Das Parfüm, das Amelie zu benützen pflegte, schlug ihm matt entgegen, wie eine Anklage, die dadurch, daß sie ganz leise ist, doppelt wirkt. Der Duft fügte den Lasten seines Herzens eine neue hinzu. Nebengerüche von gebranntem Haar und Spiritus verschärften die Wehmut noch. Im Zimmer herrschte noch die leichte Unordnung, die Amelie zurückgelassen hatte. Mehrere Paare kleiner Schuhe standen betrübt durcheinander. Der Toilettentisch mit seinen vielen Fläschchen, Kristall-Flakons, Schälchen, Schächtelchen, Döschen, Scherchen, Feilchen, Pinselchen war nicht zusammengeräumt. Wie der Abdruck eines zärtlichen Körpers auf verlassenen Kissen, so schwebte Amelies Wesenheit im Raum. Auf dem Sekretär lagen neben Büchern, illustrierten Zeitschriften und Modeblättern ganze Haufen offener Briefe achtlos zur Schau. Es war verrückt, aber in dieser Minute sehnte sich Leonidas danach, daß Amelie ihm etwas angetan habe, daß er könnte einen fassungslosen Schmerz über eine Schuld empfinden, die ihr Gewissen niederzog, dem seinen jedoch die Unschuld beinahe wiedergab. Was er immer verabscheut hatte, tat er jetzt zum erstenmal. Er stürzte sich auf die offenen Briefe, wühlte erregt im kalten Papier, las eine Zeile hier, ein Sätzchen dort, verhaftete jede männliche Handschrift, fahndete verwirrt nach Beweisen der Untreue, ein unglaubwürdiger Schatzgräber seiner eigenen Schande. War es denkbar, daß Amelie ihm ein treues Weib geblieben, diese ganzen zwanzig Jahre lang, ihm, einem eitlen Feigling, dem ausdauerndsten aller Lügner, der unter dem gesprungenen Lack einer unechten Weltläufigkeit ewig den Harm seiner elenden Jugend verbarg? Nie hatte er den gottgewollten Abstand zwischen sich und ihr überwinden können, den Abstand zwischen einer geborenen Paradini und einem geborenen Dreckfresser. Nur er allein wußte, daß seine Sicherheit, seine lockere Haltung, seine lässige Elegance anderen abgeguckt war, eine mühsame Verstellung, die ihn nicht einmal während des Schlafes freigab. Mit Herzklopfen suchte er die Briefe des Mannes, die ihn zum Hahnrei machten. Was er fand, waren die reinsten Orgien der Harmlosigkeit, die ihn gutmütig verspotteten. Da riß er die Schubläden des zierlichen Schreibtisches auf. Ein holdes Chaos fraulicher Vergeßlichkeiten bot sich dar. Zwischen Sammet- und Seidenfetzen, echten und falschen

Schmuckstücken, Galalithringen, einzelnen Handschuhen, versteinten Schokoladebonbons, Visitenkarten, Stoffblumen, Lippenstiften, Arzneischachteln lagen in verschnürten Bündeln alte Rechnungen, Bankausweise und wiederum Briefe, auch sie vor Unschuld ihn an- und auslachend. Zuletzt fiel ihm ein Kalenderbüchlein in die Hand. Er blätterte es auf. Er verletzte schamlos dieses Geheimnis. Flüchtige Eintragungen Amelies an gewissen Tagen: »Heute wieder einmal allein mit León! Endlich! Gott sei Dank!« – »Nach dem Theater eine wunderschöne Nacht. Wie einst im Mai, León entzückend.« In diesem Büchlein stand ein rührend genaues Kontokorrent ihrer Liebe verzeichnet. Die letzte Eintragung umfaßte mehrere Zeilen: »Finde León seit seinem Geburtstage etwas verändert. Er ist etwas verletzend galant, herablassend, dabei unaufmerksam. Das gefährliche Alter der Männer. Ich muß aufpassen. Nein! Ich glaube felsenfest an ihn.« – Das Wort ›felsenfest‹ war dreimal unterstrichen.

Sie glaubte an ihn! Wie arglos war sie doch trotz ihrer Eifersucht. Seine absurde, schmutzige Hoffnungs-Angst hatte getrogen. Keine Schuld der Frau entlastete die seine. Sie legte vielmehr als das letzte und schwerste Gewicht ihren Glauben ihm auf die Seele. Ihm geschah recht. Leonidas setzte sich an dem Schreibtisch nieder und starrte gedankenlos auf die süße Unordnung, die er mit gemeiner Hand entweiht und vermehrt hatte.

Er fuhr nicht erschrocken auf, er blieb sitzen, als Amelie eintrat.

»Was tust du hier?« fragte sie. Die Schatten und Bläulichkeiten unter ihren Augen waren schärfer geworden. Leonidas zeigte keine Spur von Verlegenheit. Was für ein abgefeimter Lügner bin ich doch, dachte er, es gibt schließlich keine Situation, die mich aus dem Konzept bringt. Er wandte ihr ein müdes Gesicht zu:

»Ich habe bei dir ein Mittel gegen meine Kopfschmerzen gesucht. Aspirin oder Pyramidon ...«

»Die Schachtel mit dem Pyramidon liegt großmächtig vor dir ...«

»Mein Gott, und ich hab sie übersehn ...«

»Vielleicht hast du dich zuviel mit meiner Korrespondenz beschäftigt ... Mein Lieber, solange eine Frau so schlampig ist wie ich, hat sie gewiß nichts zu verheimlichen ...«

»Nein, Amelie, ich weiß, wie du bist, ich glaube felsenfest an dich ...«

Er stand auf, wollte ihre Hand ergreifen. Sie wich einen Schritt zurück und sagte, ziemlich betont:

»Es ist nicht besonders galant, wenn ein Mann seiner Frau allzu sicher ist ...«
Leonidas drückte die Fäuste gegen seine Schläfen. Die soeben erlogenen Kopfschmerzen hatten sich prompt eingestellt. Sie hat irgend etwas, witterte es in ihm. Schon heute am Morgen hatte sie irgend etwas. Und mittlerweile scheint es sich noch verdichtet zu haben. Wenn sie mir jetzt eine ihrer Szenen macht, wenn sie mich beleidigt und sekkiert, dann wird mir das Geständnis leichter fallen. Wenn sie aber gut zu mir ist und liebevoll, dann weiß ich nicht, ob ich den Mut haben werde ... Zum Teufel, es gibt kein Wenn und Aber mehr, ich muß reden!
Amelie streifte ihre veilchenfarbenen Handschuhe von den Fingern, legte den sommerlich dünnen Breitschwanzmantel ab, dann nahm sie schweigend eine Pastille aus der Schachtel, ging in ihr Badezimmer und kam mit einem Glas Wasser zurück. Ach, sie ist gut zu mir. Leider! Während sie die Droge in einem Löffel auflöste, fragte sie:
»Hast du Ärger gehabt, heut?«
»Ja, ich hab Ärger gehabt. Im Amt.«
»Natürlich Spittelberger?! Kann's mir denken.«
»Lassen wir das, Amelie ...«
»Schaut aus wie eine eingetrocknete Kröte vor dem Regen, dieser Vinzenz! Und der Herr Skutecky, dieser böhmische Dorfschullehrer! Was für ein Niveau das ist, das heute regieren darf ...«
»Die Fürsten und Grafen von ehemals haben zwar besser ausgesehen, aber noch schlechter regiert. Du bist eine unheilbare Ästhetin, Amelie ...«
»Du hast es nicht nötig, dich zu ärgern, León! Du brauchst diese ordinäre Gesellschaft nicht. Wirf's ihnen hin ...«
Sie führte den Löffel an seinen Mund, reichte ihm das Glas. Ihm wurde das Herz ganz schlapp vor jäher Wehmut. Er wollte sie an sich ziehen. Sie bog den Kopf zur Seite. Er merkte, daß sie heute mindestens zwei Stunden beim Friseur zugebracht haben mußte. Das wolkige Haar war untadelig gewellt und duftete wie die Liebe selbst. Es ist ein Wahnsinn, was habe ich mit dem Gespenst Vera Wormser zu schaffen?
Amelie sah ihn streng an:
»Ich werde von nun an darauf bestehen, León, daß du dich täglich nach Tisch eine Stunde lang ausruhst. Du bist schließlich und endlich im gefährlichen Alter der Männer ...«

Leonidas klammerte sich an ihren Worten fest, als könnten sie ihm zur Verteidigung dienen:
»Du hast recht, Liebe ... Seit heute weiß ich, daß ein Fünfzigjähriger schon ein alter Mann ist ...«
»Idiot«, lachte sie nicht ohne Schärfe. »Mir wäre vermutlich wohler, wenn du endlich ein älterer Herr wärst und nicht dieser ewige Jünglich, diese anerkannte Männerschönheit, die alle Weiber angaffen ...«
Der Gong rief zum Mahl. Es war unten in dem großen Speisezimmer ein kleiner runder Tisch zum Fenster gerückt. Die mächtige Familientafel in der Mitte des Raums stand mit ihren zwölf hochlehnigen Stühlen leer und gestorben da, nein ärger, tot, ohne gelebt zu haben. Leonidas und Amelie waren keine Familie. Sie saßen als Verbannte ihrer eigenen Familientafel gleichsam am Katzentisch der Kinderlosigkeit. Auch Amelie schien dieses Exil heute stärker zu fühlen als gestern und vorgestern und all die Tage und Jahre vorher, denn sie sagte:
»Wenn es dir recht ist, werd' ich von morgen ab oben im Wohnzimmer decken lassen ...«
Leonidas nickte zerstreut. All seine Sinne waren den ersten Worten der nahenden Beichte entgegen gespannt. Ein tollkühner Einfall durchzuckte ihn. Wie wäre es, wenn er im Zuge seiner großen Konfession, anstatt um Verzeihung zu betteln, über die Schnur haute und von Amelie glatt forderte, daß sie seinen Sohn im Hause aufnehme, damit er mit ihnen wohne und am gemeinsamen Tische speise. Ohne Zweifel, ein Kind von ihm und Vera mußte einige Qualitäten besitzen. Und würde ein junges, glückliches Gesicht nicht das ganze Leben erhellen?
Das erste Gericht wurde aufgetragen. Leonidas häufte seinen Teller voll, legte aber schon beim dritten Bissen die Gabel hin. Der Diener hatte Amelie diese Schüssel gar nicht gereicht, sondern ein Gefäß mit rohen Selleriestangen neben ihr Gedeckt gestellt. Auch an Stelle des zweiten Ganges bekam sie nur eine winzige, rasch abgebratene Kotelette, ohne jede Zutat und Würze. Leonidas sah ihr erstaunt zu:
»Bist du krank, Amelie, hast du keinen Appetit?«
Ihr Blick konnte eine höhnische Erbitterung nicht verleugnen: »Ich sterbe vor Hunger«, sagte sie.
»Von dieser Spatzenportion wirst du nicht satt werden.«
Sie stocherte im grünen Salat, der eigens für sie ohne Essig und Öl, nur mit ein paar Zitronentropfen angerichtet war:

»Fällt es dir erst heute auf«, fragte sie spitz, »daß ich wie eine Wüstenheilige lebe?«
Er gab ziemlich stumm und ungeschickt zurück:
»Und welches Himmelreich willst du dir dabei verdienen?«
Sie schob mit einer heftigen Ekelgeste den Salat von sich:
»Ein lächerliches Himmelreich, mein Lieber. Denn dir ist es ja vollkommen egal, wie ich aussehe ... Dir macht es nichts aus, ob ich eine mittelschwere Tonne bin oder eine Sylphide ...«
Leonidas, der seinen schlechten Tag hatte, verirrte sich weiter im Dikkicht der Ungeschicklichkeit:
»Wie du bist, Liebling, bist du mir recht ... Du überschätzt meine Äußerlichkeit ... Um meinetwillen mußt du wahrhaftig nicht als Heilige leben ...«
Ihre Augen, die älter waren als sie selbst, blitzten ihn an, füllten sich mit häßlichen, ja mit gemeinen Wallungen:
»Aha, also ich bin für dich schon jenseits von Gut und Böse. Mir kann nach deiner Ansicht nichts mehr helfen. Ich bin nichts anderes mehr für dich als eine alte schlechte Gewohnheit, die du nur so weiter mitschleppst. Eine schlechte Gewohnheit, die aber ihre praktischen Seiten hat ...«
»Um Himmels willen, Amelie, überleg dir, was du da sprichst ...«
Amelie aber dachte nicht daran, sich zu überlegen, was sie sprach, nein, hervorsprudelte:
»Und ich dumme Gans hab mich vorhin beinah gefreut, als du so widerlich in meinen Briefen herumspioniert hast ... Er ist also doch eifersüchtig, hab ich gemeint ... Keine Spur ... Wahrscheinlich warst du auf wertvollere Dinge neugierig als auf Liebesbriefe, denn ausgesehen hast du so équivoque, daß ich erschrocken bin, so ... So wie ein Hochstapler, ein Gentleman-Betrüger, wie ein Dienstmädchenverführer am Sonntag ...«
»Danke«, sagte Leonidas und sah auf seinen Teller. Amelie aber konnte sich nicht länger beherrschen und brach in lauten Schluchzen aus. Da also wäre die Szene. Eine ganz sinnlose und empörende Szene. Noch nie im Leben hat sie eine ähnliche materielle Verdächtigung gegen mich ausgesprochen. Gegen mich, der ich doch immer auf strenger Sonderung bestanden habe, der ich das Zimmer verlasse, wenn sie ihre Bankiers und Advokaten empfängt. Und doch, sie schießt daneben und trifft zugleich ins Schwarze. Dienstmädchenverführer am

Sonntag. Ihr Zorn macht es mir nicht leichter. Ich habe keine Möglichkeit, anzufangen ... Gequält erhob er sich, trat zu Amelie, nahm ihre Hand:

»Das dumme Zeug, das du da zusammengeschwätzt hast, will ich gar nicht verstehen ... Deine abscheuliche Kalorienfexerei wird dich noch nervenkrank machen ... Bitte, nimm dich jetzt zusammen ... Wir wollen vor den Leuten keine Komödie aufführen ...«

Diese Mahnung brachte sie zu sich. Jeden Augenblick konnte der Diener eintreten:

»Verzeih mir, León, ich bitte dich«, stammelte sie, noch immer schluchzend, »ich bin heut sehr elend, dieses Wetter, dieser Friseur und dann ...«

Sie war ihrer wieder mächtig, preßte das Taschentuch gegen die Augen, biß die Zähne zusammen. Der Diener, ein älterer Mann, brachte den schwarzen Kaffee, trug die Obstteller, die Fingerschalen ab und schien nichts bemerkt zu haben. Er hantierte mit ernster Teilnahmslosigkeit ziemlich lange herum. Indessen schwiegen beide. Als sie wieder allein waren, fragte Leonidas leichthin:

»Hast du einen bestimmten Grund für dein Mißtrauen gegen mich?«

Während er mit atemlos lauernder Seele diese Frage stellte, hatte er die Empfindung, als werfe er ein Laufbrett über einen finstren Spalt. Amelie sah ihn aus roten Augen verzweifelt an:

»Ja, ich habe einen bestimmten Grund, León ...«

»Und darf ich diesen Grund erfahren?«

»Ich weiß, du kannst mich nicht leiden, wenn ich dich ausfrag. Also laß mich! Vielleicht komm ich darüber hinweg ...«

»Wenn aber ich darüber nicht hinwegkomm«, sagte er leise, doch jedes Wort betonend. Sie kämpfte noch eine ganze Weile mit sich selbst, dann senkte sie die Stirn:

»Du hast heut früh einen Brief bekommen ...«

»Ich hab elf Briefe bekommen heute früh ...«

»Aber einer war darunter von einer Frau ... So eine verstellte, verlogene Weiberschrift ...«

»Findest du diese Schrift wirklich so verlogen?« fragte Leonidas, holte mit sehr langsamen Händen seine Brieftasche hervor und entnahm ihr das Corpus delicti. Seinen Stuhl ein bißchen vom Tisch zum Fenster abrückend, ließ er das regnerische Licht auf Veras Brief fallen. Im

Raum stand die Schicksalswaage still. Wie doch alles seinen ureigenen Weg geht! Man muß sich nicht sorgen. Nicht einmal improvisieren muß man. Alles kommt anders, aber es kommt von selbst. Unsre Zukunft wird davon abhängen, ob sie zwischen den Zeilen lesen kann. Plötzlich zum kühlen Beobachter geworden, reichte er Amelie mit ausgestreckter Hand das schmale Blatt hinüber.

Sie nahm's. Sie las. Sie las halblaut: »Sehr geehrter Herr Sektionschef!« Schon bei diesen Worten der Anrede bildete sich auf ihren Zügen eine Entspannung von solcher Ausdruckskraft, wie sie Leonidas an Amelie nie wahrgenommen zu haben vermeinte. Sie atmete hörbar auf. Dann las sie weiter, immer lauter:

»Ich bin gezwungen, mich heute mit einer Bitte an Sie zu wenden. Es handelt sich dabei nicht um mich, sondern um einen begabten jungen Mann ...«

Um einen begabten jungen Mann. Amelie legte das Blatt auf den Tisch, ohne weiterzulesen. Sie schluchzte von neuem auf. Sie lachte. Lachen und Schluchzen gerieten durcheinander. Dann aber breitete sich das Lachen in ihr aus und erfüllte sie wie ein züngelndes Element. Jäh sprang sie auf, stürzte zu Leonidas, hockte sich zu seinen Füßen nieder, legte den Kopf auf seine Knie, Gebärde ihrer widerstandslosen, hingegebenen Stunden. Da sie aber sehr groß war und lange Beine hatte, wirkte diese heftige Gebärde der Demütigung immer ein wenig erschreckend, ja erschütternd auf ihn.

»Wärst du jetzt ein primitiver Mann«, stammelte sie, »du müßtest mich schlagen oder würgen oder was weiß ich, denn ich habe dich so gehaßt, du mein Liebstes, wie ich noch nichts gehaßt hab. Sag kein Wort, um Gottes willen, laß mich beichten ...«

Er sagte kein Wort. Er ließ sie beichten. Er starrte auf das weich modellierte Blond ihres Haares. Sie aber, ohne ein einziges Mal aufzublikken, sprach hastig wie in die Erde hinein:

»Wenn man so beim Friseut sitzt, den Kopf unter der Nickelhaube, stundenlang, in den Ohren surrt's, die Luft wird immer heißer, jede Haarwurzel schreit vor Nervosität, wegen der Wasserwellen muß man das aushalten, abends die Oper, und bei diesem Wetter gehn die Haare immer wieder auf... Ich habe mir die Bilder in der ›Vogue‹ und im ›Jardin des Modes‹ angeschaut, ohne das geringste zu sehen, nur um nicht verrückt zu werden, denn, du weißt, ich war unbeschreiblich überzeugt davon, du bist ein lebenslänglicher Schwindler, ein glatter

Betrüger, wirklich so eine Art Dienstmädchenverführer am Sonntag, immer tip top, du glitschiger Aal, und mich hast du hereingelegt seit vollen zwanzig Jahren, durch ›Vorspiegelungen‹, nicht wahr, man nennt das so im Gerichtssaal, denn du hast mir seit dem Tag unsrer Verlobung vorgespielt, das zu sein, was du bist, und ich hab ein ganzes Leben gebraucht und meine Jugend verloren, um dir daraufzukommen, daß du eine Geliebte hast, namens Vera Wormser loco, denn ihren Brief hab ich auf dem Tisch gesehen, knapp eh du zum Frühstück gekommen bist, und es war wie eine fürchterliche Erleuchtung, und ich hab all meine Kraft zusammennehmen müssen, um den Brief nicht zu stehlen, es war aber unnötig, denn ich hab's doch durch die Erleuchtung sonnenklar gewußt, daß du so einer bist, der ein Doppelleben führt, man kennt das ja vom Film, und ihr habt eine gemeinsame Wohnung, einen idyllischen Haushalt, du und Vera Wormser loco, denn was weiß ich, was du in deiner Amtszeit tust und während der vielen Konferenzen bis tief in die Nacht, und Kinder habt ihr auch miteinander, zwei oder vielleicht sogar drei ... Und die Wohnung hab ich gesehn, auf mein Wort, irgendwo in Döbling, in der Nähe des Kuglerparks oder des Wertheimsteinparks, damit die Kinder immer frische Luft haben, ich war direkt drin in dieser anheimelnden Wohnung, die du dem Weib eingerichtet hast, und ich hab so manche Kleinigkeit wiedergefunden, die ich vermisse, und deine Kinder hab ich auch gesehn, richtig, es waren drei, so halbwüchsige Bankerte, widerliche, und sie sind um dich herumgesprungen und haben dich manchmal ›Onkel‹ genannt und manchmal ganz schamlos ›Papa‹, und du hast sie ihre Schulaufgaben abgehört, und das Kleinste ist auf dir herumgeklettert, denn du warst ein glücklicher Papa, wie er im Buch steht. Und das alles hab ich erleben und erdulden müssen in meinem gefangenen Kopf unterm Ondulierhelm, und ich durfte nicht davonlaufen, sondern mußte noch freundliche Antworten geben, wenn der seifige Patron kam, um mich zu unterhalten, Frau Sektionschef sehen blendend aus, werden Frau Sektionschef am Schönbrunner Kostümfest teilnehmen, als junge Kaiserin Maria Theresia müßten Frau Sektionschef erscheinen, im Reifrock und hoher weißer Perücke, keine Dame der Hocharistokratie kann mit Frau Sektionschef konkurrieren, der Herr Sektionschef wird begeistert sein – und ich konnte ihm nicht sagen, daß ich den Herrn Sektionschef gar nicht begeistern will, weil er ein Lump ist und ein glücklicher Papa in Döbling ... Sag kein Wort, laß mich beichten, denn das Schlimmste kommt erst. Ich habe dich nicht nur gehaßt, León, ich habe mich grauenhaft vor dir gefürchtet. Dein Doppelleben stand vor mir, wie, wie, ach ich weiß nicht wie, zugleich aber, León, war ich so ungeheuer sicher, wie ich's mir jetzt gar nicht mehr vorstellen kann, daß du mich umbringen willst, weil du mich ja auf alle Fälle loswerden mußt, denn die Vera Wormser darfst du nicht umbringen, sie ist die Mutter deiner Kinder, das sieht jeder ein, ich aber bin mit dir nur durch den Trauschein verbunden, durch ein Stück Papier, folglich wirst du mich umbringen, und du machst es äußerst geschickt, mit einem ganz langsamen Gift, in täglichen Dosen, am besten in den Salat getropft, wie man es von den Renaissancemenschen gelernt hat, den Borgias, usw. Man spürt fast gar nichts, wird aber blutarmer und bleichsüchtiger von Tag zu Tag, bis es aus ist. Oh, ich schwör dir's, León, ich habe mich im Sarg liegen sehn, wundervoll von dir aufgebahrt, und so jung war ich und entzükkend mit meinen frisch gewellten Haaren, ganz in Weiß, fließender plissierter Crêpe de Chine, glaub aber ja nicht, daß ich das ironisch sage oder Witze mache, denn das Herz ist mir gebrochen, als ich zu spät und schon als Tote erkannt hab, daß mein Heißgeliebter, mein Heißgeglaubter ein heimtückischer Frauenmörder ist. Und dann sind sie alle gekommen, selbstverständlich, die Minister und der Bundespräsident und die Spitzen der Behörden und die Koryphäen der Gesellschaft, um dir ihr Beileid auszusprechen, und deine Haltung war gräßlich tadellos, denn du warst im Frack, wie das erste Mal, als wir uns begegnet sind, weißt du's noch, damals am Juristenball, und dann bist du neben dem Bundespräsidenten hinter meinem Sarg gegangen, nein geschritten, und hast der Vera Wormser zugezwinkert, die mit ihren Kindern auf einer Festtribüne zugeschaut hat... So, und jetzt stell dir's nur vor, León, mit diesen Bildern im Kopf bin ich nach Hause gekommen und finde dich vor meinen Briefen, was noch nie in diesen zwanzig Jahren geschehen ist. Ich hab meinen Augen nicht getraut, und das war kein Hirngespinst mehr, denn du warst nicht du, sondern ein völlig Fremder, der Mann mit dem Doppelleben, der Gatte der anderen, der Gentleman-Schwindler, wenn er unbeobachtet ist. Ich weiß nicht, ob du mir wirst verzeihen können, aber in diesem Augenblick hat's wie der Blitz in mich eingeschlagen: Er will nichts andres, als sich nach meinem Tode das große Vermögen sichern. Ja, León, genau so hast du ausgeschaut, oben vor meinem Schreibtisch mit der offenen Schub-

lade, wie ein ertappter Testamentfälscher und Erbschaftsschnüffler. Und ich hab doch noch nie daran gedacht, ein Testament zu machen. Und alles gehört ja dir. Schweig! Laß mich das alles sagen, alles, alles! Nachher mußt du mich strafen, als mein harter Beichtvater. Gib mir eine fürchterliche Buße auf! Geh nächstens z. B. allein zur Anita Hojos, die in dich vernarrt ist und die du mit den Augen frißt. Ich werde geduldig zu Hause bleiben und dich nicht sekkieren, denn ich weiß natürlich ganz genau, daß nicht du schuldig bist an den greulichen Einbildungen des heutigen Vormittags, sondern ich allein und der Brief dieser unschuldigen Dame Wormser, eine antipathische Schrift hat sie übrigens. Der abgefeimteste Mann kann nie so, so, da gibt's kein Wort, so träumen wie ein Weib unterm Nickelhelm beim Friseur. Und dabei bin ich nicht einmal hysterisch und sogar ziemlich intelligent, du warst einmal der Ansicht. Du mußt mich verstehen, ich habe genau gewußt, daß du kein Doppelleben führen kannst und daß dich das Geld nie interessiert hat und daß du der vornehmste Mensch bist und ein anerkannter Jugenderzieher, und daß dich die ganze Welt verehrt und daß du hoch über mir stehst. Zugleich aber hab ich ganz genau gewußt, daß du ein verschlagener Betrüger bist und mein süßer, geliebter Giftmörder. Es war, glaub mir's, nicht Eifersucht, es kam wie von außen in mich, es war wie eine Inspiration. Und da hab ich dir ein Glas Wasser geholt und mit eigener Hand meinem Giftmörder das Pyramidon zum Schlucken gegeben, und mein Herz hat geblutet vor Liebe und vor Abscheu, es ist wahr, León, als ich mich selbst geprüft hab ... So, jetzt hab ich dir alles, alles gebeichtet. Was da heut in mir vorgegangen ist, ich versteh's nicht. Kannst du mir's vielleicht erklären?«
Ohne aufzublicken, ohne Absatz und Punkt, und immer in die Erde hinein, so hatte Amelie ihre Beichte heruntergehastet, die Leier nur manchmal aus brennender Scham durch eine ironische Wendung unterbrechend. Niemals hatte Leonidas eine ähnliche Selbstentschleierung angehört, noch auch geahnt, daß diese Frau dazu fähig sei. Jetzt preßte sie ihr Gesicht gegen seine Knie, ungehemmt flossen ihre Tränen. Er begann das warme Naß durch den dünnen Stoff seiner Hose hindurch zu spüren. Es war unangenehm und sehr rührend zugleich.
Du hast recht, mein Kind! Eine echte Eingebung war's, die dich heute am Morgen angefallen und den ganzen Vormittag nicht mehr losgelassen hat. Veras Brief hat dich inspiriert. Wie nah bist du

um die Flamme der Wahrheit herumgeflattert! Deine Hellsicht kann ich dir nicht erklären. Das heißt, ich müßte jetzt endlich reden. Ich müßte anfangen: Du hast recht, mein Kind. So merkwürdig es ist, du hast eine echte Eingebung gehabt ... Aber kann ich jetzt so reden? Könnte ein weit charaktervollerer Mensch als ich jetzt so reden?

»Es ist wirklich nicht sehr hübsch von dir«, sagte er laut, »was sich da deine alte Eifersucht gegen mich zusammengeträumt hat. Aber als Pädagoge bin ich schließlich von Amts wegen ein bißchen Seelenkenner. Ich spür schon längst deinen gereizten Zustand. Wir leben bald zwanzig Jahre nebeneinander und haben nur ein einziges Mal eine längere Trennung erlitten, du und ich. Da kommen die unvermeidlichen Krisen, heut für den einen, morgen für den andern. Es war riesig moralisch von dir, daß du dein ehrenrühriges Unterbewußtsein gerade mir anvertraut hast. Ich beneide dich um deine Beichte. Denk dir aber, ich habe beinah schon wieder vergessen, daß ich ein Giftmörder bin und ein Testamentfälscher ...«

Die salbadernden Lügen gehen weiter. Nichts hab ich vergessen. Dienstmädchenverführer am Sonntag, das sitzt. – Amelie hob mit einem verklärt lauschenden Ausdruck ihr Gesicht:

»Ist es nicht komisch, daß man so unbeschreiblich glücklich ist, wenn man gebeichtet hat und Absolution erhält? Nun ist auf einmal alles weg ...«

Leonidas sah angestrengt zur Seite, während seine Hand ganz leicht ihr Haar streichelte:

»Ja, es ist wohl eine gewaltige Erleichterung, aus der Tiefe gebeichtet zu haben. Und dabei hast du nicht die leiseste Sünde begangen ...«

Amelie stutzte. Sie blickte ihn plötzlich kühl und forschend an:

»Warum bist du so schrecklich gut, so weise, so gleichgültig, so fern, der reinste tibetanische Mönch? Wär's nicht nobler, du würdest dich durch eine eigene schlimme Beichte revanchieren? ...«

Nobler wär es bestimmt, dachte er, und die Stille wurde sehr tief. Aber es kam nur ein unentschlossenes Räuspern aus seinem Mund. Amelie war aufgestanden. Sie puderte sich sorgfältig und schminkte die Lippen. Es war die weibliche Atempause, die einen erregenden Auftritt des Lebens beendet. Noch einmal streifte ihr Blick Veras Brief, den harmlosen Bittbrief, der auf dem Tisch lag:

»Sei nicht bös, León«, zögerte sie, »aber da ist noch eine Sache, die

mich stört ... Warum trägst du von deiner ganzen heutigen Post gerade den Brief dieser wildfremden Person in deinem Portefeuille?«
»Die Dame ist mir nicht fremd«, erwiderte er ernst und knapp, »sie ist mir aus alter Zeit bekannt. Ich war in den traurigsten Tagen meines Lebens in ihrem Vaterhaus als Nachhilfslehrer angestellt ...«
Er nahm das Blatt mit einer harten, ja bösen Bewegung und legte es zurück in seine Brieftasche.
»Dann solltest du etwas für ihren begabten jungen Mann tun«, sagte Amelie, und eine versonnene Wärme stand in ihren April-Augen.

Sechstes Kapitel
Vera erscheint und verschwindet

Sofort nach Tisch verließ Leonidas sein Haus und fuhr ins Ministerium. Nun saß er da, den Kopf in die Hände gestützt, und blickte durchs hohe Fenster über die Bäume des Volksgartens hinweg, die, von perlmutterfarbenem Regen-Dunst eingeschleiert, in den wattigen Himmel ragten. Sein Herz war voll Verwunderung über Amelie und voll Bewunderung für sie. Liebende Frauen besaßen einen sechsten Sinn. Wie das schweifende Wild gegen seine Feinde, so waren auch sie mit einer sicheren Witterung ausgerüstet. Hellseherinnen waren sie der männlichen Schuld. Amelie hatte alles erraten, wenn auch, ihrer Art gemäß, übertrieben, verzerrt und falsch gedeutet. Man konnte fast argwöhnen, eine unerklärliche Verschwörung habe zwischen den beiden Frauen stattgefunden, der einen, die sich in der blaßblauen Handschrift verkörperte, und der andern, die vom flüchtigen Anblick dieser Schrift ins Herz getroffen war. In den wenigen Zeilen der Adresse hatte Vera der andern die Wahrheit zugeflüstert, die von Amelie als eine jähe Eingebung aus dem Nichts empfunden werden mußte. Welch ein Widerspruch, daß jene Hellsichtigkeit dann vor dem trockenen Wortlaut des Briefes zuschanden wurde. Ihm aber hatte sie ahnungsvoll ahnungslos die Maske vom Gesicht gerissen. ›Dienstmädchenverführer am Sonntag!‹ Hatte er sich nicht selbst heute einen Heiratsschwindler genannt? Und war er's nicht tatsächlich in der kriminellen Bedeutung des Wortes? Von seinem Gesicht konnte Amelie es ablesen. Und er hatte doch knapp vorher dieses Gesicht im Spiegel betrachtet und nichts Gemeines darin entdeckt, sondern eine wohlgeformte Vornehmheit, die in ihm das sonderbare Mitleid mit sich selbst erweckte. Und wie war es dann gekommen, daß sein Entschluß sich ohne sein Zutun ins Gegenteil verkehrte, und nicht er beichtete, sondern sie? Ein großer, ein unverdienter Liebesbeweis, diese Beichte! Diesen radikalen, ja schamlosen Mut zur Wahrheit wie Amelie hatte er nie besessen. Das kam vermutlich von der minderen Herkunft und der einstigen Armut. Seine Jugend war erfüllt gewesen von Furcht, Auftrieb und einer zitternden Überschätzung der höheren Klasse. Er hatte sich alles krampfhaft anerziehen müssen, die Gelassenheit beim Eintritt in einen Salon, das souveräne Plaudern (man macht Konversation), das freie Benehmen bei Tisch, das richtige Maß im ›Die-Ehre-Geben‹ und ›Die-Ehre-Nehmen‹, all diese feinen und selbstverständlichen Tugenden, mit denen die Angehörigen der Herrenkaste geboren werden. Der Fünfzigjährige kam noch aus einer Welt der gespannten Standesunterschiede. Die Kraft, welche die heutige Jugend im Sport verausgabt, hatte er für eine besondere Athletik aufwenden müssen, für die Überwindung seiner Schüchternheit und für den Ausgleich seines beständigen Mangelgefühls. Oh, unvergeßliche Stunde, da er zum erstenmal im Frack des Selbstmörders vor dem Spiegel sich als Sieger gegenüberstand! Wenn er auch jene feinen und selbstverständlichen Künste vollkommen erlernt hatte und sie seit Jahrzehnten schon unbewußt übte, so war er doch nur, was die Römer einen ›Freigelassenen‹ nannten. Ein Freigelassener besitzt nicht den natürlichen Mut zur Wahrheit wie eine geborene Paradini, nicht jene verwegene Erhabenheit über alle Scham. Amelie hatte überdies den Freigelassenen um einen Abgrund tiefer erkannt als er sich selbst. Ja, es war richtig, er fürchtete, wenn er sich zu seinem und Veras Sohn bekennen sollte, ihren Zorn, ihre Rache. Er fürchtete, sie würde sogleich den Scheidungsprozeß gegen ihn einleiten. Er fürchtete nichts mehr als den Verlust des Reichtums, den er so nonchalant genoß. Er, der edle Mann, der sich ›nichts aus dem Gelde machte‹, der hohe Beamte, der Volkserzieher, er wußte jetzt, daß er das enge Leben seiner Kollegen nicht würde ertragen können, diesen täglichen Kampf gegen die besseren Bedürfnisse und Begehrlichkeiten. Er war allzu verderbt durch das Geld und durch die angenehme Gewohnheit, sich nicht die leiseste Regung eines Wunsches abschlagen zu müssen. Wie verstand er es nun, daß so viele unter seinen Amtsgenossen der Versuchung erlagen und Schmiergelder nahmen, um ihren süchtigen Frauen dann und wann eine Freude bereiten zu können. Sein Kopf sank auf die Schreibmappe. Er empfand den brennenden Wunsch, ein Mönch zu sein und einem strengen Orden anzugehören ...

Leonidas ermannte sich. »Man kann's nicht umgehen«, seufzte er laut und leer. Dann nahm er ein Blatt und begann eine Promemoria für Minister Vinzenz Spittelberger zu entwerfen, in welchem er die Betrauung des außerordentlichen Professors der Medizin Alexander Bloch mit der vakanten Lehrkanzel und Klinik als eine unausweichliche Notwendigkeit für den Staat zu begründen suchte. Warum er den Eigensinn weitertrieb und eine entscheidende Kraftprobe heraufbeschwören wollte, das wußte er selbst nicht. Kaum aber hatte er zehn Zeilen zu Papier gebracht, legte er die Feder hin und klingelte seinem Sekretär:

»Haben Sie die Güte, lieber Freund, und rufen Sie das Parkhotel in Hietzing an und lassen Sie Frau oder Fräulein Doktor Vera Wormser melden, ich werde sie gegen vier Uhr persönlich aufsuchen ...«

Leonidas hatte wie immer in nervösen Augenblicken mit verwischter und flacher Stimme gesprochen. Der Sekretär legte ein leeres Zettelchen vor ihn hin:

»Darf ich den Herrn Sektionschef bitten, mir den Namen der Dame aufzuschreiben«, sagte er. Leonidas glotzte ihn eine halbe Minute lang wortlos an, dann steckte er das begonnene Memorandum in die Mappe, schob abschiednehmend die Gegenstände auf seinem Schreibtisch zurecht und stand auf:

»Nein, danke! Es ist nicht nötig. Ich gehe jetzt.«

Der Sekretär hielt es für seine Pflicht, daran zu erinnern, daß der Herr Minister gegen fünf Uhr im Hause erwartet werde. Auf Leonidas, der gerade Hut und Mantel vom Haken nahm, schien diese Meldung keinen Eindruck zu machen:

»Wenn der Minister nach mir fragen läßt, so sagen Sie nichts, sagen Sie einfach, ich bin fortgegangen ...«

Damit verließ er, federnden Schrittes, an dem jungen Menschen vorbei, sein Amtszimmer.

Es gehörte zu den wohlbedachten Gepflogenheiten des Sektionschefs, daß er mit seinem großen Wagen niemals am Portal des Ministeriums vorfuhr, sondern, wenn er ihn überhaupt benützte, ihm schon in der Herrengasse entstieg. Mehr als er den Neid der Kollegen fürchtete, empfand er es (vorzüglich während der Arbeitszeit) als ›taktlos‹, seinen materiellen Glücksstand zur Schau zu tragen und die spartanischen Grenzen des Beamtentums augenfällig zu überschreiten. Minister, Politiker, Filmschauspieler durften sich ruhig in strahlenden Limousinen spreizen, denn sie waren Geschöpfe der Reklame. Ein Sektionschef hingegen hatte (bei aller zulässigen Elegance) die Pflicht, eine gewisse karge Dürftigkeit hervorzukehren. Diese betonte Dürftigkeit war vielleicht eine der unduldsamsten Formen menschlichen Hochmuts. Wie oft hatte er mit aller gebotenen Vorsicht Amelie davon zu überzeugen gesucht, daß ihr heiter-unerschöpflicher Aufwand an Schmuck und Gewändern seiner Stellung nicht völlig entspreche. Vergebliche Predigt! Sie lachte ihn aus. Hierin lag einer der Lebenskonflikte, die Leonidas oft verwirrten ... Diesmal fuhr er mit der Straßenbahn, die er in der Nähe des Schönbrunner Schlosses verließ.

Der Regen hatte schon vor einer Stunde nachgelassen und jetzt völlig aufgehört. Es war aber nur wie die schleppende Pause in einer Krankheit, wie das trübe Loch der Schmerzlosigkeit zwischen zwei Anfällen. Der Wolkentag hing naß und schlapp auf Halbmast, und jede der seltsam verlangsamten Minuten schien zu fragen: Bis hierher wären wir gekommen, doch was nun? Leonidas spürte in allen Nerven die entscheidende Veränderung, die seit heute morgen die Welt hatte erdulden müssen. Er wurde sich jedoch über die Ursache dieser Veränderung erst klar, als er durch die breite, von Platanen flankierte Straße, längs der hohen Schloßmauer dahineilte. Unter seinen Füßen schwang höchst unangenehm ein dick vollgesogener Teppich von gefallenem Laub. Die jäh verfärbten Platanenblätter waren so korporell aufgeschwemmt und schnalzten unter jedem Tritt, daß man hätte wähnen können, ein Wolkenbruch von Kröten sei niedergegangen. Seit wenigen Stunden war mehr als die Hälfte des Laubes von den Bäumen geweht, und der Rest hing schlaff an den Ästen. Was heute allzujung als Aprilmorgen begonnen hatte, endete im Handumdrehen allzualt als Novemberabend.

Im Blumengeschäft an der nächsten Straßenecke schwankte Leonidas unerlaubt lange zwischen weißen und blutroten Rosen. Er entschied sich endlich zu achtzehn langstieligen hellgelben Teerosen, deren sanfter, ein wenig fauliger Duft ihn anzog. Als er dann in der Hotelhalle sich bei Frau Doktor Wormser anmelden ließ, erschrak er plötzlich über die verräterische Zahl ›achtzehn‹, die er ganz unbewußt gewählt hatte. Achtzehn Jahre! Auch fiel ihm jener ominöse Rosenstrauß ein, den er als lächerlich Verliebter der kleinen Vera mitgebracht hatte, ohne den Mut zu finden, ihn zu überreichen. Nun war's ihm, als seien es damals ebenfalls hellgelbe Teerosen gewesen und sie hätten genau so geduftet, so sanft, so rund, wie die Blume eines paradiesischen Weines, den es auf Erden nicht gibt.

»Madame läßt Herrn Sektionschef bitten, hier zu warten«, sagte der Portier unterwürfig und begleitete den Gast in eines der Gesellschaftszimmer zu ebener Erde. Man kann von einem Hotelsalon nichts Besseres erwarten, beruhigte Leonidas sich selbst, dem die dämmrige Räumlichkeit samt ihrer Einrichtung ungewöhnlich auf die Nerven fiel. Es ist scheußlich, die Geliebte seines Lebens in der öffentlichen Intimität dieses Allerwelts-Wohnzimmers wiederzusehen, jede Bar wäre besser, ja selbst ein bummvolles Kaffeehaus mit Musik. Daß Vera wirklich und wahrhaftig die ›Geliebte seines Lebens‹ gewesen sei, dessen empfand Leonidas jetzt eine ganz unbegründete Sicherheit.

Das Zimmer war vollgestopft mit lauter gewichtigen Möbelstücken. Sie ragten wie mürrische Festungen einer verschollenen Repräsentation ins Ungewisse. Sie standen da wie eine vom Ausrufer verlassene Versteigerung, in die sich für ein Stündchen oder zwei vorüberschlendernde Zufallsgäste einnisten. Üppige Sitzgarnituren, japanische Schränke, lampentragende Karyatiden, ein orientalisches Kohlenbekken, geschnitzte Truhen, Tabouretts usw. An der Wand dehnte sich ein keusch verhüllter Flügel. Die Plüschdecke, die ihn von oben bis unten verhing, war schwarz. Er glich daher einem Katafalk für tote Musik. Das Bahrtuch war außerdem noch mit allerlei Gegenständen aus Bronze und Marmor beschwert, auch sie wie zum Verkauf aneinander gereiht: Ein trunkener Silen, der eine Visitenkartenschale balanciert, eine geschmeidige Tänzerin ohne ersichtlich praktischen Zweck, ein prunkvolles Tintenzeug, groß und ernst genug, um bei Unterschrift eines Friedensvertrages Dienst zu tun, und dergleichen mehr, das hier die Aufgabe zu haben schien, die tote oder scheintote Musik am Entweichen zu hindern. Leonidas faßte den Verdacht, dieses Klavier sei ausgeweidet und nur eine ehrbare Attrappe, denn ein lebendiges Instrument würde die Leitung des Hotels beim täglichen Tanztee verwenden, dessen Zurüstung draußen vernehmbar wurde. Lebendig in diesem Raum waren nur die beiden aufgeklappten Spieltische, auf denen noch die Bridgekarten dalagen, ein Bild behaglicher

Zerstreuung und ungetrübter Seelenruhe, das den neidischen Blick immer wieder anzog. Leonidas war selbstverständlich ein Meister dieses Spiels ...

Er ging beständig auf und ab, wobei er sich zwischen den kantigen Vorgebirgen der Möbel und Tische durchschlängeln mußte. Noch immer hielt er die in Seidenpapier verpackten Rosen in der Hand, obwohl er fühlte, daß die empfindsamen Blüten unter seiner Körperwärme zu ermüden begannen. Er besaß aber die Willenskraft nicht, sie fortzulegen. Auch ging der schwache Duft mit ihm und tat ihm wohl. Im gleichmäßigen Auf und Ab stellte er fest: Mein Herz klopft. Ich erinnere mich nicht mehr, wann mir das Herz zum letzten Male so fühlbar geklopft hat. Dieses Warten erregt mich sehr. – Er stellte ferner fest: Ich habe nicht einen einzigen Gedanken im Kopf. Dieses Warten füllt mich ganz aus. Es ist mir nicht klar, wie ich beginnen werde. Ich weiß nicht einmal, wie ich Vera ansprechen soll. – Und endlich: Sie läßt mich sehr lange warten. Kein Minister läßt mich so lange warten. Es ist schon mindestens zwanzig Minuten, daß ich in diesem abscheulichen Salon hin- und herrenne. Ich werde aber keinesfalls auf die Uhr schauen, damit es mir unbekannt bleibe, wie lange ich schon warte. Es ist natürlich Veras gutes Recht, mich warten zu lassen, so lange es ihr richtig scheint. Wahrhaftig, eine winzige Strafe. Ich darf's mir gar nicht vorstellen, wie sie auf mich gewartet hat, in Heidelberg, Wochen, Monate, Jahre ... Er unterbrach seinen Rundgang nicht. In der Halle pochte die Tanzmusik. Leonidas fuhr zusammen: Auch das noch! Am besten wär's, sie käme überhaupt nicht. Ich würde ruhig eine volle Stunde hier warten, auch zwei Stunden und dann weggehen, ohne ein Wort zu sagen. Ich hätte das meinige getan und müßte mir keine Vorwürfe mehr machen. Hoffentlich kommt sie nicht. Es dürfte ja auch für sie keine geringe Unannehmlichkeit sein, mich wiederzusehen. Mir ist zumute, wie vor einer schweren Prüfung oder gar vor einer Operation ... So, jetzt ist sicher eine halbe Stunde vorüber. Ich nehme an, daß sie das Hotel verlassen hat, um mir nicht zu begegnen. Nun, ich warte meine Stunde aus. Dieses Jazz-Geräusch ist übrigens gar nicht so störend. Es scheint die Zeit zu beschleunigen. Und dunkel wird's auch ...

Der dritte Tanz war draußen im Gange, als die kleine zierliche Dame unversehens im Salon stand:

»Ich mußte Sie etwas warten lassen«, sagte Vera Wormser, ohne diesen

Satz durch eine Entschuldigung zu begründen, und reichte ihm die Hand. Leonidas küßte die sehr gebrechliche Hand im schwarzen Handschuh, lächelte begeistert mokant und begann auf den Zehenspitzen zu wippen:

»Aber bitte«, näselte er, »das macht gar nichts ... Ich habe mich heut eigens ...« Und er fügte zaghaft hinzu: »Gnädigste ...«

Damit übergab er ihr den Strauß, ohne ihn aus dem Papier gewickelt zu haben. Mit gelassenem Griff befreite sie die Teerosen. Sie tat es aufmerksam und ließ sich Zeit. Dann sah sie sich in diesem fremden häßlichen Raum nach einem Gefäß um, fand sogleich eine Vase, ein Krug mit Trinkwasser stand auf einem der Spieltische, sie füllte die Vase vorsichtig und steckte, eine nach der andern, die Rosen hinein. Das Gelb flammte im Zwielicht. Die Frau sagte nichts. Die kleine Arbeit schien sie völlig auszufüllen. Ihre Bewegungen waren von innen her gesammelt, wie es bei Kurzsichtigen der Fall zu sein pflegt. Sie trug die Vase mit den sanften Rosen zur Sitzgarnitur beim Fenster, stellte sie auf das runde Tischchen und ließ sich, mit dem Rücken gegen das Licht, in einer Sofaecke nieder. Das Zimmer war verändert. Auch Leonidas setzte sich, nachdem er vorher mit einer ziemlich sinnlosen (korpsstudentischen) Verbeugung um Erlaubnis gebeten hatte. Unglücklicherweise blendete ihn der weißliche Nebelschein des späten Tages im Fenster.

»Gnädige haben gewünscht ...« begann er mit einem Ton, vor dem ihm selbst ekelte, »ich bekam erst heute früh den Brief und bin sofort ... und habe sofort ... Selbstverständlich steh ich voll und ganz zur Verfügung ...«

Es verging erst eine kleine Weile, ehe die Antwort aus der Sofaecke kam. Die Stimme war noch immer hell, noch immer kindlich, und auch den abweisenden Klang schien sie behalten zu haben:

»Sie hätten sich nicht persönlich bemühen müssen, Herr Sektionschef«, sagte Vera Wormser, »ich hab's gar nicht erwartet ... Ein telephonischer Anruf hätte genügt ...«

Leonidas machte eine teils bedauernde, teils erschrockene Handbewegung, als wollte er sagen, seine Pflicht geböte ihm, für die Gnädigste unter allen Umständen weit größere Strecken zurückzulegen als jene vom Ministerium für Kultus und Unterricht am Minoritenplatz zum Parkhotel in Hietzing. Hier hatte die durchaus nicht lebhafte Konversation einen Einschnitt und Veras Gesicht seine erste Station erreicht.

Damit aber verhielt es sich folgendermaßen. Nicht nur das Erinnerungsbild der Geliebten war in Leonidas seit Jahren verstört, auch seine stark astigmatischen Augen spiegelten in trüben Räumen und zumal in erregten Minuten das Gesehene anfangs nur in verschwommenen Flächen wider. Bisher hatte also Vera noch kein Gesicht gehabt, sondern nur ihre zierliche Gestalt in einem grauen Reisekostüm, von dem sich eine lila Seidenbluse und eine Halskette aus goldbraunen Ambrakugeln ungenau abhoben. So zierlich mädchenhaft diese Gestalt auch war, so erschien sie eben doch nur ›mädchenhaft‹, gehörte aber einer zarten Person unbestimmten Alters an, in der Leonidas die Geliebte von Heidelberg nicht wiedererkannt hätte. Jetzt erst begann Veras Gesicht die leere, helle Fläche zu durchdringen, und zwar wie aus weiter Ferne her. Jemand schien an der Schraube eines Feldstechers unkundig hin und her zu drehen, um ein entlegenes Ziel in die schärfere Einstellung zu bekommen. So etwa war's. Zuerst trat das Haar in die noch immer trübe Linse, das nachtschwarze Haar, glatt anliegend und in der Mitte gescheitelt. (Waren das graue Fäden und Strähnen, die es durchzogen, wenn man den Blick darauf ruhen ließ?) Dann brachen die Augen durch, diese kornblumentiefe Farbe, von langen Wimpern beschattet wie einst. Ernst, forschend und erstaunt blieben sie auf Leonidas gerichtet. Der ziemlich große Mund hatte einen strengen Ausdruck, wie man ihn an Frauen bemerkt, die schon lange einen Beruf ausüben und deren geschultes Denken selten durch untergeordnete Phantasien durchkreuzt wird. Welch ein Gegensatz zu der schmollenden Fülle, die Amelies Lippen so oft anzunehmen verstanden. Leonidas erkannte plötzlich, daß Vera sich für ihn nicht schön gemacht hatte. Sie hatte die Zeit, die sie ihn warten ließ, nicht dazu benützt, sich ›herzurichten‹. Ihre Augenbrauen waren nicht ausgezupft und nachgezogen (oh, Amelie), ihre Lider nicht mit blauer Tusche verdunkelt, ihre Wangen nicht geschminkt. Vielleicht war einzig ihr Mund mit dem Lippenstift ein wenig in Berührung gekommen. Was hatte sie getan in der Stunde seines Wartens? Wahrscheinlich, so dachte er, aus dem Fenster gestarrt ...

Veras Gesicht war nun fertig, und doch, Leonidas erkannte noch immer nicht das verwehrte Bild. Dieses Gesicht glich nur einer ungefähren Reproduktion, einer Übersetzung des verlorenen Antlitzes in die Fremdsprache einer anderen Wirklichkeit. Vera schwieg gelassen und hartnäckig. Er aber, alles eher als gelassen, bemühte sich bei der Fort-

setzung der ›Konversation‹ das zu finden, was er sonst den ›entsprechenden Ton‹ nannte. Er fand ihn nicht. Welcher Ton auch hätte einer solchen Begegnung entsprechen können? Mit Entsetzen hörte er sich wiederum näseln und völlig unecht einen landesüblichen Grandseigneur nachahmen, der mit impertinenter Sicherheit sich der peinlichsten Lage gewachsen zeigt:
»Gnädigste werden hoffentlich jetzt längere Zeit bei uns bleiben ...«
Nach diesen Worten sah ihn Vera noch um einen Schatten verwunderter an. Jetzt kann sie es nicht fassen, daß sie jemals auf so ein plattes Subjekt hereingefallen ist, wie ich es bin. Ihre Gegenwart hat von jeher meine Schwächen herausgefordert. Seine Hände wurden kalt vor Mißbehagen. Sie entgegnete:
»Ich bleibe nur mehr zwei bis drei Tage hier, bis ich alles erledigt hab ...«
»Oh«, sagte er mit einem fast erschrockenen Klang, »und dann kehren Gnädigste wieder nach Deutschland zurück?« Er konnte es nicht verhindern, daß in der Kadenz dieser Frage eine Spur von Erleichterung nachtönte. Jetzt sah er zum erstenmal, daß die klare, elfenbeinerne Stirn der Dame voll von geraden Falten war.
»Nein! Ganz im Gegenteil, Herr Sektionschef«, gab sie zurück, »ich gehe nicht wieder nach Deutschland ...«
Etwas in ihm erkannte nun ihre Stimme, die schnippisch unerbittliche Stimme der Fünfzehnjährigen am Vatertisch. Er machte eine um Entschuldigung bittende Geste, als sei ihm ein unverzeihlicher Schnitzer unterlaufen:
»Pardon, Gnädige, ich verstehe. Es muß jetzt nicht besonders angenehm sein, in Deutschland zu leben ...«
»Warum? Für die meisten Deutschen ist es sehr angenehm«, stellte sie kühl fest, »nur für unsereins nicht ...«
Leonidas nahm einen patriotischen Anlauf.
»Da sollten Gnädige doch daran denken, in die alte Heimat zu übersiedeln ... Bei uns beginnt sich jetzt manches zu rühren ...«
Die Dame schien andrer Meinung zu sein. Sie lehnte ab:
»Nein, Herr Sektionschef. Ich bin zwar nur kurze Zeit hier und maße mir kein Urteil an. Aber endlich möchte auch unsereins freie und reine Luft atmen ...«
Also da wäre er wieder, der alte Hochmut dieser Leute, die empörende Überheblichkeit. Selbst dann, wenn man sie in den Keller ge-

sperrt hat, tun sie so, als würden sie vom siebenten Stockwerk auf uns herunterblicken. Gewachsen sind ihnen wirklich nur die primitiven Barbaren, die mit ihnen nicht diskutieren, sondern sie ohne viel Federlesen niederknüppeln. Ich sollte heute noch Spittelberger aufsuchen und ihm den Abraham Block opfern. Freie und reine Luft. Sie ist geradezu undankbar gegen mich. Leonidas empfand die mißbilligende und ärgerliche Regung seines Herzens als Wohltat. Sie entlastete ihn ein wenig. Zugleich aber hatte das Antlitz der Dame in der Sofaecke eine neue Station erreicht, und zwar die endgültige. Nun war's keine Reproduktion mehr oder Übersetzung, sondern das Original selbst, wenn auch verschärft und nachgedunkelt. Und siehe, es bewahrte noch immer jenes herbe Licht der Reinheit und Fremdartigkeit, das einst den armen Hauslehrer und später den jungen Ehemann einer andern um den Verstand gebracht hatte. Reinheit? Kein Gedanke hinter dieser weißen Stirn, man fühlte es, war nicht übereingestimmt mit dem ganzen Wesen. Nur noch härter und wunschloser als einst trat sie zutage. Fremdartigkeit? Wer konnte sie ausdrücken? Die Fremdartigkeit war noch fremdartiger geworden, wenn auch weniger hold. Die Tanzmusik grölte von neuem auf. Leonidas mußte seine Stimme erheben. Ein sonderbarer Zwang formte seine Worte. Sie klangen trocken und gespreizt, zum Aus-der-Haut-Fahren:

»Und wohin wollen Gnädigste den Wohnsitz verlegen?«

Bei ihrer Antwort schien Vera Wormser tief aufzuatmen:

»Übermorgen bin ich in Paris, und am Freitag geht mein Schiff von Le Havre ...«

»Gnädige reisen also nach New York«, sagte Leonidas ohne Fragezeichen und nickte zustimmend, ja belobend. Sie lächelte schwach, als amüsiere es sie, daß sie auch heute sattsam zum Widerspruch komme, denn bisher hatte sie fast jede ihrer Erwiderungen mit einem ›Nein‹ einleiten müssen.

»Oh, nein! New York? Gott behüte, das ist nicht so einfach. So hoch will ich gar nicht hinaus. Ich gehe nach Montevideo ...«

»Montevideo«, strahlte Leonidas mit albernem Ton, »das ist ja entsetzlich weit ...«

»Weit von wo?« fragte Vera ruhig. Sie zitierte damit die melancholische Scherzfrage der Exilierten, die ihren geographischen Schwerpunkt verloren haben.

»Ich bin ein eingefleischter Wiener«, gestand Leonidas, »was sag ich, ein eingefleischter Hietzinger. Für mich wär's schon ein schwerer Entschluß, in einen andern Bezirk zu übersiedeln. Ein Leben dort unten am Äquator? Ich wär todunglücklich, trotz aller Kolibris und Orchideen ...«
Das Frauengesicht im Zwielicht wurde noch um einen Grad ernster: »Und ich bin sehr glücklich, daß man mir in Montevideo eine Lehrstelle angetragen hat. An einem großen College dort. Viele beneiden mich. Unsereins muß hoch zufrieden sein, wenn er irgendwo Zuflucht findet und sogar eine Arbeit ... Aber all das ist für Sie ja gar nicht interessant ...«
»Nicht interessant«, fiel er ihr erschrocken ins Wort. »Nichts auf der Welt ist interessanter für mich ...« Und er schloß leise: »Ich kann Ihnen gar nicht sagen, wie ich Sie bewundere ...«
Das ist diesmal keine Lüge. Ich bewundere sie wirklich. Sie hat den großartigen Lebensmut und die abscheuliche Ungebundenheit ihrer Rasse. Was wäre aus mir geworden an ihrer Seite? Vielleicht wär tatsächlich was geworden aus mir. Jedenfalls etwas ganz und gar andres als ein Sektionschef knapp vor der Pensionierung. Vertragen aber hätten wir uns keine einzige Stunde. – Seine Betroffenheit wurde immer größer. Plötzlich drängte sich in den Raum ein hellerer anderer. Das Zimmer, das sie in Bingen am Rhein bewohnt hatten. – Alles steht an seinem Platz, meiner Treu, ich sehe den altertümlichen Kachelofen. – Es war, als fielen ihm die Schuppen von den Augen der Erinnerung.
»Was ist da zu bewundern?« hatte Vera ungehalten gefragt.
»Ich mein, Sie lassen doch alles zurück, hier in der Alten Welt, wo Sie geboren sind, wo Sie Ihr ganzes Leben zugebracht haben ...«
»Ich lasse gar nichts zurück«, erwiderte sie trocken. »Ich stehe allein, ich bin zum Glück nicht verheiratet ...«
War das eine neue Last auf der Waagschale? Nein! Leonidas empfand dieses ›Ich bin nicht verheiratet‹ als einen leisen Triumph, der ihm wohlig die Adern durchprickelte. Er lehnte sich weit zurück. Länger durfte man nicht mehr Konversation machen. Die Worte kamen ein wenig stockend von seinen Lippen:
»Ich glaube, Sie hätten für jenen jungen Mann zu sorgen ... So wenigstens hab ich Ihren Brief verstanden ...«
Vera Wormser belebte sich jäh. Sie änderte ihre Haltung. Sie beugte sich vor. Ihm war's, als ob ihre Stimme errötete:

»Wenn es möglich wäre, daß Sie mir in diesem Falle helfen, Herr Sektionschef ...«
Leonidas schwieg recht lange, ehe es ohne jedes Bewußtsein warm und tief aus ihm hervordrang:
»Aber Vera, das ist doch selbstverständlich ...«
»Nichts auf der Welt ist selbstverständlich«, sagte sie und begann, ihre Handschuhe auszuziehen. Es war wie ein sanftes Entgegenkommen, wie der gutwillige Versuch, ein übriges zu tun und mit ein wenig mehr von sich selbst anwesend zu sein. Und nun sah Leonidas die kleinen überzarten Hände, diese vertrauensvollen Partner des einstigen Hand-in Hand. Die Haut war ein bißchen gelblich und die Adern traten hervor. Auf keinem Finger ein Ring. Die Stimme des Mannes vibrierte:
»Es ist hundertmal selbstverständlich, Vera, daß ich Ihren Wunsch erfülle, daß ich den jungen Mann auf dem besten Gymnasium hier unterbringe, bei den Schotten, wenn's Ihnen recht ist, das Semester hat kaum begonnen, er wird schon übermorgen in die Abiturientenklasse eintreten können. Ich werde mich um ihn kümmern, ich werde sorgen für ihn, so gut ich kann ...«
Ihr Gesicht kam noch näher. Die Augen leuchteten:
»Wollen Sie das wirklich tun? ... Ach, dann fällt mir's noch viel leichter, Europa zu verlassen ...«
Sein sonst so wohlgeordnetes Gesicht war ganz auseinandergefallen. Er hatte flehende Hundeaugen:
»Warum beschämen Sie mich, Vera? Merken Sie nicht, wie es in mir aussieht ...«
Er schob seine Hand an die ihre heran, die auf dem Tisch lag, wagte es aber nicht, sie zu berühren:
»Wann werden Sie mir den Jungen schicken? Erzählen Sie etwas von ihm! Sagen Sie, wie heißt er mit dem Vornamen ...«
Vera sah ihn groß an:
»Er heißt Emanuel«, sagte sie zögernd.
»Emanuel? Emanuel? Hat nicht Ihr seliger Herr Papa Emanuel geheißen? Es ist ein schöner und nicht abgegriffener Name. Ich erwarte Emanuel morgen um halb elf Uhr bei mir, das heißt natürlich im Ministerium. Es wird nicht ohne Konflikt abgehen. Es wird sogar die schwersten Konflikte geben. Ich aber bin bereit, sie auf mich zu nehmen, Vera. Ich bin zu den einschneidendsten Entschlüssen bereit ...«
Sie schien plötzlich wieder kühl zu werden und sich zurückzuziehen:

»Ja, ich weiß«, sagte sie, »man hat mir schon von diesen Schwierigkeiten berichtet, die sich in Wien sogar einer so hohen Protektion heute in den Weg stellen ...«
Er hatte nicht recht hingehört. Seine Finger waren ineinander verkrampft:
»Denken Sie nicht an diese Schwierigkeiten! Sie haben zwar keinen Grund, meinen Schwüren zu glauben, aber ich gebe Ihnen mein Wort, die Sache wird geregelt werden ...«
»Es liegt doch ganz in Ihrer Macht, Herr Sektionschef ...«
Leonidas senkte seine Stimme, als wünsche er Geheimnisse zu erfahren:
»Erzählen Sie, erzählen Sie mir von Emanuel, Vera! Er ist hochbegabt. Das kann ja nicht anders sein. Worin liegt seine Stärke?«
»In den Naturwissenschaften, glaub ich ...«
»Das hätte ich mir denken können. Ihr Vater war ja ein großer Naturwissenschaftler. Und wie ist Emanuel sonst, ich meine, äußerlich, wie sieht er aus? ...«
»Er sieht nicht so aus«, erwiderte Fräulein Wormser mit einer gewissen Schroffheit, »daß er Ihrer Protektion Schande machen wird, wie Sie vielleicht fürchten ...«
Leonidas blickte sie verständnislos an. Er hielt die Faust gegen die Magengrube gepreßt, als könne er dadurch seine Erregung bemeistern:
»Ich hoffe«, stieß er hervor, »daß er Ihnen ähnlich sieht, Vera!«
Ihre Blicke füllten sich langsam mit einem begreifenden Vergnügen. Sie zog die Ungewißheit hinaus:
»Warum soll Emanuel gerade mir ähnlich sehen?«
Leonidas war so bewegt, daß er flüsterte:
»Ich war von jeher überzeugt, daß er Ihr Ebenbild ist ...«
Nachdem sie eine lange Pause ausgekostet hatte, sagte Vera endlich:
»Emanuel ist der Sohn meiner besten Freundin ...«
»Der Sohn Ihrer besten Freundin«, stotterte Leonidas, ehe er's noch erfaßte. Draußen die Musik begann einen schlenkernden Rumba, überlaut. Auf Veras Zügen breitete sich eine erschreckende Härte aus:
»Meine Freundin«, sagte sie und man merkte, daß sie sich zur Ruhe zwang, »meine beste Freundin ist vor einem Monat gestorben. Sie hat ihren Mann, einen der bedeutendsten Physiker, nur um neun Wochen überlebt. Man hat ihn zu Tode gemartert. Emanuel ist das einzige Kind. Er wurde mir anvertraut ...«

»Das ist ja grauenhaft, ganz grauenhaft«, brach Leonidas das kurze Schweigen. Er spürte aber keinen Anhauch dieses Grauens. Sein Wesen füllte sich vielmehr mit Staunen, mit Erkenntnis und schließlich mit unbeschreiblicher Erleichterung: Ich habe kein Kind mit Vera. Ich habe keinen siebzehnjährigen Sohn, den ich vor Amelie und vor Gott verantworten muß. Dank dir, gütiger Himmel! Alles bleibt beim alten. All meine Angst, all mein Leiden heute waren pure Geisterseherei. Ich bin nach achtzehn Jahren einer betrogenen Geliebten wiederbegegnet. Weiter nichts! Eine schwierige Situation, teils peinlich, teils melancholisch. Aber von einer unsühnbaren Schuld zu sprechen, das wäre übertrieben, hoher Gerichtshof! Unter Männern, ich bin kein Don Juan, es ist die einzige derartige Geschichte in einem sonst ziemlich untadeligen Leben. Wer wirft den ersten Stein auf mich? Vera selbst denkt nicht mehr daran, diese moderne, selbständige, radikal freisinnige Frau, die mitten im tätigen Leben steht und heilsfroh ist, daß ich sie damals nicht zu mir geholt hab ...
»Grauenhaft, was alles geschieht«, sagte er noch einmal, aber es klang fast wie Jubel. Er sprang auf, beugte sich über Veras Hand und drückte mit brennenden Lippen einen langen Kuß auf sie. Er war auf einmal voll tönender Beredsamkeit:
»Ich gebe Ihnen mein heiliges Versprechen, Vera, der Sohn Ihrer armen Freundin wird von mir gehalten werden wie Ihr eigener Sohn, wie mein eigener Sohn. Danken Sie mir nicht. Ich habe Ihnen zu danken. Sie machen mir das großmütigste Geschenk ...«
Vera hatte ihm nicht gedankt. Sie hatte kein Wort gesprochen. Sie stand in verabschiedender Haltung da, als wolle sie es verhüten, daß dieses Gespräch eine heilige Grenze überschreite. Es war schon recht dunkel in dem vollgestopften Salon. Die Ungeheuer der Möbel zerschmolzen zu formlosen Massen. Den unechten Regendämmerungen dieses Oktobertages war die echte Dämmerung des Abends gefolgt. Nur die Teerosen strahlten noch immer ein stetiges Licht aus. Leonidas fühlte, es wäre am geschicktesten, sich jetzt davonzumachen. Alles Sagbare war ja gesagt. Jeder weitere Schritt mußte auf moralisches Rutschgebiet führen. Veras steife fremde Haltung verbot die geringste sentimentale Anspielung. Der einfachste ›Takt‹ erforderte es, sich unverzüglich loszulösen und ohne jeden schweren Ton zu empfehlen. Da die Frau jene Episode aus ihrem Leben gestrichen hatte, warum sollte er selbst auf sie zurückkommen? Er sollte sich im Gegenteil

freuen, daß die gefürchtete Stunde so glimpflich verlaufen war, und rasch einen würdigen Abschluß suchen. Doch vergeblich warnte Leonidas sich selbst. Allzusehr war er aufgewühlt. Das Glück, sich von jedem Lebenskonflikt befreit zu wissen, durchströmte ihn wie Genesung, wie Verjüngung. Nicht mehr sah er die kleine zierliche Dame seiner Gewissensqual vor sich, die Wiedergefundene einer alten Schuld, sondern eine Vera voll Gegenwart, die er nicht mehr fürchtete. Da von ihm der Zwang gewichen war, sein Leben zu ändern, schoß in seine Nerven die spielerische Überlegenheit zurück, die er am Morgen verloren hatte. Und mit ihr eine kurzatmige, aber verrückte Zärtlichkeit für dieses Weib, das wie eine Geistererscheinung aufgetaucht war, um für ewig aus seinem Schuldgefühl zu entschwinden, ernst, edel und ohne den leisesten Anspruch. Er packte ihre gewichtslosen Hände und drückte sie gegen seine Brust. Ihm war, als knüpfe er jetzt sein Erlebnis dort an, wo er es vor achtzehn Jahren so schnöde abgebrochen hatte:

»Vera, liebste, liebste Vera«, stöhnte er, »ich stehe schlimm vor Ihnen da. Worte, die das ausdrücken, gibt's nicht. Haben Sie mir verziehen? Konnten Sie verzeihen? Können Sie verzeihen?«

Vera sah zur Seite, indem sie den Kopf kaum merkbar abwandte. Wie lebte diese kleine abweisende Drehung in seiner Seele! Unbegreiflich, nichts war verloren. Alles ging in mystischer Gleichzeitigkeit vor sich. Ihr Profil war für ihn eine Offenbarung. Die Tochter Doktor Wormsers, das Mädchen von Heidelberg, hier stand es leibhaftig, nicht mehr vom Gedächtnis verwischt. Und die graue Strähne, der verzichtende Mund, die Falten auf der Stirn, sie erhöhten bittersüß die flüchtige Entzückung:

»Verzeihen«, nahm Vera seine Frage auf, »das ist ein phrasenhaftes Wort. Ich mag's nicht. Was man zu bedauern hat, das kann man doch nur sich selbst verzeihen ...«

»Ja, Vera, das ist hundertmal wahr! Wenn ich Sie so sprechen höre, dann erst weiß ich, was für ein einzigartiges Geschöpf Sie sind. Wie recht Sie getan haben, nicht zu heiraten. Vera, die Wahrhaftigkeit selbst ist zu gut zur Ehe. Jeder Mann hätte an Ihnen zum Lügner werden müssen, nicht nur ich ...«

Leonidas fühlte in sich die Lust männlicher Unwiderstehlichkeit. Er hätte jetzt den Mut gehabt, Vera an sich zu reißen. Er zog es aber vor, zu klagen:

»Ich habe mir nie verziehen, und ich werde mir nie verzeihen, nie, nie ...«
Eh er's aber noch ausgesprochen, hatte er sich's verziehen, für einst und immer und die Schuld von der Tafel des Gewissens gelöscht. Deshalb klang diese Behauptung so freudig. Fräulein Wormser entzog ihm mit einer leichten Bewegung ihre Hände. Sie nahm ihr Täschchen und die Handschuhe vom Tisch:
»Ich werde jetzt gehen müssen«, sagte sie.
»Bleiben Sie noch ein paar Minuten, Vera«, flehte er, »wir werden uns in diesem Leben nicht wiedersehen. Schenken Sie mir zu allem noch einen guten Abschied, damit ich mich an ihn erinnern kann wie ein völlig Begnadigter ...«
Sie sah noch immer zur Seite, hielt aber im Zuknöpfen ihrer Handschuhe inne. Er setzte sich auf die Armstütze eines Fauteuils, so daß er sein Gesicht zu dem ihren empordrehen mußte und ihm näher kam als bisher:
»Wissen Sie, liebste, liebste Vera, daß seit achtzehn Jahren kein Tag vergangen ist, an dem ich nicht stumm wie ein Hund gelitten habe Ihretwegen und meinetwegen ...«
Dieses Geständnis hatte nichts mehr mit Wahrheit und Unwahrheit zu tun. Es war nichts andres als die schwingende Melodie der Erlösung und köstlichen Wehmut, die ihn erfüllten, ohne sich zu durchkreuzen. Obwohl er ihrem Antlitz so nahe war, nahm er keine Notiz davon, wie blaß, wie müde Vera plötzlich aussah. Die Handschuhe waren zugeknöpft. Sie hielt das Täschchen schon unterm Arm:
»Wär's nicht besser«, sagte sie, »jetzt auseinanderzugehen?«
Leonidas aber ließ sich nicht unterbrechen:
»Wissen Sie, Liebste, daß ich mich heute den ganzen Tag, Stunde für Stunde mit Ihnen beschäftigt habe. Sie waren mein einziger Gedanke seit diesem Morgen. Und wissen Sie, daß ich noch bis vor wenigen Minuten fest davon überzeugt war, daß Emanuel Ihr und mein Sohn ist? Und wissen Sie auch, daß ich wegen dieses Emanuel nahe, sehr nahe daran war, in Pension zu gehen, von meiner Frau die Scheidung zu verlangen, unser entzückendes Haus zu verlassen und knapp vor Torschluß ein neues hartes Leben zu beginnen? ...«
In der Antwort der Frau klang zum erstenmal der alte echte Spott auf, jedoch wie vom Rande einer tiefen Erschöpfung:
»Wie gut, daß Sie nur nahe daran waren, Herr Sektionschef ...«

Leonidas konnte sich selbst nicht mehr Einhalt gebieten. Gierig brach sie hervor aus ihm, die Beichte:
»Seit achtzehn Jahren, Vera, seit der Stunde, wo ich Ihnen zum letztenmal die Hand aus dem Coupéfenster hinunterreichte, war die unabänderliche Überzeugung in mir, daß etwas geschehen ist, daß wir ein Kind miteinander haben. Manchmal war diese Überzeugung ganz stark, lange Zeiten hindurch wieder schwächer, und dann und wann nur wie ein Feuer unter der Asche. Sie aber hat mich mit Ihnen unzertrennbarer verbunden, als Sie es je ahnen können. Durch meine treulose Feigheit war ich mit Ihnen verbunden, wenn sie mich auch gehindert hat, Sie zu suchen und zu finden. Sie, Vera, haben gewiß seit Jahren nicht mehr an mich gedacht. Ich aber habe fast täglich an Sie gedacht, wenn auch in Angst und mit Gewissensbissen. Meine Treulosigkeit war die größte Trauer meines Lebens. Ich habe in einer sonderbaren Gemeinschaft mit Ihnen gelebt, endlich kann ich es bekennen. Wissen Sie, daß ich heute früh aus Feigheit beinahe Ihren Brief ungelesen zerrissen hätte, so wie ich damals in Sankt Gilgen Ihren Brief ungelesen zerrissen hab ...«
Kaum war's heraus, erstarrte Leonidas. Ohne es zu wollen, hatte er sich bis tief auf den Grundschlamm entblößt. Ein jähes Schamgefühl strich ihm wie eine Bürste über den Nacken. Warum war er nicht beizeiten gegangen? Welcher Teufel hatte ihn zu dieser Beichte aufgestachelt? Seine Blicke waren aufs Fenster gerichtet, hinter dem die Bogenlampen aufzischten. Es nieselte wieder. Der Mückentanz der winzigen Regentropfen kreiste um die Lichtkugeln. Fräulein Vera Wormser stand unbewegt da. Es war ganz dunkel. Ihr Gesicht war nur mehr ein fahler Schein. Leonidas fühlte die erloschene Gestalt, von der er abgewendet stand, als etwas Priesterinnenhaftes. Die Stimme aber, sachlich und kühl, wie von Anfang an, schien sich entfernt zu haben:
»Das war sehr praktisch von Ihnen, damals«, sagte sie, »meinen Brief nicht zu lesen. Ich hätte ihn gar nicht schreiben dürfen. Aber ich war ganz allein und ohne Hilfe in den Tagen, als das Kind starb ...«
Leonidas wandte den Kopf nicht. Sein Körper war plötzlich wie aus Holz. Das Wort ›Genickstarre‹ wuchs in ihm auf. Ja, genau in jenem Jahr hatte die Epidemie so viele Kinder im Salzburgischen hingerafft. Das Ereignis hatte sich, unbekannt warum, seinem Gedächtnis eingegraben. Obwohl er aus Holz war, begannen seine Augen zu weinen. Er fühlte aber keinen Schmerz, sondern eine Verlegenheit ganz frem-

der Art und noch etwas Unerklärliches, das ihn zwang, einen Schritt zum Fenster zu machen. Dadurch entfernte sich die klare Stimme noch mehr.

»Es war ein kleiner Junge«, sagte Vera, »zwei und ein halbes Jahr alt. Er hieß Joseph, nach meinem Vater. Leider habe ich jetzt von ihm gesprochen. Und ich hatte mir fest vorgenommen, nicht von ihm zu sprechen, nicht mit Ihnen! Denn Sie haben kein Recht ...«

Der Mensch aus Holz starrte durchs Fenster. Er glaubte, nichts zu empfinden als das hohle Verrinnen der Sekunden. Er sah tief in die Erde des Dorfkirchhofs von Sankt Gilgen hinein. Einsamer, schwerer Bergherbst. Dort lagen auseinandergestreut im schwarzen, nassen Moder die Knöchelchen, die aus ihm kamen. Bis zum Jüngsten Gericht. Er wollte irgend etwas sagen. Zum Beispiel: »Vera, ich habe nur Sie geliebt!« Oder: »Würden Sie es noch einmal mit mir versuchen?« Es war lächerlich alles, stumpfsinnig und verlogen. Er sagte kein Wort. Seine Augen brannten. Als er sich dann, viel später, umdrehte, war Vera bereits gegangen. Nichts war im finsteren Raum von ihr zurückgeblieben. Nur die achtzehn sanften Teerosen, die auf dem Tisch standen, bewahrten noch immer einen Rest ihres Lichtes. Der Duft, durch die Dunkelheit ermutigt, schwebte in runden, leise fauligen Wellen empor, stärker als früher. Leonidas litt darunter, daß Vera seine Rosen vergessen oder verschmäht hatte. Er hob die Vase vom Tisch, um sie zum Portier zu tragen. An der Tür des Salons aber überlegte er sich's und stellte die Totenblumen wieder in die vollkommene Finsternis zurück.

Siebentes Kapitel
Im Schlaf

Leonidas steht in der Opernloge hinter Amelie. Er neigt sich über ihr Haar, das dank der langen Qual unterm Nickelhelm des Coiffeurs jetzt wie eine unstoffliche Wolke, wie ein dunkelgoldner Dunst ihren Kopf umgibt. Amelies glorreicher Rücken und ihre makellosen Arme sind nackt. Nur schmale Achselbänder halten den weichen seegrünen Velours ihres Kleides, das sie heute zum erstenmal trägt. Ein sehr kostbares Pariser Modell. Amelie ist infolgedessen feierlich gestimmt. In der Pracht ihres Selbstgefühls nimmt sie an, auch León sei, angesichts ihrer leuchtenden Erscheinung, feierlich gestimmt. Sie streift ihn mit einem Blick und sieht einen eleganten Mann, der über der blendenden Frackbrust ein zerknittertes und graues Gesicht aufgeschraubt trägt. Ein flüchtiger Schatten von Schreck fällt auf sie. Was hat sich da ereignet? Ist zwischen Lunch und Oper aus dem ewig jungen Tänzer ein vornehmer älterer Herr geworden, dessen zwinkernde Augen und herabgezogene Mundwinkel die Lebensmüdigkeit des Abends kaum unterdrücken können?

»Hast du dich sehr geplagt heut, armer Kerl?« fragt Amelie und ist schon wieder zerstreut. Leonidas arbeitet fleißig an seinem begeistertmokanten Lächeln, ohne es ganz zustande zu bringen:

»Nicht der Rede wert, lieber Schatz! Eine einzige Konferenz. Ich hab den ganzen Nachmittag sonst gefaulenzt ...«

Sie berührte ihn liebkosend mit ihrem marmorblanken Rücken:

»Hat dich mein blödsinniges Gerede aus der Fassung gebracht? Bin ich schuld? Du hast recht, León. Alles Unheil kommt von diesem Hungern. Aber sag, was soll ich tun, mit neununddreißig bald, wenn ich nicht mit einem wunderschönen Doppelkinn, einer gepolsterten Krupp und zwei Klavierbeinen durchs Leben wackeln will? Du würdest dich bedanken, du Schönheitsfanatiker! Schon jetzt, sag's nicht weiter, kann ich ein Modell ohne kleine Änderungen kaum mehr tragen. Ich hab nicht das Glück, so ein hageres Gliederpüppchen zu sein wie deine Anita Hojos. Wie ungerecht seid ihr Männer! Hättest du dich seelisch mehr mit mir beschäftigt, wär ich nicht solch eine hemmungslose Kanaille geblieben, sondern wär auch so taktvoll und feinfühlig und entzückend verschämt geworden, wie du es bist ...«

Leonidas machte eine kleine wegwerfende Handbewegung:

»Mach dir keine Sorgen deswegen! Ein guter Beichtvater vergißt die Sünden seines Beichtkindes ...«

»Also, das ist mir auch nicht recht, daß du meine ehelichen Leiden so schnell vergißt«, schmollt sie, wendet sich aber schon wieder ab, das Opernglas an die Augen führend:

»Was für ein schönes Haus heute!«

Es ist wirklich ein schönes Haus. Alles, was Rang und Namen besitzt, hat sich an diesem Abend in der Oper versammelt. Ein hoher Würdenträger des Auslandes wird erwartet. Zugleich nimmt eine gefeierte Sängerin vor ihrem amerikanischen Urlaub Abschied vom Publikum. Amelie wirft unermüdlich das Netz ihres grüßenden Lächelns aus und

zieht es ebenso unermüdlich ein, triefend vom Licht der Erwiderung. Wie Helena auf den Zinnen Trojas zählt sie die Namen der versammelten Persönlichkeiten auf, in einer erregten Teichoskopie des Snobismus:
»Die Chvietickys, Parterreloge No. 3, die Prinzessin hat schon das zweitemal herübergegrüßt, warum antwortest du nicht, León! Daneben die Bösenbauers, wir haben uns sehr schlecht benommen gegen sie, wir müssen sie noch in diesem Monat einladen, Bridgepartie en petit comité, ich bitte, sei besonders liebenswürdig. Jetzt schaut auch der englische Gesandte herüber, ich glaube, León, du mußt es zur Kenntnis nehmen. In der Regierungsloge sitzt schon dieser unmögliche Koloß, das Weib vom Spittelberger, ich glaub, sie hat einen Wolljumper an, was würdest du sagen, wenn ich so aussehen täte, du wärst gar nicht einverstanden, also ehre meinen verborgenen Heldenmut! Die Torre-Fortezzas winken, wie entzückend die junge Fürstin aussieht, und sie ist geschlagene drei Jahre älter als ich, ich schwör dir's, du mußt danken, León ...«
Leonidas dreht sich mit kleinen, grinsenden Verbeugungen nach allen Seiten. Er grüßt aufs Geratewohl, wie es die Blinden tun, denen man die Namen der Begegnenden ins Ohr flüstert. So sind diese Paradinis, geht es ihm durch den Kopf, er vergißt aber, daß ihn sonst, nicht anders als Amelie, der erlauchte Namensschwall wohlig durchschauert ... Immer wieder fordert er sich selbst auf, glücklich zu sein, weil alles so unerwartet, so vortrefflich sich gelöst hat, weil er zu schweren Geständnissen und Entscheidungen nicht mehr verhalten werden kann, kurz, weil sein trübes Geheimnis aus der Welt geschafft und er freier und leichter sein darf als jemals. Leider aber ist er nicht imstande, seiner Einladung zum Glücklichsein Folge zu leisten. Er leidet sogar verstiegenerweise darunter, daß Emanuel nicht sein Sohn ist. Einen Sohn hat er verloren. Oh, wäre Emanuel doch der mittlerweile erwachsene Junge, der kleine Joseph Wormser, der vor achtzehn Jahren in Sankt Gilgen an Genickstarre zugrunde ging! Leonidas kann sich nicht helfen, in seinem Kopf rattert ein Eisenbahnzug. Und in diesem Eisenbahnzug fährt Vera aus einem Land, wo sie nicht atmen kann, in ein Land, wo sie atmen kann. Wer hätte das gedacht, daß in den Ländern, wo diese Überheblichen nicht atmen können, hochentwickelte Menschen wie Emanuels Vater zu Tode gequält werden, mir nichts, dir nichts? Das sind doch erwiesenermaßen Greuelmärchen. Ich

glaub's nicht. Wenn Vera auch die Wahrhaftigkeit selbst ist, ich will es nicht glauben. Aber was ist das? Mir scheint, auch ich kann hier nicht atmen. Wie? Ich, als Erbeingesessener, kann hier nicht atmen? Das möcht ich mir doch ausgebeten haben! Am besten, ich lasse mir nächstens mein Herz untersuchen. Vielleicht schon übermorgen, ganz heimlich, damit Amelie nichts davon erfährt. Nein, verehrter Kollege Skutecky, ich werde nicht zu Herrn Lichtl wallfahrten, zur triumphierenden Mediokrität, sondern sans gêne zu Alexander Bloch. Vorher aber, morgen früh schon, laß ich mich bei Vinzenz Spittelberger melden: Bitte Herrn Minister gehorsamst um Entschuldigung für die gestrigen Diffizilitäten. Ich hab mir die Anregungen des Herrn Ministers ruhig überschlafen. Herr Minister haben wieder einmal das Ei des Kolumbus entdeckt. Hier hab ich gleich den Ordensantrag für Professor Bloch und das Ernennungsdekret für Professor Lichtl mitgebracht. Wir müssen uns endlich auf unsre nationalen Persönlichkeiten besinnen und sie gegen die internationale Reklame durchsetzen. Herr Minister sind doch äußerst expeditiv und werden beim heutigen Kabinettsrat diese Stücke gewiß durch den Herrn Bundeskanzler unterfertigen lassen. – Danke Ihnen, Herr Sektionschef, danke Ihnen! Ich habe nicht einen Moment daran gezweifelt, daß Sie meine einzige Stütze sind hier im Haus. Im Vertrauen, falls ich demnächst ins Kanzleramt übersiedle, nehme ich Sie als Präsidialisten mit. Wegen gestern brauchen Sie sich keine Gedanken zu machen. Sie waren halt ein bißl enerviert durchs Wetter. – Ja, natürlich, das Wetter! Stürmisches Wetter. Leonidas hat den Wetterbericht des Radios im Ohr. Während er sich für die Oper umkleidete, hatte er seinen Apparat eingeschaltet: »Depression über Österreich. Stürmisches Wetter im Anzug.« Das ist der Grund, warum er nicht atmen kann. Leonidas nickt noch immer mechanisch ins Leere. Er grüßt auf Vorschuß, um Amelie gefällig zu sein.
Die Gäste, die man heute ins Theater geladen hat, sind erschienen. Ein Frack und eine schwarz-silberne Robe mit einem Abendmantel wie aus Metall. Die Damen umarmen einander. Leonidas drückt seinen Mund auf eine duftende fette Hand mit einigen braunen Leberflecken. Wo bist du schon, fleischlose Hand, bittersüße Hand mit deinen zerbrechlichen Fingern ohne Ring!?
»Gnädige Frau werden jedesmal jünger ...«
»Wenn das so weitergeht, Herr Sektionschef, werden Sie mich nächstens als Baby begrüßen dürfen ...«

»Was gibt es Neues, lieber Freund? Was sagt die hohe Politik?«
»Mit der Politik hab ich Gott sei Dank nichts zu tun. Ich bin ein schlichter Schulmann.«
»Wenn du auch schon geheimnisvoll wirst, teurer Sektionschef, muß es ziemlich schlimm stehen. Ich hoffe nur, daß England und Frankreich mit uns Einsehen haben werden. Und Amerika, vor allem Amerika! Wir sind schließlich das letzte Bollwerk der Kultur in Mitteleuropa ...«
Diese Worte seines Gastes reizten Leonidas, er weiß selbst nicht warum.
»Kultur haben«, sagt er grimmig, »das heißt, anders ausgedrückt, einen Stich haben. Wir alle hier haben einen Stich, weiß Gott. Ich rechne mit keiner Macht, auch mit der größten nicht. Die reichen Amerikaner kommen im Sommer gerne nach Salzburg. Aber Theaterbesucher sind keine Verbündete. Alles hängt davon ab, ob man stark genug ist, sich selbst zu revidieren, eh die große Revision kommt ...«
Und er seufzt tief auf, weil er sich nicht stark genug weiß und weil das ungegliederte Gesicht des Schwammigen haßvoll vor ihm zu schwanken beginnt.
Majestätischer Applaus! Der ausländische Würdenträger, von einheimischen umkränzt, tritt an die Brüstung der Festloge. Der Saal wird dunkel. Der Kapellmeister, vom einsamen Pultlicht angestrahlt, krampft sein Profil entschlossen zusammen und breitet die Schwingen eines riesigen Geiers aus. Nun flattert der Geier, ohne vom Fleck zu kommen, mit regelmäßigen Schlägen über dem unbegründet überschwenglichen Orchester. Die Oper beginnt. Und das hab ich früher einmal doch ganz gern gehabt. Eine ziemlich beleibte Hosenrolle springt aus dem Prunkbett der noch beleibteren Primadonna. Achtzehntes Jahrhundert. Die Primadonna, eine ältere Dame, ist melancholisch. Die Hosenrolle, durch jungenhaftes Geschlenker ihre äußerst weiblichen Formen betonend, bringt auf einem Tablett die Frühstücks-Schokolade. Widerlich, denkt Leonidas.
Auf Zehenspitzen zieht er sich in den Hintergrund der Loge zurück. Dort sinkt er auf die rote Plüschbank. Er gähnt inbrünstig. Es ist alles glänzend abgelaufen. Die Sache mit Vera ist endgültig aus der Welt geschafft. Ein unglaubliches Wesen, diese Frau. Sie hat mit keinem Wort insistiert. Wär ich selbst nicht, wieder einmal vom Teufel geritten, sentimental geworden, hätte ich nichts erfahren, nichts, und wir

wären in tadelloser Haltung auseinandergegangen. Schade! Mir wär wohler ohne Wahrheit! Kein Mensch kann zwei Leben leben. Ich wenigstens hab nicht die Kraft zu dem Doppelleben, das mir Amelie zutraut. Sie hat mich vom ersten Tag an überschätzt, die gute liebe Amelie. Schwamm drüber, es ist zu spät. Ich darf mir auch nie wieder solch taktlose Sentenzen genehmigen, wie die mit der großen Revision. Was für eine Revision, zum Kuckuck! Ich bin weder Heraklit der Dunkle noch ein intellektueller Israelit, sondern ein öffentlicher Funktionär ohne Spruchweisheit. Werd ich es nicht endlich lernen, genau solch ein Esel zu sein wie alle andern?! Man muß schließlich zufrieden sein. Man muß sich das Erreichte immer wieder zu Gemüte führen. In diesem schönen Hause sind die obersten Tausend versammelt, ich aber gehöre zu den obersten Hundert. Ich komme von unten. Ich bin ein Besieger des Lebens. Als mein armer Vater so früh starb, mußten wir, die Mutter und fünf Geschwister, von zwölfhundert Gulden Pension leben. Als drei Jahre später die arme Mutter starb, war auch die Pension nicht mehr da. Ich bin nicht untergegangen. Wieviele sind auf der Stufe des Hauslehrers bei Wormsers steckengeblieben und haben nicht einmal den kühnen Traum verwirklicht, als Schulmeister eines Provinznestes im Honoratiorenstübchen des Wirtshauses zu sitzen? Und ich!? Es ist doch ausschließlich mein Verdienst, daß ich mit nichts als einem ererbten Frack ein anerkannt reizender junger Mann war und ein famoser Walzertänzer, und daß Amelie Paradini darauf bestanden hat, mich zu heiraten, ausgerechnet mich, und daß ich nicht nur Sektionschef, sondern ein großer Herr bin, und Spittelberger, Skutecky und Konsorten wissen genau, ich bin auf den ganzen Krempel nicht angewiesen, sondern ein nonchalanter Ausnahmefall, und die Chvietickys und die Torre-Fortezzas, ältester Feudalsadel, lächeln herüber und grüßen zuerst, und morgen früh im Büro werd ich die Anita Hojos anklingeln und mich zum Tee ansagen. – Eins aber möcht ich wissen, hab ich heut wegen des kleinen Jungen wirklich geweint oder bild ich's mir nur ein, nachträglich ...

Immer schwerer stülpt sich die Musik über Leonidas. Mit langen, hohen Noten fahren die Frauenstimmen gegeneinander. Monotonie der Übertriebenheit! Er schläft ein. Während er aber schläft, weiß er, daß er schläft. Er schläft auf der Parkbank. Ein schwacher Schauer von Oktobersonne besprengt den Rasen. In langen Kolonnen werden Kinderwagen an ihm vorbeigeschoben. In diesen weißen Gefährten, die über den Kies knirschen, schlafen die Folgen der Verursachungen und die Verursachungen der Folgen mit ausgebauchten Säuglingsstirnen, mit vorgewölbten Lippen und geballten Fäustchen ihren tief beschäftigten Kindheitsschlaf. Leonidas spürt, wie sein Gesicht immer trokkener wird. Ich hätte mich für die Oper ein zweitesmal rasieren müssen. Das ist nun versäumt. Sein Gesicht ist eine große ausgedörrte Lichtung. Langsam verwachsen die Pfade, Karrenwege und Zufahrtstraßen zu dieser vereinsamten Lichtung. Sollte das schon die Krankheit des Todes sein, sie, die nichts anderes ist als die geheimnisvoll logische Entsprechung der Lebens-Schuld? Während er unter der drückenden Kuppel dieser stets erregten Musik schläft, weiß Leonidas mit unaussprechlicher Klarheit, daß heute ein Angebot zur Rettung an ihn ergangen ist, dunkel, halblaut, unbestimmt, wie alle Angebote dieser Art. Er weiß, daß er daran gescheitert ist. Er weiß, daß ein neues Angebot nicht wieder erfolgen wird.

Die wahre Geschichte vom wiederhergestellten Kreuz

I

Die Geschichte habe ich von ihm selbst gehört. Er war ein kleiner stämmiger Rotkopf mit einem grobporigen Gesicht und den schweren Händen eines Bauern. Seine Augen, die ins Grünliche spielten, hielt er zumeist niedergeschlagen, wodurch der vierzigjährige, vom Leben umhergestoßene Mann einen knabenhaften und trotzigen Ausdruck gewann. Daß er ein katholischer Geistlicher war, sah man ihm nicht an. Er trug weder Kollar noch schwarzen Rock, sondern einen grauen Touristenanzug mit Kniehosen und Wadenstrümpfen. Als ich ihn das erstemal in Paris sah, war dieser Anzug schon recht abgewetzt. Zwei Jahre später in Amerika war er durchaus nicht eleganter geworden. Wir waren einander in Paris flüchtig begegnet. Obwohl mich seine Gestalt und sein Wesen sogleich mit ausgesprochener Sympathie erfüllten, kam es doch zwischen uns zu keiner Annäherung. Man hatte mich nämlich vor Kaplan Ottokar Felix gewarnt ...

Das Mißtrauen ist eine der giftigsten Schattenpflanzen des politischen Exils. Jeder Emigrant mißtraut dem andern, und könnte er's, er würde sich selbst verdächtigen, denn seine Seele ist verstört, weil sie nirgendwo hingehört. Wer ist dieser österreichische Kaplan? fragten die Leute. Warum hat er sein Land verlassen? Niemand weiß etwas von ihm. Er ist nicht im Kampf gegen die Nazis gestanden, weder mit Tat noch Wort. Der österreichische Klerus hat nach dem Anschluß Frieden mit ihnen gemacht. Kann dieser famose Priester in Wadenstrümpfen nicht ein Emissär der Partei sein, dessen Aufgabe es ist, uns zu bespitzeln? Wie ist er über die Grenze gekommen? Jüngst hat man ihn übrigens in der Rue de Lille gesehen. In der Rue de Lille befindet sich die Deutsche Botschaft.

Ich hielt all dies Gerede für baren Unsinn, dennoch aber ging ich ihm aus dem Wege. Als er aber plötzlich vor mir stand in meinem Zimmer in Hunter's Hotel zu Saint Louis, empfand ich eine unerwartete Freude. Das war jüngst im Spätherbst des Jahres 1941. Ich hatte am Abend vorher einen Vortrag gehalten, in dem ich, über die Krise der modernen Menschheit sprechend, die tiefste Ursache unseres Elends im Verlust des Gottesglaubens zu zeigen versuchte. Kaplan Felix, der unter meinen Zuhörern gewesen, zollte meinen Ausführungen einiges Lob und meinte, ich sei auf dem richtigen Wege, werde aber auf diesem Wege noch tiefer eindringen in das Geheimnis der modernen Verzweiflung. Er sah blaß aus, müde, unterernährt. Als ich mich aber, mit dem Vorsatz, ihm zu helfen, nach seinem Ergehen erkundigte, wehrte er mit einer brüsken Handbewegung ab. Er habe alles, was er brauche. Schon während unserer zwei oder drei Begegnungen in Paris hatte er es abgelehnt, über sich selbst und seine Verhältnisse zu sprechen. Die Unterhaltung verließ also die allgemeinen Gegenstände nicht, als mir plötzlich jene Verdächtigungen einfielen, die damals in Frankreich unter den Refugiés gegen ihn laut geworden waren. Sie schienen mir jetzt angesichts dieses Mannes abstruser zu sein als je. Ich aber konnte mich nicht überwinden. Gegen meinen Willen und den Widerstand meines Gefühls fragte ich ihn nach den Erlebnissen, die ihn aus der Heimat vertrieben hatten.

Er sah mich voll an mit seinem treuen verwitterten Gesicht, dessen Sommersprossen und grobe Poren beinahe an Blatternarben erinnerten. Das rote Haar wuchs ihm borstig über einer niedrigen, aber schön zerfurchten Stirn. Die wimpernlosen Augen lagen tief in den Höhlen, was ihr Aufleuchten beunruhigend machte.

»Ich bin Ihnen dankbar«, sagte der Kaplan, »daß Sie mich gerade danach fragen, was schon so weit zurückliegt, und nicht etwa nach den Konzentrationslagern in Frankreich, denen ich entkommen bin, nach meiner Flucht mitten durch die deutschen Linien, nach den Schleichwegen in den Pyrenäen, nach all diesen Abenteuern, die schließlich jeder von uns bestanden hat ...«

»Warum sind Sie mir dankbar?«

Er schwieg eine Weile, ehe er antwortete, ohne zu antworten.

»Ja, ja, das kommt daher, daß ich den ganzen Tag an Aladar Fürst denken mußte. Ihr Vortrag ist nicht unschuldig daran ...«

Und als er meine verwunderte Miene sah, lächelte er nachsichtig:

»Das war ein feiner Mann, ein guter Mann, der Doktor Aladar Fürst. Und er ist als erster in diesem großen Krieg vor dem Feinde gefallen, vor dem Weltfeinde. Und niemand weiß von diesem ersten Gefallenen, der für seinen Heldentod keine Medaille empfangen wird. Und dabei hat er mehr getan, als nur im Kriege fallen ..«

»Von welchem Kriege reden Sie? Im Jahre 1938, als Österreich verschluckt wurde, gab es gar keinen Krieg.«
»Oh, Sie werden gleich sehen«, nickte der Kaplan, »daß der große Krieg damals begonnen hat ... Seit gestern hab ich nämlich den Wunsch, Ihnen diese verschollene Geschichte anzuvertrauen, das heißt, sie in Ihre Hände zu legen. Verstehen Sie mich?«
»Was für eine Geschichte?« fragte ich.
Der Kaplan schützte seine empfindlichen Augen mit der Hand, denn grelle Nachmittagssonne stieß durchs Fenster, das auf den großen Park von Saint Louis hinaussah.
»Es ist die Geschichte von einem Juden, der Gottes Namen nicht mißbrauchen wollte«, sagte Felix ziemlich leise und fügte nach einigen Sekunden hinzu:
»Es ist die wahre Geschichte vom geschändeten und wiederhergestellten Kreuz ...«

II

Pater Ottokar Felix hatte die Pfarre in dem Marktflecken Parndorf inne, der im nördlichen Burgenlande zwischen einem waldigen Hügelzug und dem weitgestreckten Schilfsee von Neusiedl liegt. Das Burgenland, das seinen Namen von den zahlreichen mittelalterlichen Burgen herleitet, die im Südwesten seine Höhen krönen, ist die jüngste, ärmlichste und in mancher Beziehung merkwürdigste Provinz von Österreich. Vor dem Ersten Weltkriege hatte es zu Ungarn gehört, das es durch den Zwang der Friedensverträge an seinen österreichischen Nachbarn abtreten mußte. Es ist ein typisches Grenzland, wo Ungarn, die Slowakei, Jugoslawien und Österreich einander begegnen. Demgemäß wird es auch von einem bunten Völkergemisch bewohnt, von ungarischen Gutsbesitzern, österreichischen Bauern, slowakischen Erntearbeitern, jüdischen Handelsleuten, kroatischen Handwerkern, Zigeunern und schließlich von dem undefinierbaren Stamm der Kumanen, die durch die türkischen Invasionen des siebzehnten Jahrhunderts nach Westen gespült wurden.
Parndorf selbst ist mit seinem ringförmigen Marktplatz, dem Gänsetümpel und den niedrigen, von Storchnestern besiedelten Strohdächern eines der trostlosen Kirchdörfer dieser Gegend, deren beinah

schon asiatische Schwermut in scharfem Gegensatz steht zur Größe und Lieblichkeit der österreichischen Landschaft. All diesen Ortschaften würde niemand die Nähe Wiens und der edlen Alpenwelt anmerken. Durch sie scheint haarscharf die Grenze zwischen Ost und West zu schneiden. Die einzige Bedeutung Parndorfs besteht darin, daß es an der Hauptstrecke Wien–Budapest liegt und daß die strahlenden Waggons der großen Expreßzüge, die Orient und Okzident miteinander verbinden, an seinem winzigen Bahnhofsgebäude vorübersausen, welche weltweite Auszeichnung den Hauptorten der Provinz nicht zuteil geworden ist.

Warum Ottokar Felix aus der Wiener Arbeiter-Vorstadt Jedlesee, wo er Kaplan an der Hauptkirche war, in das gottverlassene Parndorf versetzt wurde, ist mir nicht bekannt. Da die Versetzung aber im Jahre 1934 erfolgte, nach den traurigen Schlachten zwischen den Wiener Arbeitern und den Regierungstruppen – wer erinnert sich nicht an diese historische Station auf dem Wege zum Absturz –, so nehme ich vermutlich nicht ohne guten Grund an, daß sich der Kaplan durch Parteinahme für die Sozialisten in den Augen seiner Obern kompromittiert haben mochte und nun eine Art strafweise Verbannung zu erleiden hatte. Er machte darüber keine Andeutung, und ich empfand eine Scheu, ihn auszufragen.

In Parndorf lebte eine kleine Gemeinde von Juden. Es waren etwa zehn Familien mit dreißig bis vierzig Köpfen insgesamt. In allen Bezirken und Ortschaften des schmalen, aber langgedehnten Burgenlandes lebten solche Gemeinden, in Eisenstadt und Mattersdorf, den großen Städten, in Kittsee und Petronell, dem sogenannten Dreiländereck, wo Ungarn, die Tschechoslowakei und Österreich zusammenstoßen, und in Rechnitz, weit unten im Süden, an der Grenze des südslawischen Königreiches. All diese Gemeinden setzten sich zumeist aus einigen alten Familien zusammen, die durchs ganze Land hin miteinander verwandt oder verschwägert waren. Man stieß überall auf dieselben Namen: Kopf, Zopf, Roth, Wolf, Fürst. Neben der Millionärs-Familie Wolf in Eisenstadt waren die Fürsts die Angesehensten, freilich in einem ganz anderen Sinne als jene. Großes Vermögen hatten sie nicht erworben, jedoch schon seit dem siebzehnten Jahrhundert eine Reihe von Rabbinern und Gelehrten hervorgebracht, die in der absonderlichen Geistesgeschichte des Ghettos eine bedeutende Rolle spielten. Auf zwei Dinge waren die burgenländischen Juden stolz: auf ihre gelehrten Männer und auf ihre Bodenständigkeit. Im Gegensatz zu andern jüdischen Stämmen nämlich hatten sie den Fluch der Wanderschaft und Heimatlosigkeit längst vergessen. Sie waren weder aus Rußland und Polen, noch aus Mähren und Ungarn immigriert, sie rühmten sich, von jeher im Lande gesessen zu haben, und nur ein Teil von ihnen war während der Reformationszeit mit den verfolgten Protestanten aus der benachbarten Steiermark ins freiere Grenzgebiet gezogen.

Die namhafte Familie Fürst stammte aus demselben Parndorf, wohin das ungnädige Schicksal den Kaplan Ottokar Felix verschlagen hatte. Dort lebten auch Doktor Aladar Fürst, ein Mann von einigen Dreißig, jung verheiratet, Vater dreier Kinder, von denen das jüngste, ein Knäblein, an dem schwarzen Freitag, da Österreichs Freiheit gemordet wurde, genau drei Wochen alt war. Aladar Fürst muß ein Schwärmer und Abseitsgänger gewesen sein, denn als Doktor der Philosophie und Rechte, als Absolvent des berühmten hebräischen Seminars zu Breslau, als Weltmann, der in verschiedenen Hauptstädten Europas gelebt hatte, wußte er nichts Besseres zu tun, als zu den Strohdächern seines Heimatdorfes zurückzukehren, sich dort in seiner erlesenen Bibliothek zu vergraben und ansonsten das Amt eines ländlichen Rabbiners für Parndorf und einige Nachbargemeinden zu versehen. In einem uralten winzigen Bethaus hielt er Gottesdienst und erteilte in verschiedenen Schulen der Umgebung Religionsunterricht für die israelitischen Kinder.

Es war in diesem kleinen Ort selbstverständlich, daß der Kaplan und der junge Rabbi einander beinahe täglich begegneten. Und nicht minder selbstverständlich war's bei der delikaten Amts-Ähnlichkeit und Amts-Verschiedenheit dieser beiden Männer, daß sie es bis vor kurzer Zeit beim höflichen Gruße hatten bewenden lassen. Jüngst erst, bei Gelegenheit eines Hochzeitsfestes, zu dem auch Doktor Aladar Fürst zugezogen war, ergab sich zum erstenmal ein längeres Gespräch zwischen ihnen. Daraufhin machte Fürst im Pfarrhause einen Besuch, der sofort erwidert wurde. Der Rabbi lud den Geistlichen zu einer Mahlzeit ein. Es entwickelte sich ein regelmäßiger, wenn auch gemessener und förmlicher Verkehr. Zwischen Felix und Fürst stand vermutlich nicht nur die Verschiedenheit des Glaubens als hemmende Macht, sondern die jahrhunderttiefe Fremdheit und ein uralt gegenseitiges Mißtrauen, das sich auch unter höheren Seelen nur schwer überbrük-

ken läßt. Dennoch faßte, wie er mir gestand, der christliche Priester eine rasche Zuneigung zu dem jüdischen Rabbi. Mehr als die Belesenheit und der Geist des Intellektuellen, den er als Mann der Praxis weniger schätzte, erfüllte ihn ein anderer Umstand mit hohem Erstaunen. Sooft er bisher mit einem Sohne Jakobs zu tun hatte, mußte er in dessen Augen eine dunkle Abwehr, ja ein mühsam verhehltes Grauen bemerken, das dem geweihten Priester der einst so feindseligen Kirche galt und jedem Gespräch eine enge Grenze setzte. Fürst unterschied sich von dieser Art sehr auffällig. Er war in allen Fächern der katholischen Theologie unheimlich gut beschlagen und schien ein großes Vergnügen zu empfinden, wenn er sein Licht leuchten ließ; er zitierte Paulus, Thomas, Bonaventura, Newman kenntnisreicher, als ein geplagter Dorfkaplan dazu imstande gewesen wäre. Der Geistliche glaubte zu erkennen, daß Aladar Fürst weit über dieses vielleicht noch eitle Wissen hinaus in sich die ebenso alte wie durch unendliches Leid begreifliche Christus-Scheu seiner Väter überwunden hatte, ohne freilich sich von seinem eigenen Glauben auch nur einen Schritt zu entfernen. Felix erzählte mir, daß eine gewisse Bemerkung des Rabbiners auf ihn einen bewegenden Eindruck gemacht habe. Sie fiel während eines Gespräches über die Judenmission, welch heikles Thema nicht er, sondern Fürst erschreckend freimütig aufs Tapet brachte.
»Ich weiß nicht, Hochwürden«, so lautete jene Bemerkung des Rabbi, »warum die Kirche solchen Wert darauf legt, die Juden zu taufen. Kann es ihr genügen, unter hundert streberischen oder schwächlichen Renegaten vielleicht zwei oder drei echte Gläubige zu gewinnen? Und dann, was würde geschehen, wenn sich alle Juden der Welt taufen ließen? Israel würde verschwinden. Damit verschwände aber auch der einzige reale fleischliche Zeuge der göttlichen Offenbarung aus der Welt. Die heiligen Schriften nicht nur des Alten, sondern auch des Neuen Testaments würden damit zu einer leeren und kraftlosen Sage herabsinken wie irgendein Mythos der alten Ägypter und Griechen. Sieht die Kirche diese tödliche Gefahr nicht ein? Und gar in diesem Augenblick der totalen Auflösung? ... Wir gehören zusammen, Hochwürden, aber wir sind keine Einheit. Im Römerbrief steht geschrieben, wie Sie wohl besser wissen als ich: ›Die Gemeinde des Christus fußt auf Israel‹. Ich bin überzeugt davon, daß, solange die Kirche besteht, Israel bestehen wird, doch auch, daß die Kirche fallen muß, wenn Israel fällt ...«

»Und woher kommen Ihnen diese Gedanken?« fragte der Kaplan.
»Aus unserem Leid bis auf den heutigen Tag«, versetzte der Rabbi, »denn glauben Sie vielleicht, daß Gott uns so viele Jahrhunderte hätte zwecklos erdulden und überstehen lassen?«

III

An jenem schwarzen Freitag Österreichs, dem elften Tage des März, da das Unfaßbare geschah, saß der Kaplan Ottokar Felix in seiner Stube. Es war sieben Uhr abends. Er hatte vor einer Stunde im Radio die Abschiedsworte des Kanzlers Schuschnigg vernommen, eine dumpfe Stimme, ›Wir müssen der Gewalt weichen‹ und dann ›Gott schütze Österreich‹ und dann ein großes Verstummen und dann eine Musik von Haydn, feierlich und herzzerreißend. Felix saß noch immer vor dem Radio, das er abgestellt hatte, und rührte sich nicht. Ohne zu einer Klarheit zu kommen, überlegten seine lahmen, eingerosteten Gedanken, wie er sich würde zu verhalten haben in dieser Katastrophe, die so plötzlich über das arme Land hereingebrochen war.
Da ging die Tür auf und Doktor Aladar Fürst stand in der Pfarrersstube. Er hatte die Anmeldung durch die Wirtschafterin gar nicht abgewartet. Fürst trug einen langen, feierlichen Schlußrock. Es war ja der Sabbath schon angebrochen. Sein schmales Gesicht mit den dunkeln langwimperigen Augen und dem dünnen schwarzen Backenbärtchen war um einige Schatten blasser als sonst.
»Verzeihen Sie mir, Hochwürden«, hob er ziemlich atemlos an, »daß ich so ohne alle Umstände bei Ihnen eindringe ... Wir hatten die Feier schon begonnen, und so habe ich erst jetzt ...«
»Ich denke wohl, daß die Ereignisse den Sabbath brechen«, bemerkte der Geistliche, als wolle er ihm zu Hilfe kommen, und schob den Lehnstuhl für den unerwarteten Gast heran, der aber niederzusitzen ablehnte.
»Ich brauche Ihren Rat, Hochwürden ... Denn wissen Sie, ich selbst habe das nicht erwartet, ich war so sehr vertrauensvoll, und jetzt ... Haben Sie gehört, daß der junge Schoch in der Gegend sich aufhält, seit einer Woche bereits, alles war längst abgekartet. Schoch ist Sturmführer der hiesigen SA. Er hat die ganze Bande zusammengetrom-

melt, die Bauernburschen, die Hilfsarbeiter der Kapselfabrik, die Arbeitslosen, sie sitzen alle besoffen im Wirtshaus und drohen, sie werden alle Juden in heutiger Nacht noch umbringen ...«
»Ich will sofort zum alten Schoch gehen«, sagte der Kaplan, »der Lausbub hat noch immer Angst vor dem Vater ...«
Das war nicht wahr, und Felix wußte selbst sehr genau, daß nicht der Sohn vor dem Vater, sondern der Vater vor dem Sohn heute zitternde Angst hatte. Er hatte nur so gesprochen, weil ihm nichts eingefallen war, um Fürst zu beruhigen.
Der alte Schoch war der reichste Weinbauer des Bezirkes und ein guter Katholik. Mit seinem Jüngsten, dem Peterl, hatte er ausgesprochenes Pech gehabt. Bisher wenigstens. Die Biographie Peter Schochs hat ihre Reize. Nachdem der auffallend hübsche Bursche mit siebzehn Jahren einer Magd des väterlichen Hauses ein Kind gemacht hatte – was nach ländlichen Begriffen noch lange keine Sünde ist –, hatte er das Mädel mitsamt dem Kinde tätlich bedroht, den Koffer der Verängstigten aufgebrochen und ihre ganzen Ersparnisse geraubt. Der alte Schoch, an seinen Jüngsten durch bedenkliche Affenliebe gebunden, geriet diesmal im Gegensatz zu früheren Streichen in die heftigste Wut, vor allem deshalb, weil die gemeine Geschichte unter die Leute geraten war. Er verprügelte mit Hilfe seiner älteren Söhne den Peter erst einmal gründlich und schickte ihn dann auf die Forstschule in die Stadt Leoben. (Neben den Weingärten besaßen die Schochs auch Waldungen.) Da aber der wohlgewachsene Tunichtgut ganze sechs Jahre lang in der untersten Volksschulklasse sitzengeblieben war und noch immer kaum Lesen und Schreiben gelernt hatte, rasselte er in Leoben schon bei der Aufnahmeprüfung durch, die dort jeder bessere Holzknecht leicht bestand. Peter berichtete seine Niederlage keineswegs nach Hause, sondern blieb in der lebhaften Stadt, wo es ihm weit besser gefiel als daheim in dem traurigen Parndorf, und verjuxte eine Menge Geld, das er zu vorgeblichen Studienzwecken seinem Alten zu entlocken verstand.
Peter Schochs ganz erstaunliche Laufbahn hätte in ruhiger Zeit zweifellos schlimm geendet. In unsern so denkwürdigen Tagen aber kam ihm die vom Dritten Reiche in allen Nachbarländern wohlbezahlte ›Bewegung‹ rettend zu Hilfe. Die Bewegung pflegte sich mit weitblickender Weisheit solcher Taugenichtse zu versichern. Sie wußte aus alter Erfahrung, daß die Abneigung gegen Alphabet und regelmäßige

Beschäftigung die Eignung für rücksichtsloses Gewalttätertum zur fast ausnahmslosen Folge habe. Für jenen ersten Stoß aber, der den Widerstand des österreichischen Volkes brechen sollte, brauchte man nichts dringlicher als eine Garde entschlossener Gewalttäter. Nicht unwesentlich für das Wohlwollen, das gewisse Parteihäuptlinge für Peter hegten, war sein goldblondes Haar, sein schlanker Wuchs, sein kleines stumpfes Gesicht. Er wirkte im Gegensatz zu den Kahlköpfen, Schmerbäuchen und Hinkebeinen der Führer wie eine strahlende Illustration zu den Lehren der Rassentheorie und ihrer Verklärung des nordischen Modellmenschen. Man erwies ihm täglich photographische Ehren, und sein Bild zierte in vielen Exemplaren die Kartotheken der deutschen Rassenämter. So geschah es also, daß der Sohn des reichen Weinbauern von Parndorf ein ›Illegaler‹ wurde. Er bezog von der Münchner Parteikasse eine Unterstützung von solcher Höhe, daß er unter seinesgleichen die Rolle eines imposanten Krösus spielte. Ein paar tollköpfige Missetaten für die Partei machten seinen Namen berühmt, und als er schließlich als Saboteur und Bombenwerfer für einige Monate ins Gefängnis wandern mußte, da war er endlich in die Reihe jener Märtyrer emporgerückt, die nach der Begegnung von Berchtesgaden und dem Zusammenbruch der österreichischen Regierung aus ›Schmach und Not erlöst wurden‹. Dies ist in aller Kürze die Geschichte des jungen Peter Schoch, dessen bloßer Name schon dem Doktor Aladar Fürst bleiches Entsetzen einflößte, und nicht nur ihm.

Jetzt hatte sich der Rabbi endlich doch niedergesetzt. Der Kaplan reichte ihm ein Gläschen Schnaps:

»Man muß nicht gleich an das Allerärgste denken«, meinte er.

»Wieso muß man nicht?« fragte Fürst, den Kopf mit einem Ruck hebend. »Vielleicht müßte man ... Hören Sie, Hochwürden«, fuhr er nach einer Weile gepreßt fort, »in einer Stunde geht ein Zug an die ungarische Grenze ... Sollten wir nicht, ich meine die ganze Familie ... Freilich meine arme Frau ist erst vor drei Tagen aus dem Wochenbett aufgestanden ... Was soll ich tun? Hochwürden, raten Sie mir ... Ich brauche einen Rat ...«

Und jetzt tat Pater Ottokar etwas, was er sich nie verziehn hat. Anstatt die Achseln zu zucken, anstatt zu sagen, ich weiß nicht, was das richtige ist, gab er einen Rat, einen bestimmten Rat, einen schlechten Rat. – Doch wer kann in solcher Lage ahnen, ob er gut oder schlecht rät?

»Wollen Sie wirklich alles so schnell im Stich lassen, lieber Doktor Fürst?« sagte also der Kaplan, der verhängnisvollerweise seine eigene Lage mit der des andern verglich. »Wir kennen noch nicht einmal die neue Regierung, wer weiß, vielleicht kommt in Österreich alles anders, als man denkt ... Warten Sie doch die nächsten Tage ab!«

Aladar Fürst atmete bei diesen Worten erleichtert auf:

»Ich danke Ihnen für diesen Rat ... Sie haben gewiß recht, die Österreicher sind keine Deutschen, und ich bin ein guter Patriot ... Es würde mir schrecklich schwerfallen, unser Haus zu verlassen ... Meine Familie lebt seit Menschengedenken hier, unsre Grabsteine auf dem Friedhof reichen bis ins Mittelalter zurück, und ich bin eigens aus der Welt nach Parndorf zurückgekommen ... Vielleicht ...«

Der Kaplan begleitete ihn in die sternhelle Nacht hinaus.

»Ich werde mich morgen nach Ihnen umschauen«, sagte er zum Abschied.

Aladar Fürst aber meinte zuletzt, als er Felix bekümmert die Hand drückte:

»Ich fürchte nur eins, Herr Pfarrer ... Ich fürchte, daß unsereins schon zu sehr verweichlicht ist und die alte Kraft und Haltung unsrer Väter in der Verfolgung verloren hat ... Gute Nacht ...«

IV

Um neun Uhr am nächsten Morgen – Kaplan Ottokar Felix überlegte grade, wie weit er sich am Sonntag in seiner Predigt nach dem Evangelium im Kampf gegen die Sieger vorwagen dürfe – wurde er durch Geschrei und wachsenden Lärm aufgestört, der dumpf durch das geschlossene Fenster drang. Er stürzte sofort aus dem Hause, wie er war, ohne Hut und Überrock. Der Ringplatz war von einer Menge angefüllt, so zahlreich, wie sie sich nicht einmal zu Wochemärkten und Kirchweihfesten zusammenzufinden pflegte. Aus den Ortschaften der öden Parndorfer Heide, ja aus den entfernten Uferdörfern des großen Schilfsees war sie in Erwartung interessanter Ereignisse herangeströmt, Bauern, Bauernknechte und Mägde, Arbeiter aus den Kapsel- und Zuckerfabriken der Gegend und ein Haufen von Arbeitslosen zumal, die keine staatliche Unterstützung mehr empfingen und sich als

das unruhigste Element im Volke zu jedem Krawall zu drängen pflegten. Den Kern dieser Menge bildete eine Abteilung von Braunhemden in Reih und Glied, die bereits alle die Binde mit dem Hakenkreuz überm linken Arm trugen. Die Reihe stand mit der Front dem ansehnlichsten Gebäude zugewandt, das Parndorf überhaupt besaß. Es ist wahrscheinlich ungebührlich, daß gerade die Familie Fürst dieses stattlichen Gebäudes Eigentümerin war, eines der wenigen im Orte, das zwei Stockwerke und überdies noch eine Mansarde hatte. Kann man aber Aladar Fürst dafür verantwortlich machen, daß sein Großvater in der glücklichen Zeit vor fünfzig Jahren so unvorsichtig oder so überheblich gewesen, in einer Welt von armseligen Strohhütten dieses großstädtische Haus zu errichten? Im Ergeschoß, zu beiden Seiten der Toreinfahrt, befanden sich zwei große Kaufläden, das ›bürgerliche Backhaus‹ von David Kopf und die ›Gemischt- und Kolonialwarenhandlung‹ von Samuel Roths Sohn. Die Inhaber dieser Geschäfte, ihre Ehefrauen, Söhne, Töchter, Verwandten, Hilfskräfte standen in einer dichten Gruppe vor dem Haustor und in ihrer Mitte der junge Rabbi Aladar, der einzige, der den Kopf ziemlich hoch trug und im Gegensatz zum gestrigen Abend keinen gebrochenen Eindruck machte. Dem beschatteten Häuflein gegenüber hatte Peter Schoch Posto gefaßt, der Kommandant dieser militärischen Aktion. Er trug mit sichtbarem Herzensvergnügen ein automatisches Gewehr im Arm, dessen Lauf auf Aladar Fürst deutete. Neben ihm stand ein kleiner dürftiger Mann mit einem verzwickten Hexengesicht, das aussah, als könne man es nach Bedarf auseinanderziehen wie eine Ziehharmonika. Auf der Nase saß dem Mann eine Stahlbrille und auf dem Schädel eine rote Dienstkappe, denn es war der Bahnhofsvorstand von Parndorf, Herr Ignaz Inbichler in Person. Als Kaplan Felix hinzutrat, vollendete Peter Schoch gerade eine markige Ansprache, deren zugleich tiefgekränkten und hohnpeitschenden Tonfall er den Radioreden der großen Parteigötter recht trefflich abgelauscht hatte:
»Deutsche Männer und Frauen! Es ist untragbar für deutsche Volksgenossen, unser tägliches Brot aus den Händen einer jüdischen Backstube zu empfangen. Das würde dem internationalen Juden so passen, unsere unschuldigen Kinder mit seinen Mazzes weiter zu vergiften. Diese Zeiten sind vorüber, weil das ein historischer Moment ist. Im Namen der deutschen Volksgemeinschaft erkläre ich das Backhaus

Kopf für arisiert. An seine Stelle tritt der deutsche Volksgenosse Ladislaus Tschitschevitzky in Kraft ... Sieg Heil!«
Peter Schoch sprach in einer angestrengten Schriftsprache, durch deren Laute überall der nackte ordinäre Dialekt hindurchlugte. Die Braunhemden brüllten ihm das Sieg-Heil im Takt nach. Die Menge aber blieb seltsam still, voll unbeteiligter Neugier, wie es schien. Jetzt aber nahm der Mann mit der roten Kappe das Wort. In diesem Grenznest waren nicht anders wie in Berlin die beiden Grundcharaktere der nationalsozialistischen Partei am Werke. Schoch repräsentierte den unbedingten Heroismus, Inbichler hingegen die augenzwinkernde Diplomatie, die dem Opfer treuherzig auf die Schulter klopft, dieweil ihm der Heroismus den Bauch aufschlitzt. Also sprach Inbichler, der Bahnhofsvorstand, zu dem Häuflein vor dem Haustor:
»Meine Herrschaften! Es geht alles in Ordnung. Es gibt keine wilde Aktion. Alles verläuft befehlsgemäß. Deutschtum heißt Organisation. Keinem von Ihnen wird ein Haar gekrümmt werden. Sie haben nur einen Revers zu unterschreiben, daß Sie uns in voller Freiwilligkeit Ihren Krempel übergeben und den deutschen Grund und Boden sofort verlassen ... Wenn nach fünf Uhr nachmittags ein Bewohner dieses Hauses hier noch angetroffen werden sollte, dann wird er sich die unangenehmen, aber schon sehr unangenehmen Folgen selbst zuzuschreiben haben! Auch ich werde ihm dann nicht mehr helfen können ... Es gibt nur zwei Wege, die Judenfrage zu lösen. In seiner unendlichen Herzensgüte wählt unser Führer den zweiten Weg ...«
Der Kaplan erkannte, daß er durch seine Einmischung hier nicht nur nichts erreichen, sondern sich selbst unnütz gefährden würde. Er rannte daher spornstreichs nach Hause und setzte sich erregt mit der Gendarmerie, mit der Bezirksbehörde und schließlich mit der Provinzialregierung in Eisenstadt in telephonische Verbindung. Überall erhielt er denselben ausweichenden Bescheid. Man könne beim besten Willen nichts gegen jene zweifelhaften Elemente unternehmen, die im Augenblick die Straßen beherrschen. Sie seien Mitglieder der Partei, und die Partei erhalte ihre Befehle unmittelbar aus Berlin. Die Stimmen am Telephon vibrierten in peinlicher Verlegenheit. Gewiß waren die Leitungen alle bespitzelt, und die Beamten wagten kein offenes Wort. Kurz entschlossen lief Pater Felix zu einem bekannten Gutsbesitzer in der Nähe, in dessen Auto er eine halbe Stunde später nach Eisenstadt sauste. Dort in der Hauptstadt eilte er von Pontius zu Pila-

tus, um endlich beim Apostolischen Administrator des Burgenlandes zu landen, dem Vorstand der Kirchenprovinz, einem Monsignore Soundso. Der bequeme Prälat empfing ihn mit salbungsvoll düsterem Argwohn. Da es der höchsten kirchlichen Stelle, Seiner Eminenz dem Kardinal-Erzbischof von Wien, gefalle, der neuen Obrigkeit, die ja der Lehre gemäß auch von Gott sein müsse, mit Vertrauen entgegenzukommen, so könne er selber den Herren Seelsorgern im Lande nur die gehorsame Nachahmung dieser Haltung anempfehlen. Er wisse genau, was in den Ortschaften dieses Landes heute im Gange sei, spreche aber den dringlichen Wunsch aus, jede Einmengung zu Gunsten der vertriebenen Juden zu unterlassen. Diese Vorkommnisse seien gewiß verurteilenswert, fallen aber nicht im mindesten in den Aufgabenkreis der Herren Pfarrer. Und die Hände faltend schloß der Prälat:
»Wir wollen für die Juden beten, sonst aber noch einmal und immer wieder uns die Wahrheit vor Augen halten, daß jede Obrigkeit von Gott ist ...«
»Auch wenn der Herrgott den Satan zur Obrigkeit einsetzt, Monsignore?« fragte der Kaplan ein wenig aufrührerisch.
»Auch dann«, sagte Monsignore, zu jedem Kompromiß entschlossen.
Auf der Heimfahrt neigten die Gedanken des Kaplans immer mehr dazu, die Entscheidung des Kardinals und des Prälaten für weise zu halten. Es gab Wichtigeres zu schützen als ein paar ausgeraubte und verjagte Juden. Die Kirche selbst war in Gefahr. War's nicht am besten, sich in den nächsten Tagen im Pfarrhaus zu verkriechen, das Sonntagsamt ohne Predigt zu halten und jegliche Reibung zu vermeiden? Er hätte vermutlich dieser Anwandlung nachgegeben, wären ihm jene Worte Aladar Fürsts nicht immer wieder durch den Kopf gegangen: »Ich bin überzeugt davon, daß, solange die Kirche besteht, Israel bestehen wird, doch auch, daß die Kirche fallen muß, wenn Israel fällt ...«

V

Als der Kaplan Felix auf dem Ringplatz von Parndorf eintraf, schlug die Kirchuhr gerade drei. Vor dem Hause Fürst standen die beiden Lastkraftwagen der Fuhrunternehmung Moritz Zopf. Aus der Bäckerei, dem Kaufladen und dem Haustor wurden Einrichtungsgegen-

stände, Betten, Schränke, Tische, Stühle geschleppt und auf einem der beiden Lastwagen verladen. Der Bahnhofsvorstand Inbichler untersuchte jedes einzelne Stück mit kurzsichtiger Eindringlichkeit und der gewissenhaften Inbrunst eines guten Zollbeamten, denn ohne seine Einwilligung wurde den Vertriebenen kein Aschenbecher und keine Zündholzschachtel freigegeben. Er ließ auch jeglichen Gegenstand, der ihm einigermaßen gefiel, sogleich für sich abseits stellen, wobei er die Besitznahme durch ein dumpf gemurmeltes Zauberwort verschleierte, das ungefähr klang wie: ›Deutsches Nationalgut‹. Die Braunhemden hatten ihre Karabiner in Pyramiden aufgebaut und rauchten und lungerten herum. Schoch und sein Stab saßen im Wirtshaus, wo Peter seit mehreren Stunden schon einer üppigen Festtafel präsidierte, zu der sich der Bürgermeister und andere Notabeln von Parndorf mit kriecherischer Eile gedrängt hatten. Es war windstill, und ein merkwürdiger milchiger Dunst lagerte über der Ortschaft. Die Gruppe der Verjagten hatte sich beträchtlich vermehrt und zählte schon mehr als dreißig Seelen. Der Kaplan Felix wunderte sich darüber, daß all diese Menschen emsig und kopflos hin und her schossen, hunderterlei unsinnige Gänge machten und mehr durch eine insektenhafte Unruhe als durch vernünftige Planung gelenkt zu sein schienen. Die Kinder unter ihnen starrten keineswegs mit erschreckter, sondern mit gieriger Erregtheit auf das Getriebe. Alle jedoch sahen höchst übernächtigt aus und glichen welken Schatten, die von einem wühlenden Schicksalswind bewegt wurden, der für Christen nicht wahrnehmbar war, obwohl er in heftigen Stößen über den Platz wehte.
Felix betrat die Wohnung des Rabbi Aladar. Die kaum genesene Wöchnerin, eine zarte, helläugige Frau, die aus dem Rheinland stammte, wirtschaftete atemlos herum. Ihre weiße Stirn unterm gescheitelten braunen Haar war von übermäßiger Anstrengung tief gerunzelt. Sie stand inmitten eines Berges von Bett-, Tisch- und Leibwäsche, die sie in einem schon überfüllten Reisekorbe vergeblich noch unterzubringen suchte. Manchmal hob sie die Augen. Sie waren feucht glänzend von Schwäche und Verständnislosigkeit. Vom Nebenzimmer her hörte man friedliches Kindergeplapper und dann und wann das aufbegehrende Greinen eines Säuglings.
Der Kaplan fand Aladar Fürst vor seinen Bücherschränken, die alle

vier Wände des großen Wohnraumes bis zur Decke füllten. Ein paar hundert Bände, die er unter den vielen Tausenden ausgesucht hatte, wuchsen zu seinen Füßen in schwanken Türmen. Er aber hielt ein Buch in der Hand und las, las tief versunken mit dem Schimmer eines Lächelns um seinen Mund. Er schien über der Seite, die er angeblättert hatte, die ganze Wirklichkeit vergessen zu haben. Der Anblick dieses hingebungsvoll lesenden Juden mitten im Zusammenbruch seiner Welt machte einen starken Eindruck auf den Kaplan, wie er mir ausdrücklich gestand.

»Ehrwürden Doktor Fürst«, sagte er nun, »ich habe Ihnen leider einen schlechten Rat gegeben ... Daß dieser schlechte Rat mein Gewissen sehr quält, hilft Ihnen nicht und mir nicht ... Glücklicherweise besitzen Sie aber einen ungarischen Paß ... Vielleicht meint es der Herrgott mit Ihnen und den Ihrigen besser als mit uns ... Es wäre nicht das erstemal, daß er das Volk, in dem er sich offenbart hat, in Sicherheit brachte, als er es zu strafen schien ...«

Doktor Aladar Fürst sah den Priester mit einem langen verlorenen Blick an, der diesen so sehr bewegte und beunruhigte, daß er selbst mit Hand anlegte und die zur Mitnahme ausgewählten Lieblingsbücher hinabtragen half.

Eine Stunde später war man reisefertig. Inbichler hatte das beste Gut der Vertriebenen zurückbehalten, die wertvolleren Möbel, alles Silber, den ganzen Schmuck der Frauen, die Effekten und Geldbeträge, deren er habhaft geworden war, denn jeder der Ausgewiesenen, auch Fürst, wurde bis aufs Hemd ausgezogen und einer peinlichen Durchsuchung unterworfen. Der Rabbi nahm diese erniedrigende, durch höhnische Bemerkungen der Braunhemden verschärfte Prozedur mit der gleichmütigsten Geistesabwesenheit hin, so daß Felix sich beinahe über ihn ärgerte. Ich würde um mich schlagen, dachte er. Das einzige, was Inbichler ohne Kontrolle und mit einer wegwerfenden Handbewegung passieren ließ, waren die Bücher.

Da aber nach Inbichlers Worten ›alles in Ordnung gehn‹ mußte und ›Deutschtum Organisation‹ war, stellte er über jeden der zurückgehaltenen Gegenstände eine genaue Bescheinigung aus, wodurch der nackte Raub gleichsam auf die Höhe des Gesetzes und einer staatspolitischen Maßnahme gehoben wurde, um so süßer dadurch für den Räuber.

Peter Schoch, der sich jetzt neben den Lenker des ersten Wagens ge-

setzt hatte, gab wütende Signale. Es war vier Uhr. In spätestens zwei Stunden brach die Nacht an.
Die Braunhemden stießen ihre Opfer mit Puffen und Tritten auf den ersten Kamion, wo sie zuerst durcheinanderkollerten und dann auf dem Boden Platz nehmen mußten. Jetzt wurde es den kleineren Kindern unbehaglich, und einige begannen zu zetern. Die dichte Menge der Zuschauer blieb totenstill, und ihren neugierigen Blicken war nicht zu entnehmen, ob sie diese Geschehnisse billigten oder verdammten. Schon machten Schochs Leute ihre Motorräder bereit. Da trat der Kaplan Ottokar Felix scharf auf Ignaz Inbichler zu:
»Chef«, sagte er und richtete sich mit einem Ruck auf, »ich weiß nicht, ob und in wessen amtlichen Befehl Sie handeln ... Aber ich mache Sie darauf aufmerksam, sollten Sie auf eigenen Befehl handeln, daß man Sie zur Verantwortung ziehn wird, morgen, übermorgen, einmal, so oder so ... Diese Leute da leben erwiesenermaßen seit Jahrhunderten hier, und das Volk hat niemals zu klagen gehabt über sie ... In Wien und in den Großstädten mag das anders sein, hier aber ist es so ... Sie haben ihnen jetzt einen gewaltigen Schreck eingejagt, Chef, das ist Strafe und Rache genug, mein' ich. Lassen Sie's dabei bleiben, und warten wir alle die gesetzliche Regelung der Judenfrage ab!«
Der Verzwickte mit dem Zieharmonika-Gesicht sog wollüstig an seiner Zigarette und blies dem Geistlichen eine Rauchschwade ins Gesicht:
»Nur nicht drängeln, Euer Hochwürden«, säuselte er liebenswürdig, »es kommt ein jeder dran. Die Herren Pfaffen könnten ganz gut die nächsten sein. Den Einfall hab' ich schon gehabt ... Wenn Sie aber die Saujuden so gern haben, können Sie ihnen gleich Gesellschaft leisten ...«
»Das will ich auch«, sagte der Kaplan und sprang mit einem Satz auf das Lastauto, ohne zu wissen, wie dieser lebensgefährliche Entschluß über ihn gekommen war. Es war auch gar kein Entschluß. Es war eine Handlung, die nicht aus seinem eigenen Willen zu stammen schien. Die Juden starrten ihn ungläubig an. Frau Fürst saß als einzige auf einem Stuhl, den man für sie in den Wagen gehoben hatte. Sie hielt den Säugling im Arm, während der Vater gerade das zweite Kind, ein winziges Mädchen, zu beruhigen suchte. Da nahm der Kaplan den Ältesten des Rabbi, einen vierjährigen Jungen, auf den Schoß und begann mit ihm zu scherzen ...

Der Motor sprang an. Der mächtige Wagen setzte sich mit einem Holperstoß in Bewegung, denn die Straße war voll von tiefen Löchern. Der zweite Wagen folgte. Die Motorräder der Braunhemden ratterten hinterdrein.

VI

Die Fahrt holperte die schlechte Bezirksstraße am großen Schilfsee entlang, der sich aber von hier aus nicht blicken läßt. Diese Straße führt zu einer gottverlassenen Übergangsstelle der ungarischen Grenze. Warum nicht die Hauptstrecke zu dem wichtigen Grenzort Hegyeshalom gewählt wurde, blieb ein tückisches Geheimnis Peter Schochs. In dem ersten der Lastautos, vollgepropft mit durcheinandergeschüttelten Menschen, sprach niemand ein Wort. Wenn Kaplan Ottokar Felix versuchte, den Ausgestoßenen Mut zuzusprechen, hörten ihm alle mit den angestrengten und wäßrigen Augen von Taubstummen zu. Man mußte schon den mächtigen Steinbruch von Rust im Rücken haben, als zugleich mit der Dämmerung vom Schilfsee her einer der dicken, erstickenden Nebel einbrach, die das Volk dieses Landstriches so abergläubisch fürchtet.
Schoch ließ die ganze Kolonne halten. Die Braunhemden stiegen von den Motorrädern. Ein kurzer Befehl:
»Alles aussteigen! Abladen! Die Wagen zurück!«
Im hexenhaften Dampf, darin das Tageslicht versickert war, werfen sich die Sturmleute auf das zweite Lastauto. Kommoden, Kredenzen, Schränke, wohlbehüteter Hausrat, Kisten mit Tisch- und Küchengeschirr jeglicher Art krachten unter Hohngelächter von Turmeshöhe in den Straßendreck und zerschellten. Ein wehleidiger Aufschrei der Frauen! Außer sich packte der Kaplan den Schoch beim Handgelenk:
»Was soll das? ... Sind Sie verrückt?«
Schoch versetzte dem Priester einen Faustschlag vor die Brust, daß dieser zurücktaumelte:
»Dich kauf' ich mir noch vor dem Nachtmahl, Pfaff elendiger«, lachte er.
Jetzt folgten die Bücher des Rabbi dem ermordeten Hausrate nach. Aladar Fürst lief mit weit ausgebreiteten Armen hinzu. Als sich Felix

aber bückte, um wenigstens eins oder das andere der Bücher aufzulesen, machte Rabbi Aladar, so schien es dem Kaplan, eine bis zum Grotesken jüdische Geste der Resignation:
»Was verloren ist, soll verloren sein«, sang er vor sich hin, und der schmale Kopf lag ihm dabei auf der rechten Schulter.
»Direktion links von der Straße«, kommandierte Peter Schoch gellend. »Vorwärts marsch!«
Und die Zögernden, alt und jung, wurden von den Braunhemden ins freie Feld getrieben. Niemand durfte zurückbleiben. Auf die Greise wurde keine Rücksicht genommen und auf die Kinder auch nicht. Wenn eines oder mehrere von den Judenbälgen auf dem Gewaltmarsch verendete, um so besser! Hier waren völlig Vogelfreie, hier waren Menschen außerhalb des Gesetzes, Menschen, die keine staatliche Macht der Welt mehr schützte, hatten sich doch die Regierungen Englands, Frankreichs und Amerikas nicht nur nicht zu einem entscheidenden Protest aufgerafft, sondern die eilige Versicherung abgegeben, sie würden sich jeder Einmischung in innerpolitische Geschehnisse weise enthalten. Es war nicht nur in den leitenden Kreisen der Partei, sondern hinab bis zum einfachsten Partisanen bekannt, daß der englische Premier, Mr. Chamberlain, samt seiner Anhängerschaft ein augenzwinkernder Freund sei und den Kampf gegen den jüdischen Bolschewismus (in Parndorf von Aladar Fürst vertreten) mit verschwiegenem Wohlwollen betrachte. Wann anders also als jetzt und hier kam man mitten in Europa und einer weichen Zeit zu dem urtümlich heldischen und dazu noch erlaubten Vergnügen einer regelrechten, einer patentierten Menschenjagd? Das ging ins Blut mit frisch-fröhlichem Halali! Die lusterregten Jäger schüttelten sich vor Lachen über die jüdischen Schatten, die im Nebel vor ihnen einherkeuchten.
Der Nebel verfärbte sich immer dunkler. Plötzlich fühlte der Kaplan, daß er bis zu den Knöcheln und dann bis unterhalb der Knie durch eiskaltes Wasser wate. Man war in die schmatzenden Sümpfe geraten, die bei Mörbisch dem See vorgelagert sind. Ottokar Felix riß den Vierjährigen hoch, den er bisher an der Hand geführt hatte ... Nun trug er ihn auf dem linken Arm, während er mit der freien Hand die junge Mutter stützte, die ihren Säugling und sich selbst mechanisch weiterschleppte ...
Ich erinnere mich, daß Felix bei dieser Stelle der Erzählung innehielt.

Die grauen Augen in dem grobporigen Gesicht starrten mich an. Ich benutzte die Pause und fragte:
»Was haben Sie sich damals in den Sümpfen von Mörbisch gedacht, Herr Kaplan?«
»Ich weiß nicht, was ich mir damals gedacht habe«, erwiderte er, »vermutlich gar nichts ... Jetzt aber denke ich: Die Menschheit muß sich ununterbrochen selbst bestrafen. Und zwar sehr logisch, für die Sünde der Lieblosigkeit, aus der unser ganzer Jammer entsteht und sich Glied um Glied weiterentwickelt ...«

VII

Es war wie ein Wunder, daß man nach dieser ›Abkürzung des Weges‹ innerhalb verhältnismäßig rascher Zeit den Sümpfen entkam, um die Straße wieder zu erreichen. Und es war ein noch größeres Wunder, daß niemand Schaden genommen oder in Verlust geraten war. Mit Einbruch der Nacht wurde es schneidend kalt und der Nebel zerriß. Dort, das waren schon die Lichter von Mörbisch. Alles geriet ins Laufen. Hinter den letzten Häusern von Mörbisch lag die ersehnte Grenze. Schon war die Heimat, gestern noch die selbstverständliche Stätte des trauten Lebens von Anfang an, zu einer fremden Hölle geworden, nach der man sich nur mit Grauen umblickt.
Die Nacht war sehr dunkel. Ein eisiger Wind kam angesprungen. Vom österreichischen Zollhaus flatterte schon die Fahne des Eroberers. Als aber die alte Grenzwache, die noch nicht abgelöst war, Peter Schoch mit seinen Braunhemden und ihren Opfern erblickte, verschwand sie so schnell von der Bildfläche, als hätte der Sumpf sie verschluckt. Der Weg zum ungarischen Grenzhaus hinüber, keine hundert Schritte weit, lag frei. Aladar Fürst sammelte die Pässe der Vertriebenen. Die meisten davon, darunter auch der seine, waren ungarische Papiere, hatte doch ein großer Teil der Burgenländer, ungeachtet der Friedensschlüsse von St. Germain und Trianon, die ursprüngliche ungarische Staatsbürgerschaft aus verschiedenen Gründen beibehalten. Es konnte kein Zweifel herrschen, daß sich die magyarische Grenzschranke zumindest all jenen, die ordnungsgemäß Dokumente vorweisen konnten, widerstandslos öffnen werde. Das war ja Gesetz

und Recht! Rabbi Aladar wanderte mit dem Stoß von Pässen in der Hand nach dem ungarischen Zollhaus hinüber. Der Kaplan begleitete ihn schweigend. Peter Schoch folgte ihnen, vergnügt schlenkernd und pfeifend. Der Beamte drüben in der Kanzlei warf nicht einmal einen Blick auf die Pässe:
»Haben die Herren bitte die Permission vom Königlich Ungarischen Generalkonsulat in Wien?« fragte er mit größter Höflichkeit.
Die Lippen des Aladar Fürst wurden weiß:
»Was für eine Permission um Gottes willen?«
»Gemäß Verordnung von heute zehn Uhr vormittag ist der Grenzübertritt nur mit Permission des Generalkonsulats gestattet ...«
»Aber das ist ja ganz unmöglich«, stammelte Fürst, »wir haben davon nichts gewußt und hätten uns diese Permission gar nicht verschaffen dürfen. Man hat uns doch unter Todesdrohung nur sechs Stunden Frist gegeben ...«
»Bedaure sehr«, zuckte der Grenzbeamte die Achseln, »aber da kann ich nichts machen. Die Herren müssen die Permission des Generalkonsulats vorweisen ...«
Peter Schoch trat vor und knallte die ›Reverse‹ auf den Tisch, in welchen die Verjagten mit ihrer eigenhändigen Unterschrift bekräftigten, daß sie ihre Heimat freiwillig und ohne Zwang zu verlassen gesonnen waren.
»Holen Sie Ihren Kommandanten her«, sagte der Kaplan, und er sagte es so, daß der junge Beamte aufstand und ohne Widerrede gehorchte. Nach zehn Minuten etwa kehrte er mit einem schlanken graumelierten Offizier zurück, dem man es ansah, daß er noch in der alten glorreichen Armee gedient hatte. Er nahm die Pässe in die Hand wie ein Kartenspiel und blätterte sie nervös an, während ihn der Kaplan scharf anging:
»Ich bin Zeuge, Herr Major, daß man diese Leute vor wenigen Stunden bis auf die Haut ausgeraubt und durch den Sumpf an die Grenze gejagt hat, schlimmer als Tiere ... Doktor Fürst ist ungarischer Staatsbürger und viele andere auch, wie Sie an den Pässen sehen können ... Es gibt unter zivilisierten Menschen keine Verordnung, die diesen schutzsuchenden Staatsbürgern die Aufnahme verweigern könnte ...«
»Na ... na ... Herr Pfarrer«, sagte der Offizier und sah Felix mit dunkeln bittern Augen an, »es gibt unter zivilisierten Menschen so

mancherlei ...« Und er fügte kalt hinzu: »Ich habe nach Vorschrift zu handeln ...«
Der Major schob das Kartenspiel der Pässe mit angeekelter Hand von sich. Er würdigte keinen der Anwesenden eines Blickes, weder Fürst, noch Felix, noch Schoch. Nach einer Weile gerunzelten Nachdenkens sagte er ziemlich grob:
»Gehen Sie jetzt über die Grenze zurück und warten Sie ab!«
Erst als der Kaplan ihn entsetzt anschaute, murmelte er:
»Ich werde nach Sopron telephonieren, an den Herrn Obergespan ...«

VIII

Vor dem österreichischen Zollhaus lag ein freier Platz. Links führte der Weg zu den Schilfufern des Sees, rechts verlor er sich im dichten Rebengelände. Auf dem Platz hatten die Braunhemden mit den Scheinwerfern ihrer Motorräder eine Art von belichteter Bühne geschaffen. Sie trieben in diesen Lichtkreis die alten Männer zusammen und vergnügten sich nach dem Muster der deutschen Konzentrationslager damit, diese Hinfälligen in raschem Tempo Kniebeugen und andre gymnastische Übungen vollführen zu lassen: »Auf – nieder! Eins – zwei!« Nach einer Weile brach der achtzigjährige David Kopf, der Vater des Bäckers, mit Herzkrämpfen zusammen. Der Kaplan war nahe daran, in die Reihe der Gemarterten zu treten und sich mit ihnen erniedrigen zu lassen. Er wußte aber zu gut, daß er damit nichts andres hervorgerufen hätte als das äffische Hohngelächter der Siegestrunkenen. Ein Gedanke durchdrang immer wieder seinen Sinn: ›Diese Glücklichen müssen sündigen, diese Unglücklichen dürfen büßen. Wer also sind die Glücklichen und wer die Unglücklichen?‹ – Zuschauer hatten sich ringsum versammelt, Leute aus Mörbisch und die Soldaten der ungarischen Grenzwache. Diese verbargen nicht ihren Abscheu und Zorn. Felix sah, wie ein Unteroffizier ausspuckte und empört zu seinem Nebenmann knurrte:
»Wenn ich so was erleben müßte, ich würde mich umbringen, mich und meine ganze Familie, auf der Stelle.«
Nach einer Stunde traf ein Automobil ein, in dem der Obergespan (so lautet der Titel eines ungarischen Provinzgouverneurs) höchst persön-

lich saß. Sopron, die Hauptstadt des Komitats, lag nur wenige Meilen von der Grenze entfernt. Der Bezirks-Gewaltige war ein freundlicher dicker Herr, von jener federnden Elegance, wie sie korpulente Würdenträger oft zu beweisen lieben. Er hatte ein puterrotes Gesicht, einen schneeweißen Schnurrbart und schwitzte sichtbar trotz der Bärenkälte. Nachdem er mit sicherer Nonchalance in den Lichtknoten der Scheinwerfer getreten war und alle jovial zu sich herangewinkt hatte, stemmte er die Fäuste in die Hüften, um dadurch seine überquellende Gestalt vorteilhafter herauszumodellieren, und wippte reitermäßig auf den Zehenspitzen:

»Kinder, was macht ihr mir da für Geschichten«, begann er väterlich, wobei er sich ausschließlich an die Vertriebenen wandte. »Ich kann gesetzliche Verordnungen nicht umstoßen. Ich bin nur ein ausführendes Organ. Ich hafte dem Ministerium des Innern in Budapest. Ungarn ist ein Rechtsstaat, und wir haben den christlichen Kurs, gewiß ... Aber ultra posse nemo teneatur ... Ich darf keinen Präzedenzfall schaffen. Denn warum? Wenn ich euch heute über die Grenze lasse, kommen morgen andere und berufen sich darauf, morgen und übermorgen und vielleicht viele Monate lang. Das wäre sowas, das müßt ihr ja selbst einsehen ... Ungarn ist ein Land, dem man Arme und Beine abgeschnitten hat, und es hat beinahe eine Million israelitischer Staatsbürger, und es hat Arbeitslose ohne Zahl, das wäre noch besser ... Ihr habt mich verstanden, nicht wahr? Na also! Dann geht jetzt schön nach Haus', alle miteinander und macht mir keine Schwierigkeiten ... Mir persönlich tut es leid, daß ich nichts für euch tun kann ...«

Der Obergespan hatte wie ein gütiger alter Herr gesprochen, der ungezogene Kinder dazu bewegen will, von einem dummen Streich abzustehen und brav heimzukehren. Er hatte seine Rede an die Falschen gerichtet, die bewaffneten Braunhemden nur dann und wann mit einem verlegenen Blick streifend. Da sagte Peter Schoch in die tiefe Stille hinein:

»Ehe daß die hier nach Hause gehn, schießen wir sie alle über den Haufen ...«

Und jeder wußte, daß diese Worte des Sturmführers keine leere Drohung waren. Zuerst versuchte Aladar Fürst, dem Obergespan mit ruhiger Stimme darzulegen, daß es tiefe Nacht und doch völlig ausgeschlossen sei, Säuglinge, kleine Kinder, eine Frau knapp nach den Wochen und eine Anzahl kranker alter Leute im Freien (was heißt im

Freien?), im Nichts nächtigen zu lassen, denn hier, wo weder das eine noch das andere Land ist, hier sei doch wahrhaftig das Nichts. Seine Stimme flehte nicht, sondern klang müde, wie die Stimme eines Mannes, der weiß, daß keine Bitte und kein Ruf zur Vernunft fruchten wird. Die Stimme des Kaplans aber klang flehend jetzt. Er beschwor den hohen Beamten in Christi Namen, die Ausgestoßenen wenigstens in dieser Nacht jenseits der Grenze zu beherbergen, denn sie würden ja weder in Mörbisch noch in einer andern österreichischen Ortschaft Aufnahme finden, und die Morddrohung der Bewaffneten sei bitter ernst zu nehmen. Der Obergespan wippte eifrig auf seinen Fußspitzen und wischte sich den Schweiß:

»Aber hochwürdiger Herr«, klagte er beinahe gekränkt, »warum machen Sie mir meine Situtation noch schwerer, gerade Sie? ... Glauben Sie, ich bin kein Mensch? ... Ein für allemal! Die Regierung hat die Grenze gesperrt. Ich bedaure lebhaft ...«

Zum Trost ließ daraufhin der Obergespan von seinem Chauffeur an die Frauen und die Kinder einige Lebensmittel verteilen, die er aus Sopron mitgebracht hatte. Vielleicht war's ein Zufall, vielleicht lag es in seinem Charakter, daß diese Lebensmittel zumeist aus den klebrigen Zuckerwaren bestanden, wie sie an Straßenecken feilgeboten werden. Der graumelierte Major stand wortlos die ganze Zeit dabei und betrachtete seine Stiefelspitzen. Da bat der Obergespan ihn und den Kaplan abseits. Sie gingen auf der Straße zwischen den beiden Grenzhäusern auf und ab.

Und nun entwickelte er seinen Plan:

»Mir ist da etwas eingefallen«, begann der Obergespan, »vielleicht ist das ein Ausweg, der dem Herrn Pfarrer gefallen wird ... Ich darf aber von der ganzen Sache nichts wissen, verstehen Sie, Herr Major?«

Der Major möge ›die Gesellschaft‹ zum Schein die Grenze übertreten lassen, sie aber im Laufe der Nacht wieder nach Österreich zurückschmuggeln, am besten auf einer der platten Barken, die den See befahren. Damit sei zugleich dem Gesetz und der Menschlichkeit Genüge getan ...

»Herr Obergespan brauchen nur zu zwinkern und ich werde in diesem Fall das Gesetz umgehen ... Aber ich bin selbst Familienvater, und dazu gebe ich mich nicht her, Frauen und Kinder massakrieren zu lassen, und sie werden massakriert werden, wenn wir sie zuerst aufnehmen und dann wieder ausliefern.«

»Bitte sehr, mein Lieber, es war ja nur so eine Idee«, lächelte der Obergespan sehr empfindlich und bestieg seinen Wagen, ohne auf die erhobenen Hände des Kaplans zu achten.

IX

Die Nacht hatte sich ein wenig erhellt. Ein sehr weißer Viertelmond war aufgestiegen, der die Kälte zu verschärfen schien. Im nahen Rebengelände zeichnete sich eine Winzerhütte ab, die während der Weinlese als Schutzdach für Wind und Wetter diente. Dorthin brachte Aladar Fürst die erschöpfe Frau und seine Kleinen. Der Kaplan trug den Vierjährigen, der in seinen Armen eingeschlafen war, in die Hütte. Indessen hatte der Major aus der ungarischen Grenzkaserne Strohsäcke und Decken bringen und Brot und Kaffee verteilen lassen. Auch befahl er seinen Leuten, zwei Zelte für die Vertriebenen aufzustellen, eines für die Männer, eines für die Frauen. Die Braunhemden betrachteten diese Zurüstungen höchst mißgünstig, wagten aber nicht, sie zu verhindern, da sie von einer fremden bewaffneten Macht getroffen wurden, deren Freundschaft und Wohlwollen man im Augenblick noch bedurfte. Der Kaplan widerstand der Versuchung, sich nach Mörbisch zu begeben und dort im Pfarrhaus ein Nachtlager zu erbitten. Aladar Fürst hatte ihn selbst dazu bewegen wollen. Bis zum Morgen könne sich ja nichts mehr ereignen, sagte der Rabbi. Felix aber war ein abgehärteter Mann, und eine unbequeme Nacht wog leicht für ihn. Er hatte vom Major eine große Flasche mit Milch für die Kinder von Fürst erbeten und erhalten. Als er aber mit dieser Gabe sich der Winzerhütte näherte, erscholl vom Platz her ein kurzes Hornsignal und ein scharfes Kommando der schneidenden Stimme Schochs:
»Vergatterung! Alle Männer antreten!«
Die Schatten, die sich in und vor den Zelten soeben zum Schlaf hingestreckt hatten, taumelten auf und versammelten sich hohläugig und grell angestrahlt im Licht der Motorräder. Zuletzt kam Aladar Fürst heran und hinter ihm Felix. Während manche der alten Männer stöhnten wie aus einem schweren Schlaf heraus, blickte Rabbi Aladar jetzt sanft und verträumt drein. Peter Schoch stapfte gravitätisch auf ihn zu,

sehr langsam, die kleinen Augen wohllüstig zugekniffen und einen schiefen, vielversprechenden Zug um den Mund. Die Braunhemden lachten alle aus vollem Halse. Jetzt kam gewiß das Hauptvergnügen, wofür es sich hoch lohnte, im Siegesrausch mehrere Nächte um die Ohren zu schlagen. Peterl, der Sturmführer, war ja weitberühmt für seine trefflichen und witzigen Einfälle. Jetzt stand er blond und rank vor Fürst, die kleine Gestalt des Rabbi hoch überragend. Er hielt in der Rechten ein hölzernes Hakenkreuz, das er als schlichtes Armen-Grabkreuz vom Mörbischer Friedhof entwendet und durch flüchtig angenagelte Querbrettchen in das Symbol des Sieges verwandelt hatte, und zwar eigens für den Spaß, den er im Sinne trug. Noch gab es keine Hakenkreuze im Lande und so war Schoch in der Not auf den Gedanken verfallen, den eingesunkenen Grabhügel eines Vergessenen seines Christenschmucks zu berauben. Er hob diese seltsame makabre Swastika hoch über den Kopf wie ein Kreuzritter:

»Saujud und Knoblauchfresser«, rief er, und man hörte seiner Stimme an, wie er sich selbst amüsierte. »Du bist der Rabbiner, he? Bist du der Rabbiner?«

Keine Antwort.

»Als Rabbiner mit Peikes und Rokelores springst du herum am Schabbes vor der Bundeslade, wie, Mojschehamazze, Schojrehascheisse ...«

Die Motormänner brüllten, beseligt von dieser Parodie des Hebräischen. Fürst stand schweigend da, beinahe unaufmerksam.

»Als Rabbiner küßt du am Schabbes deine Bundeslade, he?«

Keine Antwort.

Da versetzte Schoch mit der Linken Aladar Fürst einen kurzen Faustschlag gegen den Magen, daß er in die Knie brach. Dann wandte er sich an die Braunhemden:

»Niemand soll sagen, daß wir euch so schlecht behandeln ... Ich gebe dir die Ehre, Saujud, das Hoheitszeichen der germanischen Rasse mit deinem dreckigen Maul zu küssen ... Und der Pfaff dort soll Kyrie eleison singen dazu ...«

Aladar Fürst, noch immer auf seinen Knien, nahm ruhig das Hakenkreuz, das ihm Schoch, der jetzt einen Schritt zurücktrat, entgegengehalten hatte. Er hielt es zuerst unschlüssig in der Hand, dieses grobe morsche Grabkreuz eines unbekannten Toten, das nach nasser Frühlingserde roch. Ottokar Felix betete während dieser

gespannten Sekunden, Fürst möge nichts Unvorsichtiges tun, sondern das Hakenkreuz küssen. Es geschah aber etwas völlig Unerwartetes.
Der Kaplan sagte wörtlich zu mir, seine Erzählung unterbrechend:
»Ein jüdischer Rabbi hat das getan, was ich, der Priester Christi hätte tun müssen ... Er stellte das geschändete Kreuz wieder her ...«
Aladar Fürst handelte mit halbgeschlossenen Augen, wie in einem fernen Traum verloren und durchaus nicht mit raschen, sondern mit nachdenklichen Bewegungen. Er knickte eins nach dem andern die nur lose angenagelten Seitenbrettchen ab, die aus dem Kreuz ein Hakenkreuz machten. Da aber das Kreuz schon sehr von Wind und Wetter zermürbt war, brach bei dem Knicken das eine Ende des verfaulten Querholzes mit ab, wodurch es sich zeigte, daß das rückverwandelte Kreuz Schaden genommen hatte und nicht mehr dasselbe war wie früher. Totenstille herrschte. Niemand hinderte den Verlorenen an der langsamen Vernichtung des triumphierenden Symbols. Peter Schoch und die Seinen schienen nicht zu verstehen, was diese Tat bedeute. Sie standen mehr als eine Minute hilflos da und wußten nicht, was sie tun sollten. Ein schwebendes Lächeln lag auf dem Gesicht Rabbi Aladars, das sich voll dem Kaplan zuwandte, der neben ihm stand. Und er reichte dem Priester das Kreuz hin wie etwas, das diesem gehörte und nicht ihm. Kaplan Felix nahm es mit der rechten Hand. In der Linken hielt er noch immer die Milchflasche ...
Da rief jemand aus der Reihe der Braunhemden:
»Saujud, hörst du nicht, daß der Ungar dort dich haben will ... Lauf, Saujud, lauf ...«
Und wirklich. Aladar Fürst taumelte auf, blickte sich um, atmete schwer, sah fern unter den Lichtern des anderen Zollhauses die Gruppe ungarischer Soldaten, die sich dorthin zurückgezogen hatten. Er zögerte noch einen Augenblick, dann begann er, in wilden Sprüngen in die Richtung Ungarns zu laufen, in die Richtung des Lebens. Zu spät. Der erste Schuß fiel. Und dann noch einer. Und jetzt das Geknatter automatischer Gewehre. Fürst war keine zwanzig Schritt weit gekommen. Die Braunhemden warfen sich über den Gestürzten und trampelten mit ihren genagelten Stiefeln auf ihm herum, als wollten sie ihn in die Erde stampfen.
Drüben erschollen peitschend magyarische Kommandoworte. Mit gefälltem Bajonett ging die ungarische Grenzwache gegen die Mörder

vor, von Wut und Kampflust bebend, allen voran der Major, die Pistole in der Faust. Bei diesem Anblick ließen Schoch und seine Leute ihr Opfer liegen, machten kehrt, schwangen sich auf die Motorräder und verdufteten mit Bezingestank. Es gehörte nämlich nicht nur zum Genie ihrer Parteipolitik, sondern ebenso zu der Eigenart ihres Mördermutes, immer auf das Genaueste zu wissen, wie weit man gehen dürfe, ohne die große Sache zu gefährden.

Der Verwundete wurde ins ungarische Grenzhaus getragen und dort auf eine der Pritschen gebettet. Er war bewußtlos. Bald kam der vom Major herbeigerufene Arzt. Er stellte eine Verletzung des Rückenmarks und zwei Lungenschüsse fest. Außerdem waren dem Mißhandelten mehrere Rippen gebrochen und schwere Quetschungen zugefügt worden. Der Kaplan bemühte sich um Frau Fürst, die durch das Schreckliche Stimme und Sprache verloren hatte. Mit weit aufgerissenen Augen hockte sie neben dem Gatten und bewegte verzweifelt und tonlos die Lippen. Das dünne scharfe Schreien des Säuglings durchschnitt den Raum. Die Mutter konnte ihm die Brust nicht reichen.

Gegen Morgen starb Aladar Fürst, der Rabbi von Parndorf. Bevor es zu Ende ging, schlug er die dunklen Augen auf, groß ... Sie suchten die Augen des Kaplans von Parndorf. Ihr Ausdruck war gelassen, weit entfernt und nicht unzufrieden.

Durch seinen Tod rettete Aladar Fürst seine Gemeinde. Der Major verging sich gegen den Regierungsbefehl und setzte seine eigene Existenz aufs Spiel, indem er den Frauen, Kindern und Greisen den Grenzübertritt gestattete. Diese wurden nach Sopron gebracht. Neun Männer in der Vollkraft ihrer Jahre blieben zurück. Ihnen riet der Major, sich nordwärts zu wenden. Er habe Nachricht, daß die tschechoslowakische Grenze für Flüchtlinge geöffnet worden sei. Sie mögen auf Gott vertrauen und jenseits des Schilfsees eine Fahrgelegenheit suchen ...

X

»Und Sie, Herr Kaplan?« fragte ich.

»Und ich?« wiederholte Ottokar Felix geistesabwesend. Dann nahm er seinen Hut: »Um mich ging es ja gar nicht in dieser Geschichte, die Ihnen nun anvertraut ist. Da es Sie aber interessiert, nach Parndorf konnte ich nicht mehr zurückkehren, das war ja klar. So bin ich denn mit den neun Männern als der zehnte an einem unbewachten Punkt über die slowakische Grenze entkommen. Wir schwammen über einen Fluß. Seitdem wandere ich mit den Kindern Israels von Land zu Land.«

Wir traten aus dem Portal von Hunter's Hotel auf die Straße. Die Sonne ging glorreich unter hinter dem riesigen Park. Es war Freitag abend und eine linde Stunde. Die Menschen kehrten heim. Dichter Verkehr herrschte. Vier Reihen Autos kamen nicht vorwärts auf der Straße. Die Frauen waren sehr schön mit ihrem nackten, leuchtenden Haar. Ihre lachenden Stimmen durchwirkten den Lärm. Frieden und Fröhlichkeit lag über Amerika.

»Sehen Sie«, blinzelte Felix in das Treiben hinaus, »sehen Sie doch diese freundlichen Menschen, alle wohlgekleidet, satt und guten Willens. Diese Unschuldigen ahnen noch nicht, daß sie längst in den Krieg verwickelt sind, in den ersten Krieg ihrer Geschichte, in dem es wirklich um Sein und Nichtsein geht. Sie ahnen noch nicht, daß Peter Schoch über ihnen ist und vielleicht auch unter ihnen. Viele von diesen Männern werden fallen. Sie werden ausziehen, um das anständige Leben und die Freiheit ihres Volkes zu verteidigen. Aber viel mehr steht auf dem Spiel als Freiheit und anständiges Leben, das geschändete Kreuz nämlich, ohne das wir in Nacht versinken müssen. Und Gott allein weiß, ob eine ganze Welt wird tun dürfen, was der kleine Jude Aladar Fürst getan hat mit seinen schwachen Händen.«

Drama

›Bocksgesang‹ wurde am 10. März 1922 im Wiener Raimundtheater uraufgeführt. Die Tagespresse reagierte teils feindselig, teils verwirrt auf dies ungewöhnliche Stück. In den beiden Wiener Kaffeehäusern jedoch, die Franz Werfel frequentierte, wußten seine Freunde durchaus etwas mit dem Text anzufangen – sie erkannten darin des Dichters literarisch-überhöhte Auseinandersetzung mit dem Tod seines Sohnes Martin Johannes. »Wir haben alle gewußt, worum es in dem Stück eigentlich ging, im Café hat man doch alles sehr brutal und ›psychoanalytisch‹ durchgesprochen«, erzählt der ehemalige Journalist und Botschaftsrat Milan Dubrovic, heute zweiundachtzigjährig, einst Stammgast in den Kaffeehäusern ›Central‹ und ›Herrenhof‹. Und Werfels bester Freund, Ernst Polak, berichtete der neugierigen Runde damals, so Professor Dubrovic weiter, Alma habe ihren Liebhaber mehr als einmal angeschrien: »Dein verkommener Samen ist an allem schuld!«*

Franz Werfel schrieb den ›Bocksgesang‹ in der Einsamkeit des Hauses ›Mahler‹, in Breitenstein am Semmering. In die Villa seiner Geliebten – zu diesem Zeitpunkt war Frau Alma noch mit Walter Gropius verheiratet – durfte Werfel sich fernab des Wiener Trubels zur Arbeit zurückziehen, seit 1918 waren hier unter anderem die magische Trilogie ›Der Spiegelmensch‹ sowie sein erster Roman ›Nicht der Mörder, der Ermordete ist schuldig‹ entstanden.

Im Vordergrund des ungemein dramatischen, wohl auch bühnenwirksamen ›Bocksgesangs‹ (seit 1924 wurde das Stück allerdings nicht mehr aufgeführt) stand tatsächlich das Ur-Erlebnis der Mißgestaltung und Koboldähnlichkeit von Werfels eigenem Kind. Frau Mahler-Gropius hatte im Sommer 1918, im siebenten Monat ihrer Schwangerschaft, einen Sohn zur Welt gebracht und wäre an den Folgen starker Blutungen beinahe gestorben. Zunächst hieß es, der schwächliche Säugling werde kaum die ersten Tage überleben können, doch er wuchs, wurde kräftiger, schien bereits alle Gefahr überstanden zu haben. Walter Gropius, der den Sohn zunächst für seinen eigenen hielt, erfuhr erst Wochen später, wer als der wirkliche Vater angesehen werden mußte. Nach etwa fünf Monaten schwoll der Kopf des Buben plötzlich zu außergewöhnlicher Proportion an – obwohl Punktion nach Punktion von den Ärzten vorgenommen wurde, floß immer wieder Wasser nach, gelang es nicht, die enorme Schädelgröße zu verringern. Im Mai 1919 starb Martin Johannes im Alter von zehn Monaten.

›Bocksgesang‹, Übersetzung des griechischen Wortes tragodia, *stellte nun Werfels literarisch-symbolisches »Spiel« mit dem Gedanken dar, der Sohn*

* Ehemann von Milena Jesenká, der Freundin Franz Kafkas.

wäre doch am Leben geblieben, würde nun älter, später geschlechtsreif, schließlich ein ausgewachsener Mann werden. Verkleidet wird diese Angstvorstellung und Grundidee des Dichters in eine Handlung, die unter slowenischen Großbauern spielt, zu Beginn des neunzehnten Jahrhunderts, als Aufstände der Bevölkerung von türkischem Militär blutig niedergeschlagen worden waren. Das Ungeheuer, welches auf der Bühne niemals selbst sichtbar wird, nur einmal als ein Schatten das Geschehen in Dunkel hüllt, ist halb Mensch und halb panähnliches Vieh; Werfel interpretiert seinen »Golem« als Personifikation der Revolution, der zum Abgott der Besitzlosen, Entrechteten und Schwachen wird, panischen Schrecken unter den Mächtigen verbreitend.

Verwoben mit Franz Werfels privater »Tragödie« wurde in diesem Stück somit auch der andere zentrale Erlebnisstoff der Jahre 1917 und 1918: die innere Anteilnahme an revolutionären Umtrieben wie auch sein eigenes Engagement während der Wiener Novemberrevolution. Die Figur des Juvan, zum Beispiel, erster Prophet des Mißgestalteten, selbsternannter, skrupelloser Anführer der Entrechteten, ist Spiegelbild anarchistischer Rotgardisten aus dem Jahr 1918, zusammengesetzt aus mehreren Personen, denen Werfel während jener Umsturzwochen tatsächlich begegnet war.

»Mein Kredit hat sich erschöpft«, notierte der Zweiunddreißigjährige nach der von der Öffentlichkeit mit Ratlosigkeit quittierten ›Bocksgesang‹-Premiere in sein Tagebuch. »Den journalistischen Zeitungsmenschen und Snobs bin ich schon zu lang bekannt«, befürchtete er; da er offenbar nicht mehr überrasche, glaube man, ihn durchschaut zu haben. Feuilletonisten wollten alle zwei Jahre ein neues Talent entdecken, daher sei sein »Augenblick« nun eben vorbei. Doch ein Trost bleibe ihm: »Er wiederholt sich«, der Augenblick.

»Was der ... ›Bocksgesang‹ bedeutet, hat sich mittlerweile ... gezeigt«, schrieb Franz Werfel zwanzig Jahre später, auf dem Höhepunkt seines Weltruhms angelangt, in einem Brief aus Hollywood an seine Schwester Marianne Rieser: »Ich habe den Satan zu einer Zeit gerochen, als er sich noch selbst nicht witterte.« Auf sein Frühwerk zurücksehend interpretierte er das Stück somit nicht allein als Metapher für die bolschewistische Revolution, sondern auch als Vorwegnahme des nationalsozialistischen Abgrunds.

Bocksgesang

In fünf Akten

Personen

DER GOSPODAR STEVAN MILIČ
MIRKO, DESSEN SOHN
MIRKOS MUTTER
DER GOSPODAR JEVREM VESILIČ
STANJA, DESSEN TOCHTER
STANJAS MUTTER
DER STARŠINA
DER ALTE VON KRASNOKRAJ
DER ALTE VON MODRYGOR
DER ALTE VON MEDEGYA
DIE ANDEREN ALTEN
DER SCHREIBER
BABKA
EIN KNECHT
EIN POPE
DER PHYSIKUS
EIN BOTE
DER WEISSBÄRTIGE BOGOBOJ
JUVAN, DER STUDENT
TEITERLIK, EIN SPRINGER
DER AMERIKANER
FEIWEL
KRUNA
DIE ANDEREN HEIMGEKEHRTEN, LANDLOSEN UND VAGANTEN
EIN WIRT
EIN BASCHI BOZUK
SOLDATEN DER JANITSCHARENTRUPPE
DER BETRUNKENE SCHINDER

Die Handlung spielt in einer slawischen Landschaft jenseits der Donau an der Wende des achtzehnten zum neunzehnten Jahrhundert.

ERSTER AKT

Große Bauernstube des Gospodars Stevan Milič. Links der Ofen mit umlaufender Bank nächst der Türe. Rechts in der Seitenwand viele kleine Fenster voll märzlichen Spätnachmittagslichtes. Im verdunkelnden Hintergrund eine Treppe, die ins Dachgeschoß hinaufführt, und im Winkel die Stätte der Heiligenbilder. Ein verlassener Tisch mit Resten einer Mahlzeit.

Erste Szene

Gospodar Stevan Milič, Mirko, Mirkos Mutter, Gospodar Jevrem Vesilič, Stanja, Stanjas Mutter, Babka, eine Magd.

Man steht steif und feierlich vor dem Ofen. Babka und die Magd reichen die kleinen Holzbecher mit Zwetschgenschnaps, während Mirkos Mutter, die Hausfrau, sie beaufsichtigt.

GOSPODAR STEVAN Nun, ihr lieben Gäste, noch ein letzter Schluck zu eurer Gesundheit! *Man trinkt.*

GOSPODAR JEVREM *den Mund wischend* Ihr brennt einen guten hier.

MIRKOS MUTTER Wohl bekomm's euch!

STANJAS MUTTER Wir danken.

BABKA UND MAGD *ab.*

GOSPODAR STEVAN So wäre denn alles zur Zufriedenheit geredet, geschrieben und begossen. Wir dürfen voll Freuden in eurer Stanjoschka die Braut unseres Sohnes sehn ... unseres Sohnes Mirko ... Warum schweigt eure Tochter? Sie hat heute nicht viel noch gesprochen, die Schöne.

STANJAS MUTTER *stößt die Tochter* Red etwas, sag etwas!

STANJA *steht regungslos. Nur die Blumen- und Bänderkrone des bräutlichen Mädchens wankt leicht.*

GOSPODAR JEVREM Eine Schweigende ist sie. Eine Schweigende auch daheim. Denkt nur nicht, sie wäre unklug. Ich sag Euch, Bruder, pfiffiger als wir Alten!

GOSPODAR STEVAN Anders werden die Zeiten, anders die Seelen. Als unsere Väter mich und die Mutter da zusammengaben, hat keiner gefragt, und unsere Stimmen hätten nicht gegolten. Anders werden die Seelen. Darum frage ich dich, Stanjoschka, steht in deiner Seele etwas dagegen, die Braut dieses Mirko hier zu sein?

STANJA Nichts!

GOSPODAR JEVREM Nichts! Hört ihr's?

STANJAS MUTTER Nichts! Hört ihr's?

MIRKO *böse* Was fragt Ihr da, Vater? Diese Frage ist nicht Eure Sache!

GOSPODAR STEVAN Sohn! Nichts weißt du von den Schlupfwinkeln. *Zu Stanja* So bist du denn, Stanja, Liebe, geladen, bis zum vierten Sonntag, wie es sich ziemt, im Hause hier zu bleiben, um deine künftige Stätte wohl kennenzulernen! Sieh dich um in der Wirtschaft, mach dich vertraut mit den Leuten. In allem wird dich die Mutter unterweisen. Doch sollst du dich in deiner Freudenzeit um nichts bemühen. Genieße bei uns aus dem vollen dein Leben! Bist du's zufrieden?

STANJA Ich bin's und danke Euch!

GOSPODAR JEVREM UND DIE SEINE Auch wir danken Euch!

GOSPODAR STEVAN Solch ernstes Gehaben widert die Jugend an. Nun Kinder, ihr braucht nicht vor uns Eltern von einem Fuß auf den anderen zu treten. Geht nur, und Gott mit euch!

MIRKO Komm, Stanja! *Beide ab.*

Zweite Szene

GOSPODAR JEVREM *schüttelt Stevan liebevoll die Hand* Wahrhaftig! Glücklich bin ich an diesem Tag.

STANJAS MUTTER Ein Paar, wie es Gott wohl gefällt.

MIRKOS MUTTER Und den Menschen, die neidisch sind.

GOSPODAR JEVREM Reich sind wir beide, lieber Gevatter und Nachbar, gebieten über manche Seele und haben uns in nichts nachzugeben. Wir brauchen nicht wie andere Verschwägerte Haß gegen einander zu hegen, da weder Euer noch unser Kind die schlechtere Wahl trifft. Ich hoffe Euch ebenso glücklich, wie ich es bin.

GOSPODAR STEVAN Ich bin's, ich bin's.

GOSPODAR JEVREM Welche Zukunft für uns beide!

GOSPODAR STEVAN Ja, es geht aufwärts.

GOSPODAR JEVREM Unsere Äldervàter noch Zinsbauern und Fronlinge dem Türken. Aber der Spahi ist alt geworden und sitzt, die Nargileh schmauchend, in den Steinhäusern der Vilajets oder schaut von seinen Kriegstürmen müde in die Stromwellen hinab.

GOSPODAR STEVAN Wir haben an uns genommen, was unser ist.

GOSPODAR JEVREM Und den Moslem möge Gott erhalten. Seine Soldaten werden uns schützen, denn viel Unzufriedenheit gibts unter den Leuten gegen die Herren und Einnehmer.

GOSPODAR STEVAN Fürchte sich, wer Böses zu verbergen hat. – Unsere Höfe, Meiereien, Pachten, Meiler, Weinberge, Tabakspflanzungen, Bauern, Raidzen, Knechte, Häusler, einmal vereinigt, sie werden für eine Herrschaft nicht zu dürftig sein.

GOSPODAR JEVREM Seht Ihr, das ist seit langem auch mein Gedanke. Sammelt, vermehrt man nur recht und beugt sich gehorsam der Herrlichkeit, so sind einem zwei oder drei Roßschweife gewiß. Habt ihr viel Fahrende in euren Zadrugen?

GOSPODAR STEVAN Allzu viele! Und zumal in diesem Jahr, da vom andern Ufer mancherlei Volk heimgekehrt ist. Für mich und für unsere Beratungen bringt das Sorge genug. *Er seufzt.*

GOSPODAR JEVREM In diesem Punkt ist nachbarlich einiges Vorgehen geboten. Wälder unbetreten fressen das Fruchtland und warten des Rodens ...

GOSPODAR STEVAN *nickt.*

GOSPODAR JEVREM Und besser noch! Euer, unser Sohn, der künftige Knez, wird aus diesen Landlosen eine Leibmannschaft sich anwerben. Solches ist schon geduldet worden.

GOSPODAR STEVAN Eitel ist er genug.

GOSPODAR JEVREM *zieht überaus deutlich eine dicke Uhr.*

GOSPODAR STEVAN *macht Augen.*

GOSPODAR JEVREM Sie werden in Wien verfertigt.

GOSPODAR STEVAN Ja! Man beginnt wieder, mit der Welt zu leben!

GOSPODAR JEVREM Gott der Meinigen! Es ist hohe Zeit zum Aufbruch. Wir sind Euch lange zur Last gefallen.

GOSPODAR STEVAN Sagt so etwas nicht und bleibt noch ein wenig!

GOSPODAR JEVREM Unmöglich! Wir kommen sonst in die späte Nacht.

GOSPODAR STEVAN So will ich Euren Wagen anspannen lassen. *Geht zur Türe.*

GOSPODAR JEVREM Ich begleite Euch.

GOSPODAR STEVAN Die Frauen warten solange auf uns. *Beide ab.*

STANJAS MUTTER Ich beneide Euch um Euren Hausstand, Liebste! Wie das alles blitzt! Geschirr, Silber, Schaugerät! Und gar das Essen, das Ihr uns aufgetischt habt. Beim Kaiser in Wien kann nicht schmackhafter gebraten und gesotten werden. – Ich werde zittern, wenn ihr zu uns kommt. Wir armen Leute, wir! Auch meine Tochter, die Stanja, beneide ich, daß sie Euch die Rezepte abgucken kann, obgleich die Böse wenig Sinn noch für derlei hat.

MIRKOS MUTTER Ich werde es bei Euch nicht anders finden als bei mir. *Höflich* Ihr sollt eine Webekunst treiben, wie wir sie hier nicht verstehn …

STANJAS MUTTER Verzeiht mir, Liebste, wenn ich unziemlich rede. Ihr scheint mir bedrückt, nicht fröhlich ––– Ich liebe Euch, und darum sag ich das.

MIRKOS MUTTER Entschuldigt mich! Ich bin glücklich. Gott gab mir kein Wesen, Heiterkeit zu zeigen.

STANJAS MUTTER Ihr Gesegnete! Seid Ihr denn nicht stolz auf Euren Sohn?

MIRKOS MUTTER Auf meinen Sohn? Auf Mirko? Oh, ich bin stolz auf ihn.

STANJAS MUTTER Ein Sohn, das ist doch was anderes als eine Tochter! Die Männer sind unzufrieden mit Töchtern. Mein Alter – er ist lange nicht so gutmütig, wie er sich den Anschein gibt – oft hat er mich geschlagen, daß ich nur ein Mädchen haben konnte. Das ist Euch erspart geblieben. Euer Einziger! Das ist eben die Freude des Hauses, und die Neider schweigen. Aber … verzeiht mir, aus Liebe spreche ich so … vielleicht trübt ein altes Unglück Euren Sinn … Ich erinnere mich – *Sie rückt neugierig auf ihrem Sitze* – Zwei Jahre bevor unser Prachtjunge da auf die Welt kam … Ihr gingt doch die vollen Monate in der Hoffnung …?

MIRKOS MUTTER *schweigt.*

STANJAS MUTTER *teilnahmsvoll lauernd* Das Kindchen starb wohl im zarten Alter? Wie? – Auch Weiber, die zehn und zwölfe haben und die Namen der Rangen verwechseln, ein solches Seelchen vergißt sich nicht … Aus Liebe frage ich …

MIRKOS MUTTER Das Kind starb bei der Geburt.

STANJAS MUTTER Ein Knabe?

MIRKOS MUTTER Nein!
STANJAS MUTTER Ach, ein Mädchen?
MIRKOS MUTTER Nein!
STANJAS MUTTER Ei! Wie das?
MIRKOS MUTTER *schnell* Doch! Verzeiht! Ein Knabe war's! Gewiß ein Knabe.
DIE STIMMEN DER MÄNNER *am Fenster* He Frauen! Frauen!
MIRKOS MUTTER *sich eilig erhebend* Lassen wir unsere Alten nicht warten! *Beide ab.*

Vierte Szene

Babka mit Geschirr, hinter ihr der junge Knecht

KNECHT Babka! Es hat nach dir geschrien!
BABKA Was hat geschrien?
KNECHT Oder hat es gesungen? Man kann auch sagen, es hat gesungen. Hahahaha! Haha ...
BABKA Was redest du, was lachst du, Narr?
KNECHT Wahrhaftig! Du machst mich zum Narren! Und doch, es ...
BABKA *ihm in die Rede fahrend* Was?
KNECHT No, das!
BABKA Du wirst hier bald den letzten Löffel Reissuppe gegessen haben.
KNECHT *singt* Wer Augen hat, zu sehen,
Muß auf die Wanderschaft.
BABKA Du hast einen Mund, zu schweigen!
KNECHT Ich kenne noch ein Lied:
Der kleine Stall aus Ziegelstein,
Er wird geheizt zur Winterszeit.
BABKA Sing du deune Lieder den Hammeln vor.
KNECHT Du wirst sie mir nicht verbieten.
Singend Die Türe ist eisenbeschlagen
Und siebenfach schließt das Schloß.
Wer trägt den Schlüssel am Bunde?
BABKA Schuft! Fort aus der Herrenstube. Sie kommen.
KNECHT *verzieht sich höhnisch.*

Fünfte Szene

Mirko und Stanja treten ein.

BABKA *ab.*

MIRKO Deine Eltern sind nun fort. Bist du traurig?

STANJA Nein, ich bin nicht traurig.

MIRKO So liebst du die Eltern nicht?

STANJA Ich liebe sie.

MIRKO Dann mußt du doch traurig sein. – Tut es dir denn nicht weh, wenn etwas vorbei ist? Die Deichsel knarrt, die Pferde ziehn an, die Peitsche . . .! Und etwas ist doch vorbei . . .

STANJA Nach Vergangenem ist mir niemals weh.

MIRKO Oh, mir ist oftmals weh nach Vergangenem. Ich kann auf der Wiese liegen, lange, lange, und mich nach einem lustigen Rasenspiel zurücksehnen.

STANJA Dafür bist du ja ein Mann.

MIRKO Gefällt dir unser Haus und der Hof?

STANJA Warum soll's mir nicht gefallen? Haus, Stube, Kammer, Stallung, Hühnersteige, Schweinekoben, Taubenschlag wie überall.

MIRKO Und gefall ich dir?

STANJA Warum sollst du mir nicht gefallen?

MIRKO Weißt du, Stanjoschka, mir wär's lieber gewesen, du hättest vorhin beim Abschied geweint. – Du! Wenn du schon einmal einen geliebt hast! Sag's! Hast du schon einen geliebt?

STANJA Nein!

MIRKO *langsam und mit geschlossenen Augen* Ich glaube, ich werde dich, wenn wir verheiratet sind, schlagen.

STANJA So halten es die Hausväter überall.

MIRKO Hast du die Wahrheit gesprochen?

STANJA Nein!

MIRKO Ah! Vor mir hast du einen geliebt, vor mir . . .

STANJA Warum sollte ich ihn geliebt haben? Einmal, ein einziges Mal hab ich von ihm in der Nacht geträumt. Eine Stunde lang im Haus war er zu Gaste gewesen. Barett und Schnürrock hat er getragen. Ein Studierter war's.

MIRKO *ihre Hand pressend* Hat er mit dir gesprochen? Hast du ihn wiedergesehn? Später von ihm noch geträumt?

STANJA Nie wieder!

MIRKO *läßt grob ihre Hand fahren* Ein Studierter?! Ho! Du willst mir zeigen, daß du eine Gescheite bist.

STANJA *blitzend* Leicht kann ich dir das zeigen.

MIRKO Sakrament!

STANJA Herumgeführt hast du mich in den Kammern und Stuben bis zum Dachboden hinauf. Wir haben besichtigt die Ställe der Rinder, Pferde, Schafe, die Wirtschaftsräume, die Magazine, die Tennen, die Kelter, alles! – Aber, ich habe Augen ...

MIRKO *will sie erregt umarmen* Augen, blaue, scharfe, böse, süße ...

STANJA *stößt ihn zurück* Schnell vorübergegangen bist du an dem Häuschen, dem viereckigen Stall aus rohen Ziegelsteinen, an jener rostigen Eisentüre. Hast nicht hingeschaut und mich weggedrängt. *Triumphierend* Was bedeutet der rauchende Schornstein auf dieser großen Hundehütte? Für Tiere heizt man nicht. Menschlich ist der steigende Rauch ...
Augen hab ich ...!!

MIRKO *in hilfloser Verwirrung die Stirne streichend* Ich weiß es nicht, glaub mir, Stanja, ich weiß es nicht. Schon als Kind war das der verbotene Ort der Furcht und des Wegschauens. Vater und Mutter durften nicht gefragt werden. – Anders liebe ich meinen Vater als du den deinen. – So schwieg ich denn und ließ das auf meinem Vater ruhn, was ich nicht weiß. Was von Kind auf Gewohnheit war, es wurde mir nimmer Gedanke. – Ah, und jetzt!
Zwanzig Jahre täglich gehe ich daran vorüber, dunkel immer klopft mir das Herz, aber ich denke nicht, niemals habe ich darüber nachgedacht. Und nun, in diesem Augenblick, nach all den vielen Jahren zum erstenmal – muß ich denken –
Ja, wirklich! Im Winter und Frühjahr wird dort geheizt!
Von einem entlegenen Grauen gepackt Aber du! Ich werde den Vater nicht fragen. Niemals werde ich fragen.

STANJA Siehst du nun, wer der Gescheite ist? Zwanzig Jahre hast du nicht gedacht und gefragt. Aber das Weib kommt ins Haus und frägt in der ersten Stunde.

Sechste Szene

Der Gospodar Stevan Milič tritt ein.

GOSPODAR Seid ihr immer noch im Haus, Kinder? – Macht euch davon! Das Ende der Festzeit feiern sie im Flecken. Die Leute mögen euch sehn. Es schickt sich, daß des Herren Sohn und Tochter den Tanz führen.
Zu Mirko Was ist dir?

MIRKO Vater!?

GOSPODAR Du bist nun dein eigen. Hier hast du Geld. Mach Staat mit der Braut und spendiere den Freunden.
Mirko zögert Geht nur!
Ungeduldig Geht!

MIRKO UND STANJA *zur Türe*

GOSPODAR Und ruft mir Babka!
Die beiden ab

GOSPODAR *nimmt hastig eine langläufige Flinte mit geschwungenem Kolben von der Wand und lädt sie. Dann steht er einige Augenblicke starr und hängt die Waffe wieder so eilig auf, als er sie herabgenommen hat.*

Siebente Szene

BABKA *tritt ein* Friede dir, Gnädiger, Friede dir endlich!

GOSPODAR *aus einer Abwesenheit erwachend, plötzlich, heiser* Seine Krankheit?

BABKA Herr, es wird wieder gut. Gegessen, getrunken, geschlafen hat der Arme seit vielen Tagen das erstemal.

GOSPODAR *die Fäuste ballend* Christus, warum hilfst du nicht?

BABKA Wieder rast sein Aug im Kreis, – an den Wänden hin – immerzu!

GOSPODAR *fast schreiend* Auf zweien oder vieren, Babka?

BABKA *ruhig* Auf zweien und vieren!

GOSPODAR Tust du täglich deine Pflicht?

BABKA Täglich in der Dämmerung zur Stunde der Abendmahlzeit.

GOSPODAR *sieht sie mit Grauen an* Du ...

BABKA Soll ich scheuen, was ich gesäugt habe, ihn, den wilden Großen, der einst klein war mit seinem gierigen Mund ...?

GOSPODAR Er hat geschrien heute, – das zweitemal in seinem verfluchten Leben –!

BABKA Den Genesungsschrei geschrien mit dieser Stimme, die immer schweigt …

GOSPODAR Begrüßt er dich nie?

BABKA Nein, aber er kennt Babka!

GOSPODAR Hat jemand den Schrei gehört?

BABKA Wohl haben sie gehört …

GOSPODAR Der S. …

BABKA *ihm von den Lippen lesend* So sagen manche.

GOSPODAR Die Leute, hörst du, alle aus dem Haus! Zum Kirchtag, zum Reigentanz! Sie mögen spät erst in der Nacht wiederkommen! Hörst du?

BABKA Ich habe deinen Willen geahnt, Herr! Sie sind fort.
Tu nichts Böses!

GOSPODAR *winkt ihr, zu gehn.*

BABKA *an der Türe* Tu nichts Böses! *Will gehn.*

GOSPODAR Babka! –– Hat er eines Menschen Antlitz?

BABKA Das Antlitz eines Menschen, eines alten Menschen, eines hundertjährigen Menschen, das weise und pfiffig ist, Gnädiger.

GOSPODAR Gib mir den Schlüssel!

BABKA Wozu das, mein Herr? Wende dich ab! Du wandelst im Glück!

GOSPODAR Gib!

BABKA *holt einen Schlüssel hervor, den sie ihm in die Hand gibt.*

GOSPODAR Du läßt ihn nicht rosten.

BABKA Nun hast du den Schlüssel, mein Herr! *Ab*

GOSPODAR *langsam, nach innen* O Schmach, o Schmach, o Schmerz, o Schmach!! Oh – oh – oh!

Achte Szene

MIRKOS MUTTER *tritt ein* Das Gesinde ist weg. Es ist schrecklich. Wir sind allein.

GOSPODAR *wild auf sie zu* Sag's, sag's endlich, das Geheimnis, das entsetzliche, das du mir verborgen hast und uns zur Strafe gebären mußtest.

MUTTER Ich hatte vor dir kein Geheimnis als den Kummer, dich auf jeder Magd zu wissen, während ich schwanger war.

GOSPODAR Verdrehst du wieder, Weibszunge? Nicht treulos war ich dir!

MUTTER Mit der nackten Faust, Tapferer, trotzest du dem Stier. Mich aber, Feigling, lügst du an bis in den Tod.

GOSPODAR Wortwenderin, Kluge! Wer hat dich mit ihm geschwängert? Nicht mein Kind ist er. Wohlgeboren bis ins zehnte Glied empor meine Sippe!

MUTTER Verstell dich nicht, Weibstreiber! Wie mußt du durch Abscheuliches deinen Samen verdorben haben, daß er mich so, so, so erniedrigt hat, denn gesund bin ich, und als Gesunde hast du mich gefreit.

GOSPODAR Ich weiß vieles nicht von dir.

MUTTER Ich weiß vieles nicht von dir.

GOSPODAR Dies aber weiß ich: Ungetauft ist mein Erstgeborener.

MUTTER Wer hat das Sakrament verhöhnt? Ich wollte es nicht, ich wollte es nicht.

GOSPODAR Hast du den Mut gehabt, allen ein Abscheu zu sein?

MUTTER Nun wird uns der Ungetaufte, der Arme, mit sich in die Hölle reißen.

GOSPODAR Nicht uns! Dich, dich! Aus deinem Leib ist mir die Schmach gewachsen.

MUTTER *mit einem Schrei* Schweig – schweig –

GOSPODAR *flehend* Weine nicht, weine nicht ... Mutter ... weine nicht ...

MUTTER Ein Kind nach der Nacht der Wehen, sieben Stunden alt, wenn der Morgen aufsteigt ... So rosig, o milchsüß liegt's da in seinem Korb und hat das Häubchen schon auf dem Flaumkopf ... Nein! An jenem Morgen hast du nicht hingesehn – und ich auch nicht.

GOSPODAR Bin ich schuldig?

MUTTER *noch müder als er* Bin ich schuld?

GOSPODAR Andere, wohlgebildete Kinder, die schon den Vater angelächelt haben, sterben, viele, viele!
Er lebt und ist dreiundzwanzig alt geworden. Was will Gott damit?

MUTTER Kannst du an etwas anderes denken?

GOSPODAR Nein! Überallhin schleppe ich das Geheimnis, das Geheimnis mit.

MUTTER Warum gehst du niemals zu ihm hinein?

GOSPODAR Das fragst du, die Mutter, die Liebende? Warum hast niemals du anzusehen gewagt, was du doch liebst?

MUTTER *bebend* Weil ich liebe ...

Klopfen.

Neunte Szene

PHYSIKUS *tritt ein* Einen guten Abend, Stevan Milič, einen guten Abend, liebe Hausfrau. Ich höre, es hat heute Verlobung hier im Haus gegeben.
Mein untertänigster Glückwunsch!
Ja, Geld strömt zu Gelde wie Wasser zu Wasser. Und ich in meinem Wägelchen bin schon sechzig worden und hab den zweiten Schimmel noch immer nicht. – Wie lang ist es her, Gospodar, daß ich bei euch zuletzt Visite gemacht habe?

GOSPODAR Ich weiß es auf den Tag, Meister Physikus, zwölf Jahre sind's.

PHYSIKUS Du meine Güte. Früher kam ich öfters des Weges. – Alles in Ordnung bei euch?

GOSPODAR Nach Gottes Ratschluß.

PHYSIKUS Gott! Gott! Habt ihr's immer noch mit Gott? Ich für meinen Teil trage den Voltaire bei mir. Und euer – wie heißt er doch – Marko ... Mirko? Ein kleiner Bursche war's. Nun – das läßt sich wohl denken, – ein strotzender Bräutigam!

MUTTER Mit Gottes Hilfe, so ist es.

PHYSIKUS Und dann ... das andere ...? Das biologisch-anatomisch-morpho-physiologische Wunder ...? Verzeiht die herzlose Ausdrucksweise der Wissenschaft.

GOSPODAR Lebt.

PHYSIKUS Auf diesem Hof? Noch immer verborgen in dem kleinen Stall?

Bejahendes Schweigen.

PHYSIKUS *der mit großen Schritten auf und ab gegangen ist, bleibt dicht vor dem Gospodar stehn* Stevan Milič, Ihr seid ein Stammes- und Bauernherr, ein Edeling, und wenn das mit dem blauen Blut auch nur ein Schwindel ist, so seid Ihr Eurer Stellung doch ein wenig Fortgeschrittenheit schuldig. Ich weiß, ja ja, ich weiß, Ihr seid Glaubens, der Andere wäre in persona aus Euren Lenden gefahren, und Ihr müsset nun zeitlebens die Schande Eurer Vaterschaft verstecken.

Wozu macht Ihr denn ein mißlungenes Halbgeschöpf unglücklicher, als nötig?

Und, kleiner Mensch, der du die Schöpfung nach deinem Ebenbilde missest und richtest, was nicht alles hältst du für mißglückt und ungeraten!? *Mit Ausdruck* Natur, die verspielte Träumerin, überall regieret sie und erfüllet mit heiligerer Freude als alle gegriffelte Offenbarung den wissenden Geist!

Hört, was ich Euch hier lehre:

Im Mutterleibe vom Keim zum Kind durchwandert unser Wesen alle Stationen des Pflanzen- und Tierreichs. Wir sind nacheinander und durcheinander Schachtelhalm, Lilie, Kerbtier, Reptil, Fisch, Vogel und Säuger.

Ist das nicht natürlich?

Viele, viele Hemmnisse muß das Kind überwinden, um Kind zu werden.

Ist das nicht natürlich?

Nun, im Leibe der Eurigen hat das Kind nicht vermocht, all die Hemmnisse und Schlingen zu überwinden, die ihm die niedrigeren Reiche legen, – denn jede Form will einzig und unsterblich sein. Sie gleicht einem machthungrigen König, der Werber in alle Lande sendet, Soldaten zu dingen. So sind die Merkmale anderer Stufen haftengeblieben an diesem Geschöpf, das nicht zum Menschenleben taugt.

Aber es lebt und taugt auch nicht zum Tod.

Ist das nicht natürlich?

GOSPODAR Es mag natürlich sein.

PHYSIKUS *grob* Sehr natürlich ist es, zumal von hundert Kindern drei geboren werden, die ähnlich mißglücken wie das Eure. – (Allerdings, soweit ich mich erinnere, schlägt dieser Fall etwas über die Schnur.)

Aber wer will der Natur ihren Übermut verübeln? Das Universum, dieses blutjung-ewige Kind, das niemals erwachsen sein wird, spielt, spielt, spielt.

Gott und Satan haben ihre Hand nicht in diesem Spiel.

MUTTER Könnt Ihr das wissen?

PHYSIKUS Ihr Toren, Toren, Toren! Da hegt ihr das Entsetzen im

Haus. Ganz schwarz schon von Lüge, Ausrede, List und Hinterhalt seid ihr.

Und so wenig braucht es, euch zu befreien. In der großen Stadt, dort jenseits des Stroms, gibt es Heimstätten für verkrüppelte Menschen, für Mißgeburten dieser Art, wo solch unselige Kreatur, rein gehalten und betreut, sich ihres Zwielichtlebens freuen darf. Die Spinne freut sich, Otter und Echse freuen sich, warum soll ein Halbmensch sich nicht freuen?

Aber jetzt im Ernst. Gebt mir, manch liebes Mal habe ich mich schon angetragen, gebt mir den Balg. Ich bringe ihn in die Stadt, in jenes Haus. – Der Transport kommt euch nicht teuer zu stehn. Denn wenn die Wissenschaft gewinnt, schreibe ich gerne glimpfliche Rechnungen.

GOSPODAR Das geht nicht. Es würde ruchbar werden.

MUTTER Ungesehn könnt Ihr ihn auch zur Nachtzeit nicht fortbringen.

PHYSIKUS Stimmt! Ich würde mich auch gar nicht bemühn, den Dingsda zu verstecken.

MUTTER *schnell* Nie, nie lasse ich ihn fort.

GOSPODAR Sagt! Bei der Aufnahme in jenes Haus wird sein Name, der ja der meine ist, eingeschrieben, he??

PHYSIKUS So ist es, Stevan Milič!

GOSPODAR Niemals! Nein! Nie!

PHYSIKUS Oh ihr ... *Verschluckt das Schmähwort* warum nicht?

GOSPODAR Herr! Wir schämen uns.

PHYSIKUS Habt ihr die Welt erschaffen?

GOSPODAR Ihr seid ein Junggeselle und Bücherfresser. Ihr könnt uns nicht verstehn.

PHYSIKUS Euch ist nicht zu helfen. Nie und nimmer rede ich ein Wort mehr. Doch seid gewarnt! Märchenlüstern ist das Volk ringsum.

GOSPODAR Wohlbewahrt bleibt mein Geheimnis.

PHYSIKUS Gut! So gebt mir den Schlüssel zu seinem trübsinnigen Stall. Nicht wenig gelüstet es mich, zu sehn, wie das Wunder herangewachsen ist.

GOSPODAR *zögert.*

PHYSIKUS Gebt nur ruhig! Das wäre kein Naturforscher, der da vorbei könnte. Von früheren Jahren kenne ich den Ort genau.

GOSPODAR *gibt ihm den Schlüssel* Nehmt Euch in acht vor ihm.

PHYSIKUS Herr! Der Arzt ist ein Soldat. Mit diesen lächerlichen Knochen hier habe ich schon manchen Herkules von Tollwütigen gebändigt. Wartet auf mich! *Ab.*

GOSPODAR Mutter, bring ein Licht!

MUTTER *geht.*

PHYSIKUS *steckt den Kopf zur Türe hinein* Habt Ihr mir eigentlich den Schlüssel gegeben?

GOSPODAR Ihr habt ihn genommen.

PHYSIKUS *in seinen Taschen suchend* Daß doch! – Mein Wachslicht – mein Feuerzeug!? – Ah, da ist er! Oh, ich werde alt. Ich werde alt.

GOSPODAR Nehmt Euch in acht, Meister! Es wird dunkel.

PHYSIKUS *verschwindet.*

Zehnte Szene

Mirkos Mutter bringt das Licht. Schweigen, dann

GOSPODAR Wenn die Hochzeit vorbei ist, will ich mich aufmachen und auf den Berg Athos pilgern.

MUTTER Und ich?

GOSPODAR Ich behalte nichts. Mirko ist alt genug. Er soll, wenn ich zurückgekehrt bin, das ganze Wesen an sich nehmen und meine Würden dazu, der Erbe!

MUTTER Und wir?

GOSPODAR Fliehen ...

MUTTER *mit boshaftem Gelächter* Mit ihm?

GOSPODAR Vielleicht vermag ich, durch die Wallfahrt gestärkt, mit Mirko zu reden. Ich muß die Kraft finden, ihm alles zu sagen.

MUTTER Mit guten Reden wirst du dem Sohn ein böses Haus vermachen.

GOSPODAR Es ist wahr. Aber er muß es endlich wissen. Ich werde lieber zu den Mönchen von Hopowo wallen.

MUTTER O Mann, feig wie immer! Dein Sohn, der noch glücklich lebt, soll tragen, was du abwirfst?

GOSPODAR Du hast recht. Ich werde schweigen.

MUTTER *schnell* Und was, wenn wir sterben?

GOSPODAR Sprich's nicht aus!

MUTTER Noch in dieser Stunde kann mir der Tod kommen.

GOSPODAR *sie umklammernd* Nein, du meine Gefährtin! Ich brauche dich um des Geheimen willen.

MUTTER Und ich brauche dich um dieses Kindes willen, das dein Kind ist. Wenn du mir abstürbest, ich müßte wahnsinnig werden.

GOSPODAR Wir sind keine Menschen mehr ...

MUTTER Weil wir einander nicht um unsretwillen brauchen.

GOSPODAR Kein Ausweg!

MUTTER Nein! Wenn wir uns auch in dieser Stunde beide töten, nicht! Mirko, der Ahnungslose, am nächsten Tag muß er es entdecken!

GOSPODAR *verzerrt* Ich werde reden noch diese Nacht!

MUTTER Reden – Schweigen, Schweigen – Reden?! Was ist damit getan? Ich sehe Mirkos Gesicht! Ah! Und sie? Sie ist eine Gewitzte. Ich hasse sie schon.

GOSPODAR Nicht einmal der Tod meine Zuflucht. *Leise zur Mutter hin* Verfluchte!

Elfte Szene

Ein Bote tritt ein.

BOTE Im steinernen Haus sind die Alten versammelt zum Rat. Sie lassen den Gospodar fragen, ob sie noch warten sollen.

GOSPODAR Ein wenig noch mögen sie warten. Doch dauert es allzulange, soll die Sitzung beginnen. Sag das dem Staršina!

BOTE *ab.*

MUTTER Die Freude in deinem Aug, die Freude, daß du abends nicht im Haus sein mußt, nicht in seiner Nähe, nicht bei mir ...

GOSPODAR Ja, Freude, wohl Freude! Ich atme, ich atme, weil ich nicht hier sein muß des Abends.

MUTTER *wimmernd* Laß mich nicht allein, Vater, nimm mich mit dir, laß mich nicht allein im Haus!

GOSPODAR *steht einen Augenblick starr und ungeheuer konzentriert.*

MUTTER Ah, du hörst mich nicht ...

GOSPODAR *sehr kurz* Geh du jetzt! Der Doktor! Will mit ihm allein sein.

MUTTER *langsam nach dem Hintergrund ab.*

PHYSIKUS *kommt zurück; erschüttert* Da könnte man fast wieder an Gott glauben lernen. Ich Kaltblütiger bin in Schweiß geraten. *Er muß sich niedersetzen* Groß ist die Natur und klein die Phantasie. Milič, Ihr seid nicht zu beneiden.

GOSPODAR Der Großsprecher hat Herzklopfen bekommen.

PHYSIKUS Ihr habt ihn seit seiner Geburt nicht gesehn?

GOSPODAR Die Magd zog ihn auf.

PHYSIKUS Nun! In den früheren Jahren, da war's noch zu begreifen. Aber jetzt!!

Die Alten haben geglaubt, daß zur sonnigen Mittagsstunde etwas aus der angespannten Natur springen kann, gestaltlos und sichtbar, scheußlich und voller Herrlichkeit, jeglichen Wanderer tötend, den es anfällt, gleichsam die in einen Augenblick zusammengepreßte Vision des Ganzen – versteht mich, oder versteht mich nicht, – aber etwas Ähnliches habe ich vorhin gesehn.

GOSPODAR Habt Ihr jemals von meinem Unglück mit wem gesprochen, Herr?

PHYSIKUS Nie! Das versteht sich von selbst für den Arzt.

GOSPODAR *mühsam* Ich habe mit Euch zu reden, Herr!

PHYSIKUS Das kann ich mir denken.

GOSPODAR *nach Atem ringend* Herr! Er – er – muß fort.

PHYSIKUS Das mein ich auch. Und bedankt Euch bei mir! Hört – Ihr stellt mir einen großen Wagen mit den besten Pferden zur Verfügung. Es ist eine sehr umständliche Geschichte, aber ich bringe das Wesen dahin, wohin es gehört. *Kratzt sich unter der Perücke* Ob's aufgenommen wird allerdings? Nun, das ist meine Sache ...

GOSPODAR So – will ich's nicht.

PHYSIKUS Was wollt Ihr?

GOSPODAR Er muß anders fort!

PHYSIKUS Anders?

GOSPODAR Ihr habt doch in Eurer Tasche etwas ..., etwas ..., wovon man den Kranken nicht viel geben darf ...

PHYSIKUS Gift??

GOSPODAR *erlöst* Gift!

PHYSIKUS Und Ihr mutet mir zu, ich soll eine Kreatur, die ich nicht geschaffen habe, etwas, was da lebenssüchtig atmet, mir nichts, dir nichts kaltmachen? Ein solch seltenes, mit Verlaub, Meisterspiel der Natur noch dazu?

GOSPODAR *plötzlich in der Stellung eines demütig-dummen Bauern* Ja! Ja! Tut das!

PHYSIKUS Herr, ich bin Mediziner. Ich gebe vor, das Leben zu verlängern.

GOSPODAR Gift – in – seine – Suppe –!

PHYSIKUS Ich begreife Euch. Mehr könnt Ihr von mir nicht verlangen. –
Aber wir Ärzte haben auch unsern Aberglauben und bekennen uns zu manchem Artikel Mohammeds. Ich vermute nämlich, unsereins wird in der Haut all jener Patienten wiedergeboren, die er vom Leben zum Tode befördert hat. Salam Aleïkum! *Ab*

GOSPODAR STEVAN *schreit* Mutter! – Mutter!

Dreizehnte Szene

MUTTER *tritt schnell auf.*

GOSPODAR Pult! Buch!

MUTTER *rückt das Pult mit dem Heiligenkalender zum Licht.*

GOSPODAR *blättert mit rasenden Händen* Abraham, Isaak, Abraham, Isaak ...

MUTTER *stürzt aufschreiend hin, das Pult fällt um* Nein! Jungfrau! Nein! Nicht das! Nicht das!

GOSPODAR Doch! Das! Das! Das! *Wollüstig* Und du wirst's Licht halten!

MUTTER ... Aj – Ich habe ihn getragen und wußte nichts – Aj ...

GOSPODAR Ich will mein Haus vermachen. Es muß geschehen für Mirko, für seine Zukunft und Kinder. Freier Weg vor Mirko!

MUTTER Nicht Mirko ... *Aufstrahlend* Ihn – ihn – ihn liebe ich.

GOSPODAR Still!

MUTTER Nie gesehn ...

GOSPODAR Jetzt wirst ihn sehn.

MUTTER *starr, langsam* Ungeliebt ...

GOSPODAR *packt die Flinte von der Wand* Die Lampe nimm!

MUTTER *freudig in die Ferne erkennend* Sein Herzchen ... ein Menschenherz.

GOSPODAR *stampft* Schweig!

MUTTER Sein Blut ... mein Blut ...

GOSPODAR Von mir kommt's. Und darum fort ...

MUTTER *zärtlich – zärtlich* Mein – Mein! Und darum ...

GOSPODAR Auf!

BABKA *steht plötzlich im Schatten.*

GOSPODAR Nicht du! Babka, nimm's Licht!

BABKA *ruhig* Hab ihn genährt, doch gehorch ich dem Herrn. *Hält die Lampe hoch*

GOSPODAR *an der Türe* Herr des Lebens! Ich weiß nicht, was dein Leben ist, aber ich bin darin. *Ab mit Babka*

MUTTER *in der Finsternis* Nichts. – Kein Andenken. – Nie gesehn.
Nichts. – Kein Überrest – War in mir.
Jetzt, jetzt, – sein Herz – in meinem schlägt –
Sie horcht, sie horcht. Erwachend. Der Schuß! Warum noch kein Schuß?
Maria! *Sie schlägt hin.*

Letzte Szene

Draußen schnelle Schritte. Gospodar Stevan Milič wankend am Pfosten, Babka mit der Lampe hinter ihm

GOSPODAR Der Schlüssel, der Schlüssel! Der Alte hat nicht abgesperrt ...
Er ist fort, ausgebrochen, entsprungen.
Ah, ah!
Er schüttelt die Ohnmächtige Mutter! Hörst du? Er ist ausgebrochen.

Der Vorhang fällt.

ZWEITER AKT

Beratungsstube. Niedriger Raum. Im Hintergrunde über die ganze Bühnenbreite ein langer Tisch mit dazugehöriger Bank dahinter. Rechts kleiner Tisch für den Vorsteher und Schreiber. Links Ofen mit Ofenbank. Die zehn Alten sind schon versammelt. Sie sitzen teils auf der langen Bank vor ihren Krügen, teils gehn sie im Gespräch auf und ab oder wechseln die Plätze. Der Staršina sitzt an dem kleinen Tische und sieht dem Schreiber zu, der die Feder schnei-

det. Der Alte von Krasnokraj und der von Modrygor im Gespräch auf der Ofenbank. Über dem Tische des Vorstehers hängt ein Öllämpchen als einzige Beleuchtung.

Erste Szene

DER STARŠINA *klopft auf den Tisch* Wird noch gewartet?

MEHRERE STIMMEN *vom langen Tische her* Die Glocke in der Linde hat noch nicht geläutet.

DIE GESPRÄCHE *gehn weiter.*

DER ALTE VON KRASNOKRAJ Erinnert ihr euch einer Tagung, da er uns nicht hat warten lassen?

DER ALTE VON MODRYGOR Es sind meist nicht glückliche Dinge, die uns Männer im Haus zurückhalten.

DER ALTE VON KRASNOKRAJ Er!? – Alles geht ihm nach Wunsch. Heute hat er sich dem Mächtigen von Kouzelni vrh verschwägert.

DER ALTE VON MODRYGOR Doch die Braut soll eine Störrische sein.

DER ALTE VON KRASNOKRAJ Aus dem Lande der Magyaren wurden ihm Zuchttiere geschenkt. Sein Vieh ist prächtiger als das unsere.

DER ALTE VON MODRYGOR Doch leidet es mehr an Trichinen und Klauenseuche.

DER ALTE VON KRASNOKRAJ Abgeforstet hat er und seine langen Flöße unsern Fluß abwärts zur Donau gesandt.

DER ALTE VON MODRYGOR Doch ist ihm der Kaufherr des Nordens das Geld schuldig geblieben.

DER ALTE VON KRASNOKRAJ Ja, es ist wahr. Immer gibt's da ein ›Doch‹ für ihn. Was seine rechte Hand gewinnt, kann die linke nicht halten. Ein Unsegen stets im Spiel!

DER ALTE VON MODRYGOR Zu wenig Herr dünkt er mich. Und gar sehr könnte er Herr sein, denn er ist guten Geistes.

DER ALTE VON KRASNOKRAJ Der Blick ist es, sag ich euch. Da liegt die Unordnung. Immer versteckt er was. Der Hund verscharrt den gestohlenen Knochen. Er hat wo einen unredlichen Schatz vergraben.

DER ALTE VON MODRYGOR Unsteter Blick – Häusliches Mißgeschick.

DER ALTE VON KRASNOKRAJ Uns auch kommt's nicht zugute. In den letzten Jahren all die Plage mit den Landlosen und Heimgekehrten. Dicht aufs Aas setzen sich die Fliegen.

DER ALTE VON MODRYGOR Es wird darüber beraten werden heut.

DER ALTE VON KRASNOKRAJ Man kann nicht mehr ungeschoren über Land gehn. Aus dem Getreide, hinter einem Baumschatten hervor, aus dem Graben heraus – plötzlich ist solch ein Gesicht da, das man nicht kennt, mit seinen bittenden und frechhungrigen Augen! Äh! Den Ehrsamen schaudert's vor all den schattenhaften Tänzern.

DER ALTE VON MODRYGOR Der Aga ist schläfrig geworden. So wuchsen wir groß, die wir ehedem klein und elend waren. Aber auch die Kinder derer, die seine Rache fürchten mußten, die Flüchtigen und Verjagten riechen den grünen Geruch in unserer Luft. Sie haben ein Anrecht auf sie.

DER ALTE VON KRASNOKRAJ Geht's gegen den Propheten, so geht es gegen uns, die Wohlhabenden, nicht minder. – Stevan Milič hat eine allzu weiche Faust.

DER ALTE VON MODRYGOR Sorge genug plagt ihn im eigenen Dwor. Die Leute, sagt man, sollen sich bei ihm nicht halten.

DER ALTE VON MEDEGYA *zu den beiden tretend* Habt ihr die denkwürdigen Dinge gehört, die der Gevatter von Požar erzählt? In dem Dorf dort geht ein Begrabener um, der des Nachts der Lebendigen Blut saugt. Man sieht auf der Brust der Angefallenen am Morgen nur einen kleinen Fleck, nicht größer als ein Liebesmal.

Vom Kaiser ist eine Kommission entsandt worden. Der Leichnam wurde mit dem Weißdorn einmal schon gepfählt. Rotes frisches Blut sprang aus dem Herzen, die Augen funkelten und der Leib stank nicht.

DER ALTE VON KRASNOKRAJ Ja! Die Hexen und Vampire vermehren sich. Aus dem Gebirg von Woljo ist der Werwolf ... *Ferne Glocke schlägt.*

STARŠINA *klopft dreimal* Die Beratung fängt an.

Alle nehmen ihre Plätze ein.

STARŠINA Schreiber, verlies die Ordnung!

SCHREIBER *lesend* Zur Verhandlung heutigen Abends steht ad punctum primum et ultimum:

Die Sache der Landlosen, der Heimgekehrten und Vaganten, ob sie verwiesen werden sollen, angesiedelt, oder welche Amtswaltung immer an ihnen vorzunehmen sei. Ferner der Empfang dreier Menschen, die sie aus ihrer Mitte zu Sprechern gewählt haben und die da sind: Der Amerikaner, der seinen Vatersnamen nicht nennt, Teiterlik, ein Springer und Seiltänzer, zuletzt der Jude Reb Feiwel, hier gebürtig. – Selbige drei Personen stehn vor der Türe.

Zum Schluß ist vorgesehn Abstimmung und Entscheid in genannter Sache. *Setzt sich.*

STARŠINA Hat einer wider die Ordnung zu reden? *Schweigen* Zur Ordnung? *Schweigen* Unsicher, ihr Alten wißt das, ist es seit Jahr und Tag auf den Straßen, Saumpfaden und Wegen, die von Ortschaft zu Ortschaft führen. Wenn der Flurhüter am Morgen durchs Feld geht, so geschieht es nicht selten, daß er abseits vom Rain einen erschlagenen Mann findet. Der Fuchs ist es nicht, der all die Hühner stiehlt, und nicht der Geier entführt so viele Lämmer aus guter Umfriedung. – Wir kennen die Schuldigen wohl. – Die Gnade und Weisheit des Bassa hat ehrwürdig wohlblütige Männer unseres Stammes zu Gubernaduren eingesetzt, und der Bauer entrichtet nicht mehr dem Turban, sondern dem christlichen Grundherrn seine Terze. Wir kennen die Einschleicher wohl, die das Ohr des Werkmanns vergiften. Um uns das Wohlwollen nicht zu verscherzen, laßt uns weise beschließen!

Und jetzt schlage ich vor, die Männer, die vor der Türe stehn, anzuhören.

ALLE ALTEN *heben die Hand.*

STARŠINA Laß sie herein!

Der Schreiber ab.

Zweite Szene

Der Amerikaner, Teiterlik, Feiwel treten ein. Der Schreiber nimmt seinen Platz wieder ein. Der Amerikaner, über und über blatternarbig, in verschlissener Farmertracht mit langer Lederhose und Sombrero. Teiterlik, aufgedrehte Clownslocke auf dem sonst nackten Schädel, zerfressene Stupsnase, den ausgezehrten Leib im Artistentrikot mit einem roten, einem gelben Bein. Feiwel, breitbärtig, rotbackig, mit Kaftan und Fellmütze. Die Drei verbeugen sich vor den Tischen des Staršina und der Alten, der Amerikaner leicht, der Seiltänzer und der Jude bis zur Erde.

STARŠINA Zuerst redet der Narr.

TEITERLIK *macht einige erzwungene und gealterte Pirouetteschritte* Ihr Hochverehrten, Erlauchten und Erbgesessenen! Groß ist die Welt und klein das Herz, dieses Mühlchen von Fleisch, das immer mahlt und mahlt und dem nicht ausgeht das Korn der Erwartung.

FEIWEL *boshaft* He – he! He – he!

TEITERLIK Viele Städte gibt es. Da ist dieses London, und die Themse fließt hindurch, der Fluß, von dem die Nebel kommen und darin die Verbrecher und Ketzer von Staats wegen ertränkt werden. Dann gibt es das Wien mit seinem Prater. Da fährt der Kaiser im goldenen Wagen und zehntausend Reiter folgen ihm. Und gar Neapel, früher auch Babylon genannt, welches wieder eine andere Stadt ist als Lissabon. In diesem Neapel steht der Berg Vesuvio, der Schornstein der Hölle ...

FEIWEL Oi – der Dummkopf! Ich hab gelesen in der Zeitung von dem Berg.

AMERIKANER *pufft Teiterlik* Pshaw! Salzwasser hast du nicht geschluckt, darum geht dir das Maul so geschmiert.

STARŠINA Der Schnurrpfeifer redet!

TEITERLIK Ihr Erbgesessenen! In all den Städten bin ich gewesen und in tausend Städten, Märkten und Dörfern mehr, guten und bösen. Immer wieder haben wir haltgemacht, ob ich nun Meister oder Geselle war bei den Truppen, immer wieder vor den letzten Häusern des Ortes, wo der Anger grau und räudig ist wie das Fell der alten Hunde. Am Sonntag, wenn die Abendröte kam, regnete es Münzen auf den Teller, wochentags aber legten wir oft uns ohne Bissen nieder. – Wohl war ich später nicht mehr allein und fand die Meinige, aber bei unserer Arbeit darf man sich nur wenig der Weiber freuen; das schwächt die spielenden Gelenke und das Auge sieht dann zwei- und dreifach das ausgespannte Seil. Viele Genossen sterben so, weil sie nicht widerstehn können.

AMERIKANER Kürzer, Mann!

TEITERLIK In der Jugend, wie schön ist das alles! Man springt früh aus dem Laub, daß die Knochen knacken, und schmeißt einen Stein in die Sonne.

Aber da auf einmal, ihr Erbgesessenen, ist dieses Weh da, dieses schreckliche! Der nicht mehr geschmeidige Mensch fühlt die Schmach der grinsenden Verbeugungen und daß er an keinem christlichen Tisch sitzen darf. In der Nacht verbeißen sich die Hustenwölfe in den armen Rücken, und klopfst du an das Hospital der Stadt, für dich ist kein Einlaß.

Ja, das Weh war da und ließ nicht los. Und ich dachte an meine Eltern und daß sie an dieser Stelle ihr Feld bebauten, und ich erinnerte mich des Torsteins, auf dem ich, ein Kind, gesessen war hier im Land.

Ein Stück Land, ei ja, das ist wie Schlaf für die Müdigkeit.

Müd bin ich, und die mit mir sind müde. Ihr Erbgesessenen, ihr seid reich, viel Grund und Boden, ungenützten, laßt ihr verwachsen. Gebt uns, den wiedergekehrten Kindern, gebt uns vom Überfluß ... *Leise* Müde sind wir.

FEIWEL *sehr laut, auf den Staršina zu* Ich bin der Jud Feiwel. Ich mein, ihr wißt das. Wer kennt mich nicht?

AMERIKANER *stößt ihn weg* Keiner hat dich zu reden geheißen.

FEIWEL Und wer hat dich geheißen zu reden?

STARŠINA Der Jud kommt zuletzt.

FEIWEL *schnell, überlegen-ironische Geste mit Mund und Hand* Weiß ich schon!

AMERIKANER Mesch'schurs und Señores! Amerika ist ein wunderbares Land, es heißt die Neue Welt, und die Männer dort reden wenig. Ich will darum auch nicht viel, aber das Richtige reden.

Ich kam über das große Wasser, da war ein Krieg zwischen den neuen Männern und den alten Engländern. Die neuen Männer – ich schlug mich auf ihre Seite – haben gesiegt. Und das ist gut so. – Ihr Land ist ungeheuer groß. Die Indsmen, tapfer ausdauernde Krieger, sind am Feuerwasser hinfällig geworden. Aber die neuen Männer kommen nicht von dort, sondern aus der ganzen Welt treffen sie sich, an den Küsten und im Innern zu leben.

Sie sind frei und gehorchen keinem. Nachts klopft der Fremdling an das Blockhaus, und der Hausherr fragt nicht: »Wer, woher, wohin?«, sondern rückt ihm den Stuhl ans Feuer, und sie rauchen die mächtige Zigarre, diese selbständigen Seelen. – Keiner gilt dem anderen weniger, und der Sohn des Gehenkten und die Tochter der Hure haben nicht zu leiden. Obere und Untere, Erbgesessene und Landlose kennen sie nicht. Die Regierung, aus vollen Händen, jedem teilt sie Land zu, und sie bauen Weizen, fällen Bäume, weiden das Rind, werden reich, und keiner ist erniedrigt. Zehent, Terze und Schilling kennen sie nicht, unbeschnitten bleibt der Ertrag.

Ich war einer der ihren, und es ging mir gut. Da kam auch über mich dieses böse und verdammte Heimweh, – und nun bin ich hierhergesegelt und schäme mich, meinen Vatersnamen zu nennen. Unter den Elenden, der ich reich war, lagere ich, ein Elender, mit dem Haß im Herzen. Dies verkünde ich euch, damit ihr es haltet wie die Amerikaner, ablasset von Geiz und jedem eurer Landsleute vom Brachland gebet, daß ein neues Geschlecht hier entstehe, ein wohlerfahrenes, und keiner im Elend sei!

Wir, die wir nicht zu essen und zu schlafen finden, haben ein Recht an euch, ihr Bauern! Hütet euch vor Haß!

DIE ALTEN *murmeln* Wer hat uns hier zu drohen?

AMERIKANER Ich! Der ich mich weithin umgetan habe und besser die Welt kenne als ihr Hintersassen! Verstündet ihr etwas von Geschäften, ihr ließet euch die neuen Abgaben nicht entgehn.

TEITERLIK Seht unsre Müdigkeit! Nur ein Tagwerk Ackers und Platz für die Schaluppe den Elenden!

FEIWEL *vor den Tisch tretend, fuchtelt die Frage* Ich???

STARŠINA *verächtlich* Jud!

FEIWEL *nach allen Seiten hin mit den Händen Ruhe fordernd* Pst jetzt!

Bin ich die wichtige Person, die ich bin?

Gehör ich zu den Landstreichern hier, zu denen ich gehör?

Wer bringt für die Weiber Nähnadeln, Zwirn, Garn, Wolle, Knöpfe, Kattun, Kopftücher, Haubenstoffe? Wer besorgt das Spielzeug für die Kinder, fürs Haus die Artikel und für die Küchen, Dochtlichter und Schmirgelpapier? Wer schafft euch Fensterkitt, Mausefallen, Armbänder, Pfeifenköpfe? Wer kommt für euch in der Welt herum? Wer steht und geht sich euch zuliebe das Leben aus dem Leib? Wer bringt die Nachrichten und Neuigkeiten? Ohne mich wüßtet ihr nicht, daß sie in Frankreich den König verjagt haben und dort der Meschiach kommen wird!

Die Türken sind gute Leute. Bei ihnen dürfen die Jüden wohnen. Da können sie Erev Schabbos nach Hause kommen, und die Lichter sind ihnen angezündet. Und ihr! Geboren bin ich hier, wie mein Vater selig hier geboren war. Aber meine Enkel noch werden hausen müssen unter den Galgenvögeln.

So seid ihr! Ihr! Ihr!

Dritte Szene

Der Gospodar Stevan Milič tritt schnell ein. Er trägt die Flinte in der Hand. Die Alten erheben sich, und der Staršina verläßt seinen Platz.

FEIWEL *resigniert* Darf ein Jud nur zwei Worte reden?

GOSPODAR *den Platz des Staršina einnehmend* Schreiber! Einen Reiter schick dem Physikus aus der Stadt nach, der seinen Wagen einholen soll. Ich lasse den Meister zurückbitten.

Schreiber ab. Der Gospodar starrt lange in die Luft.

DIE ALTEN *mit Kopfschütteln und Gemurmel* Was ist mit ihm?

GOSPODAR *zu den drei Abgesandten* Ihr?

TEITERLIK *mit gekreuzten Armen tief sich beugend* Land, Erlauchter, ein Stück Landes vom Überfluß, uns, den Elenden, den Heimgekehrten! Die Stunde ist gekommen, seßhaft und ein Mensch zu werden!

AMERIKANER *grob* Reicher Mann! Gebt vom Ödland den Bettlern ihr Teil. Windfeste Leute sind's. Das ist keine Wohltat, sondern Spekulation.

GOSPODAR Wieviel Seelen seid ihr?

FEIWEL Exzellenz! Ich hab die Berechnung! In runder Summe vierhundert: Mann, Weib, Kind, Jud, Zigeuner und Christ!

GOSPODAR Was sagen die Alten?

DER ALTE VON KRASNOKRAJ Niemals Grund und Boden den Ehrlosen!

DER ALTE VON MODRYGOR Es ist zu erwägen.

GOSPODAR *in besinnungslosem Wutausbruch* Nichts ist zu erwägen!!

Er dringt zitternd auf die drei ein, die zurückweichen

Ihr Verfluchten!

Habt ihr des Menschen Antlitz?

Nein, nicht des Menschen Antlitz!

Ha! Narben, Nase, Zahnlųck, Glotzaug, Fuchsbart! Das Antlitz des hundertjährigen, pfiffigen, böckischen Affen, sein Gesicht, das Gesicht, das verborgen bleiben soll!!

Da, da ist es ausgebrochen!

Die Vorfahren bedeckten ihr Sündengeheimnis, aber nun ist es mit Tüchern nicht mehr zu erdrosseln und offenbar wird's.

O ihr Söhne der Blutschande, unter uns wollt ihr wohnen, denen das Land gehört, die es bebauen und betreuen? Unter uns Lichten, uns

Lichten? Bei Tag, bei Nacht soll sich die Fratze in Kirche und Schenke umtun?

Auf zweien und vieren zwischen uns Aufrechten wollt ihr schreiten? Weg, weg! Fort, fort!

DER ALTE VON KRASNOKRAJ Nicht alles verstehe ich, was da der Gospodar spricht. Aber eines wohl ist wahr. Bauern seid ihr nicht und werdet es nimmer werden, denn zum Bauern taugt ihr keiner, die ihr träge seid und nur in den Werken des Lungerns erfahren.

Nicht Zucht und Stund habt ihr im Leib, nur ein eitles und böses Gelüste, uns, die Herren, zu schädigen!

DER ALTE VON MODRYGOR Seid nicht voreilig!

TEITERLIK Harte Worte! Viel habe ich gearbeitet und mit Gefahr des Lebens, die Schaulust zu ergötzen. Keiner von euch Graubärten hat sich so hoch gewagt wie ich, und säße ein König hier.

AMERIKANER Sir! Drüben war ich einer Euresgleichen! Wer dort einen Biedermann beschimpft, ist schnell kalt!

Der Schreiber kommt zurück.

FEIWEL *heftig auf die Alten einredend* Seht ihr's nicht? Milič ist betrunken!

GOSPODAR *mit mächtiger Stimme* Fort! Noch morgen fort aus unserem Bezirk! Kein Landloser zeige sich mehr am dritten Tag im Umkreis! Zehn Koppeln von Kettenhunden auf sie! An den Baum mit jedem, der nicht gehorcht!

EINIGE STIMMEN Wir sind auch noch hier! Dies ist nicht beschlossen.

GOSPODAR Befohlen ist es! Schreiber, schreib die Verfügung!

Wer erhebt sich? Wer muckt auf? Noch bin ich – ich!

Noch bin ich nicht überführt!

Den Befehl schreib!

AMERIKANER Mann! Solch ein Befehl steht nur dem Pascha des Kaimakamlüks zu.

Wohin mit den Armen?

GOSPODAR In die Bergwerke, in die Häfen, in die Fremde! – Nur, daß ich wieder frei bin! *Langsam*

O ihr Verstoßenen, die ihr auf keinem Eigen sitzt, wißt ihr denn, wie glücklich ihr seid!

Außer sich schwingt er die Büchse gegen die drei

Fort mit euch!

DIE ALTEN *nähern sich erregt dem Rasenden.*

Letzte Szene

Babka mit einer Laterne in der Türe

GOSPODAR *ihr entgegenschreiend* Wo?
BABKA Nirgends.
GOSPODAR Eine Spur?
BABKA Keine!
GOSPODAR Rede!
BABKA Gesucht! Nichts!
GOSPODAR Ein Schrei?
BABKA Keiner!
GOSPODAR Wo weht der Wind her?
BABKA Vom untern Wirt!
GOSPODAR Gevattern! Die Sitzung ist aufgehoben. Ich muß jagen gehn! *Reißt Babka die Laterne aus der Hand und läuft ab.*
DIE ALTEN *aufgescheucht durcheinander* Er ist wahnsinnig geworden.

Der Vorhang fällt.

DRITTER AKT

Ein gänzlich heruntergekommener Wirtsgarten. Links eine Scheune, die als Schank- und Wohnhaus dient. Rechts vorn ein Tisch mit Bänken ringsum, weiter hinten ein zweiter, ganz zermorschter Tisch ohne Bank. Im weiten, von Baum- und Strauchwerk verdeckten Hintergrunde der starke Abschein von Lagerfeuern und viele hin und her gehende Silhouetten. Entfernte dünne Musik und das Stampfen auf den Tanzboden. Vollmondnacht

Erste Szene

Im Vordergrund, umgeben von einer Schar Lauschern und Kindern, darunter auch die fünfzehnjährige Kruna, steht der weißbärtige Bogoboj. An dem Tische vorne, allein, sitzt Juvan, der Student.

BOGOBOJ *mit geschlossenen Augen, in Trance* In diesen hellen Nächten ziehen sie über den Rücken der Berge und lagern auf den Kuppen, Graten und Platten. Ihre Knechte, Hirten, Schaffer, Melkmädchen sind mit ihnen und warten die Herden. Das Dienstvolk aber ist nicht unsterblich wie sie. Es wird nur tausend Jahre alt. Die Tiere sind Geißen zumeist und Böcke; wie die auch klettern und springen, keines verirrt sich zu Menschen je.

KRUNA Warum gerade haben sie Ziegen, Vater?

BOGOBOJ Sie leben von Ziegenmilch. Was sie aber zur Rastzeit in ihren großen Kesseln bereiten, wenn die Bergfeuer flammen, das bleibt ein Geheimnis.

KRUNA Werden sie wiederkommen?

BOGOBOJ Oh! Oh! Es zittert ihnen das Herz schon vor Wiederkunft! Sie umarmen die großen Bäume in ungeheurer Lust und sie lauschen dem Blutlauf des Harzes. Sie küssen die starken Blumen der Höhe und fühlen bittersüß auf ihren Lippen den Geschmack der eigenen Ewigkeit. – Mit liebzitternder Hand streicheln sie das Fell der heiligen ungebärdigen Tiere; die Böcke meckern auf, und sie erwidern aus der Tiefe ihrer Seele den Sang. *Rhythmisch den Kopf wiegend* Ich höre im Winde den Bocksgesang.

KRUNA Und die Menschen?

BOGOBOJ Einige von ihnen sind zu den Menschen gestiegen und haben sie umarmt. So sind ihnen Vorposten da, Kinder, an manchem Ort. Und Augen gibt es, darin brennt ihr Same, der Diamant.

Zu Juvan hin

Höre, Sohn der Zauberin!

KRUNA Und haben sie Sendboten?

BOGOBOJ Die Teufel, die ihnen untertan sind.

Zu Juvan

Höre, Sohn der Zauberin!

JUVAN *wild auf den Tisch schlagend*

Nenn mich nicht so, alter Fasler!

Die Hebamme war meine Mutter. Nicht einmal das Geld für ihren Sarg konnte sie herzaubern.

BOGOBOJ Und dein Vater, Ungläubiger?

JUVAN Den Vater kenne ich nicht. Du weißt es.

BOGOBOJ Wohl kennst du den Vater nicht, Sohn der Zauberin!

JUVAN Willst du endlich schweigen, selbst Oberster der Ziegenböcke! Du Verrückter du!

KRUNA Kränke diesen Alten nicht. Sieh! Er ist ein Prophet!

JUVAN Ein guter Schwätzer ist er.

BOGOBOJ Nicht kannst du mich kränken, Student!
Ich allein kenne deine Sendung.

JUVAN *abgerissen in sich hinein* Sendung? – Ich in der großen, fremdredenden Stadt der Letzte! Schlafstätte auf den Bänken! Winter! Vorüber schweben die Frauen! Mögen sie in ihrem Rauschen verrecken! – Zum Ofen sich setzen im Hörsaal, neidisch um den nächsten Platz, nichts hören vor Hunger und Erschöpfung. – Hervor die Backenknochen springen. Für einen Gulden im Monat den schlaffen Kindern der Reichen Latein eintrichtern ...

– – – – – – – – – – – – – – – –

Nein! Das war nicht alles! Sie haben mich kennengelernt! – – –
Und jetzt bin ich hier. Unter euch. Unter euch.

BOGOBOJ Wohlbedacht ist es, daß du hier bist.

KRUNA So einen wie dich haben sie dereinst erwählt.

EINE GANZ ALTE »Und Purpurpantoffel trug Kraljevič.«

EIN ALTER Du junger Mensch, du Schreiber und Leser, bist der Mann, uns zu helfen.

KRUNA *näher an den Tisch tretend* Warum denn bleibst du bei uns?

JUVAN *nach einer Pause* Weil ich die anderen hasse und ihr mir gleichgültig seid. Ich hasse sie! Und ihr seid mir Luft. Vielleicht hass ich euch auch.

KRUNA Immer sitzest du abseits!

JUVAN Gut für dich. Ich bin ein Spielverderber.

KRUNA Viel Freuden hast du nicht!

JUVAN *langsam, einfach* Wahrhaftig! Es ist möglich, daß ich im Leben nur eine Freude gehabt habe, als ich einmal einen großen Wald brennen sah ...

BOGOBOJ *leise* Ihr Waltenden unseres Volkes! Euer Sohn ist er.

JUVAN *zu sich* Sieh an! Jetzt habe ich nicht einmal gelogen.
Laut Und warum soll ich nicht abseits sitzen? Die größten Narren unter euch sind zu den Kartoffelkratzern um Land betteln gegangen. Bald werdet ihr alle Bauern sein und Bäuerinnen, geizige Zwetschgenmusfresser und Stubenfurzer. Selbst das Stehlen werdet ihr bald verlernt haben! *Er spuckt aus.*

EIN MANN Du beschimpfst uns. – Was willst du?

JUVAN Nichts will ich. Nichts von euch, nichts von mir. Auf dem Hang liegen, rauchen, die Wipfel anstarren, trinken!

BOGOBOJ *leise* Leer muß der Krug sein, in den sie ihre Milch füllen.

KRUNA Warum lachst du, Student?
JUVAN Das ist meine gute Kunst! Ich kann lachen, nur weil ich mich langweile. Langweilig seid ihr mir. Vielleicht bleib ich deshalb bei euch!
BOGOBOJ Das ist Lüge, Verschlagener! Wisse, du wartest!
JUVAN *getroffen* Ich warte! – Wohl! – Seit der Kindheit! – Ich warte!
BOGOBOJ Und sie haben beraten ...
JUVAN Wirt! Ljuben!
BOGOBOJ Und sie sind einig ...
JUVAN *laut* Ljuben! Wirt!
BOGOBOJ Und es wird geschehn ...
JUVAN *brüllt* Wirt!
BOGOBOJ Und es muß kommen ...
JUVAN *scharf, erregt* Was?
BOGOBOJ Du weißt es.
JUVAN *aufspringend* Dann wehe ...
Wirt tritt heran.
JUVAN *lachend* ... Wehe dem Wirt!
WIRT He?
JUVAN Eine von den Flaschen!
WIRT Zuerst! Du weißt schon!
JUVAN *wirft drei Silbergulden hin* Hund!
WIRT *Pfeift durch die Zähne.*
JUVAN Du wirst mir zur Strafe auf vieren laufen lernen!
WIRT *eilig ab.*
JUVAN *mit Ernst deklamierend*

Hab ich nicht einen Piaster
Fahr ich im Viererzug.
Und hab ich eine Million,
So hungr' ich mit dem Pack.

WIRT *bringt die Flasche.*

Zweite Szene

Teiterlik, der Amerikaner, Feiwel. Hinter ihnen viel bunte Vaganten. Bogoboj und seine Zuhörer ihnen entgegen

AMERIKANER Alles verloren, ihr Leute!
CHOR Die Verfluchten!

AMERIKANER Packt Schnappsack und Bettelzeug schnell auf die Leiterwagen!

JUNGER MENSCH Warum weichen wir?

ALTER MENSCH Das Pulverhorn hängt in ihren Stuben.

AMERIKANER Sie werden uns morgen mit ihren Hunden weghetzen aus diesem Heimatsgebiet.

JUVAN *der Szene abgewendet* Recht so! Gut so!

CHOR Wohin mit uns?

TEITERLIK Wer musiziert noch, tanzt noch?

Die fernen Baßrhythmen hören auf.

TEITERLIK Ihr Armen! Wir Armen! Wohin morgen?

CHOR Wohin morgen? Keiner, der führt, keiner, der hilft!

FEIWEL Was heißt das? Keiner führt? Keiner hilft? Ich hab eine Rede gehalten in der Versammlung für euch. Ihr hättet mich hören sollen. Aufschreiben und in der Zeitung drucken müßte man meine Rede. – Was, Herr Seiltänzer? – Was, Herr Amerikaner? – Wie war meine Rede?! Was bin ich für ein Advokat?

Zu den vielen, die jetzt vom Tanzboden kommen

Gesprochen hab ich vom Elend des Freilagers. Sie haben mich mit dem Messer bedroht, und ich habe doch für euer Recht geredet.

AMERIKANER Das ist Lüge, Mann!

FEIWEL *leise* Pst, Herr Amerikaner! Das ist Politik!

Laut Und jetzt spreche ich zu euch! Ich habe Bekanntschaften, allerhöchste Beziehungen. Der König von Schweden ist mein Freund. Ich werd eine Bittschrift einreichen. Ach was! Ich bin ein Jud und habe Mut. Warum fürchtet ihr euch? Ihr seid doch so viele?! Warum laßt ihr euch jagen? Ist der Mensch ein Tier?

Es ist finster geworden.

JUVAN *sehr laut* Licht auf den Tisch, Ljuben!

FEIWEL *plötzlich zaghaft abbrechend* Immer zu Diensten. *Taucht unter.*

TEITERLIK *zu Juvan* Der den Schnürrock trägt und Rotmütze, du hilf jetzt!

AMERIKANER Nicht aus der sunday school hast du dein Wissen her.

TEITERLIK Gelehrt bist du. Sie werden dich fürchten.

JUVAN *brüsk sich umkehrend* Was wollt ihr?

AMERIKANER Reden sollst du mit ihnen!

JUVAN Ich? Mit ihnen? Mit ihnen? –

Es langweilt mich.

TEITERLIK Bitten – ihn – den Gospodar – für uns.

JUVAN *langsam, scharf* Es langweilt mich.

WIRT *bringt das Windlicht.*

AMERIKANER Aufschub erwirken ...

JUVAN Ihr seid doch nichts als Ansässige, die's nicht einmal sind.

TEITERLIK Denk der Kinder all ohne Christus und Unterricht!

JUVAN Lehr du sie Seiltanz und Kopfstand!

AMERIKANER Kamerad! Wozu solche Reden? Es muß etwas Verständiges geschehn. Du kannst helfen. Ich habe gesprochen.

JUVAN Ich werde euch helfen, wenn euch der Teufel hilft.

BOGOBOJ *murmelt fremdartige Worte.*

AMERIKANER Wenn nicht mehr, so einen Rat, Mann, aus deinem studierten Kopf!

JUVAN *fast phlegmatisch* Rat genug! Stehlt! – Stehlt Enten, Ferkel, Kälber, doch vergeßt auch nicht die eisernen Dinge, mit denen man töten kann. Und wollt ihr einen feinen Rat? Verkleidet euch als Bettelmönche, schleicht euch ein, verdreht die Weiber und verderbt die Kinder! Spielet die Heilkundigen, ruft Tinkturen aus, verabreicht Tollkirschensaft als Liebestrank oder gießt Branntwein auf offene Wunden!

Hier aber ein ganz großer Extrarat: Schneidet dicke Äste von den Bäumen, entlaubt sie und taucht die Spitzen in Pech!

AMERIKANER An den letzten Rat will ich mich halten, Mann!

FEIWEL *nähert sich Juvans Ohr* Ich habe gute Gelegenheit ... Mehmet Muchlis in der Stadt ... leiht Waffen ...

JUVAN *kehrt allen brüsk den Rücken.*

BOGOBOJ Wirst du wachsen, wenn die Stunde kommt, Sohn des unbekannten Vaters?

JUVAN *über die Schulter* Du weißt, ich schlafe nur bei Tag.

Die Leute ziehn sich in den Hintergrund zurück.

Dritte Szene

Stanja und Mirko kommen.

MIRKO Das ist doch verteufelt unverständig, Stanjoschka! Was haben wir bei dem Gesindel hier zu suchen? Sie haben nichts, sie sind schmutzig, sie gehen nicht zur Kommunion. Unsere Alten liegen in Streit mit ihnen. Kehren wir um!

STANJA Und mir wiederum gefällt's nicht bei deinen Freunden am Tanzplatz, diesen Silberklimperern!

MIRKO Wie kannst du nur so reden? Da ist doch der Duko Petkovič; der ist ein Jahr lang Husar gewesen bei den Kaiserlichen in Temesvar und sein Alter hat gute zehntausend liegen. Und der junge Trifunovič, der die Bäckerei geerbt hat und mit dem Großpascha bekannt ... *Der Gesichtsausdruck Stanjas würgt ihm das Wort zurück* Du Katze! Du Weib! Ich weiß, du willst mir die Freunde nehmen, die Kameraden der Kindheit, die einen verstehn, wenn man nur zwinkert. –

Weh mir, daß ich in dich verliebt bin, dich begehre, lüstern, ein Jagdhund, nach deinem Schweißgeruch wittere. Ich bin verliebt, so muß ich unterliegen, du Kalte!

STANJA Geh zu deinen Freunden!

MIRKO Weil du es sagst, kann ich's nicht tun. Aber hätte ich diese Feigheit nicht, – Jesus Jesus – ich ließe dich hier stehn!

STANJA Ich aber bin müde. Will mich niedersetzen.

MIRKO Der Tisch dort mit einer Kerze! Doch ein Mann sitzt da.

STANJA Der Tisch ist gut. Komm!

MIRKO Ein Mann sitzt dort, sage ich dir.

STANJA Du bist ja der Bräutigam.

MIRKO *weinerlich* Ach ... ich will nicht ... ach!

STANJA Steh nicht so dumm da und komm!

Beide gehen zu Juvans Tisch.

MIRKO *sehr geschraubt* Spät noch kommen wir so des Wegs daher. Hm – Hm –

JUVAN *starrt ihn wortlos an.*

MIRKO Es ist wohl erlaubt.

JUVAN *starrt, ohne zu antworten, Mirko weiter an.*

MIRKO *verwirrt* Wir stören doch nicht?

JUVAN *nach einer Pause* Dies ist ein Wirtshaus für alle Leute. – Und ihr seid eine noble Gesellschaft, die nicht jeden Tag anlangt.

MIRKO *leise gepreßt zu Stanja* Komm fort!

Juvan rückt zur Seite. Mirko und Stanja setzen sich so, daß Stanja hinter dem Lichte sitzt und die beiden Männer rechts und links von ihr fast ganz im Dunkel bleiben.

MIRKO *flüsternd* Barett und Schnürrock! Ist es der Student?

STANJA Der? Ein ganz Fremder ist es. Ein ganz andrer!

MIRKO *zu sich* Wenn sie lügt!

Zu Juvan So haben wir uns denn hierher verlaufen, Brüderchen! Man treibt sich herum, wenn Gott die Festzeit gibt.

JUVAN Keine Dummheiten, Mirko Milič!

MIRKO Ihr erkennt mich! Verflucht das!

Geschmeichelt zu Stanja Man ist nicht umsonst Gospodarssohn.

Zu Juvan Aber jetzt! Zusammen wollen wir eins trinken!

Zieht Münzen aus der Tasche Ich spendiere.

JUVAN Halt da Freund! Wer ist zuerst hier gesessen? Ich! Folglich bin ich der Hauswirt, der Großbauer, der Besitzer, der König, und ihr seid Gäste. Meine Gäste seid ihr.

He! Ho! Ljuben!

MIRKO Erlaubt ...

WIRT *kommt.*

JUVAN Zwei! Du weißt!

WIRT *ab.*

MIRKO Erlaubt ... und verzeiht mir! Ein Achtbarer seid Ihr, ein Mann der Künste in Eurer verschnürten Jacke, aber –

JUVAN Aber?

MIRKO Arm! Man siehts Euch ja an. Ihr gehört zum Volk dort bei den Feuern ...

WIRT *mit zwei Flaschen.*

MIRKO *läßt in seiner Hand die Münzen klingen* Es wird Euch lieber sein, ich bezahle.

JUVAN *faßt Mirkos Hand, die auf dem Tisch liegt, und schließt sie* Wenn ich's auch nur gestohlen habe, – macht Euch keine Sorge.

Zum Wirt Die Rubingläser, du Hammel, für solche Gäste!

WIRT Weiß schon!

MIRKO Wollte Euch nicht kränken.

JUVAN Macht nichts. Auch diese Gläser sind gestohlen.

WIRT *stellt die böhmischen Gläser auf den Tisch.*

STANJA Ein Tolpatsch bist du, ein Ungeschickter! Schande nur wird man mit dir haben. – Was Manieren sind, hier kannst du es lernen!

MIRKO *mit weher Stimme* Stanjoschka, du!

JUVAN *schenkt ein.*

STANJA *leicht exageriert* Und mir gefällt's hier. Von den Bergen kommt die Luft, die wie Honig schmeckt. Das Heu der ersten Mahd, anders riecht es als auf den Wiesen, den eurigen. *Sie lacht die Tonleiter.*

JUVAN *ernst* Was girrst du, Tochter der Reichen?

STANJA Ich lache über die brennenden Schmetterlinge. Über die Fledermäuse da oben lach ich ...

MIRKO *knirschend* Wenig schweigsam bist du, Schweigsame!

STANJA War ich dir schweigsam, jetzt rede ich, Nörgler, und lache!

JUVAN Zu lachen verstehe ich gut. Aber ein Lustiger bin ich nicht.

STANJA Seht und ich bin keine Weintrinkerin, aber jetzt trinke ich dem Unlustigen zu, daß er lustig sei!

JUVAN *ruhig* Rühr mein Glas nicht an, reiches Weib!

MIRKO Schamlose, siehst du, Schamlose!

STANJA *trinkt ihr Glas aus, lachend* Macht, was ihr wollt! Mir aber gefällt's, zwischen zwei Männern zu sitzen, neben dem wohlgesitteten Sohn, der nur das sieht, was er sehen darf, und neben dir, du schwarzer, verschnürter Wilddieb!!

Mit der Hand nach dem Hintergrunde zeigend Und auch jene dort gefallen mir, die bunten Zerlumpten!

JUVAN Es sind die nämlichen, Tochter der Reichen, die ihr morgen mit euren Hunden hetzen werdet.

STANJA Nein! Das wird nicht geschehn. Ich sag es!

JUVAN *nachdrücklichst* Es soll aber geschehn. So sag ich! Solange soll's geschehn, bis es sich umkehrt, und sie euch hetzen! Und dann mag es sich wieder verkehren!

MIRKO *erhebt sich* Stanja! Jetzt kommst du, jetzt gehn wir!

STANJA Geh, wenn du magst. Zu befehlen hast du mir nichts. Noch bin ich frei.

MIRKO *setzt sich* Du weißt nicht, was du tust. Das Feuer frißt.

JUVAN Mirko Milič, trink, trink mein Gast du!

MIRKO Das will ich tun, Student, denn ich fürchte mich nicht.

Trinkt zwei Gläser hintereinander.

STANJA Trink nicht soviel, der du nichts verträgst, Muttersohn!

MIRKO *stöhnt auf.*

JUVAN Lach doch, Milič, sie ist ein Weib!

MIRKO *lallend* Kann – nicht mehr – denken.

JUVAN Was schaust du so mich an, du Braut?

STANJA Hab ich nach dir geschaut? Nun, gesehen hab ich dich nicht. Aber ich denke, daß ich die Blonden hasse, und daß mir die Schwarzen wohlgefallen.

MIRKO *zerschmeißt sein Glas.*

STANJA Narr!

JUVAN *ernst* Dem Gast ist das erlaubt.

Zu Stanja Du irrst dich, Mädchen, ich bin dein Feind.

STANJA Wärst du's doch!

JUVAN Du hast recht. – Ich habe das Wort zu hoch genommen. Ich liebe nicht Besitz, aber es ist mir lieb, Besitz zu rauben. Ich liebe nicht das Geraubte, aber lieb ist mir, es zu verwerfen.

STANJA Wer die Finger der Käufer kennt, wird segnen des Räubers Hand.

JUVAN Schön bist du wohl.

STANJA Feind!

JUVAN Blond bist du auch!

STANJA *mit leisem Triumph* Feind!

JUVAN Aber mich lockt kein Schenkelraub!

MIRKO *auffahrend in Tollwut* Ah! Ah! Ah! Beleidigt hast du die Braut! Das Messer zieh! *Er steht mit erhobenem Messer.*

JUVAN *gelassen* Ich hab dir die Braut nicht angetastet, Mirko Milič!

MIRKO Weh, wenn du's nicht getan hast! Komm an!

JUVAN Geh deiner Wege! Zu früh ist es noch, Blut zu sehn.

Vierte Szene

Teiterlik, der Amerikaner, Feiwel, Kruna, die Leute scharen sich um die Gruppe.

STIMMEN Der Sohn des Gospodars. – Das Bürschlein. – Sie wollen stechen –

MIRKO Ah! Zerstört ist alles. Wenn du am Leben bleibst, werde ich dich anbetteln müssen für sie. Drum mußt du sterben, sterben, sterben, weil ich sie liebe. Komm an!

JUVAN Wünschest du, Tochter der Reichen, daß wir stechen?

STANJA Ich will es. Und mögst du fallen!

JUVAN So komm denn, Mirko Milič! Der Mond scheint uns. *Er klappt sein Messer auf.*

Übermäßig wachsendes Mondlicht, Stimmengewirr sinkt zusammen.

MIRKO UND JUVAN *stehn mit gezückten Klingen in Positur.*

Fünfte Szene

Blitzschnelle Verfinsterung der Bühne. Drei Pulsschläge lang gänzliche Dunkelheit. Blitzschnelle Aufhellung der Bühne. Und es ist, als ob ein Riesenschatten über alle dahingefahren wäre. Endlose Pause panischer Erstarrung. Alle – jeder nach einer andern Richtung hingewandt – sind in vielfachen Gesten versteinert. Nur aus Juvans Hand – er steht horchend, als wäre er angerufen worden – stürzt das Messer zu Boden. Da löst sich der Krampf in eine namenlos hysterisch ungereimte Verwirrung.

MIRKO *mit noch immer hocherhobenem Messer im Vordergrunde* Komm! Sonst töte ich dich! *Er reißt Stanja mit sich fort.*

FLATTERNDES ANGSTGELÄCHTER *von allen Seiten* Ha! Heha! Hihihahaha! Ha! Heha! Hihihahaha!

FEIWEL Mojscherabbenu!

TEITERLIK Habt ihr, – oh, oh, oh, – habt ihr den Schatten gesehn?

RUFE Wir haben gesehn! – Wir haben nicht gesehn!

AMERIKANER Ruhig Kinder! Er wird euch nichts tun, der Schatten!

ERSTE STIMME Ich hab ihn gesehn. Es war ein Mensch.

ZWEITE STIMME Kein Mensch war's.

DRITTE STIMME Ein Riesen- – ein Riesenbock!

VIERTE STIMME Nein, ein Mensch!

FÜNFTE STIMME Wohin ist er, der Bock, der Bock?

SECHSTE STIMME Die Straße hinunter, radschlagend!

TEITERLIK Nein ihr – oh, oh – ins Haus hinein.

Sechste Szene

Der Wirt stürzt heulend, jappend, mit verdrehten Augen aus dem Haus.

WIRT *auf den Knien* Heilige Maria, bitt für uns! Heilige Anna, bitt für uns! Heiliger Josef, bitt für uns!

AMERIKANER *schüttelt ihn* Rede Ljuben! Kaltes Blut! Was hast du gesehn?

WIRT Heiliger Chrisostomus, bitt für uns! Heiliger Athanasius, bitt für uns! Cyrill und Methodius, betet für uns!

AMERIKANER *schüttelt ihn rasend* Mann! Was denn?

WIRT *mit stolpernder Zunge* Wohltuende Höhlenbewohner, betet für uns! Oh er – oh es. *Fällt in Ohnmacht.*

Siebente Szene

Der weißbärtige Bogoboj in einem weißen, mythisch-phantastischen Mantel, Haar und Bart bekränzt, tritt auf. Er trägt eine Syrinxpfeife in der Hand.

BOGOBOJ Ergangen ist der Schreck an uns. Den Schreck senden sie voraus. Ich schlief, da bin ich aufgewacht. Ergangen ist der Schreck an uns. Wo ist, wo ist der Sohn? *Er bläst.*

JUVAN *reckt sich mit furchtbarem Ruck auf und rennt, während alles zurückweicht, ins Haus.*

AMERIKANER All devils! Respekt!

KRUNA *verzückt* Juvan, unser Herr!

TEITERLIK Jetzt ist er ein toter Mann.

Lange lauschende Pause.

KRUNA *aufjubelnd* Jetzt ist er ein Lebendiger!

DURCHDRINGENDE STIMME Ha! Heha! Hihihahaha!

FEIWEL Hört auf so zu lachen, Gott meiner Väter!

BOGOBOJ Sammelt euch, ihr Kinder, und seid bereit! Sie werden befehlen. Der Sohn ist beim Sendling. Sammelt euch! *Er bläst.*

Letzte Szene

JUVAN *tritt totenbleich vor die Türe. Mit ausgebreiteten Armen versperrt er sie* Die Stunde ist für uns gekommen. Was an Waffen, an Waffenähnlichem, was an Brandgerät, an Pulver und Zündschnuren da ist, ergreift es!

Juvan, der Mann vieler Verschwörungen, der Sohn dieser Berg-Erde, sagt's euch.

Fällig ist das Schicksal der Habenden! Denn zu uns gekommen ist er, der Entsprungene, Verdrängte ... In meinen Schutz hat sich das Geheimnis begeben.

Der Vorhang fällt.

VIERTER AKT

Inneres einer hölzernen Dorfkirche griechischer Konfession. Der Raum wird beherrscht vom Ikonostas, der gold-, silber- und bilderbunten Wand, die das Allerheiligste verbirgt. Der Ikonostas ist von den beiden kleineren Seitentüren und der großen, der sogenannten ›königlichen Pforte‹ durchbrochen. Diese drei Eingänge, die während des göttlichen Schauspiels zum Wandel des Priesters und Diakons dienen, sind jetzt geschlossen. Einige vereinzelte Kerzen brennen.

Erste Szene

Auf der Vorbühne vor dem Ikonostas Juvan und der Pope. An der Kirchentüre zwei bewaffnete Aufrührer als Wachen

POPE *schlotternd* Letzter Tag! Nicht mehr rettet der gnädige Hochaltar, nicht mehr der liebliche Ort der Brotverwandlung. Laß mich hinaus! Draußen sterben.

JUVAN *nach der königlichen Pforte weisend* Hast du ihn gesehn da drinnen?

POPE Gesehn? Hab ich ihn anzuschaun gewagt? Äh! Äh! Er lacht seiner Fesseln, der Zottige!

JUVAN Und weißt du, wer er ist?

POPE Nicht ihn nennen! Nenn ihn nicht, du – du –! Laß mich hinaus!

JUVAN Du zweifelst also nicht! Du glaubst, daß er ist, was er ist?

POPE Ich glaube an den Tod der Welt. Laß mich!

JUVAN *packt ihn an der Gurgel* Wenn du glaubst, so nenn seinen Namen!

POPE *ächzend* Aufruhr, Mord, Feuerschein, Ketzerei die Vornamen ...

JUVAN *läßt ihn los* Geh!

POPE *holt schnell aus einem Versteck das große Evangelium und eine silberne Patene* Retten will ich die Heiligtümer!

JUVAN *schlägt mit seinem Handžar dem Priester diese Gegenstände aus der Hand* Juwel, Gold, Silber willst du retten, pfiffiger Pfaff.

POPE *abrennend* Ich glaube, daß er es ist. Ich glaube!

Zweite Szene

Teiterlik kommt betrunken, halb in merkwürdiger Uniform, halb im Clownskostüm.

TEITERLIK Kapetan! – Überall gewonnen –! Kapetan! Wir florieren. – In vielen Stuben wurde der Schnaps verkostet. – Melde gehorsamst, die Armee wächst. – Die Knechte, die Leibeigenen, die Froner, die

Häusler alle mit uns! – Aus den Wäldern die Köhler, die Meilersleute, die Pascher, viele haarige Unbekannte rottieren sich. – Melde gehorsamst, der Himmel ist rot. – Knez sollst du werden, so sagen sie. – Und ich will auch avancieren, denn ich habe gute Kriegstaten getan. Kapetan, zum Leutnant bin ich gut. – Auf meinen Händen will ich an der Spitze marschieren. – Glaubst du nicht, daß ich jung genug bin? *Er versucht, ein Rad zu schlagen.*

JUVAN Leutnant sollst du sein, solange du betrunken bist. Doch treffe ich dich einmal nüchtern, so lasse ich dich erschießen.

TEITERLIK Befehl ist Befehl!

JUVAN Wie groß ist die Armee, Leutnant?

TEITERLIK Tausend sind wir, sagt man! Und all die Waffen, Säbel, Flinten und eine kleine Kanone, die nicht schießt.

Er fällt aufs Knie und bekreuzigt sich

Der da drin hat uns die Waffen hergezaubert.

Dritte Szene

FEIWEL *tritt stürmisch auf* Also, Herr General, alles was recht ist, – (leicht wird mir's nicht, eine Kirche zu betreten) – was schaut Ihr mich so an?

JUVAN Frecher! Ich bin nicht deinesgleichen, daß du so mit mir sprichst!

FEIWEL Ts! Ts! Christ bleibt Christ! Schöne Revolutionäre sind mir die Gojim! Haben sie einen Säbel, spielen sie gleich Soldaten und Habachtstehn.

JUVAN Melde!

FEIWEL Also, Herr General, ich hab geglaubt, es ist die Zeit der Befreiung und der Gerechtigkeit gekommen. Aber was hab ich sehn müssen? Mord, Herr General! Überall morden die Besoffenen, die Besessenen. Keiner verteidigt sich, und sie morden. Blut von Menschen, Herr General, von Menschen, aus den Haustüren, über die Schwellen hinab, über die Stufen ... Wehe, Wehe geschrien! Ihr müßt verhindern, Ihr müßt befehlen! Ich kann kein Blut sehn. Und der da drinnen, – wenn der da drinnen überhaupt drin ist – kann der es wollen?

JUVAN Jud! Weißt du, warum du der niedrigste aller Menschen bist?

FEIWEL Dafür gibt es viele Meinungen.

JUVAN Weil du den Blutdurst nicht verstehst.

FEIWEL Seht! Und gerade deshalb habe ich mich bisher für den Auserwählten unter den Menschen gehalten.

Vierte Szene

AMERIKANER *kommt* Mann, ich habe Ordnung in die Leute gebracht. Eingeteilt und abgesondert sind die Scharen, wie ich's im Kriege gelernt habe, und jede hat ihre Aufgabe. Die Höfe im Süden alle schon hell, und jetzt sind die Leute gegen den Gospodar aufgebrochen.

Aber viel Volk, vor allem die Weiber, sind länger nicht zu halten. Sie wollen ihn sehn.

JUVAN Sie werden ihn sehn.

AMERIKANER Ich beglückwünsche Euch, Student! Ihr habt ein gutes Stück geleistet, und dies war Menschenkenntnis, als Ihr den Verborgenen den Leuten nicht zeigtet, sondern im verhangenen Käfig hierherbrachtet.

JUVAN Fürchte den Tod, wenn du nicht glauben kannst.

AMERIKANER Machen wir uns nichts vor, Sir! – Ich werde mit meinen Augen sehn. – Überm Wasser habe ich manches erlebt. Es gibt dort große Siedlungen, und da kommt plötzlich der Geist über diese Adamskinder, sie reden Zungen, ziehen überland, morden, sengen im Gottesrausch, reißen sich die Kleider vom Leib und treiben im Namen des Herrn Unzucht.

Aber der Verstand des Mannes zieht Vorteil selbst aus Gott und dem Wahnwitz.

JUVAN Ich habe dumpf aus dem Blute gelebt. Da kam der Anblick, das Fieber brach aus mir und hatte alle ergriffen. Ich werde mein Werk tun, weil ich glaube. Drum glaub auch du, Amerikaner!

AMERIKANER Ich glaube wie Ihr an die Rache. Sehr hoch hat mein Vater geendet, fünf Schuh hoch über der Erde.

TEITERLIK Draußen die Menge!

Fünfte Szene

BOGOBOJ *bekränzt und gekleidet wie am Ende des dritten Aktes* Herzog des Volkes! Sohn der Unbekannten! Du sollst künden und ihn uns weisen.

JUVAN Wie stark ist der Rausch? Wie hoch der Glaube?

BOGOBOJ Wir haben vom Wein getrunken, der zum Blut ward, und vom Blut, das zum Wein ward.

JUVAN So seid ihr bereit zum Dienst?

BOGOBOJ Wir sind todesdurstig nach der Messe, wir lechzen nach der Liturgie.

Sechste Szene

Trunken und wunderlüstern strömt die Menge in den Raum. Männer und Weiber. Allerhand Waffen sind zu sehn, Sensen und Dreschflegel, auch einige Pechfackeln.

CHOR Ihn sehn – Ihn sehn – Ihn sehn!

KRUNA *zu Juvans Füßen* Du unser Herr, erhöhe uns!

JUVAN Noch nicht reif seid ihr, seinen Anblick zu verehren.

KRUNA Lehre uns!

JUVAN Der Länder Schicksal könnt ihr werden, wenn ihr ihn begreift.

KRUNA Und du unser König.

BOGOBOJ Viele Jahrhunderte hast du geschlafen. Jetzt bist du wach.

JUVAN Was seid ihr all?

KRUNA Menschen!

JUVAN Dies aber ist es. Er fordert von euch, daß ihr Menschen nicht seid.

KRUNA Was sollen wir werden?

JUVAN Geh in dich und tu die Antwort auf deine Frage!

KRUNA *sieht Juvan mit wunderbarem Ausdrucke an, dann löst sie langsam ihr langes Haar und schüttelt den Kopf, daß es sie umwehe.*

JUVAN Habt ihr gesehn und verstanden?

CHOR *in einem Aufschrei* Lösen!

JUVAN Ja, lösen! Denn der Mensch ist ein Knoten, denn der Mensch ist ein Krampf.

CHOR Vernichtung der Plage!

JUVAN *bricht ein großes Kreuz übers Knie und wirft's in die Menge.*

FEIWEL *frohlockend* Oi, der Gehenkte!

JUVAN Mensch ist das gekreuzigte Tier.

BOGOBOJ Habt ihr das Wort gehört?

KRUNA Herr! Nimm uns vom Kreuz!

JUVAN Ich werde dich der Weide wiedergeben, Hindin mit spielenden Augen du!

Ihr Alle! Euer Antlitz verbirgt Tier-Todeskampf, Tier-Gestorbenheit. Überwach bin ich. Ich sehe die Tiere. Dort! Blick des erhängten Hengstes! Dort! Blick des erdrosselten Katers. Dort! Letzter schiefer Blitz des verendenden Wolfs.

Die Vision der Gesichter ist zu stark, er schließt einen Augenblick seine Augen.

KRUNA Erlöse die armen Tiere!

CHOR Erlöse das Tier!

JUVAN *nach der königlichen Pforte der Ikonostasis weisend* Sein Anblick wird es erlösen!

CHOR Zeige den heiligen Gott!

Die Menschen geraten in wilde Bewegung. Die Weiber schütteln die gelösten Haare und beginnen, die Kleider zu zerreißen. Die Männer bewahren auf ihren Zügen mit Mühe jene bös-lauernde Verlegenheit, die das Wetterleuchten furchtbarer Massenausbrüche ist.

JUVAN Er ist die Rückkehr, er ist die Heimkehr! Aus dem Urwald der Nacht sind wir gebrochen, blinzelnd ins Tageslicht. In den Wald wollen wir rückkehren. Unsre Augen werden wieder groß und still sein. – Er wird uns in die Nacht heimführen, wenn die Aufgabe getan ist, wenn nichts Gebautes mehr steht auf der Erde, wenn die Erblüge vernichtet, wenn die Rache an dem Menschen erfüllt ist, wenn der letzte Pflug im blutigen Erdloch verfault.

BOGOBOJ *hält ein gesticktes Kirchengewand vor sich hin* So ergreife ich mit drei Fingern die schmale Stola des Diakons und eile hinab und mitten durch den Tempel, nachahmend den trunkenen Flug der Himmelsgeister ...

Er bewegt sich taumelnd durch die Kirche Zum Dienst! Ihr Gläubigen! Auf, die Sinne auf zum Schauspiel der Messe, zur Handlung der Liturgie! *Er kehrt zur Ikonostasis zurück.*

CHOR *wendet sich, Einheit geworden, dem Altar zu.*

JUVAN Beginne dein Amt, Diakon!

BOGOBOJ Du hast es befohlen.

JUVAN Welches Licht ziemt, ihn zu empfangen?

BOGOBOJ Die Finsternis!

JUVAN Welche Farbe ihn zu begrüßen?

BOGOBOJ Wollüstig geschlagenen Fleisches Farbe!

JUVAN Welche Musik, ihm zu huldigen?

BOGOBOJ Gleichmäßig wachsende, die betäubt!

JUVAN Wo sind die Musikanten?

BOGOBOJ Ihr Russigen, hierher!

DIE RUSSIGEN *lassen sich auf einer Seite des Voraltars nieder. Sie tragen Fellkleidung und Hornschmuck auf dem Kopfe. Ihre Instrumente sind Trommel, Sackpfeife, Tamburin und zweisaitige Guzla. Kerzen erlöschen.*

AMERIKANER *zu Juvan* Zu lange währt der Wahnwitz! Ich kalkuliere, ihr arbeitet für den Untergang!

DIE RUSSIGEN *beginnen, zuerst leise, die einförmige Musik, die ein und dieselbe rhythmische Figur immer wiederholt.*

JUVAN *tritt in einen Schatten.*

BOGOBOJ *verzückt* Ihr Lieben, singt mit mir die Litanei!

Psalmodiert Tragos Lyaios Oikoloi
Venga Venga Chaire moi
Pomiluj Nás Pomiluj!

Die Musik wird immer lauter und schneller.

CHOR *auf den Knien* Tragos Lyaios Oikoloi
Venga Venga Chaire moi
Pomiluj Nás Pomiluj!

Die Weiber brechen in Schreie, die Männer in keuchende Rufe aus.

FEIWEL *im Zwange seiner ewigen Fremdheit betet* Boruch ato adonaj elohenu adonaj echod! Um gesund zu bleiben!

AMERIKANER *vergeblich gegen die Hypnose ankämpfend* Ich habe einen klaren Kopf. Aber ich kann nicht anders. *Er wirft sich heulend hin* Pomiluj Nás Pomiluj!!

Die Musik rast.

ALLE *in rhythmischer Betäubung* Pomiluj Nás Pomiluj!!

JUVAN *tritt hervor.*

Siebente Szene

Der Gospodar Stevan Milič, Mirkos Mutter, Mirko, Stanja, Babka, die Alten von Modrygor und Krasnokraj, einige Knechte mit Laternen bahnen sich den Weg durch die Menge, die vor ihnen, plötzlich verstummend, zurückweicht. Musik der Russigen bricht ab.

GOSPODAR *den Fuß auf der Stufe des Voraltars, Juvan entgegen* Brandhunde! Lästerer! Mörder! Ich, der Vorstand, komme hierher, gänzlich unbewaffnet, mit den Weibern meines Hauses.

CHOR Haut sie tot!

JUVAN Keinen Laut ihr alle!

Zum Gospodar Und was wünscht Ihr?

GOSPODAR Ihr habt unsere Ortschaften niedergebrannt, erbarmungsloser als Spahi und Dahi. Ihr habt Mann, Weib und Kind, die wehrlos Überfallenen, gemordet und verstümmelt. Wollte ich nach Gottes und der Menschen Wort handeln, ich stünde nicht hier.

JUVAN Und was wünscht Ihr?

GOSPODAR Immer zu weich war mir das Herz! Glaubt ihr, ich hätte Reiter in die Stadt geschickt zum Bimbaschi, daß er Soldaten sende, euch Tolle niederzustampfen? Nein, ich habe nicht geschickt, ihr Blutsäufer! Vernehmt das!

AMERIKANER (Das glaube ein Wahnsinniger!)

JUVAN Und was wünscht Ihr?

GOSPODAR Verhandeln will ich mit Euch! Du Vernichter im Scholarenrock!

JUVAN Und was sollen wir tun?

GOSPODAR In diesem Augenblick mir Waffen, Diebs- und Brandwerkzeug abliefern und euch zerstreun.

JUVAN Und was bietet Ihr?

GOSPODAR Ist es nicht genug, daß ihr unverfolgt und straflos bleibt?

JUVAN Das ist kein Handel, wie ihr, Händler, ihn sonst gewohnt seid.

GOSPODAR So kniet denn alle vor mir nieder und hört, was euch zur Gnade der Rat der Alten beschlossen hat. Wenn ihr sogleich gehorchet, soll all das arme Blut vergessen sein, und, – kniet nieder, weint, ihr Mörder, – und jeder Landlose, Arme, Fahrende, Heimgekehrte erhält Land vom unbestellten Land und Saatgut obendrein!

CHOR *schweigt kalt und stützig.*

TEITERLIK *weinerlich* Ich bin zwar Leutnant, –– aber Land, mein Land ...

JUVAN Ihr habt nicht alles gesagt, was ihr fordert.

GOSPODAR *leise* Ihr müßt ihn ausliefern, und sofort!

JUVAN Wen?

GOSPODAR *schamvoll zwischen den Zähnen* Den Ungetauften!

JUVAN Seinen Namen!

GOSPODAR *sich windend in Schmach* Verstell dich nicht, Mahr du! Im Allerheiligsten ...

JUVAN Nennt ihn!

GOSPODAR *laut, klanglos* Sein Name. Ich kenne ihn nicht. Er ist mein Sohn.

MIRKO O mein Vater du!

BOGOBOJ Ein Gott auch wurde der Armut im Stalle geboren.

MÄNNERSTIMME Dieser aber wurde dem Reichtum geboren.

FRAUENSTIMME Hihihahaha! Der Reichen Geheimnis!

BOGOBOJ Wer darf sagen: Du bist mein Sohn?

JUVAN Gospodar! Deine Forderung ist abgeschlagen.
Er, der unser Sieg ist, bleibt!

GOSPODAR Wer stellt sich dem Vater in den Weg? *Er will vorwärts, aber Bewaffnete, die sich um Juvan postiert haben, halten ihre Waffen entgegen.*

MUTTER *vortretend* Dieser Vater da haßt ihn. Niemand aber kennt mein Leben seit jenem Tage. Mich laßt zu ihm ...

BABKA Frau, tretet zurück! *Sie drängt die Mutter zur Seite*
Die Eltern haben ihn verleugnet. Ich aber war ihm Nährmutter, Amme, bis zu diesem Tag die einzige Wärterin. Ich allein habe Macht über ihn. Bei meinen Liedern schlief er ein.
Zu Juvan Höllenseele! Ich warne dich. Laß mich ihn locken.

JUVAN Es ist noch ein Weib mit Euch!

MIRKO *packt Stanja eisern* Verbirg dich!

JUVAN Gospodar! Siehe, dies ist Juvan. Plötzlich wirft er seine Beschlüsse um. Was ihm vor einer Weile noch heilig und wert war, jetzt spuckt er darauf. –– Deine Vorschläge sind angenommen, und ich will mich dir fügen ...

AMERIKANER Verrat!

CHOR Niemals habe ich ihn verstanden ...

BOGOBOJ Beugt euch dem Willen. Er kommt nicht von ihm.

JUVAN *sehr nachdrücklich* Ich will mich dir fügen. Er kehrt zurück, wenn diese Schöne dort, wenn deines Mirko Braut, wenn ... wenn sie hineingeht und ihn euch zuführt. –

GOSPODAR Das Antlitz, das der Vater Jahr um Jahr nicht zu sehen gewagt hat, ... sie, das Mädchen ...?

JUVAN Sie kann euch retten.

GOSPODAR *leise, entsetzt* Fort von hier, meine Tochter!

MIRKO *schlaff, mit grenzenloser Traurigkeit* Zum zweitenmal müssen wir vor ihm fliehen, Stanja! Der Student ist stärker als wir. Und ... kein Glück sind wir uns ... Ich werde sterben ohne dich ... Mein Wort hast du zurück!

DIE ALTEN VON KRASNOKRAJ UND MODRYGOR *flüsternd zu Stanja* Fürchte dich nicht. Auf heimlichen Wegen bringen wir wohlbewaffneten Beide dich zu deinen Eltern zurück.

DIE SIPPE DES GOSPODAR UND DIE ALTEN *durcheinander leise um Stanja* Fort! – Leise! – Unvermerkt! – Entweiche! –

JUVAN Welche Antwort?

STANJA *besteigt langsam den Voraltar* Da ist sie!

STANJA UND JUVAN *stehn lange Aug in Aug.*

BOGOBOJ *von einem Zittern befallen* Ihr Kinder! Das Geheimnis der Messe naht.

CHOR *bewegt, melodisch* Schön ist sie, die Schöne,
Mit der Bänderkrone
Im Brautschmuck, im Brautschmuck.

KRUNA *verhüllt sich in ihrem Haar* Weinen!

Die Musik der Russigen leise, eine andre Figur als vorhin

MUTTER Nie hat er ein junges Weib gesehn. Sie geht in den Tod.

MIRKO Zum Bruder ...

JUVAN Stanja! Bin ich dir nun Feind genug?

STANJA Nicht sosehr als ich dir Feindin bin.

JUVAN Tust du es, die Deinen zu retten?

STANJA Die Meinen? Es sind nicht die Meinen!

JUVAN Warum tust du es, Stanja, dann?

STANJA Räuber! Ich verschleudere deinen Raub.

JUVAN *seinen Rückzug hochmütig verbergend* Tritt hinab! Du sollst nicht mein Opfer sein!

STANJA Dein Opfer? Wer bist du? Kannt' ich dich je? Ich kenne dich nicht.

Sie verbeugt sich vor dem Ikonostas Hier stand ich schon, Gott zu empfangen.

Über ihren Sieg emporwachsend Geh! Knecht! Öffne!

JUVAN Hier hast du ein Messer!
Verstehst du? – Ein Messer!

STANJA *nimmt das Messer* Ich werde die Fesseln durchschneiden.
Aber nicht wehren werde ich mich.
Öffne!

JUVAN *hebt seine Hand, aber vermag sich nicht von der Stelle zu rühren.*

STANJA *ohne sich umzublicken, verschwindet durch die ›königliche Pforte‹.*

Musik schweigt.

Achte Szene

MIRKO *hat des zerbrochenen Kreuzes Hälfte mit den beiden silberbeschlagenen Querhölzern ergriffen und wirft sich auf Juvan* Zum zweitenmal – treffe ich dich! *Er stürzt in das vorgehaltene Eisen eines Bewaffneten* Oh – oh – oh – Vater – oh – oh – oh – *Stirbt.*

GOSPODAR *der bei dem Sterbenden kniet, nach langem Schweigen* Er atmet nicht mehr. *Mit heiserem Schrei* Aber Er …

MUTTER *die in den Augen den Irrsinnsausdruck sündigen Frohlockens nicht verbergen kann* Gerechtigkeit! O Gerechtigkeit! *Wirft sich über den Leichnam.*

BABKA *kalt, der Mutter Zwiespalt durchschauend* Frau! Steh auf!

GOSPODAR *hart, zu den Knechten* Faßt den Toten und hebt ihn!

DER ALTE VON MODRYGOR Bruder! Willst du das Mädchen verlassen?

GOSPODAR Der Angelobte ist tot. Sie ist die Unsrige nicht mehr. Voran!

Die Männer mit dem Leichnam bewegen sich zum Ausgang.

Gospodar Stevan Milič, Mirkos Mutter und Babka folgen.

DER ALTE VON KRASNOKRAJ *zum Alten von Modrygor* Gevatter! Wir verbergen uns und warten auf die Tochter von Kouzelni vrh.

GOSPODAR *von der Kirchentüre in den Raum rufend* Wenn ihr uns vernichten wollt, so eilt damit! Ich habe euch betrogen. Die Janitscharen sind längst auf dem Marsch. *Er und seine Sippe ab.*

Letzte Szene

BOGOBOJ Ich fühle die heilige Wandlung. Bereitet euch! Betet! Ein Augenblick noch, und ihr werdet ihn sehn!

CHOR *aufsteigende Furcht im Gesang betäubend* Pomiluj Nás Pomiluj!

JUVAN *plötzlich auffahrend, in verzerrtem Triumph* Jud! Auf den Platz hinaus! Zur Glockenlinde! Läute, Jude, die Glocken, die Hochzeitsglocken!

FEIWEL Hei! Hei! Der Jud wird die Christenglocken läuten, der Jud, der Jud! *Läuft ab.*

AMERIKANER Mir war's eben, als hätte ich ferne Trompeten gehört.

TEITERLIK Verdammt! Auf dem Seil zwischen zwei Giebeln wäre mir wohler. Der Morgen friert mir im Gebein. Meine Charge freut mich nicht mehr.

JUVAN Was hab ich getan?

Ein ungeheurer Lustschrei, sangartig, chromatisch absteigend, nicht aus Menschenkehle, unmenschlich übermenschlich, bricht aus dem Allerheiligsten hervor. Die Glocken fallen wild ein.

BOGOBOJ Es ist geschehn. Das Wunder ist da.

KRUNA Warum hast du nicht mich geopfert?

CHOR Sie ist tot.

JUVAN *stürzt mit einem dumpfen Ruf gegen die Pforte des Heiligtums.*

BOGOBOJ *mit ausgebreiteten Armen verstellt ihm den Weg.*

JUVAN Retten!

BOGOBOJ Stör nicht das Opfer!

JUVAN Alter zurück!

BOGOBOJ Ertrage den heiligen Augenblick! *Er hält mit ungeheurer Kraft Juvan umklammert.*

JUVAN Ich leide.

Sie ringen. Die Glocken schweigen. Die Alten von Modrygor und Krasnokraj tauchen an der Rampe auf.

DER ALTE VON KRASNOKRAJ Haltet mich! Meine Knie zittern zu sehr.

DER ALTE VON MODRYGOR Dort! Ah! Ich habe etwas gesehn. Jetzt! Da! Hinter dem letzten Fenster ein Frauenschatten. Schnell! Durch die kleine Tür! *Sie verschwinden durch einen geheimen Ausgang.*

FEIWEL *erscheint an der Rampe, zähneklappernd, leise* Hörner von allen Bergen! *Macht sich davon.*

JUVAN *hat den riesigen Alten übermannt; der taumelt zur Seite*
Stanja! *Kaum tut er den ersten wilden Schritt zum Heiligtum, erstarrt er.*

CHOR Er kommt!

Alle Personen auf dem Theater weichen in dunkler Masse zurück. Die große königliche Mittelpforte der Ikonostasis öffnet sich langsam von selbst. Dahinter wird sichtbar der große Hochaltar, blendend mit hundert Lichtern besteckt.

BOGOBOJ *auf dem Angesicht* Ich sehe.

CHOR *niedergeworfen* Wir sehn ihn.

Der Hochaltar wogt mit taumelnden Flammen. Ehe der Zuschauer etwas nahen sieht, fällt der Vorhang.

FÜNFTER AKT

Die Ruinen des eingeäscherten Gospodarhofs. Im Hintergrunde das Gemäuer des Wirtschaftstraktes. – Nur das große, unversehrte Hoftor steht weit offen, und dahinter wird die zerstörte Saat der Äcker sichtbar. Links das geschwärzte, aber nicht eingestürzte Wohnhaus mit der Türe, zu der drei Stufen hinaufführen. Zu beiden Seiten der Türe je eine rohe Bank. In der Mitte des Raums ein Brunnen. Rechts im Vordergrunde eine kurze Rasenerhöhung, die in die Kulisse ansteigt, wodurch angedeutet wird, daß die Straße durch den Hof führt. Späte Morgenstunde

Erste Szene

Der Gospodar Stevan Milič und der Physikus treten aus der Türe.

PHYSIKUS *mit dem Schlüssel spielend* Euer Geheimnis – dieser Schlüssel dazu – und meine Vergeßlichkeit, Herr, haben genügt, und eine kleine Welt ist untergegangen.

O herrliche lückenlose Ursachenkette der Natur, in die kein überirdisches Prinzip eingreifen muß, das notwendige Wunder zu erfüllen! Gott selbst, wie Voltaire sagt, müßte sich zum Atheismus bekehren.

GOSPODAR Was redet Ihr da?

PHYSIKUS Nun ja, ich weiß! Das Geheimnis gehört dazu als Uranstoß, als erstlich Bewegendes. Aber was ist denn dieses ganze Geheimnis? Die restliche Furcht, das böse Residuum, das Unverdaute im Magen der Entwicklung! Ach, Ihr solltet Französisch lesen können!

GOSPODAR Herr!

PHYSIKUS Der Aberglaube, Stevan Milič, war's, bei Euch und bei jenen. Mir dürft ihr keine Vorwürfe machen. Habe euch immer gewarnt. Habe mich oft angetragen, den furchtbaren Wechselbalg in Pension zu bringen. – Aber der Schlangenblick der Eitelkeit hielt Euch und die Eure gebannt. Es hätte ja an den Tag kommen können, daß es auch im Haus des fürstlichen Mannes stinkt. – Nun ist es schrecklich an den Tag gekommen.

GOSPODAR Ja, es ist an den Tag gekommen, und ich danke in all meinem Elend Gott dafür.

PHYSIKUS Der Aberglaube jener Armen ist gerechtfertigter als der Eure. Denn Not und Leiden wollen erlöst werden, und leicht sehn sie in einer menschlichen Mißgeburt den Gott oder das Gegenteil.

GOSPODAR Jetzt bin auch ich arm wie der Ärmste.

PHYSIKUS *haut ihn hart auf die Schulter* Ihr werdet es nicht lange bleiben! Denn zur Armut und zum Reichtum muß man geboren sein wie zum Propheten. Es ist einfach eine gewisse Anordnung der menschlichen Zellen. – Viel Blut haben die Aufrührer vergossen, aber die Soldaten haben noch viel mehr Blut unter ihnen vergossen. – Die Armen bezahlen doppelt. – Ihr habt den Sohn verloren? –

GOSPODAR Sagt doch beide Söhne, Meister!

PHYSIKUS Der Andere, heißt es, ist in den brennenden Wald entsprungen und dort umgekommen.

GOSPODAR Erstickt oder verbrannt, wer weiß das ...

PHYSIKUS Hat man ihn aufgefunden?

GOSPODAR Ich frage nicht darnach.

PHYSIKUS Nun! Das Leben liegt noch immer vor Euch.

GOSPODAR Mir ist, als hätte ich nicht ein Leben nur gelebt.

PHYSIKUS Fünfzig seid Ihr erst!

GOSPODAR Und gerade heute ist es mir, als wäre dieses Alter die wahre Jugend!

PHYSIKUS Ich möchte aus Eurem Holze geschnitzt sein.
Er betrachtet die Hausmauer Auch hier die Kugelspuren der Janitscharenbüchsen. Der denkwürdigste Kerl war doch dieser Student. Wißt Ihr Näheres?

GOSPODAR Uns Burschen allen war einst seine schöne Mutter zu Willen gewesen.

PHYSIKUS Das ist ein großer Mann, wohlbekannt beim Gouvernement, ein Meister in den Künsten der Verschwörung, den man nie erwischen konnte. – Ich diagnostiziere selbstverständlich auf Fallsucht. – Sie werden es mit der Bastonade nicht genug sein lassen.

GOSPODAR In mir ist Haß wider Niemanden mehr.

PHYSIKUS Und dieser verrückte Weißbart, der Prophet, dem war auch nicht mehr zu helfen. Gestern haben sie ihn verscharrt.

GOSPODAR Sagt, Herr Doktor, wie konnte dies alles geschehn, wie nur in diesen wenigen Tagen des Kalenders?

PHYSIKUS Auch die Menschenwelt, Freund, hat ihre leider noch nicht erforschten Jahreszeiten, Sonnenfinsternisse, Nordlichter und magnetischen Stürme. Es juckt die Ordnung. Die Urverwirrung steigt an die Oberfläche. Das verborgene Tier stößt uns auf.

GOSPODAR Ich verstehe nicht, was Ihr da sagt. Aber es wird wohl wahr sein, denn trotz meines Schicksals, mir ist so leicht, so leicht!

PHYSIKUS Das ist ein wohlgebornes Wort der Seele, Milič! – Haha! Seht Ihr, auch Katastrophen, wie alles, sind schließlich nur da, um beschwätzt zu werden. Und da drüben in der Scheune liegt ein Patient mit zerschossener Lunge. Ich will dem gottverdammten Popen zuvorkommen. Ein armer Seiltänzer ist's, der kaum den Tag mehr zu leben hat. *Lüftet seinen Dreispitz* Ihr findet mich immer! Exkusiert mich jetzt! *Ab.*

Zweite Szene

Mirkos Mutter tritt aus der Türe.

GOSPODAR Mutter! *Er faßt sie bei der Hand* Kommst du endlich aus der schwarzen Kammer hervor und hast dieses alte schöne Kleid angetan, das ich so sehr liebe?

MUTTER Ja Vater! Der Morgen da, so blau ist er heute aufgegangen. Ich – ich – ich –
Setz dich zu mir, Vater!
Sie setzen sich auf die Türbank.

GOSPODAR Was verschweigst du mir?

MUTTER Verworfen bin ich. Ich muß dir etwas Schreckliches, Todsündiges sagen.

GOSPODAR Ich weiß es. Sprich's aus!

MUTTER Todsünde, Vater!

GOSPODAR Sag das Wort, Mutter!

MUTTER *leise* Ich bin glücklich.

GOSPODAR Ich habe dich verstanden. Ich auch – ich auch *Birgt seinen Kopf in die Hände* bin glücklich.

MUTTER Tot sind die Kinder.

GOSPODAR Der Geratene und der Mißratene.

MUTTER Der Geheime und der Offenbare.

GOSPODAR Einer durfte nicht leben ohne den andern. Das war das Schicksal.

MUTTER Die ewige Seligkeit ist mir verschlossen, – denn, Vater, als mein Kind Mirko verblutend lag, – da war es wie Freude in mir, wie Freude um des andern willen.

GOSPODAR Du hast ja nur ihn geliebt.

MUTTER Niemals gesehn hab ich den Armen. So war er mein Schmerz in allen Stunden und etwas in mir betete heiß den Verfluchten an. Aber nun er im brennenden Tod verschwunden ist, – wie leide ich – und bin dennoch erlöst.

GOSPODAR Erlöst! – Kinder machen den Menschen nicht froh.

MUTTER Froh nur das Weib, solange es Milch in der Brust hat.

GOSPODAR Aber Kind und Haus, sie wachsen und verbauen des Menschen Himmel.

MUTTER Und seine Liebe.

GOSPODAR Weißt du Mutter, noch etwas ist da, was mich glücklich und jung macht!

MUTTER Sag's mir.

GOSPODAR *mit einer Geste nach den Ruinen* Die Zerstörung!

MUTTER Ja, wir sind arm! Die Höfe und Meierein niedergebrannt, die Ställe leer, die Truhen ausgeraubt ...

GOSPODAR Aber das Verborgene ist fort! ––– Dies habe ich erkannt: In jeglichem Besitzen ist Verbergen und in allem Bestehenden grinst das Versteckte. Alt werden wir, wenn unser Geheimnis heranwächst. – Großes Übel! – Aber in den Tag hinein wirken, frech, sinnlos und pfeifend, das, – das ist Jugend. *Er reckt die Arme* – Und ich habe sie wieder.

MUTTER Vater!

GOSPODAR Mutter!

MUTTER Was reden wir da? Vater und Mutter sind wir nicht mehr.

GOSPODAR Ja, Vater und Mutter sind wir nicht mehr! Aber was sind wir?

MUTTER Weißt du das Wort nicht?

GOSPODAR *sie lange anblickend* Frau!

MUTTER *mit zitternder Stimme* Mann!

GOSPODAR O Wort, das lange geschlafen hat!

MUTTER *tränenüberströmt* Lange ... und wo war ich?

GOSPODAR Neben mir! Aber erwachend, aus all dem Fieber erwachend, sehe ich dich jetzt. Dich – das erstemal wieder sehe ich nun.

MUTTER Mich!? – Aber ich bin es nicht mehr.

GOSPODAR Alles mußte ich verlieren, um dich zu finden.

MUTTER Ich bin es nicht mehr.

GOSPODAR Schöner, schöner bist du mir als damals. Die Sonne, die golden rötliche dieses Morgens auf deinem Gesicht, ich frage nicht danach, ob dieses Morgens Sonne deine Abendsonne ist.

MUTTER Nicht hast du mich angesehn in den Tagen der Schönheit.

GOSPODAR Am schönsten ist der reife Mensch. – In deinem blonden Haar diese grauen Haare, sie rühren mich so sehr, sie rühren mich so tief. – Heilig ist ihre Süßigkeit, die ich nicht verstehen kann.

MUTTER *die Stimme versagt* Du ...

GOSPODAR Ich will mit dir nicht den silbernen Jahrestag feiern, aber das zweite Gelöbnis ...

MUTTER *sinkt in seinen Arm.*

GOSPODAR ——— In diesem Kuß!

Sie küssen sich lange und tief.

GOSPODAR *aufstampfend, breitspurig, laut* Ah! He! Ho! Haha! Weib! Du! Mein! Ich bin neu, ganz neu!

Hörst du? Frech, sinnlos, pfeifend in den Tag hinein!

Nach einer kleinen Pause Der alte krumme Schimmel ist uns geblieben. Ich spanne ihn ein und fange wieder an, – zum Spaß, – hahaha, – zum Spaß! *Geht durchs Hoftor ab.*

MUTTER *blickt ihm nach mit zag sich breitenden Armen.*

Dritte Szene

Stanja kommt langsam, setzt sich auf den Brunnenrand und bleibt starr, undurchdringlich.

MUTTER Noch immer hier!

STANJA Immer wieder hier. Warum mißtraut Ihr mir, Mutter?

MUTTER Der Sohn ist tot. Nichts bindet dich mehr an uns.

STANJA Ich bleibe Eurem Sohn treu, Mutter.

MUTTER Die Deinen haben um dich gesandt.

STANJA Die Meinen? Immer die Meinen! Wer sind die Meinen? Laßt mich bei Euch im Haus, Mutter!

MUTTER Du siehst, hier gibt's kein Haus mehr. Deine Stätte ist, wo Reichtum und Glück daheim sind, wo die neuen Freier vor der Tür schon stehn. Hier ist nur Raum für harte Hände, die sich plagen wollen.

STANJA Meine Hände wollen sich plagen, Mutter.

MUTTER Was suchst du bei uns alten, vernichteten Leuten, warum weichst du deinem Tag aus?

STANJA Weil ich Eurem Sohne treu bin, Mutter!

MUTTER Und hast ihn, Seltsame, doch gar nicht geliebt, den Toten!

STANJA Warum mißtraut Ihr mir, Mutter?

MUTTER Ich mißtraue dir nicht mehr. – Als du zu uns kamst, du Junge, schön stumm hochnäsig, die mäkelnde Schwiegertochter, da habe ich dich, du fremdes Weib mit den noch ungesenkten Brüsten, da habe ich dich wohl gehaßt. – Ich weiß nicht, was dir geschehn ist in der gräßlichen Nacht ... Zeig dein Gesicht!

STANJA *wendet ihr Gesicht weg.*

MUTTER Kind! Ich hasse dich nicht mehr. Nein, du bist mir vertraut.

STANJA So laßt mich hier.

MUTTER Warum redest du nicht?

STANJA *von weit her* Reden ...

MUTTER Ich will auch nichts wissen. Ach, wenn ich dich anschaue, glaube ich gar nicht, daß du soviel jünger bist als ich, Tochter. – Ich habe ein gutes Gefühl für dich.

STANJA Ich weiß, Ihr seid nicht mehr meine Feindin.

MUTTER Gerade darum, und fast schon schweren Herzens rat ich dir: Geh! Geh! Was willst du hier? Bald ist für das Weib alles vorbei, und es hat nur einen Tag, nur eine Stunde, darauf es seine Macht bauen kann. Du wirst den Neuen finden, du Reizende, und vielleicht den Besseren!

STANJA Ich bleibe Eurem Sohne treu, Mutter!

MUTTER Was sagst du da?

STANJA Immer das gleiche! Laßt mich bleiben. Ich scheue die Arbeit nicht. Ihr werdet mich brauchen können, Mutter.

Vierte Szene

Feiwel, den Hausiererpinkel auf dem Rücken, kommt des Weges.

FEIWEL *schon von weitem her erregt* Gott, was ist alles passiert, Gott, was hab ich müssen sehn, Ewiger, was muß ich noch immer erleben! Dieser schöne Hof, dieser fürstliche Hof, dieser Königshof! Eijajei! Ein solches Vermögen! *Die Fäuste ballend* Die Hungerhunde!

MUTTER Euch kann nicht viel geschehn, Feiwel. Das Eure tragt ihr auf dem Buckel.

FEIWEL Und das Mitleid ist nichts, Madame, und die schlaflosen Nächte? Es ist wahr, ich hab nur mobiles Vermögen, aber darum gerade kommt man immer unter die Leute. Mit meiner weichen Seele – kann ich mir helfen? – muß ich mich in alle Menschen hineinversetzen, in ihr Unglück, ihren Bankerott! Gott, was hab ich da alles auszustehn?!

Die Christen sind prächtige Geschöpfe, aber was Mitleid ist, wissen sie nicht.

MUTTER Und doch seid ihr der Hetzer und Wortführer gewesen!

FEIWEL *weicht übertrieben zurück* Gerechter Vater, wer hat mir das aufgebracht? Meine Feinde, die Gottlosen in Mizraim.

Ich bin ein gebildeter Mensch. Die deutschen Zeitungen kann ich lesen und weiß, was das ist: Politik! Und weil ich ein geborner Redner bin, habe ich eine Rede gehalten vor den Alten. Was hab ich davon gehabt? Aus Mitleid hab ich geredet für die Hungerleider. Reden halten die größten Staatsmänner. Pro und contra. Und deshalb, Gott der Gerechte, soll ich ein Hetzer sein?

Aber natürlich, wenn der Hagel fällt, wird der Jud gepeitscht.

MUTTER Ihr wart doch einer der Wildesten, Feiwel?

FEIWEL Ich? – Weh! – Da muß ich mich doch hinsetzen. *Er setzt sich auf die Bank* Das ist mein Schicksal: Ich bin dabei und bin nicht dabei und bin nicht dabei und bin dabei. Wie ihr mich hier seht, so bin ich auch damals des Weges gekommen, ich wollte nicht, doch sie haben mich mitgezogen, mich Schwachen, Ängstlichen. Warum bin ich mitgegangen? Warum? Um die wilden Gojim zu beschwichtigen! Ich war ja nur Kiebitz! Aus Mitleid für euch!

Aber ich weiß, ihr wollt mich denunzieren, zugrunde richten ...

MUTTER Nein, das will ich nicht, Jud! Ich klage niemanden an.

FEIWEL Das ist ein Wort, das Gott ins Buch schreibt. – Die es hat treffen sollen, hat es getroffen. Der Amerikaner ist tot, der Seiltänzer liegt im Sterben, und der große Hauptbösewicht ...

STANJA *gleichgültig* Der Hauptbösewicht?

FEIWEL *die Augen beschattend, lugt in die Ferne* Wartet! Vielleicht kann man das von hier sehn!

STANJA Was?

FEIWEL *grinsend* Ah, mein Fräulein! Nichts für Euch! Trotzdem, – ich muß sagen, – Respekt vor der Demoiselle ...

STANJA Wohin schaut Ihr da?

FEIWEL Man kann es nicht sehn.

STANJA Was kann man nicht sehn?

FEIWEL Das, was sie für den Studenten auf dem Hügel errichtet haben.

STANJA *ruhig* So ist es schon vorüber?

FEIWEL Nein! Es findet zur Mittagsstunde statt. Doch jetzt beginnt schon der Zulauf. Das können auch nur Christen aushalten. *Nimmt den Pinkel ab* Aber ich vergesse das Geschäft. Damit ihr seht, was ich für ein Mensch bin! Als Einziger habe ich mich den Verhältnissen angepaßt und unter hundert Strapazen – (weh, meine Krampfadern!) – die Artikel hab ich beschafft, die man zum Aufbau und zur Wiedereinrichtung benötigt. *Hausiererton* Nägel aller Größen, praktische Werkzeuge gefällig, Leim, Feuerschwämmchen, echtgoldene billige Hemdknöpfe, dauerhafte christliche Heiligenbilder, süßschmeckendes Laxierpulver ...

MUTTER Geht, Feiwel!

FEIWEL *huckt auf* Ich und zudringlich!?!
Euer Diener, meine Damen! *Er schwankt im Zickzack ab.*

STANJA *nimmt die Hand der Mutter* Mutter?

MUTTER Ich weiß nicht, wer du bist. Aber Braut des Sohnes *Sie küßt sie leicht auf die Stirne* lebe von nun an mit uns. Ich wills meinem Alten sagen.

STANJA *senkt tief ihren Kopf.*

MUTTER *geht ins Haus.*

STANJA *setzt sich wieder auf den Brunnenrand.*

Fünfte Szene

Der Gospodar Jevrem Vesilič und Stanjas Mutter treten auf.

GOSPODAR JEVREM Da kommen wir selbst. Die vielen Botschaften und Sendungen hast du nicht geachtet und der Wagen, der dich holen sollte, kam leer zurück.

STANJAS MUTTER So haben wir die Wegesmüh auf uns geladen, Kind, und kommen, dich mitzunehmen von hier.

STANJA *als hätte sie überhört* Wie geht es euch, Eltern?

GOSPODAR JEVREM Nur Sodom vernichtet der Himmel.

STANJAS MUTTER Aber die Gerechten schont er.

GOSPODAR JEVREM Von uns kann kein böses Geheimnis ausgehn.

STANJAS MUTTER Und wir verbergen keine Sünde im Haus.

GOSPODAR JEVREM Über dem Hochmütigen hängt die Wolke.

STANJAS MUTTER Der Wasserkrug an der Tischkante wartet, daß einer ihn umstößt.

GOSPODAR JEVREM Es ist gut, daß sie nicht da sind und wir keine falschen Worte reden müssen.

STANJAS MUTTER Die Gottlosen scheut die Seele der Frommen ...

GOSPODAR JEVREM Und wir sind glücklich, daß nichts daraus geworden ist.

STANJAS MUTTER Der Tote war ein Lappen.
Unsegen und Schmach hättest du uns ins Haus gebracht.

GOSPODAR JEVREM Solch eine Verschwägerung! Wir sind die Angesehensten. Aber fast ist schon ein Fleck auf uns.

STANJAS MUTTER Wir werden Kerzen stiften ...

GOSPODAR JEVREM Und haben für dich den Richtigen im Auge ...

STANJAS MUTTER Den Besseren, den du nehmen wirst ...

GOSPODAR JEVREM Eine Familie, wie man sie nicht wieder findet ...

STANJAS MUTTER Und sie sind reicher, als diese da waren.

GOSPODAR JEVREM So sei denn glücklich, du Böse, und sag ein Wort!

STANJA Ich bleibe des Milič Verlobte, ihr Eltern!

GOSPODAR JEVREM *die Erregung wider die Tochter übermannt ihn* Trotz mir nicht, Mädel! Ich bin hierhergekommen. Aber Groll ist in mir.

STANJAS MUTTER Dieselbe bist du uns nicht mehr seit all den Geschichten.

STANJA Was habe ich euch denn angetan?

GOSPODAR JEVREM Jeder ist an seinem Unglück selbst schuld.

STANJAS MUTTER Immer warst du eine, die nicht dazu gehören will, Duckmäuserin! Das bringt Unglück.

GOSPODAR JEVREM Deine Freundinnen alle? Sie bringen Glück den Eltern. Gut unter der Haube sind sie. Unglück ist Schande.

STANJA Ich habe euch gehorcht, Eltern!

GOSPODAR JEVREM Schlecht hast du gehorcht, und immer mit Eigenwilligkeit. Wir kennen dich nicht. Zu wenig hab ich dich geschlagen.

STANJA Was schmäht ihr mich an diesem Tag?

GOSPODAR JEVREM Übler Erfolg verdient den Stock.

STANJA Ihr habt mich ja selbst in dieses Haus gebracht.

GOSPODAR JEVREM Begehre nicht auf gegen deinen Vater. Das bittere Gift steigt mir in den Mund. Komm jetzt!

STANJA Hier bleibe ich, Eltern, in meiner Witwenschaft.

STANJAS MUTTER Witwenschaft, du Verrückte? Jungfer bist du, und das ist noch das einzige, was sich an dir bezahlt.

GOSPODAR JEVREM Zum letztenmal sag ich dir: Auf!

STANJA Geht nach Hause, Vater und Mutter!

GOSPODAR JEVREM *hebt rasend den Stock gegen sie* Ah! Weh dir! Mein Besitz bist du! Kusch dich, Hündin! Der Teufel weiß, was du getrieben hast.

STANJAS MUTTER Jesus! Dem Vater wird schlecht. Er ist alt.

GOSPODAR JEVREM *keuchend* Mein Herz – Mein Herz –

STANJAS MUTTER *kreischt* Wenn ihm was geschieht, du bist die Mörderin.

STANJA Eltern, geht fort von hier! Geht!

GOSPODAR JEVREM Ich gehe, gehe! Nicht zerre ich dich fort, denn ich seh dich nicht mehr, du bist mir nicht mehr. Ein letztes Wort sei dir aber gesagt! Bist du morgen bis Sonnenuntergang nicht zu Kreuze gekrochen und rückgekehret ins Haus, so stirbst du an meinem Fluch, *Brüllend* an meinem Fluch. *Schnell ab.*

STANJAS MUTTER *ihm nacheilend* Vesilič, reg dich nicht auf! Nicht aufregen, Jevrem Vesilič! *Sie droht zurück* Du!

STANJA *allein* Nicht diesem Fluche sterbe ich. *Erstickt* Wo? – Wo? – Wo? *Sie späht in die Richtung, wohin Feiwel ausgeschaut hat. Plötzlich dreht sie sich um, da*

Sechste Szene

steht Juvan, gefesselt, vor ihr. Hinter ihm der eskortierende Baschi Bozuk und zwei Soldaten

JUVAN Baschi Bozuk! Habe ich die Vergünstigungen des Delinquenten in Anspruch genommen?

BASCHI BOZUK Du hast den Pilav ausgeschlagen und den Wein stehn lassen.

JUVAN So bist du mir die Erfüllung meines Wunsches schuldig!

BASCHI BOZUK Das steht nicht in meiner Instruktion.

JUVAN In deiner Instruktion steht auch nicht, daß ich dir ohne Zweifel entspringen werde, wenn du nicht auf mich hören magst. Nicht zum erstenmal würde mir dies gelingen.

BASCHI BOZUK Ich werde dir die Fußkette anlegen lassen.

JUVAN Das ist nicht nötig. Sieh in die Wahrheit meiner Augen! Du hast mein Wort. Wenn du mir Zeit gibst, mit dieser hier zu reden, wirst du keine Ungelegenheit haben.

BASCHI BOZUK Wirst du dein Wort halten?

JUVAN Sieh in die Wahrheit meiner Augen!

BASCHI BOZUK So will ich um deinetwillen, obgleich du ein Unreines Essender bist, meine Befugnis übertreten. *Kommandiert den beiden Janitscharen* Kehrt euch! Zehn Schritt vorwärts marsch!
Halt! Kehrt euch!
Die Soldaten postieren sich für den Zuschauer unsichtbar.

BASCHI BOZUK *kommandiert* Gewehr in die Balance! Fertig! Hoch! An! *Zu Juvan* Du siehst, wenn du nur eine zweifelhafte Bewegung machst, so ist auch dieses Mädchen verloren. Ich gehe aus der Hörweite und will einige Male bis hundert zählen. *Ab zu den Soldaten.*

Siebente Szene

Stanja und Juvan

JUVAN Du weißt, wohin ich gehe.

STANJA *schweigt.*

JUVAN In mir war kein Zweifel, daß ich dir begegnen mußte auf diesem Weg. So bin ich mit geschlossenen Augen gegangen.

STANJA Ich habe gewartet.

JUVAN Du kennst, Stanja, die Frage an dich, die schrecklich in mir lebt.

STANJA *mit großer Zärtlichkeit* Ich kenne sie! Geh ruhig, geh ruhig dahin, Juvan!

JUVAN Er aber hat geschrien, den Liebesschrei geschrien!

STANJA Rein bin ich dir bis zum Tod! Geh ruhig, Juvan!

JUVAN Wie ist das, Geliebte? Ich spreche jetzt das erstemal mit dir. Und doch, wieviele Wege, Schwester, sind wir Hand in Hand gegangen ...

STANJA Ich spreche nicht das erstemal mit dir. Aus vielen Träumen kenne ich diese deine neue Stimme.

JUVAN Rede, rede, rede! Dahinten zählt einer.

STANJA In der Wind-Nacht bist du, Herberge fordernd, ins Haus gekommen. Da saßest du auf der Bank, und ich bin durch die Stube gegangen, einmal, zweimal ...

JUVAN Ich habe – vergessen.

STANJA Ich habe nicht vergessen.

JUVAN Warte! Nicht vergessen! In meiner Schwärze ein Schein durch kleinen Türspalt. – Ich habe gesucht.

STANJA Und der du mich nicht erkanntest, als ich mit dem Verlobten an deinem Tisch saß, du hast mich doch erkannt, ich weiß es.

JUVAN Ja! Dies ist so. Warum hätte ich dir sonst weh tun müssen? – Und da ist das Geheimnis zwischen uns gesprungen.

STANJA *ganz leise* Das Tier.

JUVAN Siehe! Jetzt ist es mir, als wäre uns das Geheimnis entsprungen. *Ihre Hand packend* Nein, nein! Nicht dir, – mir!!

STANJA *tief, wie getröstet* Warst du es?

JUVAN Ich aber habe dich ihm vorgeworfen.

STANJA *in ihrem Stolz ein Blitz von Erbitterung* Das ist nicht wahr. Ich habe dich besiegt. Denn selbst und freien Willens bin ich hineingegangen.

JUVAN Du hast mich besiegt. Als ich dir zitternd das Messer gab, war ich verloren, meine Sache, sie alle waren verloren, und das Krummhorn der Türken drohte vom Berg.

STANJA *mütterlich* Mann, jetzt bist du zu mir gekommen.

JUVAN Wahnsinn! Wer war ich? Wer? Auf dem Rücken liegend bestarrt ich den toten Himmel, ohne Gedanken, voll nur der Leidenschaft, etwas zu rächen, was ich niemals gekannt habe, vielleicht den namenlosen Vater! Haß wider die Sicheren, Ehrzappelnden, Bös-Bemühten! Sehnsucht der Rückkehr in Tier-Aug und Atem! Nur eine Lust in mir, die des Untergangs, nur eine Freude, einsam in den Sturm zu brüllen, nur ein Licht: das Licht, das vom Feuer kommt! Ewig gesellt den Gefährdeten, weil ich so durstig war nach der täglichen Vernichtung, nach diesem ungeheuren Rausch! Da aber ...

STANJA Da aber, o mein Geliebter?

JUVAN Da ist der Tag gekommen nach den vielen brennenden Nächten, und ich bin heute in diesen Frühlingshimmel erwacht. Es ist mein letzter Tag.

Weil ich gehaßt habe, mußte das Weib mich zerschmettern und erwecken.

Oh, oh, das Wunder des Morgens geschah mir! Zum erstenmal sah ich die Lerchen in ihrem Singen brennen, der Schrei brach aus mir, und die Welt warf mich hin.

Da wußte ich dich, überall wußte ich dich ...

STANJA Rede, rede, rede! Dahinten zählt einer.

JUVAN Dich liebend, – liebte ich. Sanft war die Hand gehöhlt, die gefesselte, zu schöpfen, zu streicheln. O du Frau, du Helle mit den starken Gliedern! Lieben – zum erstenmal – das ist so stark, – so stark – *Die Tränen rinnen ihm über die Wangen.*

STANJA So sag mir, du Mund, der jetzt noch atmet, sag mir eins: Da wir füreinander zur Welt kamen, warum durfte es nicht sein?

JUVAN Leicht finden, leicht lassen sich die Zufälligen. Aber was vermögen wir gegen unsere Seelen, diese unerbittlichen Geschwister?

Todsüchtig häufen sie Schwärze zwischen ihr Licht, und ihr Adel ist, daß sie es sich schwer machen.

STANJA Warum, warum?

JUVAN Weil alles Ewige die Erfüllung fürchtet.

STANJA *aufschreiend* Ich will dich haben, ewig, ewig! Geh nicht von mir, jetzt nicht. Ich muß es dir sagen ...

JUVAN *an seinen Fesseln zerrend* Stanja! Rede! Er hat dich berührt.

STANJA *mit aufglänzender Stimme* Nein, du Geliebter! Nein! Dieses Leben, wisse, ist dein!

JUVAN Sagst du das nur, um das Sterben mir leicht zu machen?

STANJA *umklammert ihn* Wie soll ich denn leben, wenn du nicht bist?!

JUVAN *brüsk* Ich fühle, er hat zu Ende gezählt.

STANJA Höre und tu's schnell, solang es noch Zeit ist. Wenn du mich liebst, fliehe, entflieh ...! Sie werden uns beide töten.

JUVAN So sage mir nochmals, daß du ihm nicht verfielst ...

STANJA Du weißt die Wahrheit. – Und jetzt, du mein Leben, tu rasch ein paar Schritte. Sie werden schießen und alles ist gut.

JUVAN *nach einer Pause* Nein!

STANJA *bebend* Noch ist es Zeit.

JUVAN Nein! Du sollst leben! Ich muß dich hinter meinem Rücken in der Welt wissen, o Weib, wie die Wärme und das Licht, damit ich eine Heimat verlassen kann.

STANJA *an ihm herabsinkend* Immer wieder verstößt du mich.

Achte Szene

Baschi Bozuk und Soldaten treten vor.

BASCHI BOZUK Ich habe gnädig gezählt. Jetzt komm, Student! *Er legt die Hand auf ihn.*

JUVAN *die Hand abschüttelnd* Du bist nur meine Vollstreckung. – Die Welt kocht in mir. Ich sterbe aus Übermut. *Rasch ab. Die Eskorte folgt.*

STANJA *allein* Ihm ist alles Sekunde. Ich aber muß die Zeit ertragen, meine ganze Zeit.
Ich Verfluchte!

MUTTER *aus dem Hause tretend* Ich habe ein Essen bereitet. Wir wollen den Vater rufen – Wer kommt? ...

Neunte und letzte Szene

Der betrunkene Schinder kommt mit seinem leinwandbespannten Wagen, den ein armseliges Maultier zieht.

DER BETRUNKENE SCHINDER Hüah! Prr! Prr!
Ihr Frauen vom Haus hier, he, he! – Ist euch ein Schnäpschen übriggeblieben?

MUTTER UND STANJA *schweigen entsetzt.*

DER BETRUNKENE SCHINDER Was? Keiner da? Das Wirtshaus aus ... ausverkauft. No! Ich hab ja vorläufig genug. Kennt ihr mich?

MUTTER Fort! Schinder!

DER BETRUNKENE SCHINDER Ah was! Solche Namen! Ich bin Staats ... Staatsbeamter. Aber wenn ihr wüßtet, was ich heute führe ...

Ein Volkslied singend

Der Heldenmensch tritt unversehrt
Aus Qualm und Weltbrand vor uns hin
Und führt zum Sieg uns fürder vor.

Die Geschäfte gehn gut! *Peitscht die Luft.*

MUTTER *wankend* Ins Haus!

STANJA *hält sie zurück* Nein, bleibt!

DER BETRUNKENE SCHINDER Ei, ich weiß, neu ... neugierig sind die Weiber. Aber ich diene ihnen immer, den Schönen ...

Also ich habe heute da drin zwei abgestochene Hunde, drei ersoffene Katzen, lauter sehr sehr brauchbare Felle, und dann, hahaha, und dann, neu ... neugierig sind die Weiber ...

MUTTER Laß mich gehn!

STANJA *hält sie mit eisernem Griffe* Bleibt!

DER BETRUNKENE SCHINDER Und dann das ... das große große Kuriosum. Im verkohlten Wald lag's da, lag's da, kein Haar versengt. Ein Wunder! Der Archimandrit soll's heiligsprechen. Da hab ich nun bei mir den Leibhaftigen, der mich bald holen wird.

MUTTER *schreit leise.*

Ferner Trommelwirbel

DER BETRUNKENE SCHINDER Trommelt nur! Von Galgen-Ware will der Kürschner nichts wissen.

STANJA *tut einen kleinen Schritt.*

DER BETRUNKENE SCHINDER Nein! Das gibt's nicht. Besichtigung nur gegen Entree. --- Und nicht einmal einen Slibowitz! --- Hüäh! Aho! ... *Ab mit seinem Gefährt.*

MUTTER *aus einer langen Leblosigkeit erwachend* Er war in mir und wuchs in meinem Leib. Ich gebar und liebte ihn. Wenn ich den Entsetzlichen auch nicht zu sehen wagte, in zehntausend Nächten des Elends lauschte ich nach dem Ort hin, wo sein Herz schlug, und war glücklich, daß er lebte. -- Jetzt wird er auf dem Schindanger verscharrt werden, er, der aus mir kommt, und keine Spur und nicht einmal ein Name bleibt von meinem furchtbaren Muttergeheimnis in der Welt.

STANJA Du irrst, Mutter! Er bleibt in der Welt. *Eine Zuckung kalt beherrschend* Ich habe ein Kind von ihm.

Der Vorhang ist schnell gefallen.

Briefe

Die in diesem Band erstmals veröffentlichten Briefe Franz Werfels an Gertrud Spirk und Alma Mahler-Werfel sind eine Auswahl aus Hunderten von Briefen, die bislang nahezu gänzlich unberücksichtigt blieben.

Werfel lernte die Deutsch-Pragerin Gertrud Spirk wahrscheinlich im Herbst des Jahres 1915 kennen, als er an der orthopädischen Abteilung des Prager Garnisonsspitals, wo sie als Masseuse tätig war, eine schwere Beinverletzung auskurierte, die er sich – vermutlich mit Absicht – während eines Urlaubs in Bozen zugezogen hatte. Als er im Frühjahr 1916 wieder einrücken mußte, schrieb er aus Ostgalizien nahezu täglich an seine Geliebte, steigerte seine Liebesbeteuerungen bis zu dem Versprechen hin, die um fünf Jahre ältere Frau zu heiraten, sobald der Krieg zu Ende sein würde. Werfels Schwestern Marianne und Hanna mochten die Freundin ihres Bruders sehr gerne, und seine Eltern, so versicherte der künftige Bräutigam seiner Auserwählten, würden ihrem Lebensbund wohl zustimmen, obschon Gertrud evangelisch sei ... In seiner Feld-Einsamkeit malte sich der Telephon-Soldat bereits aus, wie das Wohnzimmer, wie die Bibliothek aussehen, wo die Bauerntruhe stehen werde, errechnete, wieviel Vorschuß er seinem Verleger Kurt Wolff würde herauslocken können, um für die erste Zeit der Ehe versorgt zu sein. Auch werde ihn der wohlhabende Vater, so hoffte er, dann wohl nicht ganz im Stiche lassen ...

Doch alles kam ganz anders: im Sommer 1917 wurde Franz Werfel auf Betreiben Harry Graf Kesslers, Kurt Wolffs und anderer prominenter Persönlichkeiten von der Front abberufen und in das Wiener Kriegspressequartier versetzt, Rettungshafen zahlreicher Schriftsteller – Rainer Maria Rilke, Stefan Zweig und Robert Musil wirkten hier ebenso als Propaganda-Autoren wie Hugo von Hofmannsthal, Roda-Roda, Peter Altenberg und Franz Blei. Und im Herbst 1917 begegnete Werfel erstmals Frau Mahler-Gropius, ein Erlebnis, von dem er Fräulein Spirk sogleich in Kenntnis setzte. Doch erst etwa acht Monate später, im Hochsommer 1918, während eines kurzen Aufenthalts in Prag, gestand er seiner im Unwissen lebenden, einst so innig Geliebten, längst einer anderen Frau anzugehören.

Almas durch eine leidenschaftliche Liebesnacht mit ihrem »Mannkind« ausgelöste Blutung, die darauffolgende Frühgeburt ihres Sohnes, die Wochen der Angst um das Überleben von Mutter und Kind, als seine »Göttliche« im Wiener Sanatorium Loew lag, empfand Werfel bis zu seinem Tode als den wichtigsten Augenblick *seines Lebens. Als solchen bezeichnete er diese Erinnerungen auch noch im Zukunftsroman ›Stern der Ungeborenen‹; dessen Held, F. W. benannt, kehrt nach hunderttausend Jahren zur Erde zurück und*

muß erkennen, gerade jener Sommer 1918 sei der »verbindungsreichste« Moment seines ganzen Lebens gewesen.
Als Franz Werfel Gertrud Spirk im Jahre 1919 in Prag wiederbegegnete, war sie für ihn bereits nur noch »eine gespenstische Erinnerung«, wie er in einem Brief an Alma beteuerte. Frau Mahler-Werfel soll sich zeitlebens über die als junge Frau bereits weißhaarige Gertrud lustiggemacht haben, heißt es, wobei sie auch nicht davor zurückgeschreckt sei, sie als armen Krüppel hinzustellen: da die Unglückliche ein etwas kürzeres Bein hatte, hinkte sie ein klein wenig – eine Eigenheit, die Franz Werfel allerdings einmal sehr gefallen hatte – in seinem Gedicht ›Die heilige Elisabeth‹, seiner Prager Geliebten einst gewidmet, hieß es:

»O Dämmerung ihres Haars,
O Schritt, o Blick,
Wie sie geht, die Schwester der fünften Stunde!«

Briefe an Gertrud Spirk

[Ostgalizien, K. u. k. schweres Feldartillerie-Regiment No. 19]
1/7 [1916]

Mein Liebstes
Wie danke ich Dir für Deinen Brief und für die sehr erwünschte Erdbeerjam. Ich bin sehr glücklich.
Hoffentlich lebst Du so, wie ich damit zufrieden wäre. Schläfst, ißt u. trinkst und machst Dir keine Sorgen. Bedenk doch, daß es mir vorläufig gar nicht anders geht, als das Maß des Lebens für *alle* Menschen herabgedrückt worden wäre. Hier ist man ja nicht ärmer als andere und darum gibt es keine Armut hier.
Außerdem habe ich jeden Tag eine große Postfreude hier. (Vergleichbar mit dem Erwartungsfieber von Kindern, die ins Theater mitgenommen werden.) Momentan bin ich hier in einem etwas heftigerem Leben – aber glaube mir, ich habe aus meiner Kinderzeit noch eine unterirdische chaotisch wohltätig wehtuende Freude an Gewittern mitgebracht.
Du mußt aber wissen, daß ich an all diesen Dingen mehr *objektiv* beteiligt bin. Alle Besorgnis wäre Unsinn. Glaub mir, ich würde Dir *niemals* von einem Moment schreiben, in dem ich in Gefahr war.
In dieser Beziehung habe ich es sehr sehr gut.
Auch mein sonstiges Leben hoffe ich zu verbessern.
Bekannte habe ich schon so im Vorübergehn nicht viel getroffen.
Gestern besuchte mich der frühere Kapellmeister Dr. Rudolf Teller, den Du vielleicht kennen wirst.
Sonst gibt es hier hauptsächlich Kollegen meines Freiwilligenjahrs u. noch andere Prager, die ich aus dem Gymnasium u. s. w. kenne, die hier Oberleutnants u. mir gegenüber schon sehr große Herren sind.
Im übrigen glaube ich, kennt man mich hier schon ein bißchen. Gestern kam die Schwiegertochter des Bauern, in dessen Schuppen wir schlafen (eine polnische Jüdin) zu mir und sagte wortwörtlich: »Ihnen, weil Sie sind ein Dichter, möcht mir erlauben, zu offerieren für Ihnen ein Bett.«

Nun habe ich seit gestern ein *weißes* Bett (allerdings in einem merkwürdigen Raum) u. eine Verehrerin meiner Muse gewonnen.
Die Post geht schon
Lebwohl

Freiwilligenjahr: Einjähriger Militärdienst für Abiturienten. FW war im Jahr 1911/12 in der Kaserne auf dem Hradschin in der Ausbildung.

[Poststempel 6. 9. 1916]

Liebste, heute wieder leider Gottes in Eile, gleich zwischen Morgenschikanen und Chimären.
Weißt Du, warum ich Dir immer in den frühen Morgen hinein schreibe? Erstens weil das absolute Gefühl »fünf Uhr« irgendwie ein Teil Deines Gleichnisses ist (Zum Verständnis! Wenn ich Dich z. B. ganz in einem Gleichnis ausdrücken wollte, so müßte dieses Gefühl »fünf Uhr früh« durchaus innen immer mit sein. Schon in Elb[e] Kost[elec] habe ich ein Gedicht geschrieben und Dir gewidmet: Es heißt »Die heilige Elisabeth«. Es fängt, ich glaube wenigstens, so an:

»Wie sie geht, die Schwester der
fünften Stund' und der Lerchen!«

Zweitens komme ich gerade aus den Träumen, wo ich mit Dir war, also aus Begegnungen, aus Nähe, die einen so unsteif machen, während es gewisse Sehnsucht gibt, die einen in den Winkel stellt.
Aus Aufrichtigkeit sei noch der dritte Grund hierhergesetzt.
Es ist um diese Zeit am ruhigsten. Ich bin von mir und anderen am wenigsten abgelenkt und – am wenigsten *faul*. Wenn Du Dir diese Beweggründe komponierst, so siehst Du etwas, meine ich, von meinem Charakter.
Hier alles beim Alten. Ich höre von allerhand Bemühungen um mich! Aber ich bin gar nicht so wehleidig, als mich die Menschen wollen. Ich habe es auch gelernt, ohne Zeit, täglich zu schreiben. Ich bin sogar zum Artisten (natürlich nur im Varietesinn geworden) ich schreibe philosophische Deduktionen auf, während ich über Munition, brennende Städte, beschossene Ziele, und noch Ärgeres verhandele.

Immer und immer wiederhole ich es Dir, daß ich glücklich bin, Dich in Salzburg zu wissen. Warum schreibst Du mir eigentlich nicht genau, was Deiner Mutter fehlt? Ich höre mit großem Mißvergnügen, daß es noch immer nicht gut geht! Hat Deine Schwester in Wien eine Bemerkung gemacht?
1000 Wünsche für Dich, du bist täglich in meinen Armen. Wisse es

Dein Franz

»fünf Uhr«: Weckzeit im Krankenhaus.
»Die heilige Elisabeth«: Dieses Gedicht hat Adolf K. Klarmann als Nachtrag zu ›Einander‹ 1967 in ›Das lyrische Werk‹ (Frankfurt am Main, S. Fischer Verlag) veröffentlicht.

1/XI [1916]

Liebste,
Denke Dir, aus dem Urlaub ist vorläufig nichts. Ich habe einen Obersten, der an mir vorüberritt, nicht salutiert, das gelangte zu Ohren meines R[e]g[imen]tskommandanten, der darauf meinen Urlaub bis auf weiteres einstellte. Sapienti sat.
Es ist mir schrecklich, in Dir Hoffnungen erregt zu haben, die nun so plötzlich wieder zu Wasser wurden. Aber es ist doch Trost da. Wenn wir nicht mehr Tage warten dürfen, so sind es doch nur Wochen, und sicher nicht gar zu viel, bis ich nach Hause komme.
Gewiß ist es mir sehr schwer, aber alles ertrage ich schon mit Dumpfheit u. Ergebung. Den Respekt vor dem Geist werde auch ich dieser Welt nicht beibringen.
Liebste, ich schreibe heute noch mehr, ich bin jetzt nur ganz kurz, weil eben die Post abgeht. Auch will ich über verschiedenes noch nachdenken.
Schreibe mir bitte wieder! Also nicht unterbrechen, wie ich es gewünscht habe.
Deine Briefe, u. die Stunde, da sie kommen, sind Angelpunkt u. Trost des Tages.
Quäle Dich nicht u. sei nicht unglücklich! Ich bin es auch nicht. Es hat alles tiefste mysteriöse Zusammenhänge, deren Erkenntnis in mir das persönliche Gefühl übertrifft.

Ich danke Dir vom Herzen, daß Du Dich um Hanna kümmerst.
Sei umarmt, geküßt

von Franz

Trage das leicht! Diese Enttäuschung hat einen fruchtbaren Sinn.

Sapienti sat: Dem Weisen genügt das! Zitat aus Titus Maccius Plautus' (um 254–184 v. Chr.) Komödie ›Persa‹ (Die Perserin).
Hanna: FWs Schwester Hanna Werfel (1884–1964).

20/11 [1916]

Geliebte, mein Herz, denke Dir, ich habe jetzt einen eigenen Verschlag, so klein und eng er ist, doch einen Raum zum Alleinsein. Den ganzen Tag bin ich allein. Vorläufig allerdings komme ich noch nicht recht zum Genuß dieser Tatsache, denn ich muß mich zuerst zu einem Meister im Einheizen ausbilden, und dazu habe ich leider wenig Geduld.
Es ist nämlich bitterlich kalt in dem Augenblick schon, wo das Feuer ausgeht, und da man ja nur mit Holz heizt, muß man den kleinen Eisenofen in einemfort füttern. Liebste vor meinem Fenster ist schon ganz harte starre Schneewelt. Noch niedriger Schnee, aber furchtbar unerbittlich, militärischer Schnee, gar nicht unendlich[?], farbenbergend, zum Stacken[?] – [Am Rande:] petroleum – einladend. Es ist so gut, daß ich allein bin, und hinausstarren darf. Ich war diese zwei Tage schon doppelt [Ein Wort unleserlich] zu Dir, habe mehr Dir gehört, als in den Zeiten der kleinen hinuntergeschluckten Erbitterungen. Heute träumte ich wieder fünfunddreißig Träume die ganze Nacht von Dir.
In einem, denke Dir, liebte ich Dich noch aus der Ferne. Wir waren in irgend einem sehr großen Saal. Es war ein Fest, eine Abendgesellschaft, oder so etwas. Ich stand vor einem wunderbaren Bild. Du standest gerade in einer Tür des Nebensaals. Es war überall ein ungemein zurückhaltendes Licht. Ich sagte, indem ich mir ein Herz nahm: »Fräulein Spirk, dieses Bild hat Fritz Pollack gemalt.« Der Traum ging noch ganz wirr weiter. Ich ging mit Dir die Treppe eines großen deutschen

Weinrestaurants hinunter, jemand ruft mich, es ist eine mir bekannte Dame, die Frau eines meiner Freunde, die will mich zwingen, mit ihr zu gehn (eine mir fast fremde Person). Ich bin empört, laufe Dir nach, Du bist fort. Statt dessen kommt die Treppe hinauf ein Zug polnischer Juden. Voran ein Riese mit ganz dünnem Spitzbart und papierener Haut. Er trägt eine runde Brille mit goldener Einfassung und einen überaus schönen Bischofsring am Finger. Er gefällt mir ungeheuer, macht [?] den Eindruck, daß Weisheit sich in eine sittliche Anmut der Geste umsetzt. Er sagt mit konzilianter Stimme zu mir: »Wohin, wohin, wenn Jesaja spricht.« Ich rufe nur, »entschuldigen Sie mich für heute«, und stehe mit Dir schon im Gang des Kino Minuta.
Aber das ist nur ein belletrisiertes Hundertstel meiner heutigen Träume. Liebste, jetzt bin ich ganz allein mit Dir. Hoffentlich wird eine Klause mit der Zeit angenehmer und nicht eine »Kammer der Temperaturwechsel«. Kein Glück ist ganz: Lebwohl denn.
Ich umarme, halte, küsse Dich, bin bei Dir Dein

Fr. W.

24/11 16

Liebste, gestern kein Brief von Dir. Aber es liegt sicher schon an der Technik der Post. – Du nimmst Dir Mühe und schickst mir Pakete, und dann ist die Post so gemein, und schickt sie zurück. Ich habe hier (dieser Zustand besteht eigentlich noch immer) großen Mangel an Rauchsachen gelitten, so daß man mich allenthalben mit der balsamischen Pfeife im Munde hat sehen können. Nicht wahr, ich bin eigentlich nicht sehr eitel, diese abschreckende Vorstellung in Dir zu erwekken.
Geliebte, ich will keine Hoffnungen mehr erwecken, um uns vor Enttäuschung zu schützen, aber wenn es normal geht, so habe ich in 3 Wochen beiläufig Recht und Gebühr Urlaub zu bekommen, und zweifle nicht daran, daß ich um den 20. Dezember herum in Prag bin. Also wirklich nurmehr ein paar Tage, und ich freue mich jetzt vom Herzen, daß sie nicht hinter mir, sondern *vor* mir sind. Ich werde (ich habe es mir so vorgenommen) auf jeden Fall nach Berlin fahren. Ich habe davon geträumt, daß Du und Hanna mit mir waren. Ich kann für uns nicht einen Tag verlieren. Ginge dieser Traum nicht zu ver-

wirklichen? Oder ist es unmöglich aus vielen Gründen. Es wäre so herrlich. Aber ich wage das gar nicht zu hoffen, gerade weil es so um die Feiertage herum sein dürfte. Schreibe mir, Liebste, ein Wort dazu. Man schreibt mir aus Berlin, daß sich der Deutsche Botschafter vielleicht für einen Vortragszyklus von mir in Berlin, Dresden, Leipzig, Frankfurt verwenden wird. Das wäre ein herrlichster Zeitgewinn.

Mir geht es jetzt sehr gut in meiner Klause. Ich arbeite wenig, und wenn Arbeit kommt, schimpfe ich so sehr, daß ich der richtige *Telephonschreck* des ganzen Frontabschnitts bin. Ich glaube Drohungen, Beschimpfungen und Ehrenbeleidigungen macht mir das hysterischste prager Telephonfräulein nicht nach. Ich lese jetzt fast den ganzen Tag. Eben bin ich mitten im Emanuel Quint. Vorher habe ich die Herzenschen Memoiren gelesen. Noch eine ganze Menge von Büchern liegt unaufgeschnitten da, die mir von dem oder jenem Verlag zugesandt worden sind.

Liebste, verzeih mir die Zettel, auf denen ich schreibe. Aber ich habe nichts anderes.

Auch ich, Liebste, hasse schon das Papier, wie Du!

Aber immer denke ich, noch wenige Tage!! Obgleich das Leben viel erträglicher ist, als sonst, und wenn ich arbeiten könnte, mich sogar befriedigen würde. Sei gut! Ich küsse Dich, ich liebe Dich

Franz

Vortragszyklus von mir: Hat nicht stattgefunden.
Telephonschreck: FW diente als Telefonist an der Front.
Emanuel Quint: Gerhart Hauptmann, ›Der Narr in Christo Emanuel Quint‹, Berlin: S. Fischer Verlag 1910.
die Herzenschen Memoiren: Alexander Iwanowitsch Herzen (1812–1870), ›Erinnerungen‹. Aus dem Russischen übertragen und eingeleitet von Dr. Otto Bueck. Mit drei Porträts. Zwei Bände. Berlin, Wiegandt & Grieben 1907.

[Januar 1917]

Liebste, verzeih, daß ich heute nur sehr kurz bin. Mein Kopf ist beschäftigt mit einer Abrechnung mit Karl Kraus. Hast Du die Fackel gelesen. Der Mann tut mir aufrichtig leid. Er ist nicht böse, er ist nur so grenzenlos auf falschen Grund gebaut. Seine »Einheit« ist nicht naturgegeben, es ist die verzweifelte Einheit einer fixen Idee, die er selbst ist. Im Grunde ist er wie ein gehetzter Verbrecher, der mit dem Scharfsinn eines Verbrechers immer neue Konstruktionen um die im dunkel bleibende Tat baut. Sein ganzes Werk ein ununterbrochener Alibibeweis eines Menschen, von dem man gar kein Alibi verlangt. Es ist in ihm weniger Eitelkeit, als zu Selbstbestätigung sublimiertes Schuldbewußtsein.

Ich werde vielleicht über ihn öffentlich schreiben. In höchster Gerechtigkeit und über ihn hinaus. Ganz unpolemisch.

Vielleicht wird mein Aufsatz eine große Klarstellung sein.

Liebstes, verzeih mir diese Zerstreuung in solche [Ein Wort unleserlich] Du weißt aber, daß meine Aufgabe jetzt der Gerichtstag ist, allerdings anders als der Kraus'sche, der den Gerichtstag, den er im Grunde über sich hält, auf anderen Häuptern unbewußt demonstriert. Ich will u. werde vielleicht den dunklen Mittelpunkt des K. K. in mir[,] schonungs[los] in mir aufdecken.

Ich brenne auf den Brief über Deine Aussprache mit Hanna. Von allen Seiten höre ich, daß sie einen »glücklichen« Eindruck macht. – Ich bin so unselig fremd dem Ganzen.

Unterstütze doch meinen Vorschlag mit dem Verreisen.

Du Gutes, ich bin ganz tief bei Dir. Ich fühle es doppelt in bedrängten Augenblicken. Schrecklich ist es mir, daß Du an Deiner Mutter leiden mußt. Ich küsse Dich mit meiner Seele

Franz

Fackel: Die von Karl Kraus (1874–1936) in Wien von 1899 bis 1936 herausgegebene kulturkritische Zeitschrift ›Die Fackel‹. In ihrem 18. Jahrgang, Nr. 445–453, 18. Januar 1917, druckte Kraus einen Brief von FW vom 25. November 1916 ab: seine Reaktion auf ein Gedicht von Kraus, ›Elysisches‹, das dieser in die ›Fackel‹ vom 16. November 1916 aufgenommen hatte. Kraus ließ seine Antwort unmittelbar auf FWs Brief folgen. Die bittere Polemik zwischen FW und Karl Kraus begann.

öffentlich über ihn schreiben: U. d. T. ›Die Metaphysik des Drehs. Ein offener Brief an Karl Kraus‹ erschien FWs Antwort in ›Die Aktion‹, Berlin, Jahrgang 7, Nr. 9/10, am 3. März 1917.

einen »glücklichen« Eindruck: Hanna Werfel stand kurz vor ihrer Verehelichung mit dem Papierindustriellen Herbert Fuchs-Robetin (1886–1949).

28/3 17

Liebste, Geliebte, wieder eine große innere Fahrt von Dir weg, mit Dir, zu Dir, der Gertrud im Schnee vom Jänner. Die Zärtlichkeit die ich in Prag Dir schuldig blieb, war diese Reisestunden bis gestern tief in die Nacht ganz warm, ganz gesammelt in mir.

Es ist kaum glaublich, daß ich in Prag war, u. daß wir in diesen langen langen Tagen soviel erleben durften. Das Wiedersehn in dem kleinen Zimmer, das beieinandersitzen bei dem schrecklichen Hochzeitsessen, die erste Nachmittagsstunde in Mizzis Atelier, der Nachhauseweg mit Deinem mir bis ans Lebensende heiligen erregend beglückendem Geständnis der Flechte, Deiner Angst, Deiner tiefsten Schwermut, die zu Lächeln, Glück u. Strömen zu bringen, meine Gotteswonne, unser Erz-Geheimnis ist. Der andere Tag – (ich muß alles aufzählen) Ausstellung, der große Nachmittag mit dem Abenteuer-Schloß, der Spaziergang am Hradschin, das Lesen in Deinem Gesicht, meine Astrologie, der Tee bei uns, Abend im Caffee, Rückweg, Intermezzo in unserm Wohnzimmer, Nachhausebegleiten, ich ganz in Deinen Schritt gebannt hinter Dir.

Samstag, glückliche Erkenntnis, daß ein Tag uns noch zugelegt ist, ich ertrage die Aussicht auf den gestörten Abend, Ausstellung, Verlust Deines Täschchens. – Nachmittag, Atelier von Gertrud Kauders, unendlich Dich zu trinken immer wieder. Du gibst mir die Gipshand – (ich Esel trage sie nicht nach Hause) – gib sie bitte doch der Mizzi! Don Juan, unvergeßlich, wie Deine Augen mir leuchteten. Du weißt nicht, wie schön Du warst, wie schön Du bist, wenn Deine Augen so feurig sind. – Weißt Du, ich erzählte die Geschichte von Bettina und Beethoven nur darum, weil ich so überglücklich über die feurigen Augen war, die Du an dem Pollak-Nachmittag hattest.

Geliebte, ich weiß es, als Sicherstes in meinem Leben, daß wir für einander bestimmt sind, daß wir auseinandergerissen und zusammengeführt werden, daß niemals in uns das Geheimnis, Schmerz, Entzükkung und der Schauer einer seltsamen Unmöglichkeit erlahme.

Nun werden wieder die Träume beginnen. Heute bin ich sehr müde. Gestern abend in [Ein abgekürztes Wort unleserlich.] angekommen. Unendliches Kotmeer. Ich habe dort übernachtet. Früh teils mit der Feldbahn, teils zu Fuß hierhergekommen.

Wie Du dir denken kannst, unausgeschlafen, derangiert, totmüde. Mein Lokal wird geweißt, also auch noch ein ungewohnter u. stören-

der Empfang. Was tut das aber? Ich lebe ganz tief in Deiner Idee, in dem göttlichen Bild, das Du bist.
Ich küsse Dich mit allerreinsten Küssen, Du, die so groß und so viel für mich ist, daß mein Geist es in einer Richtung u. in einer Zeit gar nicht durchfühlen kann

Franz

Fahrt von Dir weg: Hanna Werfel hatte am 11. März 1917 in Prag geheiratet. FW und Gertrud Spirk hatten an der Hochzeit teilgenommen.
Mizzis Atelier: Gemeint ist FWs jüngere Schwester Marianne Amalia Werfel (1899 bis 1964[?]).
Bettina und Beethoven: Bettina Brentano (1785–1859), lernte 1810 in Wien Ludwig van Beethoven (1770–1827) kennen. 1811 heiratete sie Achim von Arnim (1781 bis 1831).
Pollack-Nachmittag: Unklar, ob der Bankangestellte Ernst Polak (1886–1947) oder der Maler Fritz Pollack gemeint ist.

[Ende Juni 1917]

Geliebte, heute als ich zurückkam von Otto Pick, von dem ich Dir gestern eine Karte schrieb, erwarteten mich einige große Überraschungen. Erstens (Du brauchst deshalb ja nicht zu erschrecken) hat mit ziemlicher Heftigkeit hier das Gefecht begonnen. – Es herrscht natürlich ungeheures Art[illerie]feuer u. s. w. Das macht aber weiter gar nichts. Viel wichtiger allerdings ist die zweite Überraschung. Abends kam vom Korpskommando hierher durch Fernspruch die Anfrage, ob die dienstlichen Verhältnisse meine Beurlaubung in die Schweiz gestatten. Der ungünstigste Moment natürlich, bestenfalls wird geantwortet werden, daß die Beurlaubung nach Eintritt ruhigerer Verhältnisse erfolgen kann. – Jedenfalls wieder mein ungeheures Militärpech. Da dieses Telegramm während des Gefechtes kam, war alles gegen mich empört, man meinte, ich wäre (weil ich einen Tag bei Pick war) zum Kommando gefahren u. hätte mirs dort »gerichtet«. Das böse ist, daß jetzt scheinbar alles verpatzt ist, mein Gebührenurlaub, zu dem ich doch schließlich trotz des Gefechtes gekommen wäre, u. der Schweizer Urlaub auch. – Immerhin, man muß warten. Morgen kommt das Telegramm zum Referat. Da wird sichs Entscheiden, hoffentlich fällts so aus, daß die Geschichte nicht ad acta gelegt wird bei der höheren Stelle.

Ich habe heute gefühlt, wie viel Haß alles, was außer der Ordnung u. dem drückenden Gang der Dinge ist, erregt.
Ich bin aber ganz ruhig, stoisch und ohne Eifer. Wies kommt, so kommts. Die Schweiz ist bitter, und hier ist es bitter. Das geht mir nicht tief. Nur, daß ich Dich nicht sehen werde, daß das noch lange dauern wird ... Man muß aber schön zufrieden sein, hoffen, daß sich die Russen bald beruhigen werden. Welch ein Pech, daß heute gerade der Angriff ist, u. gewiß ein tieferer Zusammenhang wichtiger Umstände dabei, böser Mächte, die gleichsam meine kleine Reise ausgenutzt haben. – Wer wird das je verstehn.
Innigst küsse ich Dich. Sei gut, gut, ruhig ergeben, erwarte mich.

Franziscus.

Ein Zeichen, daß man keinen Bissen Brot nehmen soll von dem, der Inhalt u. Erscheinung [?] unseres *Feindes* ist.

Otto Pick: (1887–1940), Prager Journalist, Lyriker und Erzähler.
Gebührenurlaub: »Angemessenheitsurlaub«, Sonderurlaub.

[Wien] 20/8 [1917]

Geliebte, es ist herrlich, daß Du Dich so gut fühlst und ein schönes Leben draußen hast, herrlich auch, daß Du mich jetzt verstehst, und mein verstreutes Leben erträgst.
Wenn Du wieder hier bist, wirst Du mich gut wiederfinden und ganz bereit, dem schlechten Leben zu entsagen.
Wir werden jeden Abend aufs Land fahren, und ganz wunderbar und reinlich leben. – Du wirst mich retten und mir eine Wohnung nehmen, und ganz sicher werde ich dann arbeiten können, wenn ich der Verkommenheitsathmosphäre entrückt bin. Ich muß mich ja auch einrichten, denn momentan bin ich z. B. mit meinem ganzen Gelde zu Ende u. weiß gar nicht recht, wovon ich den Rest des Monats leben soll.
Außerdem ist mir ein Stubenmädchen im Hotel mit meiner Wäsche durchgegangen, u. auch in dieser Beziehung bin ich am Hund.
Du siehst also ich bin schon in den irritierten Verhältnissen drin, die

sich in einer Stadt immer meiner bemächtigen. – Aber ich bin gänzlich sorglos u. solche Dinge verderben mir nicht den Humor.
Mit Gross bin ich höchst selten zusammen; seine Frau ist krank u. er in seiner fanatischen Weltunkenntnis u. bewunderswert zerstörerischen Unbedingtheit sehr hilflos. Aber ich bin momentan nicht so sehr auf der Höhe, mit ihm viel zusammensein zu können. – Ich verkehre viel mit Blei u. seinen Freunden. Das ist sehr anspruchslos u. weil ein fabelhaft geschmackvolles Redaktionslokal, oder besser Bibliothekssaal (Summa) da ist, in dem es immer elegante Damen, ein Klavier, wundervolle Bücher u. s. w. gibt, so verbringe ich ganz gerne den Abend dort. Nota bene, damit Du nichts falsches denkst, die Damen sind die reizende Tochter Bleis, Frau Gina Kranz, die Adoptivtochter des Doktor Kranz, ein sehr nettes junges Geschöpf, der wie ich glaube die ganze Summa gehört samt Redaktion, u. die dafür ihr ganzes oder halbes Geld hergibt.
Weißt Du, Geliebte, oft kränke ich mich über mich, daß mich selbst in gesellschaftlicher Beziehung Wien so lax macht, daß ich eine angenehme Umgebung aufsuche u. meine Konflikte vergesse.
Ich warte u. hoffe sehr auf Dich, daß Du mich heilen, mir helfen wirst, und eine Form für ein mögliches Leben findest.
Ist es sehr gemein, daß ich mich moralisch so sehr auf Dich verlasse? Bist du mir böse?
Auch mir ist es ganz klar, daß wir nicht in einer großen Stadt leben dürfen! – Weißt Du, Du mußt eifersüchtig auf meine Zeit sein; ich verschwende sie meiner Natur nach ungeheuer. – Wir müssen viel lesen, viel lernen, sehr wachsen.
Der kleine Photographie-Ausschnitt hat mir große Freude gemacht. Ich bin mit ihm eingeschlafen. Dich wieder gesehn – Dein Haar gefühlt. Lebwohl, Liebstes, ich küsse Dich tief, fasse Dich an. Glaube immer an mich, auch wenn Du irrst.

Franz

der Verkommenheitsathmosphäre entrückt: FW ist inzwischen auf Betreiben einflußreicher Freunde in das Kriegspressequartier versetzt worden.
Hotel: Grabenhotel in der Dorotheergasse in Wien.
Gross: Der Psychoanalytiker Otto Gross (1877–1919). Er war das Vorbild für die Gestalt des Gebhart in FWs Roman ›Barbara oder Die Frömmigkeit‹, 1929.
Blei: Der Schriftsteller, Herausgeber und Übersetzer Franz Blei (1871–1942).
Redaktionslokal: Wien IX, Boltzmanngasse 22.

(Summa): Die Vierteljahresschrift erschien insgesamt nur viermal in den Jahren 1917/18 bei Jakob Hegner in Hellerau.

Frau Gina Kranz: Die Adoptivtochter des Rechtsanwalts und in Baugeschäften tätigen Dr. Josef Kranz (1862–1934) heiratete später den Literaturwissenschaftler Otto Kaus (geb. 1894).

[Wien, August 1917]

Geliebte, zwei Tage habe ich schon keine Nachricht. Ich frage mich, ob Du nicht am Ende schon auf die Alm, von der Du gesprochen hast, übergesiedelt bist. Ich bin ein wenig besorgt, nichts von Dir gehört zu haben. Wenn ich nur sicher wäre, daß es Dir gut geht, daß Du dich immer mehr erholst, und schon um tausend Scheine [?] und Farben wohler aussiehst. – Ich beneide Dich ungeheuer um Deine Ruhe, um das Glück Deines ungestörten Athems.

Hier treten in mein Leben täglich neue Komplikationen, die mir Zeit rauben, u. es verhindern, daß ich recht ansässig werde. Täglich neue Menschen, die mir die Stunden von 6 Uhr an rauben. Heute z. B. ist Barnowski hier, den Du ja auch kennst, mit dem ich den Abend verbringen muß. Sei mir gut, Geliebte, ärgere Dich nicht über meine Schwäche, mein Herz ist bei all diesen Dingen so ferne, u. ich reize bloß meine Nerven durch das Beisammensein mit Menschen, das recht sündig(?) ist, weil's zu nichts verpflichtet.

Ist Deine Freundin L. nach Ötz gekommen? Vor paar Tagen sprach Franz Blei sehr nett von ihr.

Liebste, mir ist sehr sehr bange nach Dir; ich brauche Dich so sehr als Mittelpunkt des Lebens, der mir jetzt hier so fehlt. Ich bin jetzt nur Zersplitterung, noch aber fühle ich mich nicht *ganz* unwohl dabei, weil ich Menschen nachhole. Nur ist es nicht das Richtige, Beziehungsreiche, sondern das bequeme genießerische Zusammensein.

Ich weiß jetzt ganz bestimmt, *daß die Einsamkeit für uns beide die einzige richtige Lebensform ist!* Die fruchtbare Form. Man muß aneinander lernen anständig zu sein, man darf sich nicht gehn lassen, dann wird man erst gut u. richtig mit Menschen umgehen können.

Ich schreibe Dir im Amt noch zehntausendmal mehr gestört, als im Feld. Unterhaltungsgestört! Ich muß fort Antwort geben. Darum sind meine Briefe so zerfahren. Sie sollen Dich nicht erschrecken; es ist

halt jetzt für mich eine ganz ungefaßte Zeit, Du Gute, Du immer Einzige! Werde ich morgen früh einen Brief haben? Wie anders ist jetzt alles, als das Postbekommen im Feld.
Bücher lasse ich Dir abschicken. Hoffentlich wirst Du zufrieden sein.
Ißt Du genug?!
Lach nicht über mich ganz zusammengeworfenen undiziplinierten Menschen. (Alle Leute stören mich so!)
Ich erwarte Dich mit meinem Herzen. Könnten wir doch ein paar Tage bei Wien verbringen. Die Stadt ist ja grauslich. Sei mir gut. Ich nehme Dich in meine Arme, wie jeden Morgen u. Abend.

Franz

Barnowski: Der Schauspieler und Theaterleiter Victor Barnowski (1875–1952).
Ötz: Erholungsort in Tirol.
Amt: Das Kriegspressequartier in Wien.

[Wien, Ende August 1917]

Geliebte, Du Arme hast immer eine gute Erwartung nach meinen Briefen u. ich enttäusche Dich. Weißt Du aber, es ist immerhin schwer hier im Büro zu schreiben, erstens muß man Arbeit markieren, u. zweitens sieht man es dem Rücken eines Menschen an, ob er Dienst-Arbeit leistet, oder Privatbriefe schreibt. – Das ist die eine Hemmung meiner Brief-Kargheit; die zweite ist, daß ich überhaupt weder mittags, noch am Abend nach Hause komme, was Du ja begreifen wirst, und da es abends jetzt immer 7 Uhr wird, mich nicht mehr sammle. – So schreibe ich Dir »unter der Bank« und bitte Dich, Liebste Du, mir nicht böse zu sein darüber, daß das alles so unwesentlich ist.
Du lebst in mir als ein starker Stern über dem Menschennebel, der mich mir selbst verhüllt. Ich bin glücklich, Dich im Reinen zu wissen, zu wissen, daß Du auch tanzen konntest.
Weißt Du, das war ein herrliches Erlebnis für mich, diese Stelle in Deinem Brief. Dein Tanz ist etwas, was ich Dir vielleicht einmal werde sagen können, wenn mir mein Gefühl bewußt wird.
Aber er gehört ganz in das tiefe heilige Elisabeth-Bild, das das Urbild meiner Liebe zu Dir ist. Sag mir ganz aufrichtig, Geliebte, ob Du daran leidest, mich unkonzentriert und unwillenhaft jetzt zu wissen?

Du fragst nach Gross! – Ich habe ihn schon sehr lange nicht gesehen. Seine Frau ist sehr krank scheinbar; er sitzt bei ihr, ganz zerrissen von Sorge und Aufregung. Er rührt sich nicht von ihrer Seite. Er ist wunderbar in seiner Unmittelbarkeit und Ungetrübtheit. – Ich sehe ihn jetzt viel tiefer in seiner Tragik, doch kann man das nicht so hinschreiben, was seine Tragik ist.

Heute abend gehe ich in das Gastspiel des Lessing-Theaters (Peer Gynt). Barnowski beschwört mich, ihm ein Stück zu geben! Er will im Oktober unbedingt etwas von mir aufführen! Soll ich ihm »Stockleinen« vorlesen?!

Liebste, es ist herrlich, daß Du so lebensvoll, gesund und glücklich jetzt bist. Soll ich für September nicht doch bei Wien eine Wohnung nehmen *auf paar Tage nur, daß wir für uns ganz allein drei Tage abstehlen könnten?* Irgendwo, wos gar keine Bekannten gibt?

Lebe weiter so gut, sei ganz ruhig, quäl Dich meinetwegen nicht. Ich umarme Dich u. küsse Dir Herz, Mund, Brust, halte Deine Hand.

Franz

Elisabeth-Bild: Vgl. Brief vom 6. 9. 1916 und die Anmerkung dazu.

(Peer Gynt): Ein dramatisches Gedicht von Henrik Ibsen.

»Stockleinen«: Dramenfragment aus dem Sommer 1917. Aufgenommen in ›Die Dramen. Zweiter Band‹ (Frankfurt am Main, S. Fischer Verlag 1959).

[Wien, 16. November 1917]

Geliebte, daß ich Dir diese Tage noch nicht geschrieben habe, hat seinen guten Grund.

Es kam nämlich das Telegramm, das ich erwartet habe; es steht drin: Der bisherige Standort der 6. Qu[artier]abt[eilun]g: *Krainburg*. Ich muß also jetzt unwiderruflich hinfahren, obgleich ich das Gefühl habe, daß dort kein Mensch wissen wird, was ich will – und das Ganze auf Mißverständnissen beruht. Was soll ich aber tun? Ich fahre eben und werde das ganze austrinken. Ich habe ja eine ziemliche Gewißheit, daß ich sehr bald zurück bin. Gestern war ich wieder im Ministerium, der Attaché war neuerdings ganz empört, er behauptete, man hätte ihm fest versprochen, ich fahre nicht. Nun ist es aber nicht mehr abzuwenden. Geliebte, ich denke mit tiefem Gefühl und Heimweh an die Tage

zurück, wo wir soviel Sorgen und Bedrückungen hatten, und wo es uns, ohne daß wirs hofften, bestimmt war, sie zu Ende zu leben ohne daß ich weg mußte. Auch für mich sind ¼ 1 Uhr und fünf Uhr sehnsüchtige Stunden, besonders jetzt, wo ich aus der Ruhe gerissen bin und tausend Unsicherheiten und Unannehmlichkeiten entgegengehe. – Warum denn machst Du Dir Vorwürfe über Dich? Du bist ja wunderbar zu mir, und ich wünsche Dich ja nicht gleichgültiger und lässiger. – Was Dich in mir erschreckt ist die Krise, der Konflikt, die Energie losigkeit, mein Leben besser zu gestalten, den Trieb nach Zerstreuung und Betäubung zu töten. Aber in der letzten Stunde unseres Zusammenseins im Café am Sonntag war ich doch schon anders (Du hast es gefühlt) und habe meine Kräfte wieder geahnt.
Ich werde ja erst anfangen. Was mir bisher gelungen ist, war Zufall. Und wenn meine Willenskraft gesundet, so wird alles in mir stärker werden und auch Du wirst glücklicher und freier sein können. Der Pessimismus ist ja gar nicht *meine Natur*, sondern nur die Frucht von allem, was aus Schwäche in mir wider meine Natur geschieht.
Denke Dir, gestern hat mich der Blei am Nachmittag zur Frau Mahler mitgenommen. Es war wirklich schön. Ich blieb dort bis in die Nacht hinein, denn ich erfuhr sehr viel von Gustav Mahler – und fühlte, daß er alle meine Konflikte hatte. Es waren interessante Stunden, sie ist eine ungeheuer lebendige warme Frau, die wertvoll ist.
Liebste, ich fahre morgen oder übermorgen. Hoffentlich bin ich bald zurück. Natürlich wird die Qu[artier]Abteil[un]g nicht mehr in Krainburg sein, und ich werde Gott weiß wohin fahren müssen. Aber das macht nichts. Vielleicht werde ich etwas arbeiten können. Leb Du mir recht wohl. Mach Dir ja keine bösen Gedanken über mich und liebe Dich.
Inniglich umarme ich Dich

Franz

Frau Mahler: Alma Mahler-Werfel (1879–1964).
Gustav Mahler: (1860–1911). Er hatte 1902 Alma Schindler geheiratet.

Triest 12/12 17

Geliebte, Du Arme hast wieder lange warten müssen – – – Gestern bin ich aber erst am Abend von meiner Expedition nach den zerstörten Gebieten wieder nach Triest zurückgekommen noch dazu mit einem unverwüstlichen Zahnschmerz behaftet, der solche Dimensionen annahm, daß ich zu einem Zahnarzt heute ging, der mir aber auch nicht helfen konnte, weil er behauptete, es wäre eine Beinhautentzündung und müßte ausführlich kuriert werden. – Ich will Dir kurz mein Curriculum erzählen, denn ich glaube, Du wirst nicht viel aus meinem letzten Zettel erfahren haben. – Also am Samstag kam ich hier in Triest an, sah das Meer wieder, das jetzt auch vor meinem Fenster ist (ich wohne in einem herrlichen Hotel, ganz an der Mole, einer internationalen (einst!) Landungsbrücke aller Weltumsegelungsmöglichkeiten.) Am Sonntag war ich beim Statthalter, mit dem ich einen sehr langen hochliterarischen Diskurs hatte – – – bei dem ich zu meiner Beruhigung erkannte, daß meine hiesige Mission weder sehr dringend noch sehr wichtig ist. – Ich sollte mir vor allem das zerstörte Kriegsgebiet von Friaul ansehen. Ich fuhr auch gleich weg – und hatte jetzt eine sehr deprimierte Zeit zu bestehen. So viel ich auch vom Krieg gesehn habe, nichts ist so entsetzlich als diese Verwüstungen, als diese langsame Bahnfahrt durch die hundert hintereinander liegenden Stellungen von Montefalcone angefangen bis nach Görz. Denke Dir, *jetzt* ist alles noch unaufgeräumt, alles so, wie es gewesen ist. Eine ungeheure Fläche von bis auf den Grund zerstörten Häusern, zerfetzten Drahtverhauen, zerfransten Bäumen – überall eine Unzahl von Granatenhülsen, Blindgänger, unexplodierte Handgranaten, die zu zehntausenden herumliegen – auf den Anhöhen liegen noch viele unbeerdigte Leichen, Friedhöfe sieht man, die um und umgewühlt sind, ein Bild, das wie eine fürchterliche Narbe niemals vom Antlitz der Erde verschwinden kann.

In Görz war ich dann eine Nacht und anderthalb Tage. Diese Zeit ist eine von jenen mysteriös unverständlichen meines Lebens. Man kommt an einem ganz zerschossenen Bahnhof an (das sagt aber gar nichts von der Trostlosigkeit eines abgedeckten Bahnhofs), dann geht man durch tiefen Schlamm an Verhauen und Kasernen vorbei, die bis oben voll von Unrat sind und kommt in die Hauptstraße die Korso Verdi heißt. Nicht ein Haus steht, jedes einzelne ist buchstäblich zer-

siebt, jede Straßenlaterne ist abgekappt, tausende Ratten in der Größe von Katzen fahren einem über den Weg, man begegnet nur uralten Soldaten, die aussehen wie die schwachsinnig Überlebenden einer großen Pest. Ein Bekannter (ein tschechischer Dichter) war so nett und ist mit mir nach Görz gefahren. – Zuerst wußten wir nicht, wo wir übernachten würden. Wir dachten schon (nicht ganz zum Spaß) an die schrecklichen Kasernen. Dann bekamen wir ein Zimmer zugewiesen und erfuhren dabei, daß es ein Hotel in der Stadt gibt. Vorher hatten wir noch einige Abenteuer. In einem elenden Hof sahen wir den goldenen riesigen Galawagen des Erzbischofs. Wir setzten uns hinein und aßen Äpfel. Über einer Trümmerpyramide, die früher eine Kirche war, hängt ein Kruzifix mit der Inschrift »Sic dilexit deus mundum«. So hat Gott die Welt geliebt. Die Nacht in dem Hotel dann war eine der furchtbarsten meines Lebens. Die Fenster waren ausgebrochen. Im Flur liefen die Riesenratten herum. Es war nichts zum Heizen da. Um die Groteske zu vervollständigen hatten wir uns beide das einzige gekauft, was in Görz zu haben war, französischen Champagner aus der italienischen Beute. Den hatten wir auf dem Nachtkasten stehen. Leider trank ich davon, obzwar ich schon vorher Zahnschmerzen hatte, wurde nervenlebendig und mußte nun in dieser Umgebung eine Nacht der gräßlichsten Plagen überstehen, wo man weder zu liegen noch zu stehen noch zu gehen erträgt. Ich mußte fort daran denken, wie Du in Wien Zahnschmerzen hattest, und wie lieb und unegoistisch Du warst. Ich glaube ich hätte unter dieser Folter die Welterlösung geopfert. Der nächste Tag war ebenso furchtbar. Man sah überall tote Ratten umherliegen. Es war das absolute Bild einer mittelalterlichen Peststätte. Auf Bahren wurden halbverhüllte Italiener (Gefangene) vorbeigetragen, die bei der Arbeit tot umgefallen waren, lange Züge von entsetzlich aussehenden Kranken schlichen und trugen einander zur Bahnhofsruine. Der Zug kam und kam nicht und als er dann kam fuhr er eine Strecke von 20 km in 3 Stunden. Wir saßen in der Finsternis und der Wagen wurde von der Bora geschüttelt als wollten uns die Dämonen der zerstörten Stadt wieder zurückholen.
Liebste, ich habe in diesen Stunden immer Deiner gedacht, und Dich gerufen, fast aus Angst, als könntest Du mir aus dieser Hölle helfen aus Zahnschmerzen und Rattenpest.
Noch jetzt in Triest ist in mir dieses dämonische Gefühl, ich fühle mich gar nicht leicht und habe Heimweh nach Dir. – Ich kann Dir heute

nicht mehr schreiben. Ich bin durch Aspirin usw. ziemlich verstört, was Du ja diesem Brief anmerken wirst. Morgen fahre ich nach Wien. Telegraphiere mir, ob ich Dich abends nach 9 Uhr einmal anrufen kann.

Ich bin Dein und bei Dir

[Franz]

Triest: FW unternahm diese Reise nach Norditalien im Auftrag des Kriegspressequartiers.

Briefe an Alma Mahler-Werfel

Hotel Englischer Hof (Posthotel), Feldkirch (Vorarlberg)

Feldkirch, den 18. Jänner 1918

Heimweh, Heimweh auf der ganzen Fahrt ununterbrochen. Ich dachte die ganze Nacht frierend im ungeheizten Wagen dieses großen Winterwunders 1918, das unsere Namen trägt. Du Große, Du Lebensspenderin, Hüterin des Feuers!!! Gott sei Dank, ich war ungestört und die schmierige Stimme des Lothar griff nicht in mein Denken ein (Der fuhr Schlafwagen.) Außerdem fuhr der gleiche Herr mit meinem kleinen Koffer sogleich nach Zürich weiter, weil er scheinbar auf der Fahrt die Bekanntschaft einer Prinzessin Lichtenstein gemacht hatte, die ihn in einen Sonderzug mitnahm. – Ich blieb hier, jetzt sehr glücklich, daß ich Dir schreiben kann, und allein bin!! Wenn Du nur wissen könntest, wie sehr voll Heimweh ich bin und voll Sehnsucht! Immer singt in mir das eine Thema (Trio glaube ich) von Pfitzner, das Du so schön auswendig spielst, und das unter Deinen Händen einen Trotz = Trommelwirbel bekommt. In diesem Thema ist so viel von Dir drin. Dein *Heroismus* ist drin, der viel wahrer und adliger ist, menschlicher und allumfassender, als der theoretische der paar Verwaltungsrat-Degenerees, deren Hohlköpfe von schwammiger Rassentheorie ausgefüllt sind, die anzunehmen Du zu geistig, zu lebensvoll und liebesheilig bist. – Nein Du gehörst mir und bist meines Geistes, denn ich sehe die wahre Welt, die auch Du siehst. Ich weiß alles aus Deinem Gesicht und aus Deinem Leib – – – wie könntest Du auch meine Gedichte lieben, wenn Du meine Gesinnung nicht liebtest! – Schrecklich, daß ich jetzt ohne die Verlorenheit, die abendliche Versunkenheit leben soll. – Mit Menschen jetzt zu sprechen ist mir schwer. Ich bin immer wie ein Schlaftrunkener, den man aus dem Bett reißt und eine mathematische Aufgabe lösen läßt. – Ich fühle Dich in meinem Atem, »immer greifst Du in mein Gewebe«! – Du wirst mit hundert Menschen sprechen, täglich – wirst musizieren. Wirst Du mich, wenn Du mich lange nicht bei Dir hast, vergessen haben? Werde auch ich, wenn ich zurückkomme, ein *Fremder sein*? Denn Du lebst schnell, Alma, ich

weiß es aus Deinem Musizieren. Ich werde Dir morgen gleich schreiben und telegrafieren, aber meine Worte werden lange brauchen, ehe sie zu Dir kommen. (15 Tage und länger). Wirst Du mich verlieren?? Wenn Du meine Schrift lange nicht siehst, Alma?
Mit meinem ganzen Sein habe ich Sehnsucht und Heimweh.
Fühle mich!

Franz

Feldkirch: FW war im Auftrag des Kriegspressequartiers unterwegs zur Schweizer Vortragstournee.
Lothar: Der österreichische Erzähler, Kritiker, Essayist, Bühnenschriftsteller Rudolph Lothar (ursprünglich Rudolph Lothar Spitzer, 1865–1943).
Pfitzner: Hans Pfitzner (1869–1949).

[Wien, Mai 1918]

Geliebte einzige Frau – gestern schrieb ich Dir nicht, denn es war einer meiner verhetzten Tage, und ich nicht einen Augenblick allein. – Den ganzen Tag war ich aber unglücklich über dieses mein Nichtschreiben – denn Du bist das Einzige für mich, was mich mit Hoffnung, Sehnen, Erwartung, Bejahung und Glück erfüllt. – Alles andere ist für mich Lüge und Überdruß. – Ich leide an allen anderen und möchte mit Dir fliehen, mit Dir zusammen sein, mit Deiner Stärke, mit Deiner Kampfkraft, mit Deiner Schönheit, die eine Schönheit für mich ist, eine Schönheit für meinen Durst.
Nur Du lebst unter allen Frauen für mich!
Gott gebe, daß Dich dieser Brief erreicht, und daß Du mir über die unfreiwillige Briefpause nicht gezürnt hast.
Heute bekam ich auf einmal Deine beiden Briefe. Sie haben mich tief erregt teils mit Glück, sehr mit tiefem Glück, teils aber mit Schmerz auch. – Mit Glück hat mich alles erfüllt, was Du mir dem Manne sagst, mit Schmerz hat mich erfüllt der entwertende scheinbare Psychologen-Tiefblick in meinen Konflikt, den Du ›Industriellensohnherzleiden‹ nennst.
Glaubst Du nicht, daß es ein unendlicher Wert ist der Konflikt zwischen dem erträumten idealen Menschen und der gebrochenen Reali-

tät die man selbst ist. Ist das wirklich nur jüdisch? Dann wären die Arier zu bedauern! – Aber die besten unter ihnen heißen Kant und Tolstoi – und sind nicht die paar Protoplasmagigerln. Den Konflikt, den Du so feu[i]lleton aphoristisch definierst *muß* man immer durchkämpfen, um nicht ein Schwein zu werden. Daß es eine satte Judenschaft (neben einer recht unsatten gibt) die in einigen Exemplaren gegen das eigene Sattsein revoltiert, gibt doch der ebenso satten Christenheit noch nicht das Recht, mit Berufung auf ein bequemes Hellenentum, selbstgefällig zu sein. – Du verstehst mich eben noch nicht, weil Du noch nicht frei bist von der Kampfhaltung des *»Durchschauens«*.

Aber Du wirst mich verstehen! Ich liebe Dich – Du bist meine Frau – Ich kenne keine Frau als Dich. – Klar haben mir das diese Tage bewiesen. Alma, komme bald, Alma Du lebwohl

F.

[Wien, Mai 1918]

Geliebte Frau, jeder Tag, der keinen Brief von Dir bringt, ist mir traurig. Jetzt ist es Freitag, u. ich fühle, daß ich auch diese Woche nicht werde zu Dir fahren sollen. – Glaube mir, alle Tage, die ich durchlebe, sind nur von Dir erfüllt. – Ich schrieb es Dir gestern, Du bist mir das, was ich in meiner Knabenzeit als Heimat fühlte. – Mein Gefühl nach Dir ist mehr als Sehnsucht, es ist Heimweh. – Ich gehe hier umher u. irre wie ein Mensch in der Fremde. – Ich liebe Dich, Alma! Du bist mir Ziel.

Ich weiß, daß ich morgen nicht zu Dir werde fahren können. Herr Moll sei draußen, sagte mir Dr. Stephan, dem ich begegnete. – Ich bin unendlich traurig, denn ich könnte jetzt gerade, da mein Chef fort ist, ganz gut auf 3 Tage verschwinden, ohne Urlaub zu nehmen.

Geliebte Frau Alma, bleibe bei mir, fühle ich, daß auch mir nicht anderes bleibt, daß ich nichts habe, als die Heimat Alma. Zürnst Du mir wegen des Inhalts meines letzten Briefs? Nein! – Zitternd erwarte ich die Zusage Deines Einverständnisses, Deinen Befehl, o Frau.

Ich lebe seit gestern in sehr viel Raum u. Licht auf einem großen Tisch, wo ich 10 Stunden arbeite wie noch nie! – Ich bin durch diese Freiheit als Künstler zufrieden gestellt! *Aber nur Du bist mir Gesetz!!!* So herrisch ich Dir bin, wenn mein Gesicht über Deinem schwebt, so gehorsam gehorsam bin ich Dir. Lebwohl, Alma. Geliebte Frau

F.

Moll: Der Maler und Graphiker Carl Moll (1861–1945), Mitbegründer der Wiener Secession, war Alma Mahlers Stiefvater.

Dr. Stephan: Vermutlich der österreichische Musikschriftsteller Paul Stefan (1879–1943).

in sehr viel Raum u. Licht: Das Redaktionslokal der ›Summa‹ in der Boltzmanngasse 22. Vgl. Brief vom 20 8. 1917 an Gertrud Spirk.

[Wien, August 1918]

Du mein heiligstes Glück, wenn auch der gute Engel Dich und den Sohn bis in den heutigen Tag schützend geführt hat, so kann ich doch keinen Augenblick noch aufhören, um Dich und um ihn furchtbar zu bangen.

Du bist unendlich süß und gut, daß Du in all Deinen Leiden mir noch eine erlösende Nachricht schickst. – Ich nehme jetzt an, daß ich Dir täglich schreiben kann (Post), ohne daß es auffällig ist oder Gefahr besteht, daß der Brief unterschlagen oder gelesen werden könnte! Ich telefoniere vier oder fünfmal täglich ins Sanatorium; leider Gottes gibt der Portier immer nur eine sehr lapidare Auskunft. –

Alles was Du schreibst, hat mich sehr erschüttert, denn ich wußte es schon. Ich führe über diese Tage ein ganz ausführliches Tagebuch, damit ich einmal Dir Rechenschaft geben kann, und damit Du selbst die Geheimnisse überblickst. – Ich wußte in meinem tiefsten Gefühl schon viele Wochen lang, daß Du in großer Gefahr wegen des Kindes schwebst. Ich sagte nie etwas davon, doch mußte ich oft meine Herzensangst unterdrücken. – Dann kam der Blutsturz, ich kam mir wie ein Mörder vor. Es waren die heilig schmerzhaft sorgenvollsten Tage meines Lebens.

Unter den vielen Gedanken, mysthischen Ereignissen u. s. w. der letzten Tage, ging mir folgendes durch den Kopf, das ich am Tage nach Deiner Entbindung ins Tagebuch einschrieb.

»Ich erinnere mich, daß wir beide, als ich das erstemal in ihrem Land-

haus war, in der Nacht vor dem Fenster einen merkwürdigen Vogel im gleichen Rhythmus Ruck um Ruck ununterbrochen stundenlang ratschen und sägen hörten. – Mich beunruhigte das damals als ein schlechtes Zeichen für sie. – Ich sagte es nicht. Vielleicht ist, wenn man abergläubisch sein will, durch die vorzeitige Entbindung eine unglückselige Bestimmung abgewendet worden, die über der rechtzeitigen lag.
Sie erzählte mir einmal, daß ihrer Mutter geweissagt worden wäre, sie würde etwas älter, als Alma jetzt ist, an der Geburt eines Knaben sterben. – Alma sah sich in ihrem Gefühl (man konnte es merken) als Erbin dieses Fluches, der an der Mutter nicht vollzogen wurde, an. *Vielleicht erspähte die gnadenreiche Güte eines Schutzengels dieses Loch im Register der Vorsehung (Die Herbeiführung einer Blutung und vorzeitige Geburt) um sie zu retten!* Oder ist dieser Einfall nur die Abwälzung meines Verantwortlichkeitsgefühls!«
Unendlich und in jeder Sekunde, meine süßeste hehrste Frau, weiß ich alles, was in Dir jetzt lebt, sorgt und bangt. Ich bin durch Fäden mit Dir verbunden, über die wir beide keine Macht mehr haben. – Ich bange um Dich, aber ein wahrer Glauben sagt mir, daß Gott sichtbarlich über Dir wacht. Denke an unsere Zukunft!
Mit scheuester Ehrfurcht streichle ich Dein Bild.

F.

den Sohn: Am 2. August 1918 gebar Alma, die noch mit Walter Gropius verheiratet war, FW einen Sohn. Am 18. Februar 1919 wurde er auf den Namen Martin Carl Johannes getauft. Er starb im Mai 1919.

[Wien, August 1918]

Meine geliebte Frau, Deine Briefe sind mein Halt und mein Glück! So gut bist Du zu mir, so verwandt, und das macht mir alles Unangenehme, was sich jetzt an mich herandrängt, gut ertragbar. Es ist sehr sehr große Gefahr, daß ich von Wien wegmuß. Es ist eine Verschwörung angezettelt worden, und mein Schwänzen u. s. w. durfte sich rächen. – Das darf nicht geschehen, daß ich von Dir weg muß! – Wenn ich auch meine jetzige Stellung auf jeden Fall verlieren werde, so arbeite ich doch schon um eine Neue! – Jetzt von Dir wegmüssen! Wo wir ein Kind haben, wo Gott zu uns Ja gesagt hat, und alles zum Guten sich wendet, *wo vor uns eine große Glückszeit liegt*, – das wäre ganz schrecklich.

Ich habe lange lange über den Namen Benvenuto nachgedacht. Er ist mir von altersher schön und lieb. Was mich einen Augenblick stutzen ließ, war die Assoziation, daß *Gerhart* Hauptmann seinen Sohn Benvenuto genannt hat. Auch mir fehlt dem Namen das Gesangselement des A. »Gut Gekommener« – er kam in Schmerz und Gefahr – ist das kein Widerspruch? Ich habe mir hundert Namen durch den Kopf gehen lassen, und fragte mich immer wieder, ob Dir nicht so ein gefundener Name fremd sein muß, wenn Du mit bestimmten Namen in Deiner Phantasie schon gelebt hast. – Ich finde sowohl Gerhart als Benvenuto wunderschön ... es sind nur die Widersprüche darin, die ich meinte. Warte noch einige Tage, Geliebte – und versuche den Klang und die Bedeutung von solchen Namen, die ich hier gleichsam nur zum Zufall hersetze. Gefunden habe ich noch keinen. *Martin* (gutmütig, einfach, treu, herbzutraulich). *Gabriel* (einsam, künstlerisch, sehr abweisend). *Daniel* (religiös aber bißchen domestikenhaft) *Matthias* und *Albrecht* (Streng, rechtlich, bißchen das Gericht von Tessenow, jedoch sehr guten Klangs, wenn auch unsingbar) *Lukas* (unsinnlich, protestantisch, doch schön) *Klemens* (ohne a nur sehr leise sangbares Thema, christlich, inniger Mensch mit ruhenden Augen). Der richtige Namen ist drunter nicht, doch sind sie alle schön. – Ich schlage Dir nachmittag andere vor. Sein Name müßte so sein .... (intensiv, innerlich singender Mensch, mehr pathetisch als zuständlich, ausdrucksstark, auf jedem Wort, das er spricht ist ein Markato (<)zeichen, mehr begnadet als moralisch, (wenns nur einen schöneren Namen für Benedictuo-benedait gäbe – ein Mensch auf den Hoffnung anderer gesetzt ist *Sperato, Desiderius* – ein Zukünftiger). Ich werde den ganzen Vormittag denken. Um 1/4 11 Uhr will ich Dir telefonieren.

Ich liebe Dich mit meinem ganzen Leben, weiß keine andere Bindung mehr in der Welt, als Dich.

Ich küsse Deine freudenspendende Hand.

F.

das Gericht von Tessenow: Der Architekt Heinrich Tessenow (1876–1950) war der Erbauer des Wiener Gerichtsgebäudes.

Markato (<) Zeichen: Marcato (ital.) bedeutet hervorgehoben.

[15. 8. 1918]

Meine geliebte Alma, so werde ich Dich heute wiedersehen dürfen? Darf ich wirklich die Annie zur Bahn bringen? – Herrlich, herrlich, Dich zu sehen, obgleich ich mir immer unerträglich in meiner Gehemmtheit bin, wenn ich an Deinem Bett stehe – verstehst Du's?
Hast Du gestern gefühlt, wie lange, wie intensiv ich das Kind studiert habe? Ich finde mich oft bis zum Erschrecken in ihm, und nicht nur mich, sondern auch meinen Vater – u. das ist so ein tief merkwürdiges Gefühl. Ich lese aus seinem Athem, aus seinem noch so verborgenem Schlaf *die Geste* seine Wesens, und sehe sie ganz deutlich. Für mich ist dieser Knabe nicht stumm und verborgen, sondern wenn ich ihn lange anschaue, erkenne ich schon alle Bewegungen, die er gar nicht macht. Ich habe den Schmerz in Deiner Erkenntnis gestern gespürt, als Du sagtest, er wäre »ohne Ausdauer«. Ich wußte, daß ich selbst so diskontinuierlich bin ... und an diesem Kinde merkst Du es schon nach vierzehn Tagen. – Vielleicht wirst Du sehr leiden müssen (als Mutter) an der Charaktervererbung durch mich – auch an mir, an meinem Charakter leidest Du ja und hast gelitten.
Gestern vormittag habe ich den Brief geschrieben, von dem ich Dir früh am Telefon sagte. Er war sehr warm, aber von Dir stand kein Wort darin. Er kam aus meinem Herzen, und ich mußte an mich halten.
Ich schreibe Dir noch immer sehr gestört u. gehemmt, da ich erst heute nachmittag allein sein werde! – Du sollst fühlen, wie Du meine ganze Existenz erfüllst, all meine Gedanken, meine Nerven, mein Schlaf, alles nur von Dir und in Dir lebt.
Ich gehe jetzt, Dich anzurufen, zu hören, ob ich heute Dich werde sehen dürfen. Sei mir gut – Mein Leben gehört Dir an

F.

meinen Vater: Der Handschuhfabrikant Rudolf Werfel (1858–1941).

[Wien, August 1918]

Geliebte Frau, wie konntest Du nur fühlen, daß ich etwas Böses gegen Dich getan habe! – Ich lebe rein, wie noch nie – und wehre mich aus ganzer Seele, aus aller Hochspannung der letzten großen Woche in den

Alltag zu verfallen. Verdächtige mich nicht! Denn ich kämpfe ja gegen mich und es ist Schmerz, wenn Du mich durch solches Nichternstnehmen von Dir entfernst. – Ich schrieb erst an Marga [?] vorgestern aber ich war all die Stunden so erfüllt, daß ich gar nicht dachte, Du wartest auf mein Wort. Es war der Egoismus des Erfülltseins – nichts Böses – Verzeih mir! – Übrigens litt ich gestern Angst und Bangen, weil ich keinen Brief von Dir bekam, auch heute früh war keiner da. – Erst jetzt wieder bin ich ruhig.

Daß Du Fieber hast, ist sehr ungut. Ich sorge mich, daß Deine Erschöpfung dadurch wächst. Innigst bitte ich Dich, schreibe mir immer aufrichtig über Deinen Zustand.

Daß Du noch ein anderes Kindchen nährst macht mich froh und glücklich. Es ist mir der Beweis Deiner herrlichen göttinnengesunden Vollkraft! So ist es doch auch wunderbar, daß ein siebenmonatliches Kind solch großes Gewicht hat – wieder ein Beweis von Deiner sommerlich mächtigen sonnenhaften Fruchtbarkeit. – All das erfüllt mich mit Stolz und Glück – ich bange nicht um die Zukunft unseres Kindes, es wird ohne Lebensschwäche sein – im Gegenteil noch stärker noch intensiver als wir! Als ich ihn sah, wußte ich sofort, das wird kein Hysteriker – wie ein kleiner Dionysos lag er da! Glaubst Du, daß unser Auge dem Buberl gegenüber verblendet ist, aber ich habe in ihm *soviel* gesehn! Reife, Fülle, Mut, Tempo, Feinheit! In diesen Tagen habe ich oft die Empfindung, wenn auch ich mißlungen bin – er wird die Vollendung dessen sein, was in mir angedeutet ist, und was Du allein bisher aus der Tiefe des Lebens erkannt hast.

Vergiß nicht, daß ich mich sehne. Ihm wieder, diesmal weniger huschhaft und nur zur Inspiration zu sehn. – Gib mir doch irgend einen glaubhaften Auftrag. Etwas zu versorgen, das ich Dir dann am Vormittag bringe. Geht das nicht? Ich liege stundenlang am Diwan und stelle mir die Wärme Deiner Hand vor, die mein Glück ist.

Ich begreife und teile selbst den Schmerz, von dem Du mir schreibst. Er ist einer der edelsten, vornehmsten Menschen, die mir je begegnet sind. Ich weiß nicht warum – (und Du selbst warst einmal von diesem meinem uneifersüchtigen Gefühl entsetzt) – ich bin ihm mit Wärme brüderlich gesinnt. – Ich habe ein Bedürfnis mit ihm zu sprechen, ihn zu sehen.

Mich schmerzt nicht, daß *mein* Kind da ist, mich schmerzt, daß er in Unwissen lebt! – Aber dies ist ja nicht die Sache eines Sagens, sondern die des Lebens selbst, und auch dafür hat das Schicksal schon den Weg betreten. Müssen wir uns Vorwürfe machen? Ich vielleicht! Du nicht! Denn Du bist ein *freier Mensch*, ihm gegenüber vielleicht mehr noch als anderen, weil Eure ganze Beziehung ja auf Deiner Freiheit, auf Dein Jasagen zu dieser Bindung aufgebaut ist. Du bist keine geheiratete Frau! Und sein Glück wie unseres ist es, daß er, sollte die Wahrheit angesprochen werden, sollte er sie selbst erkennen, daß er *niemals hintergangen* sein wurde. In der tiefsten und fruchtbarsten Sonnenzeit Deines Lebens, nachdem Dein Wesen und Dein Schicksal Dich unter den Menschen des Schaffens sehr hoch emporgetragen und verselbständigt hat, bist Du keine Frau mehr, kein Weib der Treue und Untreue, sondern eine Sibylle, eine Diotima, die bewußt wählen darf, welche Rasse, welche Zukunft sie zur Welt bringt. – Deine Liebe ist nicht eingeordnet, sie ist ein schöpferisches Werk! Niemand ist das Oberhaupt, der Vater der Familie, deren Mutter Du bist! Niemand steht auch mit solcher Forderung zu Dir!

Schuldig bin allein ich! Schuldig gegen ihn. Es war Dein Recht, den Vater Deines Kindes Dir zu wählen, meines aber nicht, der Vater zu werden. Ich sehe allen Dingen der Zukunft aber in die Augen und bin nur von einem Willen beherrscht: gerecht und gut zu sein, nichts von Verantwortung abzuwälzen. Alle diese Fragen trüben aber nicht einen Augenblick mein Glück an Dir, mein Glück an unserem Kind. Hilf mir nur weiter, Frau und Sibylle! Verdächtige mich nicht! Wie ich auch bin mit meinen vielen Wüsten, bin ich doch in Ewigkeit an Dich gebunden.

Ich liebe Dich mit meiner größten Kraft.

Franz

Wie wird er heißen?

Er ist einer der edelsten, vornehmsten Menschen: Der Architekt Walter Gropius (1883–1969) war seit 1915 mit Alma Mahler verheiratet.

[Wien, August 1918]

Meine geliebte herrliche Alma, gestern abend hast Du mir geholfen und wohlgetan. Ich konnte sogar noch in der Nacht arbeiten, wenn ich auch nicht recht weiß, was aus meiner Arbeit wird. – Deine Stimme,

das Gefühl, daß Du mich liebst, hat mich wieder in die Balance gebracht. – Wenn Du mir böse bist ist es mir, als ob die mit unendlich viel schönen Blumen überdeckte Schlucht Deines Widerstands gegen mich aufgerissen würde, und ich in tausend Gedanken sehen müßte, von denen ich nicht weiß, und deren ein jeder Feindschaft für mich hat. Wenn Du mir sagst, ich sei molluskenhaft, so kommt dieses Wort aus diesem Abgrund der Objektivität, aus diesem Winkel der Beobachtung, die keine Liebe hat. – Dein Urteil über mich, Deine Kritik gibt mir Kraft, wenn ich den Willen *für mich* in ihre spüre, sie lähmt mich, wenn sie aus jener Bereitschaft kommt. – Ich beobachte und wäge nicht, ich schwöre Dir – ich bin ein Almagläubiger, ich bin einer, der täglich zu Dir pilgert und wallfahrt. Ein einziges Mal habe ich Dich aus der Objektivität belauert – und da mußtest Du weinen, nicht weil ich etwas Besonderes erkannt habe, sondern weil ich objektiv war. Erinnerst Du Dich? Ich sage das Alles, weil gerade Dein Strenges und unerbittliches Urteilen mein Glück und mein Wunsch ist! Aber ich will Liebe – und habe das Mißtrauen eines der liebt, das Mißtrauen das Du selbst so gut kennst. Ich bin gleich aus der Bahn zu werfen.
Ich will kein Wort mehr darüber schreiben. Daß Du aufgestanden bist und schon eine Zeit am Fenster sitzen kannst, ist mir eine unendlich liebe Vorstellung. Du und das Kind sind mein Glück! Ich will streng gegen mich leben, um nicht zu versinken, um mir Würdigkeit zu erwerben. Jetzt werde ich bald Deine Stimme hören. Indes wirst Du diesen Brief schon gelesen haben. Ich liebe Dich!! Lebe wohl.

F.

Heute morgens mußte ich an viel Süßes zwischen uns denken.

[Wien, Herbst 1918]

Heilig geliebtes Wesen, Dein langer herrlicher Brief war mein Tag-Glück heute. Ich las ihn immer wieder. Wie süß auch sang heute Deine Stimme ins Telefon! Du bist – Du bist – und Wir sind! (Verstehst Du den Abgrund dieser Aufschrift?)
Denke Dir! Dein Mann hat mir heute einen Brief geschrieben, der mich unendlich gefreut und ergriffen hat. Einen langen Brief über

meine Dichtungen, von denen er mir schreibt, das sie ihn in diesen Tagen Erlebnis geworden sind.
Er schreibt von dem ungeheuren Haß, den er gegen den Krieg hat, der ihm sein »Leben« (Du?!) geraubt hat, von der Schuld, daß der heiligste reinste Engel durch ihn dem Tode nahe war – (u. ich bin der Schuldige!) von der Schmach der Uniform, von dem Neuen das er in der Welt spürt u. nach dem er sich sehnt. Der ganze Brief eine wehmutsbeladene Klagemusik[?], die mich diesem Menschen zum Äußersten bindet. Ob ich zum schuldigen ihm geworden, oder schuldlos bin im Sinne des Schicksals – ich liebe ihn und fühle Freundschaft.
Ich werde ihm schreiben. Vielleicht etwas erleichterndes gutes sagen können über uns alle! Soll ich? Ich habe das Gefühl, daß ich ihm helfen kann. Ich liebe ihn um Deinetwillen, um meiner Liebe zu Dir willen! Gibt es soetwas? Gibt es das, daß wir nicht eifersüchtig sein müssen!? Daß es eine Bruderschaft in der Liebe zu dem Göttinnenwesen Alma geben kann? – Sag mirs! Ich bin tief berührt durch seinen Brief. Ich bejahe diesen edlen Menschen. Ich könnte für ihn Lasten auf mich nehmen.
Verstehst Du mich?
Den ganzen Tag denke ich Deiner! Hasse alle Unterbrechung. –
Ich möchte in einsamer Landschaft sein wollen, all dem Erhabenen, was es zwischen uns gibt, nachzusinnen.
Sag mir, ob Du willst, daß ich ihm von meinem Gefühl zu ihm schreibe?
Ich finde den Namen *Imanuel* herrlich u. bin restlos u. tief einverstanden. – Ich wollte Dir den Namen immer vorschlagen, tat es aber nicht, weil ich fürchtete, Du würdest es für zu besitzergreifend halten, wenn ich einen Namen biblisch-hebräischer Herkunft für unsern Sohn haben wollte.
Imanuel. Der Gottgesandte zu Deutsch. Nun ist ja dieser Name geheiligtes europäisches Gut durch Kant! Da unser Kind gewiß ungemein in Sinnlichkeit verstrickt ist, so mag dieser Name für ihn Mahnung zur Idee, zur Überwindung, zum Messianischen sein!
Denn er ist geboren von einem Feenwesen, gezeugt von einem Menschen, dessen neblige Schale einen fremden und mächtigen Gast beherbergt, er kam unter Zeichen zu einer außergewöhnlichen Zeit zur Welt – er hat einen männlichen Ausdruck u. ein klares Gesicht. – Das Gesicht erinnert an die Mythen der Alten! Herakles erwürgt als Säug-

ling die Schlangen. Moses belehrt mit zwei Wochen die Priester am Pharaonenhof.
Das Gesicht unseres Sohns hat etwas geistig durchgestaltetes, aber gar nichts vorzeitiges, frühreifes, altkluges, müdes. Nein, etwas mythisch Starkes. Er trage den stolzen Namen Imanuel. Er erträgt dieses Pathos. Er wird den Namen neu anblasen.
Ich liebe Dich! Du bist meine Frau, meine Vorbestimmung. Wir sind richtig [?]. Wir werden aneinander werden. Und wir werden Glück und Freude haben. Gott schütze Dich, mein Leben

Franz

Danke für die Manuskripte!
Glücklich!

[Wien, Herbst 1918]

Alma, komm zu Dir!! Von Stunde zu Stunde steigerst Du Dich in einen Schmerz, der aus keiner Realität kommt, und unser Kind fiebert. – Im Sommer habe ich niemals Jemanden bei mir gesehen, außer den u. jenen Freund, der mich zufällig besuchte u. der Doktor Eckstein, mit dem ich besprach, gemeinsam Plato oder Kant zu lesen. Es war nichts zu pausieren, als meine Schwester da war:
Gäste gegen Dich!!? – Um des Dr. E. willen, der mich immer drum anging, habe ich der alten Café-Gesellschaft von mir sagen lassen, (ich wußte gar nicht, wer alles gerade da war, als es gesagt wurde) daß man am nächsten Sonntag zu mir kommen möge.
Das mußte ich tun, um es *mir abzutun*, und auch um die Brüskierung abzuschwächen, die dadurch entsteht, daß ich nicht mehr ins Café gehe, was Du ja sehr gut weißt.
Ich habe vor Dir nicht ein Stäubchen Heimlichkeit, und falsch bin ich nie zu Dir gewesen, weil ich nicht falsch sein kann. Mein Leben liegt ganz durchsichtig vor Dir – auch das weißt Du.
Nun sage mir, *was habe ich Dir angetan!* Gleichgültige Menschen bei mir gesehen, mit denen ich seit anderthalb Jahren in Verkehr stehe, den ich seitdem wir zusammen sind auf ein Minimum beschränkt habe. Zum schroffen Abbrechen war ja kein Grund vorhanden, auch kann ich das nicht! – *Was habe ich Dir angetan?* Ich wußte, daß Dir

diese Art Menschen antipathisch sind – und sagte Dir, daß sie zu mir kommen, – d. h. ich hätte es nicht ertragen, daß Du etwas von meiner Zeit nicht weißt!! Daß diese beiden Frauen zu mir kommen würden wußte ich nicht! Das schwöre ich Dir. Ich war sogar fest überzeugt, daß sie nicht in Wien sind. Und nach diesem Ereignis, Alma, schreibst Du mir, Du würdest Dich mit Deiner Liebesbeute von mir heben!
Ich bin Deiner nicht sicher. Ich glaube nicht, daß Du an mich »gebunden bist«, wie Du von mir meinst. Daß Du es vermochtest, diesen Satz als Konsequenz des Vorigen zu ziehen, und dazu sagtest »zu meinem und eines anderen Wohl«, das erschreckt mich furchtbar!
Das *»fort von mir«* ist ein ständiges Motiv in Deinen Gedanken – ich aber fasse Deine Hände und erlaube Dir nicht, daß Dein Fluchtgefühl u. Drang in Deiner Seele einen Unsinn gigantisch aufbauscht! So flüchtig und flächig ist Dein Erleben und mein Wesen nicht, daß ich durch wilde Kuren aus Deinem Herzen zu heilen wäre.
Ich liebe Dich und lasse Dich nicht!! Ich habe viel Einsicht und guten Willen, ich könnte unter meiner Sünde fallen, aber der nervösen Steigerung einer Lappalie kann ich nicht aufgeopfert werden. – *Hörst Du es, Alma!?!* In der ungeheuer süßen Harmonie unserer Begegnung haben wir uns nicht oft gequält – u. wenn, so wars ein lächerlicher Unsinn.
Erinnere Dich nur an jenen Nachmittag, da ich zu T[hurn]-Taxis ging, um für diese höchst überflüssige Rosen ein gutes Wort einzulegen. – Wie unglücklich warst Du damals?! Und warum?! – Weil ich mich mit minderwertigen Dingen abgebe.
Ich gebe Dir das zu! Es hing und hängt viel herum. – Aber ich habe doch, seitdem wir uns lieben, soviel schon abgeworfen! *Ich habe zu keinem Menschen mehr ernsthafte Beziehungen*, nicht einmal zu meiner Familie – das habe ich in den letzten Tagen erfahren.
All das, was in mir bindbar ist, an Dich, an unser Schicksal ist es gebunden – *und läßt Dich nicht los!*
Du hast Unrecht, Alma, all Deine Gefühle, Mißgefühle sind eine maßlose Übertreibung, Du bist zu klar, zu groß und zu scharfsinnig, um das nicht zu fühlen. – Daß Du mir sagst, nach dem herrlichen göttlichen Abend unserer Gemeinschaft, mir sagst, von mir glaubst, ich könnte Dir eine Kränkung zufügen, hätte einen bösen Winkel, mich lächelnd vor Dir zu verbergen --- das kann ich nicht begreifen! Denn Du kennst doch meine Seele, die *einfach* u. guten Willens ist, u. solche Genüsse,

deren Du sie verdächtigst, nie kennen kann. Daß dem so ist, das weißt Du besser als ich – also wie soll ich denn die Erregung nennen, aus der so ein Verdacht kommen kann, es gebe in meinen Gedanken, in meiner *Lebenshaltung* etwas, das Dich ausschließt, spöttisch u. mit Absicht! Das ist, Geliebte, wirklich wahnsinnig. Ich weiß, Alma, daß Du in diesen Stunden ungeheuer Schweres erträgst, u. bin so niedergedrückt, wie ich nur an *einem* Tage war. Es ist zum Verzweifeln, daß Dir um solch einer Sache willen schlecht ist, daß für einen Unsinn unser Kind leiden muß.

Ich schrieb Dir das alles, nicht um Dir [zu] zeigen, daß Du Unrecht hast, sondern, daß Du für ein Nichts Schmerzen erträgst, u. mit irren Händen an unserer Harmonie rüttelst, die stärker ist, als wir beide.

Ich beschwöre Dich, um unseres Kindes willen, auf den Knien, sieh das in Deinem Gefühl ein, u. weil schon Groll da ist, erkenne, daß er eine sich überhitzende Verwirrung ist.

Denn eines mußt Du ja wissen, daß ich kein hintergründiger Mensch bin, sondern offen, u. daß Du mich im Herzen Deines Herzens kennst, wenn gestern u. heute auch unverständliche Wellen es verschüttet haben.

Ich weiß aus der ganzen trostlosen Erschlaffung meines Wesens, daß ich Dich liebe, *Dich nicht lassen kann u. Dich nicht lassen werde*, wenn Du auch drum kämpfen willst.

Ich werde Dich heute noch einmal anrufen. – Wenn Du mich noch hassest, so sag mirs.

Ich zittere um Dich u. um das Kind!

F.

Doktor Eckstein: Der Pergamentfabrikant und Polyhistor Friedrich Eckstein (1861 bis 1935). Unter dem Titel ›Alte unnennbare Tage‹ schrieb er seine Memoiren.

Café-Gesellschaft: FW war Stammgast im Café Central und im Café Herrenhof, beide in Wien I, Herrengasse.

T[hurn]-Taxis: Vermutlich der Staatsbeamte Alexander Prinz von Thurn und Taxis (1851–1931), Mitglied des Herrenhauses, Verwaltungsrat der K. u. K. Staatseisenbahngesellschaft.

Rosen: Die Schauspielerin Lia Rosen (1893–1972), ab 1919 in Berlin an allen Reinhardt-Bühnen tätig, ab 1930 in Palästina lebend.

[Prag, 1919]

Meine geliebte herrliche Frau – Dein Telegramm war ein großes Glück des gestrigen Abends. – Ich war schon verloren – u. da hörte ich wieder Deine Stimme, Dein Dasein, nachdem ich mich ununterbrochen sehne.
Ich tue nichts anderes, als durch meine Reden und Handlungen mich ununterbrochen mit Dir in Beziehung setzen.
Ich vertrete leidenschaftlich den ganzen Tag Deine Anschauungen, schwärme Deine Schwärmereien. Letzthin kämpfte ich eine Diskussion durch, in der ich den Satz aufstellte, daß Richard Wagner der größte Dramatiker aller Zeiten wäre.
Darauf schüttelte meine Mutter den Kopf u. sagte traurig zu meiner Schwester, »Er ist uns ganz fremd geworden.« Wehe Dir, wenn Du in meiner Abwesenheit nicht täglich aussprichst, daß Dir Jesus von Nazareth der liebste Mensch ist!
Schreibe mir doch bitte!
Ich muß über meinen klein Bubi etwas hören. Ich bin jetzt so ehrgeizig, nachdem ich meinen Neffen kenne, der schon so tolle Dinge trifft[?].
Ich sehne mich schon ungeheuer von hier weg. – Ich habe hier erkannt, daß ich vaterlands-los geworden bin. Eine tief fremde Stadt! Auf der Straße das Gefühl, jeden Augenblick umgebracht werden zu können – alle Menschen tief vergangen ... besonders ...
Den ganzen Tag tue ich nur Dinge, die mich an Dich erinnern.
Z. B. ich musiciere mit meinem Vater – u. zeige, daß ich bei Dir schon ganz leidlich leichte Dinge vom Blatt singen gelernt habe. – Im übrigen faulenze ich u. lasse mich herrlich füttern. – Ist das böse von mir? – Meine Leute sagen immer, es wäre mit mir eine große Veränderung vorgegangen. – Sie haben recht. Ich gehöre zu Dir mit meiner Wirklichkeit, mit den Träumen des Tages u. der Nacht. Oft bin ich so aufgeregt.
Jetzt! Ich küsse Dich [Mehrere Wörter unleserlich]

Dein Mann!

meinen Neffen: František Edvin Fuchs-Robetin, genannt Munzo (geb. 1918).

[Prag, 1919]

Geliebter Einziger Mensch auf der Welt – Alma!
Ich kann Dir nicht sagen, wie sehr, wie einzig *Du* meine Heimath bist. Das habe ich jetzt erfahren, da ich wieder meine Heimath sehe. Es ist hier alles wie in Träumen, die man aus frühren Zeiten kennt – seltsam bedrückend u. immer auf Erwachen eingestellt. Ich erfahre im Tiefsten, daß *Du* meine einzige Wirklichkeit bist, daß alles andere mir traumhaft bleibt und für immer unbewohnbar ist.
Das erste Wort, das ich hier gesprochen habe war, daß ich nur für einige Tage da bin – meine Eltern waren wider Erwarten gar nicht böse, verstanden mich, – und kein Mensch widerspricht.
Mit meiner Schwester (der verheirateten) war ich noch keinen Augenblick allein. Aber ich habe eine Verwachsenheit mit *unserem, meinem, Deinem Kind* erlebt, die gar nicht zu sagen ist. Als ich den Buben meiner Schwester sah, der ein gutes, reizendes Kind ist, aber an Adel, geistiger Anlage und Schönheitsgrad mit unserem Bubi nicht zu vergleichen. Er ist in der Entwicklung sehr fortgeschritten, denk Dir, das hat mich doppelt zum fanatischen Vater gemacht. Übrigens ist sein Köpferl auch noch ganz weich, obzwar er doch drei Monate älter ist.
Ich muß den ganzen Tag an unser Bubi denken. Ich stelle es mir genau vor, ich sehne mich.
Ich will Dir immer genau Bericht geben über alles worüber Du im Klaren sein sollst. – Also: Zwischen meiner früheren Freundin und mir ist alles absolut aus. Ich habe sie angerufen (telefoniert), sie war sehr förmlich zu mir, als ich um eine Begegnung fragte, wich sie aus. Ich werde sie also kaum mehr sehen. Sie hat sich ganz der Medizin verschrieben, vor der mir (durch Deinen göttlich lebensfreudigen Einfluß Alma-Mara) so sehr graut, daß G[ertrud] S[pirk] für mich immer mehr eine gespenstische Erinnerung wird – wie dieses Prag überhaupt.
Mit einem Wort, Geliebte, alles was ich hier erlebe, zeigt mir, daß das Einzige, was auf der Welt mir nah u. mein ist, Du u. einzig Du bist! Ich kann u. darf Dich nicht verlieren. Denn wenn ich Dich verliere, bin ich schon in der Wüste.
Jeden Athemzug den ich hier thue, ist mir die letzte Stunde unserer Nacht im Bewußtsein. Deine Sorge, Deine zärtliche Gestalt im

Nachtkleid war das Heiligste Süßeste für mich, was mir je auf Erden vergönnt sein wird. Ich habe solches Heimweh nach dieser Abschiedsstunde.
Wie kannst oder konntest Du auch nur einen Augenblick glauben, daß wir jemals von einander werden gehen können. –

In wenig Tagen bin ich wieder in Wien.
Ich weiß jetzt mit äußerster Schroffheit, wohin ich gehöre, wo im Falle des schwersten Unglücks *mein Asyl* ist.
Ich schwör Dir's.
Ich bitte Dich – schreib mir!
Ich muß etwas über Bubi hören!
Für heute leb wohl. Ich athme Deinen Duft, wenn ich die Augen schließe.

Franz

Wenn ich wieder bei Dir bin, werde ich Dir tolle Geschichten erzählen, die meine Schwester Mizzi in der Schweiz über »uns« gehört hat.

Alma-Mara: Mara ist eine Gestalt aus FWs »Zauberspiel« ›Die Mittagsgöttin‹, die Alma Maria Mahler zum Vorbild hat. (›Die Dramen. Erster Band‹, Frankfurt am Main: S. Fischer Verlag 1959).

[Breitenstein, Mai 1919]

Meine ewig geliebte Frau,
endlich kamen Briefe und Telegramme von Dir alle auf dem Haufen u. ich kann Dir schreiben, obgleich ich es mit großer Scheu tue – ich weiß nicht warum.
Erst hast Du mir nämlich telegraphiert, ich soll nicht schreiben. Vielleicht macht mich das ängstlich.
Daß das süße heilige Bubi nicht mehr ist, erfuhr ich durch einen Brief der B[erta] Z[uckerkandl] schon vor Deinem Telegramm. Mein Herz ist noch immer ganz zerrissen, nicht weniger, als Deines. – Ich denke an nichts anderes, als das Kind – obgleich ich doch schon so lange weiß, wie unabänderlich dieses Schicksal war.

Meine Einsamkeit seit drei Wochen in meiner süßen Heimath, deinem Hause, meine Arbeit, jede Stunde des Tages ist in treuer, fester ewiger Liebe Dir geweiht. Dir und jetzt dem Angedenken!
Ich will dieses Angedenken für uns beide verklären.
Das ist meine Arbeit.
Warum schreibst Du mir so wenig von Dir? Von dem, was zur Sprache kommt.
Wie schwer hast Du es doch. Und wie wehe ist mir, daran zu denken.
Ich fühle es wieder auf die Distanz, daß Gropius ein guter edler Mensch ist. Er schont Dich. Ich möchte ihm in Leid und Freundschaft die Hand drücken.
Alma du weißt es nicht, wie tief ich Dich liebe. Mir vergeht keine Stunde ohne Dich.
Ich schaue die zwei Bilder immer und immer an, die ich hier von Dir gefunden habe.
Nie werde ich mehr ohne Dich leben können. – Uns verbindet das wahrhaftige Sakrament des getauschten Blutes.
Ich bin nun schon fast drei Wochen bei Dir oben.
Es ist leider noch immer vollkommen Winter hier. – Aber ich hatte es in der Stadt, die ja für mich ausgestorben ist, nicht ertragen können. – In einigen Tagen, gegen den Ersten [?] zu, fahre ich wieder zurück. Ich habe nämlich wieder eine Beinhautentzündung bekommen, und schleppe mich von einem Aspirin zum anderen. Meine Arbeit wird noch sechs Tage dauern; und solange muß ich noch die Schmerzen aushalten.
Ich habe zwei Märchen geschrieben und einige Szenen Spiegelmensch weiter entworfen und skizziert.
Immerhin einiges!
Ich flehe Dich an: Komm bald!
Niemals darfst Du mich verlassen. Ich verdurste. – *Tu nichts gegen mich und gegen Dich!*
Ich hoffe, wenn Du viel mit Dadaisten sprechen wirst, wirst Du noch darauf kommen, welch ein »schönheitstrunkener Romantiker« ich bin! – Ich habe Heimweh, mir ist bange! Du wirst das fühlen, auch durch die Gehemmtheit meines Briefes hindurch.

Dein Mensch
Franz

telegraphiert: Alma Mahler-Gropius hielt sich zu dieser Zeit bei Walter Gropius in Weimar auf.
B[erta] Z[uckerkandl]: (1864–1945), österreichische Journalistin.
Heimath: Haus Mahler, Breitenstein am Semmering.
Zwei Märchen: ›Spielhof. Eine Phantasie‹ und ›Der Dschin. Ein Märchen‹. (Aufgenommen in ›Erzählungen aus zwei Welten. Erster Band: Krieg und Nachkrieg‹, Stockholm: Bermann-Fischer-Verlag 1948).
Spiegelmensch: Magische Trilogie. (Aufgenommen in ›Die Dramen. Erster Band‹, Frankfurt am Main, S. Fischer Verlag 1959).
Dadaisten: FW meint vermutlich den Freundeskreis von Walter Gropius.

[Prag,] 4/12 [1919]

Meine geliebte Frau, ich habe Dir zuletzt einen Brief geschrieben, der mir wegen seiner Quärulanz leid tut, Almitschka! Sei nicht böse. Alles was Du tust ist mir recht. – Ich liebe Dich unsagbar. Gestern ging ich mit diesem heißen Liebesgefühl drei Stunden durch die Straßen Prags, u. erkannte mit Glück, daß für mich alles Traum und Fremde ist, Du aber allein Wirklichkeit u. zuhause sein! Ich sehnte mich so sehr! Ich kann Dir dieses warme Gefühl gar nicht beschreiben! – Ich denke überhaupt *nur an Dich!* Alles aber, was ich denke, ist die Hoffnung, Dir das Leben, das äußere, bald erleichtern zu dürfen durch meine eigene Arbeit. Glaub mir's! – Ich kam von meinem Spaziergang nach Hause und fand Deinen Brief. Meine Mutter saß dabei, während ich ihn las. Wir sprachen sehr lange darüber, was Du tun solltest, um so große Ausgaben wie 26000 K in einem Monat zu verringern. Meine Mutter war ganz entsetzt über diese Last, die auf Dir ruht. – Ich sagte ihr sofort: »Ich will Buch auf Buch schreiben, um der Alma helfen zu können.« – Mit meinem Vater spreche ich niemals über Persönliches, aber habe das Gefühl, daß er sehr zufrieden über meine Liebe zu Dir ist. – Im übrigen ist er eine Angstnatur materieller Art, die mir Unbehagen macht, obgleich seine ewige Sorge sozusagen den Kindern gilt. – Die Entfremdung dem »Wirklichen« gegenüber macht mich aber krank. – Ich habe das bestimmte Gefühl, (das wird Dich interessieren) daß von Zemlinsky hier eine Negationswelle meiner Person ausgeht. Es haben mir schon einige Leute erzählt, daß er mit Dir verlobt war; wenn ich nicht irre, hat er es einer Freundin der Mizzi gegenüber behauptet. Im großen und ganzen, ohne Rechtes zu wissen habe ich das Gefühl, daß

von daher Ablehnung, Negierung usw. kommt. Es gibt eben merkwürdige Lebensgesetze. Z. ist der Ausläufer, Vorposten einer Kirchengemeinschaft, deren Bischöfe eben Schönberg u. s. w. sind, samt der Loosclique, die unbewußt oder halbbewußt zusammenhängt. Das ist mir aber alles höchst gleichgültig. Mißwillen und latentes jüdisches Gift gegen den Mitjuden muß unsereins ruhig in den Kauf nehmen. Fliehen mit Dir! Das ist meine einzige Sehnsucht! So ewig leben, wie diesen Sommer! Ohne zu schielen arbeiten, nur Dir genügen wollen, u. in Dir die ganze Menschheit überwältigen, so daß kein Ehrgeiz fast nach außen übrig bleibt. Immer mehr empfinde ich Dich als göttliches süßes Asyl, als ein Zauberkloster, das mich zum Besten steigert.
Ich spreche hier mit sehr wenig Menschen. Frl. Sp[irk] habe und werde ich nicht sehen. Sonst war ich mit den hiesigen Dichtern hie u. da beisammen. Einmal mit Franz Kafka, der ein höchst seltsamer Mensch ist, einmal bei dem Blinden Oskar Baum, u. heute vielleicht treffe ich Max Brod. Somit habe ich nur einen Menschen wiedergefunden, der mich sehr interessiert. Das ist mein früherer Freund Willy Haas, der einer der glänzendsten Köpfe hier ist, u. ein Mensch von höchster Sensibilität trotz tausend Unarten. – Im Grunde sitze ich fortwährend zu Hause, unglücklich, daß ich nicht arbeiten kann. Alles macht mich nervös und quält mich.
Nur wieder bei Dir sein! – Der Gedanke, daß die Zeit hier bald um ist, macht mich geduldig! Entferne Du Dich nur nicht von mir! Meine Sehnsucht ist maßlos! Es kommt ein herrliches Jahr für uns, Almitschka! Du bist das Maß der Dinge für mich geworden.
Mein Leben Du

Franz

Morgen ist der Kollegentag[?]. Ich muß Reden halten. Zu komisch!

Zemlinsky: Der Komponist und Dirigent Alexander von Zemlinsky (1871–1942) war Lehrer und Schwager von Arnold Schönberg.
Schönberg: Der Komponist Arnold Schönberg (1875–1951).
Loosclique: Die Gruppe um den Wiener Architekten Alfred Loos (1870–1933), der für eine sachliche, materialtreue und vor allem ornamentlose Baukunst eintrat.
Franz Kafka: (1883–1924).
Oskar Baum: Der früh erblindete Prager Schriftsteller Oskar Baum (1883–1941) gehörte zum Freundeskreis Max Brod, Felix Weltsch, Franz Kafka.

Max Brod: Der Prager Schriftsteller (1884–1968) war mit Franz Kafka und mit FW eng befreundet.
Willy Haas: Der Prager Schriftsteller und Kritiker Willy Haas (1891–1973), FWs engster Freund, gehörte ebenfalls dem Kreis um Franz Kafka an.
Kollegentag: Vermutlich Abituriententreffen.

[Prag, 1921]

Meine Alma, daß Du gequält und sekkiert wirst, ist mir entsetzlich. Da gibt es aber nur eines: Fort! Und sobald als möglich. – Hast Du Gr[opius] schon die Abreise mitgeteilt?
Ich warte nur auf Dein Telegramm und fahre sofort!
– Meiner Mutter hast Du mit Deinem Brief eine große Freude gemacht. Sie ist ganz selig, ich bekomme die Antwort an Dich mit.
Alma, wenn wir in Wien sind, müssen wir *heiraten*. Das muß diesmal wirklich geschehen! – Dann kann Dich Gr. nicht mehr quälen und wird von der Realität endlich überzeugt sein. – –
Ich kann kein neugebornes Kind sehn ohne ein wehes Gefühl. Immer denke ich dann an Dich und an die schweren vergangenen Jahre. Du verstehst mich: Ich kann mit meinen Augen nicht hinsehn. – Ich liebe Dich in solchen Momenten mit einer wunderbaren fremden und heiligen Liebe. – Schreibe mir täglich diese wenigen Male! Wirst Du wirklich in 2–3 Tagen abreisen. – Ich habe hier gar nichts zu suchen, fühle mich wieder totunglücklich.
– Jetzt werde ich versuchen, bei G. Hauptmann einen Besuch zu machen. Ich tue es nur, ihm meine Bewunderung für Peter Brauer auszudrücken. – Ich habe große Hemmungen hinzugehn, weil er hochoffiziell umstrudelt ist.
Ohne Dich bin ich unaktiv und kraftlos! Du bist für mich die *Erde*. Ich ruhe in der Schwerkraft. – (Mahler hat im Abschied keine andere Erde gemeint.) – Es ist ein schwerer Schmerz, daß Du vor mir gefühlt worden bist.
– Vielleicht bin ich aber doch der Erste und habe jetzt nur interpretiert. – Ich sehe und weiß nur das Unsrige, Alma. In Wien werden *und müssen* wir jetzt heiraten. Trentini muß das machen. Ich bin ungeheuer brav und unsinnlich. Das wird wieder schrecklich für Dich werden.
Franz

G. Hauptmann / Peter Brauer: Die Tragikomödie wurde am 1. November 1921 im Schauspielhaus in Berlin uraufgeführt.
Mahler hat im Abschied keine andere Erde gemeint: Eines der Stücke des Zyklus ›Das Lied von der Erde‹ trägt den Titel ›Der Abschied‹.
In Wien werden und müssen *wir jetzt heiraten:* Die Ehe von FW und Alma Mahler-Gropius wurde erst 1929 geschlossen.
Trentini: Der Sektionschef im Innenministerium und Dichter Albert von Trentini (1878–1933).

[Herbst 1921]

Meine Alma, laß Dich nicht *gegen* mich hetzen! – Die Empörung über ›Bocksgesang‹ ist nur die andere Seite der Liebe zu *Bach.* – Ich habe Dir, Mutzi, schon einmal die Gartenlaube-Gebürtigkeit dieser Neutöner bewiesen, und sie beweist sich hier wiederum – Es gibt nichts verlogeneres, scheinheiligeres, limonadigeres, – als dieses geistige Deutschland: Goethe oder Bauhaus. Weimar ist Weimar: Ghupft wie gesprungen. Die *Impotenz* wird mich nie verstehen.

Almitschka, – ich bin so fürchterlich, fürchterlich einsam. Theater *ist* jetzt nicht. Gegenwärtig Probenstreik.
Was soll geschehen?
Spiegelmensch wird verschoben werden.
Ich warte auf Dein Antwortstelegramm.
Ich liebe Dich mit schrecklicher Leidenschaft, Alma! – Ich *verdurste.*
Ich kann nicht *allein* leben!
Ich bin (Gottseidank) *Bocksgesang.* Die Urverwirrung der unbefriedigbaren *Lust,* diese unlöschliche Sehnsucht, ist in mir. – Die andern haben meist nur *Geist* oder Seele, oder Augenaufschlag, oder Ethik. Deutsche *Ersatz*-Ware. Lehens-Wrucken [?]. – Mutzi, komm, komm, komm!!

F.

›Bocksgesang‹: Die Uraufführung fand am 10. März 1922 im Wiener Raimund-Theater statt.
Bach: Der Musikologe und Schönberg-Anhänger David Josef Bach (1874–1947).
Gartenlaube-Gebürtigkeit: Anspielung auf das 1853 gegründete Familienblatt ›Die Gartenlaube‹.
Spiegelmensch: Die Premiere fand am 15. Oktober 1921 im Alten Theater in Leipzig statt.

[Prag, 29. 10. 1922]

Mein geliebtes Almerl, ich hab keine Ahnung gehabt daß Du *solange* in Berlin bleiben wirst. Ich hab Dir nach Weimar telegr. u. Briefe geschickt. Wie Dein Telegramm aus Berlin gekommen ist, habe ich aber sofort hingeschrieben u. telegrafiert (2 ×) – Heute früh (Sonntag) ist nun das zweite Telegramm unbestellbar zurückgekommen: es war ein vor Liebe rasendes Telegramm!
Mutzi! Ich hab Dich noch niemals so verzehrend, verschmachtet entsetzlich lieb gehabt, wie diesmal!!
Ist es denn nicht ein grauenhafter Wahnsinn, daß wir nicht verheiratet sind? – Alle Gefühle in mir zu Dir hin sind ewig, zeitlos, erfüllt, glücklich. – Ich kann nicht leben ohne dieses Ziel der Seele. Wenn Du einmal nicht wärst (das ist tiefste Wahrheit) müßte ich zugrunde gehn!! Ich bin furchtbar eifersüchtig, Almitschka! Besonders nachts in meinen Träumen. – Da fühle ich in Todeskränkungen des Herzens, daß Du nicht für mich strahlst. Es sind immer große Säle voll Menschen, die ich träume, alle drängen sich um Dich, Du aber bist von einer kühlen verdächtigen Liebheit zu mir – und meine Liebe (zurückgestoßen) wird maßlos, grenzenlos *durstig* nach Dir! Schreib sofort, Du Leben mein!

Ich erlebe hier gar nichts. Einmal nur abends war ich mit Schillings (ohne Kemp, die krank war) und Max Brod im »Blauen Stern« zum Abendessen. Schnitzler ist schon paar Tage hier. Ich war einmal mit ihm allein spazieren, für heute habe ich ihn zu mir eingeladen. Es ging nicht anders, denn ich habe gefühlt, daß ers erwartet! Sei nicht bös.
Das ist alles.

Alma! – Nicht wahr: Du kommst hierher. Ich will eine Vorlesung machen, wobei ich doch ein paar tausend čK verdienen kann. Hör zu: – Ich komme nach Berlin oder Dresden, wohin Du willst! Und dort sind wir erst ein paar Tage zusammen. (Herrlich, herrlich. Dann fahren wir zusammen nach Prag[)]. Meine Mutter wäre *selig*, wenn Du kämst. Sie sammelt schon lauter herrliche Sachen. Sie liebt Dich! Mein Süßes, schreib gleich! Besser telegrafiere mir, wann wir uns in Berlin, Dresden, Leipzig oder woanders treffen können. Ich hole mir dann gleich ein Visum und komme Ich halt's nicht solange aus, ohne Dich zu haben. Wenn Du's erlaubst, mache ich den Vortrag hier um den 15ten November und *Du bist dabei!* Meine Seele, mein Leben, mein Leib, meine Rettung, mein Himmel, meine Alma, Alma, Alma

So ist mir zu mut, wenn ich glückhaft an Dich denke

F

Schillings: Der Komponist Max von Schillings (1868–1933).
Kemp: Die Opernsängerin Barbara Kemp (1886–1959), die mit Max von Schillings verheiratet war.
im »Blauen Stern«: Berühmtes Hotel in Prag, Graben 34.

[Breitenstein, 1923]

Meine Alma, mir gehts nicht gut. Ich hatte gestern in der Nacht einen schrecklichen Herzkrampf u. Ohnmachtsanfall. – Ich weiß jetzt aber genau, woher diese Sache kommt. – Ich bin ziemlich erledigt und noch nicht erholt.

Die Arbeit – wenn ich auch einige Szenen schon mache – ist noch nicht reif. Sie muß noch einige Zeit innerlich wachsen. Man kann nicht – bloß weil man gerade Zeit u. Einsamkeit hat – einen organischen Vorgang forcieren. – Übrigens fällt mir sehr viel zu dem Stück ein. Vielleicht werde ichs ein paar Monate später in einem Zug niederschreiben.

Wann willst Du nach Venedig, mein Mutzi. Auch ich brenne darauf weg zu kommen, dorthin wo ich alles vergesse, was mich quält.

Dein letzter Brief am Samstag war sehr lieb und süß, und nicht kühl wie einige frühere. Warum bist Du nicht zu der Keyserling-Soiree gegangen. Vielleicht wäre es ganz interessant gewesen (Abendkleid =

grünes Samtkleid) Wozu mußtest Du noch einmal zu dem Quatsch von Schreker gehen. Du bist eine Beute eitler Buben, die eine *Scheinfreundschaft* auf Grund Deiner *Augenblicks-Rausch-Bereitheit* erzwingen, und Dich dann als Dekoration mißbrauchen.
Sind nicht all *diese* Beziehungen bis in die Knochen erlogen??
Schreib dem Trentini einen lieben Brief, denn dieser Mensch wenigstens gehört nicht in den Dunst von Berühmtheit Musikalkohol u. s. w., er ist in seiner *Liebe* kränkbar ...
Ich kann ihm nicht schreiben, weil ich über Goethe nichts zu sagen weiß (den 2ten Band kenn ich gar nicht) und mein Versprechen, darüber zu schreiben, nicht einhalte.

Mutzi: ich denke ununterbrochen an Dich, über Dich nach. Du bist die einzige *Realität* meines Lebens alles andere ist nichtig, erweckt kein Gefühl, nichts. Nur Du bist das *Zentrum* für mich. Weißt Du es auch. Weißt Du auch, wieviel das bedeutet, daß hier Leichtfertigkeit verbrecherisch wäre. Ich hab mich *Dir* mehr ergeben als Du mir. Ich glaube, Du hast mich früher lieber gehabt als jetzt. – Vorläufig bleibe ich noch hier, weil ich einige Szenen so beiläufig skizziere. – Ich umarme und küsse Dich, Mutzi, voll Angst, Zweifeln und Sehnsucht.

Franz

Keyserling-Soiree: Der Philosoph Hermann Graf von Keyserling (1880–1946) hielt sich zu Vorträgen in Wien auf.
zu dem Quatsch von Schreker: Der Komponist Paul Schreker (1878–1934). 1923 wurde die Neufassung Suite für Orchester ›Der Geburtstag der Infantin‹ uraufgeführt.
Trentini ... Goethe: Albert Trentini, ›Goethe. Der Roman von seiner Erweckung‹, 2 Bde., München: G. D. W. Callwey 1923.

[Breitenstein, 1924]

Mein geliebtes Almerl
Ich kann Dir nicht sagen, *wie* ich einsam bin ohne Dich. Hätte ich die Arbeit nicht müßte ich den ganzen Tag weinen oder verrückt werden. Du bist die Erfüllung meines Lebens und die Ausfüllung meiner Seele ...
Hoffentlich bist Du gut mit Mutzerl angekommen und fühlst Dich

ruhig, seelig, Du selbst im großen Licht. (Denn bei Dir muß es schön jetzt sein, denn selbst hier scheint die Sonne). – Schreib mir! –
Über Klenau freue ich mich riesig. Ich bin aufgeregter und neugieriger als bei einem eigenen Werk. Deine Lieder werden eine Symphonie sein. Ich gehe in Wien unbedingt zu Klenau. Ich habe noch Einfälle. Die drei Stücke sind wirklich eine symphonische Einheit: I. Satz Hymnus: Tempo Apassionata – II. Satz: Scherzo melancolico – III. Satz: Finale estatico –
Ein Lied zwischen zwei und drei fehlt noch ...

Ich habe gestern das Konzept der letzten Szene gemacht, sehr kurz. Personen: Herzfeld, Basch, Salm. Einzugseffekt des abstrakten Juarez –. Seelischer Grundton: Die Liebe der Magdalena, wie Du die Salm sehr gut genannt hast, über die Bitterkeit der Freunde[?], ja über den Triumph des Juarez hinweg und empor! In diesem »Männerstück« behält doch eine Frau das letzte Wort. – Nein, das letzte Wort behält der federnde Revolutionsmarsch: Bum ... Bum ... Bum! Ordinär aber schön!! Hoffentlich wirst Du einverstanden sein.

Ich glaube am 10ten oder 11ten bin ich fertig und fahre nach Wien. Ich telegraphiere Bach, er soll anregen, daß ich Dr. Beer, Martin und Klitsch das Stück vorlese. Dann lasse ich sofort Fahnen drucken!! Ich komme, Almitschka, sobald als nur möglich!

Lokalbericht: Der Sauterne war zuerst unauffindbar. Dann kam Donna Clara mit der Flasche »I hob gmant, dos is Aeeil(Öl)« Tableau! *Der Kaffee* erfordert die Diplomatie eines Völkerbunds. Denn die Klara besteht *auf ihrem Recht. Die Kartoffelernte*[.] *Ich*: Klara, die K[artoffeln] müssen ausgenommen werden ... *Klara*: Bitte die Erd is so naß. Die Erdäpfel werden faulen ... *Ich*: Ich habe den Befehl, daß sie, solange ich hier bin ausgenommen werden müssen ... *Klara*: Aber es hat so-lange geregnet ... *Ich*: Ich will Mittwoch fortfahren ... *Klara*: Sie werden faulen ... usw.
Mein Mutzili. Der Brief muß weg. Ich schreibe Dir Montag. Ich liebe Dich

Dein Franz

Mutzerl: Manon Gropius (1916–1935), Alma und Walter Gropius' Tochter.
Klenau: Der Dirigent Paul Klenau (1883–1943) war seinerzeit Direktor der Wiener Konzerthausgesellschaft.
Konzept der letzten Szene: Von ›Juarez und Maximilian‹. Die Uraufführung fand am 20. April 1925 im Stadttheater Magdeburg statt.
Dr. Beer: Der Regisseur Rudolf Beer (1885–1938) war von 1921–1924 Direktor des Raimundtheaters, von 1924 bis zu seinem Tode des Deutschen Volkstheaters in Wien.
Martin: Der Regisseur und Theaterleiter Karl-Heinz Martin (1886–1948).
Klitsch: Der Schauspieler und Regisseur Wilhelm Klitsch (1882–1941).
Donna Clara: Hauptgestalt der Novelle ›Der Tod des Kleinbürgers‹. (›Erzählungen aus zwei Welten. Zweiter Band‹, Frankfurt am Main, S. Fischer Verlag 1952).

[Wien,] *Mittwoch* [6. Mai 1925]

Meine Alma
ich schreibe mit Tintenstift, weil mir die Tinte im Faß vertrocknet ist. –
Soll das nun immer so sein, daß Du mir niemals schreibst?? Ich fühle mich verlassen wie noch nie. *Habe keinen Einzigen Menschen in Wien*, denn alle sind Deine Freunde und ich mag mich bei niemanden melden. – Diese Tage sind verzweifelt.
Ich fahre heute nachts nach Dresden. Mir ist ein großer Lapsus unterlaufen. Ich dachte die Premiere sei übermorgen Freitag, aber sie ist schon morgen *Donnerstag*. Da der Tageszug erst um $7^{h}30$ ankommt, das Stück aber schon um $6^{h}30$ beginnt, muß ich plötzlich *heute* fahren. Ich fürchte mich schon vor dem überfüllten Coupé des Zuges nach Deutschland.
Von Dresden werde ich Dir gleich nach der Aufführung telegraphieren. Die Reise ist leider *maßlos* teuer. Das Visum allein kostet 250000 Kronen. Die Fahrkarte an 7000000 Kronen. Ich habe Kronen in Mark gewechselt. Für 100 M mußte ich 1,7000000 Kronen zahlen. Fürchterlich.
Von den hiesigen Proben muß ich sagen, daß Reinhardt intensiv bis 4 und 1/2 5 täglich probiert, daß aber die Sache trotzdem nur langsam wächst, weil das Stück rasend schwer und die Darsteller sehr unintelligent sind. Ich habe selbst noch nicht sehr viel gesehn. Ausgezeichnet werden Hartmann (dem aber das Gebrechliche fehlt) und die Thimig sein (die von abschreckender Häßlichkeit ist). Dem Friedell soll die Rolle weggenommen werden, was eine Katastrophe ergeben wird,

weil er eigens aus Berlin gekommen ist. Andere Verlegenheiten ergeben sich immerwährend. Seit zehn Tagen z. B. ist die Fein verschwunden und die Salm *unbesetzt* usw.
Du hast ganz recht. Das Theater ist eine grauenvolle Welt! Aber wäre ich nicht da, würde ganz gewiß lax gearbeitet werden. So ist es wenigstens bestimmt, daß ab Samstag das Stück mit Dekorationen zweimal ganz und gar durchgeprobt werden wird, worauf dann die Generalprobe stattfindet. Der Tag läßt sich nicht bestimmen.
Aber *ich rege mich wenigstens* nicht par distance auf wie in Venedig.

Mein Mutzili! Du schreibst nicht!! Ich leide darunter. So komm doch wenigstens bald! Telegraphier mir! Nicht wegen des Stückes, *meinetwegen* mußt Du kommen. *Wann. Wann*? Ich *kann* nicht mehr ohne Dich sein!!
Ist es Dir recht? – Ich fahre Freitag früh zurück und halte mich zwischen zwei Zügen in Prag auf, um meinen Eltern eine Freude zu machen. Samstag bin ich in Wien. Dann telegraphiere ich Dir. Und Du telegraphierst mir, *wann* Du kommen willst. Ich *warte, ich warte*; jeder Augenblick ist ein *Aufdichwarten!* Ich bin *sinnlos* ohne Dich in jedem *Sinn!*
Doch schreibe
Franz

die Premiere: Von ›Juarez und Maximilian‹ im Sächsischen Staatstheater in Dresden.
Von den hiesigen Proben: Zu ›Juarez und Maximilian‹ am Theater in der Josefstadt. Die Premiere fand dort am 26. Mai 1925 statt.
Hartmann: Der Schauspieler Paul Hartmann (1889–1977).
Thimig: Die Schauspielerin Helene Thimig (1889–1974) war die zweite Frau von Max Reinhardt.
Friedell: Der Schriftsteller, Kulturhistoriker und Schauspieler Egon Friedell (1878–1938).
Fein: Die Schauspielerin Maria Fein (1899–1965).
Salm: Gestalt aus ›Juarez und Maximilian‹.

[Santa Margherita Ligure, Hotel Imperiale], Samstag 17/2 1934

Mein Geliebtes

Heute sind die Tage des Zitterns endlich vorüber. Ich kann Dir gar nicht sagen, welch eine Marter das war, welche Visionen mich gepeinigt haben. Ich habe wieder einmal schrecklich gefühlt, wie tief wir verbunden sind – Hör mich jetzt einen Augenblick lang ruhig an. – Ich lese seit den letzten Tagen die Weltpresse, d. h. die englischen, amerikanischen, deutschen Zeitungen sehr genau. Es weht *eiskalt* zu Dollfuß herüber. Die Genesis der Ereignisse wird entgegen den offiziellen Auslassungen folgendermaßen dargestellt. Die Regierung habe die Kraft der Sozis gewaltig unterschätzt. Die Heimwehr sei es gewesen, die D. ununterbrochen gepiesackt und ihm schließlich mit Repressalien gedroht habe, wenn er nicht gegen die Roten vorgehe. (Zuletzt hat Starhemberg, durch Italien gestützt, diese Drohung offen in einer Rede ausgesprochen.) Die Rechtsregierung in Frankreich (Doumergue) kam und damit die Hoffnung, daß die Sozialdemokraten ihren mächtigsten Gönner verloren haben. Starhemberg und Fey sollen die Budapester Reise D[ollfuß]s benutzt haben, um den Schlag gegen das Rathaus vorzubereiten. Sogar der Streiktag (Montag) in Frankreich soll vorgesehen gewesen sein, weil es keine telephonische Verbindung mit Paris gab. – Von diesem Plan hätten die Sozis Wind bekommen, seien aber nicht einig geworden, die Führer, so wird behauptet, haben jede revolutionäre Aktion abgelehnt. Als aber dann die Unternehmung der Heimwehr mit der Waffensuche in Linz begann, sei das Pulver aufgeflogen, zu früh. Wäre der Putsch wirklich für die betreffende Stunde vorbereitet gewesen, so hätte sich der oberste Schutzbund General Körner keinesfalls nichtsahnend in seiner Wohnung fangen lassen. Dies ist ungefähr die Auffassung, der man in der großen Presse begegnet, ausgenommen natürlich der italienischen, die das Regime, das ja das ihre ist, verteidigt. Wie immer aber die Wahrheit sein mag, eines steht fest, die Regierung D. hat ihre Unschuld verloren, geht blutbesudelt in die Zukunft und mit der schönen Sympathie Europas scheint es vorbei zu sein. Man spricht in allem Ernst von 2000 Toten und sogar von mehr noch. Die hitlerfeindlichsten Organe stellen Vergleiche an und heben hervor, daß der deutsche Umsturz sich ohne Straßenschlachten vollzogen habe. Vor allem aber fragt man sich: Was soll geschehen? Österreich ist ungefähr zur Hälfte sozialistisch. Hinter der

Heimwehr steht in Wirklichkeit nichts. Man hat die soz. Massen seit langem bis aufs Blut gereizt und ihnen immer wieder mit der Vernichtung der Partei gedroht, ohne ihnen das geringste *Positivum* als Ersatz zu bieten. Nun sind die Organisationen zerschlagen, denen diese Massen ihr Schicksal, ihre Jugend, ihren Sparpfennig anvertraut haben. Es ist der Schweiß der Armen, das muß auch derjenige einsehen, welcher ganz und gar vom Haß geblendet ist. Auch hier hat Hitler als *wirklicher Volksmann* gehandelt, das muß selbst ich zugeben, denn die neuen Gewerkschaften und Organisationen waren schon bereit, um die alten im Augenblick der Zertrümmerung aufzunehmen, und vor allem war die neue Idee da. Was gedenken aber die Herren vom »autoritären Regime« mit den heimatslosen, haßbebenden, tötlich erbitterten Massen anzufangen, die alles verloren haben. Wollen Sie vielleicht jeden Arbeiter als Ersatz für das Verlorene ein Gratis-Abonnement des Neuen Wiener Journals widmen? Es ist nicht nur die Gefahr sondern beinahe die Sicherheit da, daß diese erschütterten Massen dem Nationalsozialismus zufließen, der ja im hohen Grade sozialistische ja kommunistische Tendenzen vertritt. Haben das die Herren bei ihrer antimarxistischen Politik nicht bedacht, bei ihren ewigen Drohungen, die endlich zu einem Krach führen mußten? Was hatten sie den Massen für das Verlorene zu geben? Antisoziale Haßorgien und auch das berechtigte Lamento ächzender Steuerträger ergibt noch immer keine politische Idee. Gespenstischer Patriotismus mit k. u. k. Militäroperetten und Kaiser Franz Josef-Sentimentalität?? Soll das am Ende der Ersatz sein? Kein Staat kann heute *gegen* die Arbeiter regiert werden. Die Taktik Hitler-Deutschlands ist ein ununterbrochen hysterisches Buhlen um die Arbeitermassen. Immer wieder (auch in Italien) wird mit dem Wort »revolutionär« gerasselt und die »Reaktion« (in Deutschland Monarchismus, Konservativismus) schon bitter bekämpft. Eine Politik, die Österreichs Unabhängigkeit ehrlich verteidigen wollte, mußte wissen: Die Arbeiter Österreichs sind sozialdemokratisch, die Angestellten und Beamten zum größten Teil national-sozialistisch. Die Mehrheit des österreichischen Volkes besteht daher aus *Arbeitnehmern*, die unbeschadet der Nuance, in ihrem Empfindungsleben nicht desozialisierbar und für verblasene Ideale zu haben sind. Es hätte daher für Dollfuß nur zwei politische Möglichkeiten gegeben, entweder mit den Nationalsozialisten zu gehen, die Unabhängigkeit Österreichs zu opfern und zu verschwinden. Oder die Sozialdemokratie zumindest

unangetastet zu lassen und sich ihrer zu versichern. Letzteres lag auf der Hand. Seit dem deutschen Umsturz waren die roten Bonzen willens, ihre Seele um einen Pappenstil zu verkaufen, wenn man das Geschäft nur richtig entriert hätte. D. hat aber nicht das Mögliche sondern das Unmögliche gewählt, die Politik der Heimwehren, die genau so blöd ist wie das Gesicht des St[arhemberg]. Der blutige Fasching von 1934 ist die Folge der haltlosen Schaukelpolitik eines unseligen Jahres, wo entweder mit Habicht gepackelt wurde oder die Roten Koalitionsanträge bekamen und fern und nah keine feste entschiedene Linie zu spüren war. Das Ende vom Lied ist ein gegen das eigene Volk mit schwerer Artillerie errungener Sieg, der ein Selbstmord ist. Jetzt erst *wahrhaft bolschewisierte* Massen warten auf den Meistbietenden, der ihre Rache vollstreckt. Und keiner von diesen famosen »Antimarxisten« hat sich die Frage gestellt: »Was nützt es, das Rathaus zu erobern, wenn wir nicht die Menschen erobern?«
Trotzdem muß man sich augenblicklich rückhaltlos hinter Dollfuß stellen, der nicht weiter geschwächt werden darf. Sagrifizio dell intelletto. Vielleicht hilft Gott und das Äußerste bleibt abgewendet. Es wird mir aber immer klarer, daß die Geschichte ein dunkles Eingreifen der Übernatur in die Natur ist. Über Hitler steht ein günstiger Stern. Es kommt gar nicht darauf an, daß eine historische Figur Recht hat oder einen besonderen Wert repräsentiert. Atilla war ein rülpsender Wilder und doch Gottes Zuchtrute. Es gibt Augenblicke, wo ich mich zur Vogelschau erheben darf und dann bin ich so ruhig.
– Nach unserm Gespräch habe ich Reinhardt vergeblich in Mailand angerufen. Ich habe hinterlassen, daß er mir telefonieren soll. Vielleicht kann ich mich morgen wieder konzentrieren. Du weißt gar nicht, wie sehr ich minütlich sekündlich immer bei Dir bin, mit Dir spreche ... Du auch?

Franz

die Tage des Zitterns: Mitte Februar war es in ganz Österreich zu mehrtägigen blutigen Auseinandersetzungen gekommen, als die christlich-soziale Regierung unter Bundeskanzler Dollfuß auf Drängen Mussolinis den illegalen Republikanischen Schutzbund der Sozialdemokraten entwaffnen wollte.
Dollfuß: Der österreichische Bundeskanzler Engelbert Dollfuß (geb. 1892) wurde wenige Monate später, am 25. Juli 1934 bei einem nationalsozialistischen Putschversuch ermordet.
Heimwehr: Die nach dem Ersten Weltkrieg in Kärnten und der Steiermark errichteten

freiwilligen Selbstschutzverbände zur Sicherung der Grenzen wurden seit Ende der zwanziger Jahre unter Starhemberg zu einer antimarxistischen, schließlich antiparlamentarischen Kampfgruppe im Dienste des autoritären Flügels der Christlich-Sozialen.
Starhemberg: Ernst Rüdiger Fürst von Starhemberg (1899–1956) wurde nach Dollfuß' Ermordung Führer der Vaterländischen Front.
Doumergue: Der französische Politiker Gaston Doumergue (1863–1937) war 1924 bis 1931 Präsident der Republik.
Fey: Der österreichische Politiker Emil Fey (1886–1938) war 1931–1935 Führer der Wiener Heimwehr, mehrfach als Minister Mitglied der Regierungen Dollfuß und Schuschnigg.
General Körner: Der österreichische Politiker Theodor Körner (1873–1957) hatte sich führend am Aufbau des Republikanischen Schutzbundes beteiligt.
Sagrifizio del intelletto: Opfer des Intellekts.

Capri, [Hotel Morgano & Tiberio Palace], Montag 28/2 38
Mein geliebtes Almerl
Sollte es in Wien kalt sein, so tröste Dich damit, daß man jetzt in den Zimmern von Capri friert, wie nicht ein einziges Mal im Jänner. Es herrscht eisiger Winter hier trotz blauen Himmels. Dennoch ist es voll und deshalb leider sehr lärmend in diesem Hotel mit den dicken Grundmauern und den dünnen Zimmerwànden.
Ich arbeite viel. Vorerst allerlei kleinere Sachen. Zugleich aber »ringe« ich ernsthaft mit meinem Stück. Ich habe leider schwere Hemmungen dem Stoff gegenüber mit seiner komplizierten Vorgeschichte und seinem Anklang an Film- und Kolportagegeschichten. Es ist ein qualvoller innerer Zustand. Zehnmal bin ich nah und hundertmal bin ich der Sache fern. Wirklich beginnen kann ich erst bei vollkommenem Glauben. Auch habe ich Angst wie noch nie, danebenzuhauen.
Die ganze lange Reise habe ich in Gedanken mit Dir gemacht, mein Geliebtes, jede Station und auch Deine Ankunft in Wien habe ich mir genau vorgestellt. Jetzt weiß ich nichts mehr. Hoffentlich kommt schon morgen Dein erster Brief. Wird er ausführlich sein? Bezüglich Österreichs habe ich, soweit ich mir's aus den Zeitungen kombinieren kann, kein schlechtes Gefühl. Die Welt scheint über die Massenreaktion in Wien und in gewissen andern Teil ziemlich erstaunt zu sein. Man hätte Österr. für nazistischer gehalten. Bedenklich aber scheinen nur manche Teile von Steiermark und Kärnten zu sein. Die Rede von Sch[uschnigg] war zweifellos ein großer Erfolg, das erhellt

hauptsächlich aus dem gewundenen Schweigen der deutschen Blätter und aus der offenbaren Zustimmung des Westens. Vielleicht hat die ganze Affäre gute Früchte getragen und dem Antinazismus in Ö[sterreich] gezeigt, daß er gar nicht so schwach ist, wie er glaubte. (Dieses Selbstmißtrauen hat ja wahrscheinlich den Besuch bei H[itler] verursacht.) Anders kann man sich die polizeilichen Verordnungen gar nicht erklären, die den ganzen nationalsoz. Erfolg beinahe auf Null reduzieren. Im Grunde scheint der maskierte Vorstoß von Links viel realere Kraft gehabt zu haben. In den letzten Tagen beziehen die italienischen Zeitungen wieder heimlich die Brennerposition. Auf einmal spielen in Bezug auf Öst. die Worte »Independenza« und »Integrita« wieder eine große Rolle. Die ital.-englischen Verhandlungen wirken sich in diesem Sinne aus. Für 2 bis 3 Monate darf man wieder hoffen, wenn nichts Unerwartetes geschieht... Es ist sogar nicht ausgeschlossen, daß der Bräutigam M[ussolini] seiner Braut England und deren Anhang die Unabhängigkeit Ös als Hochzeitsgabe anbieten wird. – Verzeih, mein Geliebtes, aber ich *mußte* mit Dir reden, und all dies Zeug sagen, obwohl Du natürlich jetzt alles näher und besser wissen wirst...

Was macht das hoffnungsvolle Annerl? Umarm sie von mir!

Ich warte – warte – warte – auf den ersten Brief. Du mußt viel schreiben! Mein Herz ist Tag und Nacht bei Dir.

Wo ist Dein Mund

F

Bitte grüße Hollnsteiner innigst!

mit meinem Stück: ›Die verlorene Mutter‹ blieb Fragment. (›Die Dramen. Zweiter Band‹, Frankfurt am Main, S. Fischer Verlag 1959).

Besuch bei H[itler]: Am 12. Februar 1938 hatte der österreichische Bundeskanzler Kurt Edler von Schuschnigg (1897–1977) Hitler auf dem Obersalzberg bei Berchtesgaden besucht, um mit ihm über das künftige Schicksal Österreichs zu verhandeln. Hitler hoffte mit dem bei dieser Gelegenheit geschlossenen sogenannten Berchtesgadener Abkommen auf legalem Wege in Österreich an die Macht zu kommen.

»Independenza«: Unabhängigkeit – *»Integrita«:* Unbescholtenheit. Schlagworte der Faschisten.

Annerl: Anna Mahler (geb. 1904), die Tochter Gustav und Alma Mahlers.

Hollnsteiner: Johannes Hollnsteiner (1895–1971), Professor für Kanonisches Recht an der Universität Wien.

[Santa Barbara, California 1944/45]

Meine süße einzig geliebte Alma,
sei nicht bös, daß ich Dich so viel allein lasse. Mein *guter* Roman muß heute um 20 Seiten wachsen.

Roman: ›Stern der Ungeborenen‹, der 1946, ein Jahr nach FWs Tod, im Bermann-Fischer Verlag in Stockholm erschien.

Bibliographischer Nachweis

Lyrik

Die Gedichte wurden sämtlich dem Band ›Das lyrische Werk‹, herausgegeben von Adolf D. Klarmann, Frankfurt am Main: S. Fischer Verlag 1967, entnommen. Erstdrucke bzw. Erstausgaben sind dort verzeichnet.

Prosa

Kleine Verhältnisse. Erstausgabe: Berlin–Wien–Leipzig, Paul Zsolnay Verlag 1930. Aufgenommen in ›Erzählungen aus zwei Welten. Zweiter Band‹, Frankfurt am Main: S. Fischer Verlag 1952.

Das Trauerhaus. Erstmals in ›Geheimnis eines Menschen‹, Berlin–Wien–Leipzig, Paul Zsolnay Verlag 1927. Aufgenommen in ›Erzählungen aus zwei Welten. Zweiter Band‹, Frankfurt am Main: S. Fischer Verlag 1952.

Weißenstein, der Weltverbesserer. Erstmals in ›Erzählungen aus zwei Welten. Dritter Band‹, Frankfurt am Main: S. Fischer Verlag 1954.

Cabrinowitsch. Erstmals in ›Die neue Rundschau‹, Berlin 1923. Aufgenommen in ›Erzählungen aus zwei Welten. Erster Band: Krieg und Nachkrieg‹, Stockholm: Bermann-Fischer Verlag 1948.

Ein Versuch über das Kaisertum Österreich. Geschrieben als Prolog für die amerikanische Ausgabe von ›Aus der Dämmerung einer Welt‹ (Twilight of a World, New York 1937) in Locarno im April 1936. Deutsch erstmals in ›Zwischen Oben und Unten. Prosa, Tagebücher, Aphorismen, Literarische Nachträge‹, München: Langen Müller Verlag 1975.

Par l'Amour. Erstmals 1938 in ›Pariser Tageszeitung‹ und im ›Prager Tagblatt‹. Aufgenommen in ›Erzählungen aus zwei Welten. Dritter Band‹, Frankfurt am Main: S. Fischer Verlag 1954.

Eine blaßblaue Frauenschrift: Erstausgabe: Buenos Aires, Editorial Estrellas 1941. Aufgenommen in ›Erzählungen aus zwei Welten. Dritter Band‹, Frankfurt am Main: S. Fischer Verlag 1954.

Die wahre Geschichte vom wiederhergestellten Kreuz. Los Angeles: Privatdruck der Pazifischen Presse 1942. Aufgenommen in ›Erzählungen aus zwei Welten. Dritter Band‹, Frankfurt am Main: S. Fischer Verlag 1954.

Drama

Bocksgesang. München: Kurt Wolff Verlag 1921. Aufgenommen in ›Die Dramen. Erster Band‹, Frankfurt am Main: S. Fischer Verlag 1959.

Briefe

Die Originale der Briefe an Gertrud Spirk befinden sich im Deutschen Literaturarchiv in Marbach am Neckar, die an Alma Mahler-Werfel in der University of California at Los Angeles. Sie sind bisher unveröffentlicht.